日本事情
사진으로 보고 가장 쉽게 읽는
일본문화

저자 김숙자, 정현숙, 이경수, 사이토 아사코, 나가타니 나오코

시사일본어사

머리말

이 책은 전체 10부로 구성되어 있다. 일본의 일상생활에서 문화에 이르기까지 알아야 할 코드를 구석구 담으려고 애썼다. 각 장을 분야별로 엮었기 때문에 어떤 페이지를 먼저 펼쳐보아도 쉽고 흥미롭게 이해할 수 있을 것이다.

시작은 이렇게

일본인교수와 한국인교수가 함께 일본을 객관적으로 알고 이해하기 위하여 여러해 동안 연구회를 해왔다. 바로 그 결과물이 『日本事情- 사진으로 보고 가장 쉽게 읽는 일본문화』이다. 일본사회와 문화를 이해하기 위해 키워드 중심의 사진자료와 해설을 곁들여 조금이나마 쉽게 접근할 수 있도록 하였으며, 기존의 일본문화 교재와는 달리 편협하지 않은 내용과 사진자료등으로 자연스럽게 일본문화를 이해할 수 있도록 구성했다.

일본사회와 문화에 대한 종합해설서인 이 책은 대학에서 일본어교육, 일본문화, 일본문학을 강의하는 김숙자(상명대학교 명예교수) 교수, 정현숙교수(한국방송통신대학교)를 중심으로 한 교수들의 일본연구모임에서 탄생했다. 일본문화를 바르게 이해하고 가르치기 위한 연구성과물의 일부라고 생각해도 좋다. 또한 오랜시간에 걸쳐 교정을 거듭하고 일본을 최대한 객관적으로 이해할 수 있도록 알기 쉽게 썼기 때문에 기존에 나온 많은 일본문화 관련책들과는 다를 것이다.

여러 해를 거듭하면서 일본현지에서 수집한 자료들을 책으로 엮어, 교육현장에서 또는 독학으로 일본을 이해하는데 도움이 되고자 했다. 자료와 사진 등을 수집하기 시작한지는 5년 가까이 되었다. 방학이 되면 일본에 가서 내용을 확인하는 검증작업과 사진자료 추가작업을 위해 여러 해를 보냈다. 역사가 있고 문화가 있는 곳이라면 어디든지 달려가서 직접 보고 확인하는 작업에 심혈을 기울였다.

일본 문화를 제대로 알자

일본 이야기가 나오면 누구나 한마디쯤은 할 정도로 일본문화에 대한 관심이 높아졌다. 하지만 정작 우리는 일본을 얼마나 제대로 알고 있을까? 우리는 일본을 바르게 알고 이야기 해야 한다.

신세대가 알고 싶어하는 일본문화는 어떤 부분인지 많은 고민을 해왔다. 또한 연배가 어느 정도 있는 분도 함께 공감할 수 있는 일본의 문화는 어떤것이 있을지도 함께 고민했다. 하지만 이 책에서 말하는 내용이 모든 사람이 동의하는 내용이 아닐 수도 있을 것이다. 학자에 따라 다른 견해를 가질 수도 있기 때문이다. 그러나 본 교재는 가능한 객관적 내용을 서술하기 위해 많은 데이터를 수집하고, 토론을 거듭해서 나온 자료에서 추출하여 기술하고자 노력했다.

한 나라의 언어를 제대로 알기 위해서는 먼저 문화를 이해하는 것이 중요하다. 이 책에서는 일본문화를 통해일 본어학습을 할 수 있도록 구성했다. 따라서 이 책으로 일본문화를 학습하다보면 일본어실력을 향상시키는데도 도움이 될 것이다. 이 책을 학습함으로써 일본과 일본어 학습에 도움이 되는 많은 정보와 자신감을 불어 넣어줄 것이라 믿는다. 일본을 잘 모르는 분과 일본에 대해 자세히 알고 싶어하는 분들에게 이 책을 권하고 싶다.

石の上にも三年！

저자 일동

목차

제1장
일본열도와 지역사회 9

- 위치와 영토 10
- 지형 – 산지, 하천, 평야 14
- 기후 18
- 자연재해 21
- 도도부현의 행정체계 25
- 지역 구분 28
- 지역간 격차 31
- 3대 도시권과 주요 대도시 34
- 공업지역 38
- 과소지역 41
- 교통망 43
- 철도 45
- JR패스로 철도 이용하기 49
- 고속도로 52
- 항공 54
- 교량과 터널 56
- 풀어봅시다 퀴즈! 60

제2장
일본문화의 원류 61

- 인구 62
- 일본의 민족 구성 65
- 일본어 69
- 국호 72
- 국기 74
- 국가 76
- 천황제 78
- 신화 81
- 원호 82
- 국민축일 84
- 성씨 89
- 이름 93
- 종교 95
- 후지산 97
- 사쿠라 99
- 일본인이 존경하는 인물 101
- 일본인의 발명품 104
- 국민영예상 수상자 108
- 일본인 노벨상 수상자 110
- 풀어봅시다 퀴즈! 112

제3장
정치체제와 사회제도 115

- 정치체제 116
- 헌법 120
- 가족제도 123
- 교육제도 126
- 입시제도 129
- 풀어봅시다 퀴즈! 131

제4장
일본인의 인간관계와 사회생활 133

- 집단 중심의 인간관계 134
- 생활 속의 의례 139
- 출생과 육아 142
- 성인식 147
- 결혼식 149
- 장례식 153
- 제례 155
- 야쿠도시와 도시이와이 157
- 선물문화 159

- 일본인과 동물 163
- 마네키네코 168

  풀어봅시다 퀴즈!   172

제5장
음식문화개관 173

- 일본 음식의 특징 174
- 식사 예절 176
- 일본 전통 요리 180
- 신선함과 장인의 손맛 – 사시미와 스시 184
- 肉를 먹는 다양한 방법
  – 스키야키, 야키니쿠, 샤브샤브 189
- 면 삼총사 – 우동, 소바, 라멘 194
- 우리나라의 삼각김밥 – 오니기리 200
- 길거리 음식의 대표주자 – 다코야키 202
- 오코노미야키 204
- 야키소바 206
- 돈부리 207
- 카레 209
- 돈가스 212
- 덴푸라 214
- 우나기노 가바야키 217
- 일본의 발효 음식의 대표주자
  – 낫토와 우메보시 219
- 모노와 나베 222
- 쓰케모노 224
- 야타이 226
- 일본의 독특한 식도락 문화 – 에키벤 228
- 음주문화 232
- 사케 234
- 이자카야 237

  풀어봅시다 퀴즈!   241

제6장
전통예술과 일본 문학 243

- 가부키 244
- 분라쿠 247
- 노 250
- 라쿠고 253
- 전통악기 256
- 다도 260
- 이케바나 262
- 야마토에 264
- 우키요에 266
- 센스 268
- 후린 270
- 후로시키 271
- 노렌 273
- 향토완구 274
- 기모노 277
- 일본문학 개요 280
- 하이쿠 284
- 근대문학 286
- 문학상 291
- 전래동화 294
- 동요 297

  풀어봅시다 퀴즈!   299

목차

제7장
건축물과 명소 303

- 성 304
- 유네스코에 등록된 일본의 세계유산 310
  - 호류지
  - 히메지성
  - 야쿠시마
  - 시라카미 산지
  - 고대 교토 문화재
  - 시라카와·고카야마
  - 히로시마 원폭 돔
  - 이쓰쿠시마 신사
  - 나라 문화재
  - 닛코 사당과 사원
  - 류큐왕국의 구스쿠 유적
  - 기이 산지의 영장과 참배길
  - 시레토코
  - 이와미긴잔 유적
  - 오가사와라 제도
  - 히라이즈미
  - 후지산
  - 도미오카 제사 공장과 실크 산업 유산군
  - 메이지 일본의 산업혁명 유산
- 메이지무라 331
- 일본의 3대 건축물 333
- 온천 336
- 신사 338
- 절 341
- 정원 343
- 공원 346

풀어봅시다 퀴즈! 347

제8장
연중행사와 놀이문화 351

- 일본인의 행사 352
- 쇼추미마이 357
- 연하장 보내기 359
- 미소카·오미소카 363
- 오쇼가쓰 366
- 엔니치 369
- 전통놀이 371
- 화투 377
- 가루타 379
- 마쓰리 381

풀어봅시다 퀴즈! 387

제9장
주거 문화 및 일상 생활 391

- 단독주택 392
- 맨션·아파트 396
- 방구하기 397
- 패밀리 레스토랑 399
- 신문 400
- 센토 402
- 휴대전화 404
- 인터넷카페 407
- 편의점 409
- 미용실·이발소 411
- 우체국 413
- 은행 416
- 화폐 418
- 100엔숍 421
- 헌책방 422
- 프리마켓 424
- 료칸 425
- 호텔 427
- 교통수단 429
  풀어봅시다 퀴즈! 435

제10장
여가활동과 스포츠 437

- 여가활동 개관 438
- 마작 441
- 경마 443
- 파칭코 445
- 영화관 447
- 엔카 450
- J-POP 452
- 만화 455
- 애니메이션 458
- 일본 영화 및 애니메이션 461
- 렌탈비디오·CD 숍 465
- 가라테 467
- 스모 468
- 검도 473
- 유도 475
- 축구 477
- 야구 479
- K-1 482
- 클럽활동 484
  풀어봅시다 퀴즈! 486

참고자료 488

제1장
일본열도와 지역사회

위치와 영토 いちとりょうど・位置と領土

일본의 위치에 대해 구체적으로 알아볼까요?

일본은 유라시아 대륙의 동쪽 끝에서 조금 떨어진 곳에 위치한 섬나라입니다.

북동에서 남서 방향으로 활모양으로 늘어진 6,800여 개의 섬들로 이루어져 있으며, 여러 섬들이 열을 지어 늘어서 있다는 의미에서 흔히 일본열도 にほんれっとう・日本列島라고 부르지요.

일본은 동쪽과 남쪽으로는 태평양에 접해 있으며, 북쪽으로는 러시아와의 사이에 오호츠크해, 서쪽으로는 한반도와의 사이에 동해가 있습니다. 서남쪽으로는 중국 대륙과의 사이에 동중국해東シナ海가 있으며, 동중국해의 남쪽으로는 필리핀해가 있습니다. 동해에 대해 일본에서는 일본해日本海라는 명칭을 사용하고 있어, 한일 양국 간에 명칭을 둘러싼 논란이 제기되고 있습니다(이하 동해로 표기).

일본열도에는 홋카이도 ほっかいどう・北海道, 혼슈 ほんしゅう・本州, 시코쿠 しこく・四国, 규슈 きゅうしゅう・九州 등 4개의 큰 섬과 수천 개의 부속 섬들이 있습니다. 일본의 영토 면적은 약 37만km²로 세계 주권국가 중에서 61번째에 해당되는데, 이는 독일과 비슷하며, 영국이나 이탈리아보다 큽니다. 4대 섬인 홋카이도, 혼슈, 시코쿠, 규슈 중에서는 혼슈가 가장 큰 약 23만km²로 한반도와 비슷

한 크기입니다. 참고로, 한반도의 면적은 22만km² (남한 10만km², 북한 12만km²)입니다.
　그런데 일본영토가 오늘날과 같은 형태로 확정된 것은 근대에 와서입니다. 메이지ㅁㅔㅇㅣ지·明治정부는 1868년 홋카이도를 일본영토로 편입해 무력으로 통치하였고, 1879년 류큐처분ㄹㅠㅜㄱㅠㅜㅅㅣㅗㅂㅜㄴ·琉球処分을 통해 오키나와ㅇㅗㅋㅣㄴㅏㅇㅘ·沖縄를 일본영토로 편입시켰습니다. 이 때 편입된 홋카이도의 면적은 7만 8천km²로 일본영토의 약 5분의 1을 차지합니다.

어디까지가 일본영토인가요?

일본열도는 동경 122°~154°, 북위 20°~46° 사이에 대각선으로 길게 늘어서 있어, 일본의 주권이 미치는 영토의 범위가 상당히 넓습니다. 본토에서 멀리 떨어진 수많은 섬들 때문이지요.
　동쪽 끝은 미나미토리시마 ㅁㅣㄴㅏㅁㅣㅌㅗㄹㅣㅅㅣㅁㅏ·南鳥島라는 무인도로 도쿄에서 약 1,800km 떨어져 있습니다. 도쿄도 ㅌㅗㅜㅋㅕㅗㅜㅌㅗ·東京都의 일부이지만 도쿄보다는 괌에 더 가깝습니다. 서쪽 끝은 요나구니지마 ㅇㅛㄴㅏㄱㅜㄴㅣㅈㅣㅁㅏ·与那国島로 오키나와현 ㅇㅗㅋㅣㄴㅏㅇㅘㅎㅕㄴ·沖縄県에 속하는데, 타이완과 가까워서 날씨가 좋은 날은 타이완을 육안으로 볼 수 있을 정도입니다.

제1장 일본열도와 지역사회 ● 11

한편 북쪽 끝은 논쟁의 여지가 있습니다. 일본정부는 현재 러시아가 실효지배를 하고 있는 에토로후えとろふ・択捉섬을 최북단이라고 주장하고 있어요. 일본정부는 에토로후섬을 비롯해 하보마이제도はぼまいしょとう・歯舞諸島, 시코탄しことん・色丹, 구나시리くなしり・国後 등 4개의 섬을 '북방4도' 또는 '북방영토'라고 부르며 러시아정부에 대해 이 땅을 반환해달라고 요구하고 있습니다. 그렇지만 일본정부와 러시아정부 간 주장이 달라 영토를 둘러싼 양국 간 교섭은 현재 교착상태에 빠져 있습니다. 반면 일본이 실효지배하고 있는 실질적인 북쪽 끝은 홋카이도 북쪽에서 약 1km 떨어진 곳에 위치한 벤텐지마べんてんじま・弁天島라는 무인도랍니다.

오키노토리시마는 바위일까요? 섬일까요?

일본정부가 주장하는 남쪽 끝은 오키노토리시마 おきのとりしま・沖ノ鳥島 입니다. 일본정부는 이 섬이 만조 때에는 해수면에 거의 잠기는 것을 의식해 바위가 가라앉지 않도록 보강공사를 하였습니다. 최근 중국정부가 이곳이 섬이 아닌 바위이기 때문에 일본영토로 볼 수 없다는 문제제기를 하고 있어 논란이 되고 있습니다.

사진 한 가운데 티탄합금으로 된 금속망 안에 다다미 2장 정도 크기의 히가시코지마가 있다.

오키노토리시마

남쪽 끝의 오키노토리시마는 도쿄에서 약 1,740km 떨어져 있는데요, 산호의 분비물이나 뼈가 쌓여서 이루어진 석회질의 산호초입니다. 만조 시에 바다에 잠기지 않는 것은 히가시코지마 ひがしこじま・東小島와 기타코지마 きたこじま・北小島로 불리는 다다미 4장 반 정도의 바위로, 대부분은 해수면 아래에 있습니다. 일본정부는 1987년부터 수백억 엔의 돈을 들여 두 섬 주변을 콘크리트로 에워싸는 공사를 실시하였습니다. 두 섬이 파도에 깎여서 가라앉지 않도록 하기 위한 조치였지요.

　그런데 최근 중국정부가 오키노토리시마가 섬이 아닌 바위라는 주장을 제기하고 있어 양국 간에 문제가 되고 있습니다. 국제해양규약 상으로는 섬으로 인정되지 않으면 배타적 경제수역을 인정하지 않습니다. 따라서 일본정부는 오키노토리시마가 바위라는 주장을 일소하기 위해 이곳에 등대를 세워 지도상에 표기될 수 있도록 시도하고, 또한 오키노토리시마에서 경제활동이 이루어지고 있다는 사실을 뒷받침하기 위해 정기적으로 선박을 파견해 어업활동을 하고 있습니다.

지형 – 산지, 하천, 평야
ちけい・地形 – さんち・山地, かわ・川, へいや・平野

일본은 산지가 많은 나라인가요?

일본은 산지(구릉지 포함)가 전 국토의 약 4분의 3을 차지할 정도로 산지 비율이 높은 나라입니다. 산지는 국토의 중앙부에 북동에서 남서 방향으로 이어져 있어, 일본열도를 크게 동해에 접한 지역과 태평양에 접한 지역으로 양분하고 있습니다. 산지는 대부분 지질학적으로 젊어서 경사가 급하고 험하며 해안 가까이로 이어져 있는 경우가 많습니다.

일본에서 해발 3,000미터가 넘는 산은 모두 21개나 되는데요, 후지산 ふじさん・富士山을 비롯해 기타다케 きただけ・北岳, 오쿠호타카다케 おくほたかだけ・奥穂高岳, 아이노다케 あいのだけ・間ノ岳, 야리가타케 やりがたけ・槍ヶ岳 등이 있습니다. 이들 산은 대체로 혼슈의 중앙부에 몰려 있으며 흔히 일본의 알프스 日本アルプス라고 불립니다.

또한 일본의 산지는 환태평양 조산대에 속해 있어 대부분 화산활동에 의해 형성되었다는 특징이 있습니다. 따라서 화산이 많으며, 현재 활동하고 있는 화산도 많습니다. 후지산은 오랫동안 화산활동을 멈춘 것으로 알려져 있지만, 최근 활동을 재개하고 있는 움직임이 포착되고 있습니다. 그리고

운젠다케

규슈지방의 아소산 あそさん·阿蘇山, 운젠다케 うんぜんだけ·雲仙岳, 사쿠라지마 さくらじま·桜島 등을 비롯해 여러 곳에서 화산활동이 일어나고 있습니다. 2000~2001년에는 우스잔 うすざん·有珠山에서, 2000년에는 미야케지마 みやけじま·三宅島에서, 2006년에는 사쿠라지마에서, 2011년에는 기리시마야마 きりしまやま·霧島山의 신모에다케 しんもえだけ·新燃岳에서 상당한 규모의 분화가 일어나 피해가 발생했습니다.

일본열도는 기후가 온난하고 강수량이 많아 나무가 자라기 좋은 곳입니다. 더욱이 산지의 지형이 험준해서 삼림이 잘 보존되어 있죠. 따라서 산지는 대개 울창한 숲으로 덮여 있으며, 남북으로 길게 늘어진 지형 때문에 숲의 생태계가 다양하다는 특징이 있습니다.

평야를 중심으로 도시가 형성되어 있나요?

일본은 산지가 많은 비중을 차지하는 반면 평지는 전 국토의 약 4분의 1에 지나지 않습니다. 평야는 산에서 흘러내려오는 하천이 실어온 토사가 퇴적되어 형성된 퇴적평야가 많습니다. 산지가

일본의 주요 산맥

자료: 矢野恒太記念会 編, 2013,
『日本のすがた2013』, 8쪽

대개 급경사를 이루며 해안 가까이까지 이어져 있기 때문에 대부분의 하천은 길이가 짧고 급류를 이루는 경우가 많습니다. 따라서 침식·운반 작용이 활발해 산에서 흘러내려오는 하천을 따라 하천의 하류에서부터 바다로 흘러 들어가는 입구에 걸쳐 삼각주가 발달하거나, 산기슭에 부채꼴 모양의 선상지扇状地가 발달한 경우가 많습니다.

평야지역에서는 예로부터 농경이 활발히 이루어져 왔는데요, 이시카리いしかり·石狩 평야를 비롯해 에치고えちご·越後 평야, 쇼나이しょうない·庄内 평야, 아키타あきた·秋田 평야 등이 대표적인 평야입니다.

또한 평야를 중심으로 도시가 형성되어 있습니다. 간토かんとう·関東 평야는 일본 최대의 평야로 도네가와とねがわ·利根川가 흐르고 있으며, 이 곳에는 도쿄とうきょう·東京를 비롯해 요코하마よこはま·横浜, 가와사키かわさき·川崎, 지바ちば·千葉 등을 잇는 도쿄 대도시권이 형성되어 있으며, 게이힌けいひん·京浜 공업지대와 게이요けいよう·京葉 공업지역, 기타칸토きたかんとう·北関東 공업지역이 형성돼 있습니다.

주부ちゅうぶ·中部 지방의 노비のうび·濃尾 평야에는 기소가와きそがわ·木曽川가 흐르고 있는데요, 이곳에는 나고야なごや·名古屋와 주변 도시를 잇는 나고야 대도시권과 일본 최대의 공업지역인 주쿄ちゅうきょう·中京공업지대가 형성돼 있습니다. 오사카おおさか·大阪평야에는 요도가와よどがわ·淀川가 흐르고 있으며, 오사카와 고베こうべ·神戶를 포함하는 한신はんしん·阪神 공업지대를 중심으로 오사카 대도시권이 형성되어 있습니다.

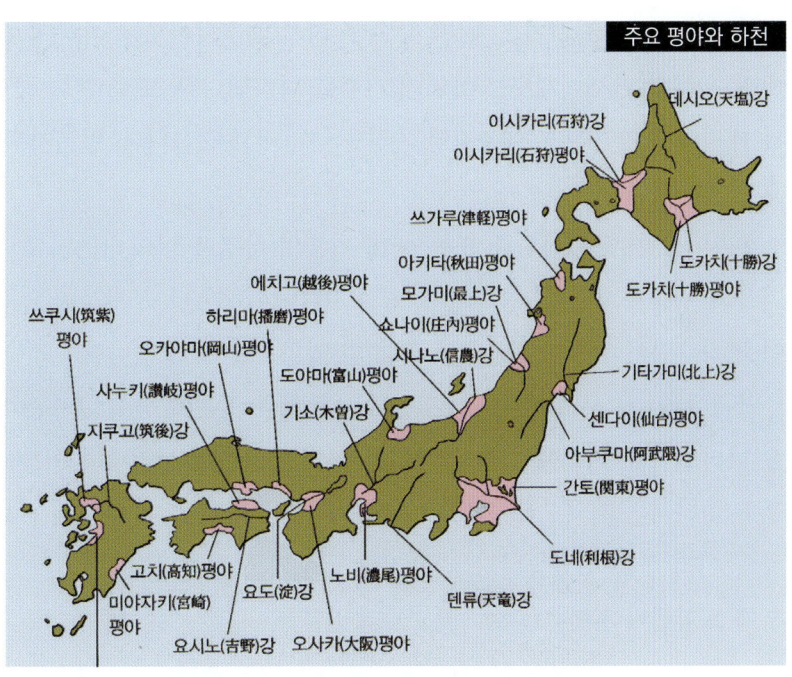

자료 : 矢野恒太紀念会 編, 2013, 『日本のすがた 2013』, 9쪽

기후 きこう・気候

　일본은 국토가 남북으로 길게 늘어져 있어 지역 간 기후 차가 큽니다. 혼슈는 한국과 마찬가지로 온대몬순기후에 속하지요. 반면 북쪽에 위치한 홋카이도는 아한대 또는 냉대 기후의 특징을 나타내며, 남쪽의 난세이제도는 아열대 기후를 나타냅니다. 또한 혼슈 중앙부의 산지를 경계로 동해 쪽과 태평양 쪽의 기후도 대조적인 특징을 나타내고 있습니다. 일본기후는 다음과 같이 크게 6개 지역으로 구분됩니다.

　홋카이도 기후는 아한대 또는 냉대 기후의 특징을 나타내는데요, 홋카이도의 겨울은 매우 추워 겨울의 월평균 기온은 영하이며, 영하 10℃ 이하인 날도 드물지 않습니다. 반면 여름은 시원하고 연중 강수량이 적으며 쓰유 つゆ・梅雨의 영향을 받지 않습니다.

　난세이 なんせい・南西제도 기후는 일 년 내내 기온이 높고 강수량이 많은 아열대성 기후의 특징을 나타냅니다. 겨울에는 평균 기온이 15℃ 이상이며 서리나 눈이 내리지 않습니다. 난세이제도 기후를 나타내는 지역으로는 오키나와 おきなわ・沖縄제도나 아마미 あまみ・奄美제도 등 규슈 지역 남쪽의 여러 섬들이 있습니다. 간토지방 남부의 오가사와라 おがさわら・小笠原제도도 난세이제도 기후에 포함됩니다.

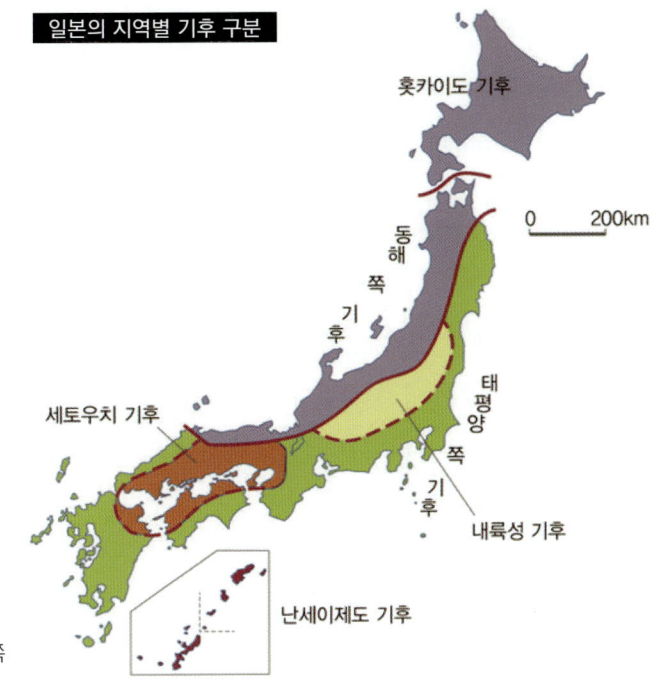

일본의 지역별 기후 구분

자료: 矢野恒太紀念会 編, 2013, 『日本のすがた 2013』, 12쪽

　혼슈 중앙부 산지를 경계로 동해에 접하고 있는 지역과 태평양에 접하고 있는 지역과는 대조적인 기후를 나타냅니다. 일본은 몬순기후이기 때문에 겨울에는 시베리아에서 불어오는 북서계절풍의 영향을, 여름에는 태평양에서 불어오는 남동계절풍의 영향을 받습니다. 따라서 계절풍의 영향으로 두 지역은 여름과 겨울에 대조적인 기후를 나타내지요.
　동해 쪽 기후는 겨울에 눈이 많이 내립니다. 대륙으로부터 불어오는 차가운 북서계절풍이 동해를 건너면서 상당량의 수증기를 흡수하고, 중앙부의 산지에 부딪혀 상승하면서 많은 눈을 내리게 하는 것입니다. 반면 여름은 비교적 맑은 날이 많고 기온이 높습니다.
　반면 태평양 쪽 기후는 겨울에 건조한 바람이 불며, 맑고 쌀쌀한 날이 많은 특징을 나타냅니다. 계절풍이 산지를 넘을 때 동해 쪽에 많은 눈을 뿌림으로써 건조해졌기 때문이지요. 여름에는 남동계절풍의 영향을 받아 비오는 날이 많고 무덥습니다. 한편 태평양에 접하고 있는 도호쿠지방에서는 여름에 바다로부터 진한 안개가 유입되는 경우가 있습니다.
　세토우치 せとうち・瀨戶內 기후는 세토나이카이를 둘러싸고 있는 주변 지방에서 나타나는 기후입니다. 이 지역은 북쪽의 주고쿠산지와 남쪽의 시코쿠산지에 둘러싸여 있어 계절풍의 영향을 그

제1장 일본열도와 지역사회 ● 19

다지 받지 않습니다. 따라서 연중 맑은 날이 많고 기온이 따뜻하며 비가 적습니다.

내륙성 기후는 혼슈 한가운데 위치한 중앙부 산지의 내륙지방에서 나타나는 기후입니다. 이 지역은 계절풍의 영향을 받지 않아 연중 강수량이 적지요. 또한 여름과 겨울, 낮과 밤의 기온 차가 큽니다.

일본은 온대지역에 속하는 나라 중에서 강수량이 많은 편입니다. 강수량의 많은 부분은 6월에 시작되는 쓰유 つゆ・梅雨와 8월 말~9월 초에 나타나는 태풍에 수반된 집중호우에 따른 것이죠. 쓰유기인 6월경에는 대체로 한 달 가까이 비가 내리는데, 쓰유 기간이 매년 일정한 것은 아닙니다. 쓰유기의 강우량은 남쪽 지방과 북쪽 지방의 차이가 크며, 홋카이도는 쓰유의 영향을 받지 않습니다. 쓰유가 끝나면 무더위가 시작되면서 본격적인 여름으로 접어듭니다.

자연재해 しぜんさいがい・自然災害

일본은 환태평양 지진대에 속하기 때문에 지진과 화산활동이 매우 활발한 나라입니다. 이것은 일본열도가 태평양 플레이트, 유라시아 플레이트, 필리핀해 플레이트, 북아메리카 플레이트 등 4개 플레이트의 경계에 위치하고 있어 지반이 매우 불안정하기 때문입니다.

지진이 얼마나 자주 일어나나요?

일본에서 지진은 일상적으로 일어나고 있다고 할 정도로 자주 발생합니다. 일본의 기상청 홈페이지에는 지금까지 발생한 지진에 대한 정보를 제공하고 있는데, 이를 통해 일본열도에서 매우 빈번하게 지진이 일어나고 있는 것을 알 수 있습니다. 20세기에 발생한 가장 큰 지진은 1923년의 관동대지진 かんとうだいしんさい・関東大震災입니다. 이 지진은 도쿄도, 가나가와현 かながわけん・神奈川県, 지바현 ちばけん・千葉県, 시즈오카현 しずおかけん・静岡県 등 간토 かんとう・関東 지방 남부의 광범위한 지역에 커다란 피해를 가져왔습니다. 사망자 및 행방불명자가 105,000명, 건물 파괴가 42만 호에 이를 정도로 엄청난 지진이었습니다. 특히 재일한국인이 살인, 방화, 폭동을 일으키고 있다는 유언비어가 나돌면서 다수의 재일한국인들이 일본인들에게 무차별 학살되는 비극이 일어나기도 했습니다.

　최근에 큰 피해를 낸 지진으로는 1995년에 발생한 한신·아와지대지진 はんしん・あわじだいしんさい・阪神・淡路大震災이 있습니다. 이 지진으로 6,500명이 사망하고 25만여 호의 건물이 붕괴되었습니다. 땅이 꺼지고 큰 빌딩이 무너지고 고가도로가 붕괴되는 등 그 충격적인 피해로 이 지진은 일본의 안전신화를 무너뜨렸고, 이 지진을 계기로 각 지자체에서는 방재대책을 재검토하고 강화하게 되었습니다. 또한 전국 각지에서 자원봉사자들이 도움의 손길을 줌으로써 자원봉사의 위력을 널리 인식시키는 역사적 계기가 되었습니다. 따라서 일본에서는 1995년을 '볼런티어 원년(元年)'이라고 부르기도 합니다.

　2011년에 발생한 동일본대지진은 산리쿠해안이 진원지로 도호쿠 태평양 연안에 심각한 쓰나미 피해를 가져왔습니다. 지진 발생 30분 후에 거대한 쓰나미가 몰려와 건물과 가옥, 사람들을 삼켜버렸는데, 이 지진으로 인해 사망자 15,879명, 행방불명자 2,712명, 부상자 6,126명이 발생하였고, 파괴된 건물도 39만 호에 이를 정도로 피해가 컸습니다.

　특히 동일본대지진의 경우, 쓰나미로 인해 도쿄전력 후쿠시마 제1원전에서 원자로 냉각장치가 기능을 상실하면서 원자로가 폭발하는 사고가 발생했습니다. 이 사고로 인해 피난생활을 하고 있는 후쿠시마현의 이재민은 2013년 3월 시점에서 16만 명이며, 사고 발생 5년이 지난 2016년에도 98,000명의 사람들이 피난생활을 하고 있습니다. 사고 이후의 수습도 제대로 이루어지지 않고 있는데, 노심 용융이 일어난 1호기, 2호기, 3호기는 방사능 오염의 위험이 커서 당분간 접근조차 어려운 상황입니다. 또한 어마어마한 양의 핵폐기물과 방사능에 오염된 지하수, 건물 잔해 등도 더이상 보관할 장소가 없어 상황이 심각합니다. 이외에도 배상 문제, 방사능 오염으로 인한 건강 및 환경피해 등 원전사고로 인한 피해의 범위와 규모는 너무나 광범위하며, 그 해결책을 찾기 어려워 그야말로 문제가 산적해 있습니다.

동일본대지진으로 파괴된 후쿠시마의 어느 마을 모습

일본은 화산활동도 활발하지요?

일본은 화산활동이 활발해 그 피해가 큽니다. 분화로 인해 흘러나온 용암이나 화산재 등이 인명과 가옥, 가축, 농지 등에 피해를 입히는 일도 종종 발생합니다. 현재 일본에는 110개의 활화산이 있는데, 홋카이도, 도호쿠지방과 간토지방, 주부지방, 규슈지방에 활화산이 집중적으로 분포되어 있습니다. 또한 이즈제도와 오가사와라제도에도 활화산이 집중적으로 분포되어 있습니다.

일본 기상청에서 채택하고 있는 활화산의 정의는 '대체로 과거 1만년 이내에 분화한 화산 및 현재 활발한 분화활동을 하고 있는 화산'입니다. 화산활동의 수명은 매우 길어서 수백 년 정도의 휴지기간은 그다지 오랜 시간이 아니라는 인식이 1950년대부터 국제적으로 확산되었다고 합니다. 따라서 과거 분화기록이 있는 화산이나 앞으로 분화할 가능성이 있는 화산 등을 포함시키고자 2003년부터 활화산의 정의를 광범위하게 채택하고 있습니다.

일본 기상청과 관계기관에서는 향후 100년 정도의 중장기적인 분화 가능성 및 사회적 영향을 고려해 감시와 관측체제가 필요한 화산 47개를 선정해 24시간 상시 감시와 관측활동을 하고 있습니다.

분화활동을 하고 있는 규슈지방의 아소산

홍수나 태풍으로 인한 피해도 큰가요?

그 밖에 태풍과 홍수에 의한 피해도 큰데요, 일본은 강수량이 많으며 단위시간당 강수량도 많은 지역이기 때문에 집중호우의 피해가 큽니다. 홍수나 태풍으로 인한 피해는 주로 서남부의 규슈지방에서 집중적으로 일어나고 있습니다.

방재의 날 ぼうさいのひ・防災の日은 언제인가요?

9월 1일 '방재의 날'은 1923년에 일어난 관동대지진 피해의 교훈을 잊지 않겠다는 의미와 이 시기에 태풍에 대한 준비를 하자는 의미에서 1960년에 제정되었습니다. 가정에서는 비상시를 대비해 피난 장소를 확인해 두고, 위급할 때 가지고 나갈 배낭 등을 준비하도록 하고 있습니다. 이 배낭 안에는 한 사람이 들고 나갈 수 있는 최소한의 품목을 담도록 하고 1년에 한 번은 반드시 점검하여 전지나 미네랄워터, 통조림 등을 새 것으로 교환하도록 하고 있습니다. 그 외에도 재해 직후에는 가지고 나갈 수 없더라도 나중에 사용할 수 있도록 물이나 인스턴트 식품을 준비해 두도록 합니다. 최근에는 대형 슈퍼마켓이나 백화점 등에서 이 모든 것이 들어있는 방재세트 防災セット를 팔기도 합니다.

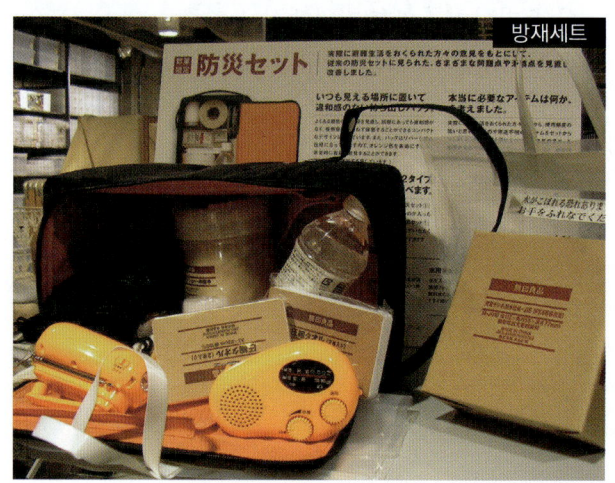
방재세트

지진이 일어났을 때는 어떻게 해야 하나요?

지진이 일어났을 때는 당황하지 말고 가장 먼저 방석이나 가방 등으로 머리를 가린 뒤, 불과 가스를 끄고 창문을 연 후 탁자나 책상 밑으로 몸을 피하는 것이 안전합니다.

도도부현의 행정체계
とどうふけんのぎょうせいシステム・都道府県の行政システム

일본의 행정단위에 대해 알려 주세요!

일본의 행정단위는 도도부현都道府県의 광역자치체와 시정촌 市町村의 기초자치체로 나누어집니다. 도 都는 도쿄도 とうきょうと・東京都, 도 道는 홋카이도 ほっかいどう・北海道, 부 府는 교토부 きょうとふ・京都府와 오사카부 おおさかふ・大阪府를 말하며, 현 県은 아오모리현에서 오키나와현에 이르는 43개의 현을 말합니다.

도도부현의 행정체계는 메이지기 めいじき・明治期에 만들어져 그 기본 골격이 그대로 유지되어 왔습니다. 메이지정부는 봉건적인 지배기반을 없애고 근대적인 행정단위를 마련하기 위해 1871년에 폐번치현 廃藩置県을 단행하였습니다. 이것은 번을 폐지하고 전국을 부 府와 현 県으로 구분하여 각 부·현에 국가가 임명한 관리를 파견한 것입니다. 이 조치에 따라 도쿄, 오사카, 교토의 3부와 302현이 탄생하였습니다. 그리고 같은 해 11월까지 실시된 부현 통합 조치에 의해 3부 72현이 만들어졌습니다. 1888년에 3부 43현 체제가 성립되었고, 1901년에 홋카이도가 지방자치단체가 되면서 47개의 도부현 道府県이 확정되었습니다. 1943년에 도쿄부가 도 都로 바뀌면서 현재의 도도부현 체제가 확정되었습니다.

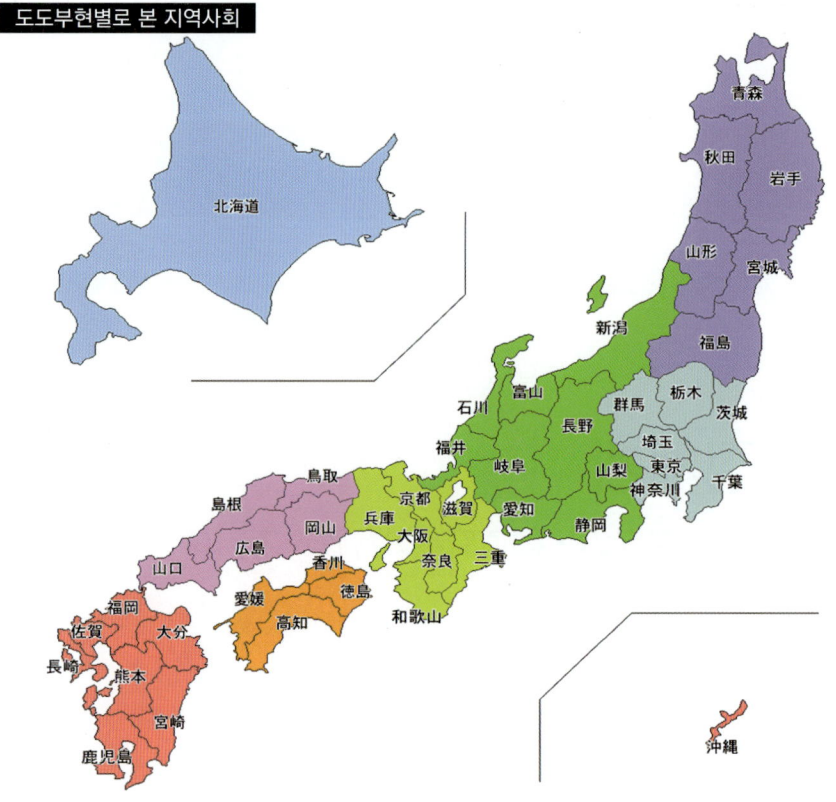

도도부현별로 본 지역사회

도쿄도와 도쿄23구란 뭐죠?

일본의 수도인 도쿄도는 흔히 서울특별시와 같은 단일 시로 생각하기 쉽습니다. 그렇지만 도쿄도는 23개의 특별구를 비롯해 26개 시, 5개 정, 8개 촌으로 구성된 광역행정 단위입니다. 이 중에서 23개의 특별구만을 가리켜 도쿄라고 칭하기도 하는데요, 23개 특별구는 특별지방공공단체로 각각의 구가 시와 거의 같은 권한을 부여받고 있습니다.

최근 시정촌 합병이 대대적으로 이루어졌다고 하던데요?

최근 일본에서는 기초자치체인 시정촌의 합병이 활발하게 이루어지고 있습니다. 지금까지 일본 정부가 주도한 시정촌 합병은 세 차례 있었는데요, 첫 번째는 '메이지 대합병 明治の大合併'이라고 불리는 것입니다. 이 조치는 1888년 지방제도가 확립되면서 실시되었는데 정촌 합병으로 인해 약 7만 개이던 정촌이 5분의 1로 줄었습니다. 두 번째는 1950년대 중반 전후 정치시스템이 확립되던 시기에 일어났는데요, 이때의 합병으로 약 1만 개 였던 시정촌의 수가 약 3분의 1로 감소했죠. 이를 가리켜 '쇼와 대합병 昭和の大合倂'이라고 합니다.

한편 헤이세이기에 와서도 지방분권개혁의 일환으로 대대적인 합병이 있었는데요, 이를 '헤이세이 대합병 平成の大合倂'이라고 부릅니다. 2000년대에 와서 대대적인 통폐합이 이루어져 2000년에 3,230개였던 시정촌의 수는 2005년에 2,217개, 2006년에 1,822개로 크게 감소하였습니다. 2020년 3월 현재 시정촌의 수는 모두 1,724개로, 그 내역을 보면 시 792개, 정 743개, 촌 189개입니다.

시정촌의 합병은 고령화로 인한 인구감소를 배경으로 행정의 효율성을 높이기 위한 조치라고 할 수 있습니다. 현재 각 지역사회에는 고령화에 따른 과소 過疎 문제가 심각한데요, 2019년 4월 1일 현재 전국 1,719개 시정촌의 47.5%에 해당되는 817개 시정촌이 일본 정부가 지정한 과소 시정촌에 해당됩니다. 과소정촌의 고령자 비율은 상당히 높으며, 의료기관이나 교통기관이 철수해 사실상 지역공동체로서 기능을 못하는 곳도 많습니다. 시정촌의 합병이 과소지역의 문제를 행정적 관심의 우선순위에서 밀려나게 함으로써 과소화를 촉진시킨다는 비판도 많습니다.

지역구분 ちいきくぶん・地域区分

일본의 지역사회는 여러 가지 방식으로 구분할 수 있습니다. 구분하는 목적이나 주체에 따라 다양하게 구분할 수 있는데요, 기후나 지형과 같은 자연환경, 교통망, 역사적 연원이나 생활문화 등 여러 요인을 고려하여 비슷한 지역을 묶거나 나눌 수 있습니다. 다양한 지역구분을 통해 우리는 각 지역사회의 독자적인 역사와 문화, 개성에 주목할 수 있을 것입니다.

일본의 지역은 어떻게 구분하나요?

일본인들에게 널리 통용되는 구분으로는 일본을 크게 동일본 東日本과 서일본 西日本으로 나누는 것입니다. 동일본과 서일본의 경계가 어디인지에 대해서는 조금씩 이견이 있지만, 대체로 니가타현 にいがたけん・新潟県, 나가노현 ながのけん・長野県, 시즈오카현 しずおかけん・静岡県을 경계로 이들 지역을 포함한 동쪽 지역을 동일본으로 보고, 나머지 서쪽 지역을 서일본으로 볼 수 있습니다. 지질학적으로는 니가타현의 이토이가와시 いといがわし・糸魚川市와 시즈오카현의 시즈오카시 しずおか

し・静岡市를 잇는 선을 경계로 동일본과 서일본을 나누는 지구대 地溝帯, Fossa Magna가 존재한다고 합니다.

일본인 중에는 동일본과 서일본의 말이 다르다든지, 설날에 먹는 떡국 おぞうに・お雑煮의 떡 모양이나 생선의 종류가 다르다든지, 음식의 맛을 내는 방식에 차이가 있다고 생각하는 사람이 많습니다.

나아가 이러한 차이를 학문적으로 규명하려는 노력도 이루어지고 있는데요, 언어학에서는 오래전부터 동일본과 서일본 간의 방언의 경계선을 찾으려는 노력이 행해져 왔습니다. 또한 가족사회학에서는 동일본은 본가와 분가의 관계가 수직적인 관계를 형성하는 동족 同族관계가 주축을 이루는 반면, 서일본은 혼인에 의한 가족 간 연대와 협력을 중시한다는 점에 주목해왔습니다.

8개의 지역구분은 어떻게 되죠?

47개 도도부현을 지리적, 역사적, 문화적 근접성을 고려해 8개의 지역으로 구분하는 방식은 일본에서 널리 통용되는 구분이라고 할 수 있습니다. 18페이지의 그림에서는 일본열도를 8개 지역으로 구분하였는데요, 8개 지역은 다음과 같습니다.

1	홋카이도 北海道지방	北海道(ほっかいどう)
2	도호쿠 東北지방	青森(あおもり), 岩手(いわて), 宮城(みやぎ), 秋田(あきた), 山形(やまがた), 福島(ふくしま)
3	간토 関東지방	茨城(いばらき), 栃木(とちぎ), 群馬(ぐんま), 埼玉(さいたま), 千葉(ちば), 東京(とうきょう), 神奈川(かながわ)
4	주부 中部지방	新潟(にいがた), 富山(とやま), 石川(いしかわ), 福井(ふくい), 山梨(やまなし), 長野(ながの), 岐阜(ぎふ), 静岡(しずおか), 愛知(あいち)
5	긴키 近畿지방	三重(みえ), 滋賀(しが), 京都(きょうと), 大阪(おおさか), 兵庫(ひょうご), 奈良(なら), 和歌山(わかやま)
6	주고쿠 中国지방	鳥取(とっとり), 島根(しまね), 岡山(おかやま), 広島(ひろしま), 山口(やまぐち)
7	시코쿠 四国지방	徳島(とくしま), 香川(かがわ), 愛媛(えひめ), 高知(こうち)
8	규슈 九州지방	福岡(ふくおか), 佐賀(さが), 長崎(ながさき), 熊本(くまもと), 大分(おおいた), 宮崎(みやざき), 鹿児島(かごしま), 沖縄(おきなわ)

고대 지명에 기초한 지역구분을 알려주세요!

　이 밖에 지역구분과 관련해서 호쿠리쿠 ほくりく・北陸지방, 도카이 とうかい・東海지방, 고신 こうしん・甲信지방, 고신에쓰 こうしんえつ・甲信越지방, 산인 さんいん・山陰지방, 산요 さんよう・山陽지방 등의 명칭도 일상생활에서 널리 쓰입니다.

　이러한 명칭은 고대에 율령국가를 확립하던 때의 행정구분 시 사용되던 지명에서 유래하는데요, 701년 몬무천황 もんむてんのう・文武天皇은 다이호율령 たいほうりつりょう・大宝律令을 제정해 전국을 5기 畿와 7도 道로 나누고, 이를 다시 국국, 군郡, 리里로 나누었습니다. 7도는 도산도 とうさんどう・東山道, 도카이도 とうかいどう・東海道, 호쿠리쿠도 ほくりくどう・北陸道, 난카이도 なんかいどう・南海道, 산인도 さんいんどう・山陰道, 산요도 さんようどう・山陽道, 사이카이도 さいかいどう・西海道입니다.

　앞에서 본 주부지방은 호쿠리쿠지방, 고신지방, 도카이지방의 3개 지역으로 나누기도 하는데, 호쿠리쿠지방은 동해와 접하고 있는 지역을 가리킵니다. 도카이지방은 태평양과 접하고 있는 지역을 말합니다. 고신 こうしん・甲信지방은 내륙부의 높은 산들이 모여 있는 지역을 말하며 중앙고지 中央高地라고도 합니다.

　고신지방은 야마나시현과 나가노현을 가리키며, 고신에쓰 こうしんえつ・甲信越지방은 야마나시현, 나가노현, 니가타현을 가리킵니다. 고신지방 또는 고신에쓰지방과 같은 명칭은 고대의 국명 国名에서 유래한 것입니다. 고대에 야마나시는 가이 かい・甲斐국, 나가노는 시나노 しなの・信濃국, 니가타는 에치고 えちご・越後국이라고 불렀는데, 고신지방이나 고신에쓰지방과 같은 명칭은 바로 고대지명의 머리 한자를 딴 것입니다.

　산인지방은 산인도에서 유래한 것으로 주고쿠산지를 기준으로 동해 쪽에 위치한 지역을 말합니다. 반면 산요지방은 주고쿠산지를 기준으로 세토나이카이 せとないかい・瀬戸内海와 접하고 있는 지역입니다.

　도카이도라는 말은 도카이도신칸센 とうかいどうしんかんせん・東海道新幹線이나 도카이도본선 とうかいどうほんせん・東海道本線 등의 철도노선을 가리키는 명칭으로 쓰이고 있습니다. 산인, 산요가 들어간 철도노선명이나 고속도로 노선명도 있습니다.

지역간 격차 ちいきかんかくさ・地域間格差

지역간 경제격차가 크다고 하던데 그 실상은 어떤가요?

47개 도도부현을 경제활동이라는 관점에서 보면 제1차산업의 비중이 높은 지역이 있는가 하면, 제2차산업의 비중이 높은 지역, 그리고 제3차산업의 비중이 높은 지역이 있습니다. 물론 도도부현의 광역자치체는 도시나 농촌을 모두 포함하고 있기 때문에 극단적으로 제1차산업의 비중이 높다든지 아니면 제2차산업 또는 제3차산업의 비중이 높은 경우는 없습니다. 그렇지만 전국의 평균치를 기준으로 볼 때는 차이가 있습니다.

지역간 경제규모를 살펴보면 농업생산액(2012년 기준)이 가장 높은 곳은 홋카이도로, 그 규모는 1조 엔이 넘습니다. 반면 홋카이도를 제외한 나머지 지역은 생산액의 규모가 수천 억 엔에 지나지 않습니다. 한편 공업 생산액(2012년 기준)의 규모가 가장 큰 현은 아이치현으로, 그 규모는 40조 엔이 넘습니다. 도요타자동차를 비롯해 수많은 자동차 부품공장이 모여 거대공업지역을 형성하고 있는 아이치현의 특징이 이러한 수치에 나타나 있다고 할 수 있습니다. 그 외에 공업 생산액이 10조 엔을 넘는 지역으로는 가나가와현, 오사카부, 시즈오카현, 효고현, 지바현, 사이타마현, 이바라키현, 미에현 등이 있습니다.

상점 판매액(2007년 기준)이 가장 높은 지역은 도쿄도로 그 규모는 181조 엔에 이릅니다. 그 다음이 오사카부로 그 규모는 도쿄도의 3분의 1 수준인 60조 엔 정도입니다. 이밖에 상점 판매액이 10조 엔을 넘는 지역으로는 아이치현, 후쿠오카현, 가나가와현, 홋카이도, 사이타마현, 효고현, 지바현, 히로시마현, 시즈오카현, 미야기현 등이 있습니다.

이러한 경제규모의 격차는 현민 県民 소득에도 그대로 반영되어 나타나는데요, 2011년 광역자치체별 1인당 소득이 가장 높은 지역은 도쿄도로 1인당 437만 엔입니다. 이는 가장 소득이 낮은 오키나와현 202만 엔의 2배가 넘습니다.

이와 같은 몇 가지 지표를 통해 대규모 공업지역을 중심으로 대도시를 형성하고 있는 지역의 소득 수준이 높고, 이러한 공업화로부터 탈락된 지역의 소득수준이 낮다는 것을 알 수 있습니다.

지역간 인구격차도 심각한가요?

지역간 경제격차의 구조는 인구구조와도 밀접한 관련이 있습니다. 대규모 공업지역이 형성되어 있는 경우, 주변의 인구를 끌어들임으로써 인구증가가 일어나는 반면 다른 지역에서는 유출이 일어나 인구가 감소하게 된다고 할 수 있습니다. 고도성장기에 일본에서는 지역간 인구이동이 매우 활발하게 일어났는데, 이것이 지역간 인구격차의 문제를 발생시켰습니다.

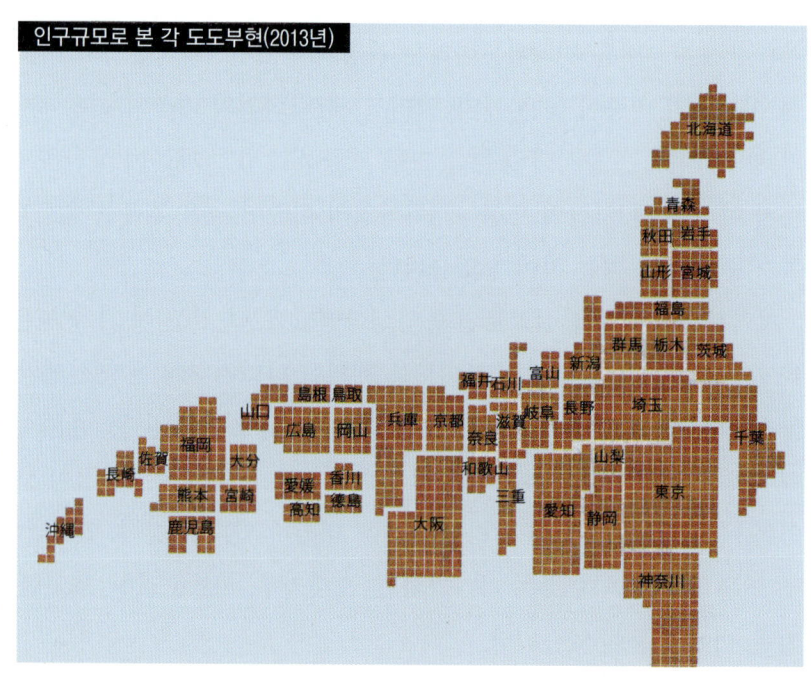

주: 눈금 하나가 10만 명. 지도형태는 田邊裕 외 편, 2005, 『新しい社会地理』 42쪽을 이용하여 인구증감을 반영하여 작성함.
자료 : 総務省 統計局, 「人口推計」 (2013년 10월 1일 현재, http://www.stat.go.jp/data/jinsui/2013np/index.htm)

옆 그림은 각 현의 면적을 인구규모에 비례하여 나타낸 것인데요, 눈금 하나가 10만 명을 나타냅니다. 이것을 보면 인구가 500만 명이 넘는 곳은 모두 9개 지역으로 홋카이도, 도쿄도, 사이타마현, 지바현, 가나가와현, 아이치현, 오사카부, 효고현, 후쿠오카현이 있습니다. 주목할만한 것은 이 중에서 7개 지역이 도쿄와 오사카를 비롯한 그 주변지역에 집중되어 있다는 점입니다.

반면 현 중에는 인구 100만 명 이하 내지는 100만 명이 조금 넘는 현도 많습니다. 100만 명 이하의 현으로는 후쿠이현, 야마나시현, 와카야마현, 시마네현, 돗토리현, 도쿠시마현, 가가와현, 고치현, 사가현이 있습니다. 150만 명 이하의 현으로는 아오모리현, 아키타현, 야마가타현, 이와테현, 도야마현, 이시카와현, 시가현, 나라현, 야마구치현, 에히메현, 나가사키현, 오이타현, 미야자키현, 오키나와현 등이 있습니다.

인구격차는 고령화와 어떤 관련이 있나요?

2016년 현재 일본은 이미 인구감소 시대로 접어들었습니다. 이미 수년 전부터 총인구가 조금씩 감소하고 있습니다. 위에서 살펴본 바와 같이 도도부현별 인구규모는 크게 차이가 있는데요, 인구증가율도 지역에 따라 큰 차이가 있습니다.

2013년에 인구가 증가한 지역은 도쿄도, 오키나와현, 아이치현, 사이타마현, 가나가와현, 미야기현, 시가현, 후쿠오카현이 있습니다. 반면 이들 이외 지역은 모두 인구가 감소하고 있는데요, 아키타현, 아오모리현의 인구 감소율이 높습니다.

또한 전체 인구 중에서 65세 이상 인구가 차지하는 고령자 비율도 지역간 격차가 큽니다. 일본의 고령자 비율은 1970년 7.1%에서 1980년 9.1%, 1990년 12.0%, 2000년 17.3%로 빠른 속도로 증가해왔습니다. 2019년 현재 고령자 비율은 28.4%이며, 2060년에는 39.9%에 이를 것으로 추산됩니다.

그런데 지역별 고령자 비율을 보면, 도도부현별로 차이가 크다는 것을 알 수 있습니다. 고령자 비율이 30.0%가 넘는 지역으로 아키타현, 고치현, 시마네현, 야마구치현이 있습니다. 이외에도 고령자 비율이 높은 지역이 상당히 많습니다. 반면 오키나와현, 도쿄도, 아이치현, 시가현, 가나가와현 등의 고령자 비율은 낮은 편이며, 이외에도 사이타마현, 도치기현, 후쿠오카현, 지바현, 오사카부, 이바라키현은 전국 평균보다 낮습니다.

지금까지 살펴본 것을 정리한다면 다음과 같습니다. 인구규모가 작은 지역은 산업적 기반이 약하고 고령화가 심각해 지역사회가 쇠퇴하는 과소かそ・過疎 문제를 안고 있습니다. 이들 지역에서는 인구감소가 전국 평균보다 더 크게 나타나고 있으며, 고령화도 더 빠르게 진행되고 있습니다.

3대 도시권과 주요 대도시
さんだいとしけんとしゅようだいとし・三大都市圏と主要大都市

3대 도시권이란 어디를 말하는 것인가요?

앞에서 살펴본 지역 간의 경제격차 구조는 고도경제성장의 결과에 의해 만들어진 것입니다. 고도성장기에 일본정부는 공업입지 확충에 중점을 두어 중화학공업 콤비나트를 건설하였습니다. 이에 따라 도쿄만 とうきょうわん・東京湾, 이세만 いせわん・伊勢湾, 오사카만 おおさかわん・大阪湾, 세토나이카이 연안이 매립되었고 이들 매립지에 철강이나 석유정제, 석유화학, 알루미늄 정련, 전력 등의 산업을 유치했습니다.

이러한 지역개발정책에 의해 고도성장기에는 임해공업지역을 끼고 대규모 공업단지가 형성된 3대 도시권을 중심으로 인구가 대규모로 유입되고 그 외의 지역에서는 대량의 인구유출이 일어났습니다. 1950~1970년간 3대 도시권으로 약 2,000만 명이 유입된 반면, 나머지 지역에서는 인구의 자연증가에도 불구하고 인구유출로 인해 인구 변동이 거의 없었습니다. 3대 도시권은 도쿄를 중심으로 한 도쿄권(도쿄도, 가나가와현, 사이타마현, 지바현)과 오사카를 중심으로 한 오사카권 (오사카부, 교토부, 효고현, 시가현, 나라현), 나고야를 중심으로 한 나고야권 (아이치현, 기후현, 미에현)을 말합니다.

3대 도시권중 하나인 도쿄권

   고도성장기에 대도시 주변에 신시가지가 대규모로 형성되면서 3대 도시권의 인구는 급속히 증가하였습니다. 3대 도시권이 차지하는 인구비율은 1940년에 40.2%였는데 이후 계속 증가하며 1990년에 49.8%를 나타내게 됩니다. 이후로도 그 비율은 계속 증가해 전체 인구의 절반을 넘어섰으며, 고령화로 인해 앞으로도 계속 증가할 것으로 예측되고 있습니다.

   고도성장기에 인구가 급증한 대도시에서는 과밀화로 인한 여러 문제가 발생하였습니다. 늘어난 근로자 세대의 주택공급을 위해 대도시 주변에 대규모 신시가지가 조성되면서 출퇴근 이동에 따른 교통체증의 문제가 심각하게 발생하였고, 자동차 증가에 따른 공해문제도 발생하였습니다. 또한 정부예산이 기업의 경제활동을 뒷받침하는 인프라 건설에 우선적으로 배분되었기 때문에 도시생활을 유지하기 위해 필요한 학교나 보육원, 도로, 상하수도, 의료시설, 공원, 문화·오락시설 등 생활에 필요한 공공시설은 매우 부족하게 되었습니다.

   뿐만 아니라 이들 지역에는 공해가 심각하게 발생하였습니다. 공해는 석유화학 콤비나트를 중심으로 하는 3대 도시권에서 주로 발생하였는데, 수은이나 카드뮴, 비소, 납 등의 중금속 및 기타 화학물질이 수질오염을 일으키는 것은 물론 아황산가스나 그 밖의 유해가스를 발생시켜 심각한 대기오염을 초래하였습니다. 도쿄나 오사카와 같은 대도시에서는 스모그현상이 심각하여 오후가 되면 하늘이 뿌옇고 숨을 제대로 쉴 수 없는 날이 많았습니다. 또한 공장지역에서는 4대 공해로 불리는 미나마타 みなまた·水俣 공해, 니가타미나마타 にいがたみなまた·新潟水俣 공해, 이타이이타이 イタイイタイ 공해, 욧카이치 よっかいち·四日市 공해가 발생해 많은 사람들을 사망에 이르게 하였습니다.

제1장 일본열도와 지역사회 • 35

3대 도시권중 하나인 오사카권

주요 대도시는 어디일까요?

다음 그림은 일본을 대표하는 정령지정도시 政令指定都市를 나타낸 것입니다. 정령지정도시란 인구 50만 명 이상의 도시에 대해 정령에 의거해 지정한 것인데, 도도부현에 속하는 사무권한의 일부를 위임받아 자율적으로 시행할 수 있고, 행정사무의 편의를 위해 행정구를 설치할 수 있습니다.

2020년 1월 기준으로 일본에는 모두 20개의 정령지정도시가 있습니다. 이들 도시는 각 지방에서 정치, 경제, 문화의 중심지 역할을 하고 있습니다. 또한 일본열도를 잇는 간선 역할을 하는 철도나 고속도로도 대체로 이들 도시를 연결하는 형태로 건설되어 있습니다.

한편 2013년 기준으로 일본에서 인구 100만 명이 넘는 주요 도시로는 도쿄23구를 비롯해 모두 12개의 도시가 있습니다. 이

일본의 정령지정도시

들 대도시는 교통이 편리하고 인구가 많은 것을 배경으로 제3차 산업이 발달했으며, 주변에 공업 지역을 끼고 있습니다. 따라서 각 지방에서 정치와 문화의 중심지 역할을 하고 있습니다.

지역	인구
도쿄東京23구	965만 명
요코하마橫浜시	374만 명
오사카大阪시	274만 명
나고야名古屋시	232만 명
삿포로札幌시	197만 명
후쿠오카福岡시	159만 명
가와사키川崎시	153만 명
고베神戶시	152만 명
교토京都시	146만 명
사이타마さいたま시	130만 명
히로시마広島시	119만 명
센다이仙台시	109만 명

▶ 인구 100만 명이 넘는 대도시(2019년)

공업지역 こうぎょうちいき・工業地域

주요 공업지역과 태평양벨트에 대해 알려주세요!

일본의 대규모 공업지역은 대체로 태평양 연안을 따라 발달되어 왔는데, 이를 가리켜 태평양벨트라고 합니다. 태평양벨트란 이바라키현의 태평양에 접한 지역에서부터 도쿄만, 나고야 남부와 욧카이치시よっかいちし・四日市市, 오사카만을 거쳐 규슈지방 북부에 이르는 지역을 말합니다. 태평양벨트를 이루는 공업지역은 제2차 세계대전 이전부터 형성되었는데, 전후 고도성장기에 추진된 지역개발정책으로 대대적으로 확장되었습니다. 원료의 수입이나 수출이 유리하다는 점과 매립을 통해 대규모 용지를 확보할 수 있다는 이점이 임해공업지역의 발전을 가져왔다고 할 수 있습니다. 다음 페이지 그림은 일본의 주요 공업지역을 나타낸 것입니다.

일본의 3대 공업지역으로는 게이힌공업지대 けいひんこうぎょうちたい・京浜工業地帯과 주쿄공업지대 ちゅうきょうこうぎょうちたい・中京工業地帯, 한신공업지대 はんしんこうぎょうちたい・阪神工業地帯를 꼽습니다. 예전에 4대 공업지역으로 3대공업지역에 더해 기타큐슈공업지대 きたきゅうしゅうこうぎょうちたい・北九州工業地帯를 포함시켰는데요, 전후에 생긴 다른 공업지역의 생산규모가 기타규슈공업지대의 생산규모를 크게 넘어서면서 4대공업지역이라는 표현은 잘 쓰지 않습니다.

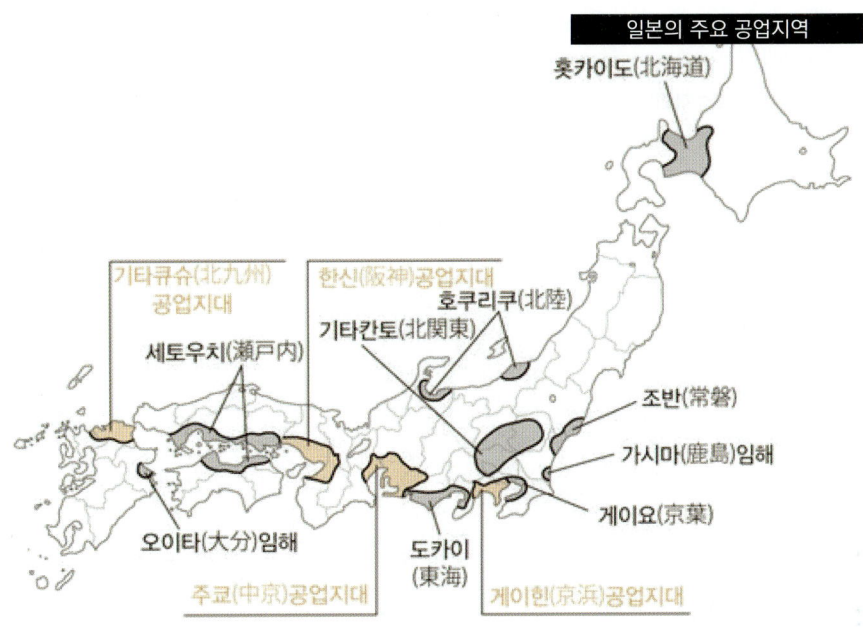

자료 : 矢野恒太記念会 編, 2013, 『日本のすがた2013』, 124쪽

　그 외 공업지역으로는 기타칸토공업지역 きたかんとうこうぎょうちいき・北関東工業地域, 게이요공업지역 けいようこうぎょうちいき・京葉工業地域, 가시마임해공업지역 かしまりんかいこうぎょうちいき・鹿島臨海工業地域, 도카이공업지역 とうかいこうぎょうちいき・東海工業地域, 세토우치공업지역 せとうちこうぎょうちいき・瀬戸内工業地域, 호쿠리쿠공업지역 ほくりくこうぎょうちいき・北陸工業地域, 홋카이도공업지역 ほっかいどうこうぎょうちいき・北海道工業地域, 조반공업지역 じょうばんこうぎょうちいき・常磐工業地域, 오이타임해공업지역 おおいたりんかいこうぎょうちいき・大分臨海工業地域이 있습니다. 일반적으로 전전부터 형성되어 있었던 4대 공업지역에 대해서는 '공업지대'라고 부르고 있으며 전후에 형성된 지역에 대해서는 '공업지역'이라는 명칭을 쓰고 있습니다.

- **게이힌공업지대**: 도쿄만을 중심으로 도쿄도에서 가나가와현으로 이어지는 공업지역
- **게이요공업지역**: 지바현 지바항(千葉港) 일대의 공업지역으로 게이힌공업지대의 연장선상에서 발전
- **기타간토공업지역**: 게이힌공업지대가 과밀해지면서 사이타마현, 군마현, 도치기현에 걸쳐 발달한 공업지역으로 간토내륙공업지역(關東內陸工業地域)으로 부르기도 함
- **가시마임해공업지역**: 이바라키현 남동부의 가시마우라(鹿島浦) 주변에 형성된 공업지역
- **주쿄공업지대**: 나고야시를 중심으로 아이치현 남부에서 미에현 북부로 이어지는 공업지역
- **도카이공업지역**: 시즈오카현의 태평양 연안을 따라 발전한 공업지역
- **한신공업지대**: 오사카만을 중심으로 오사카부와 효고현으로 이어지는 공업지역
- **세토우치공업지역**: 세토나이카이 연안의 주고쿠지방과 시코쿠지방의 도시를 중심으로 형성된 공업지역

- **기타큐슈공업지대:** 기타큐슈시를 중심으로 임해지역에 형성된 공업지역
- **호쿠리쿠공업지역:** 호쿠리쿠지방의 임해도시를 중심으로 형성된 공업지역
- **홋카이도공업지역:** 홋카이도 남서부에 발달한 공업지역
- **조반공업지역:** 후쿠시마현 남부에서 이바라키현 북부에 형성된 공업지역
- **오이타임해공업지역:** 오이타현의 임해지역에 형성된 공업지역

게이힌공업지대

과소지역 かそちいき・過疎地域

과소지역이란?

앞에서 살펴본 바와 같이 일본의 지역사회는 심각한 인구 불균형의 문제를 안고 있습니다. 인구 100만 명 내지는 150만 명 규모의 현이 여럿 있는데요, 이곳의 정촌 지역은 인구가 계속 감소해서 지역공동체가 붕괴되는 과소지역의 문제를 안고 있습니다.

과소지역이란 인구가 급격히 감소함에 따라 지역공동체의 기반이 무너져 사실상 지역사회로서 존립할 수 없게 되는 지역을 말합니다. 인구가 감소하면서 농어촌 공동체의 물적 기반이라고 할 수 있는 농업용수나 저수지, 어장의 관리가 어려워지며, 의료나 소방, 학교, 보육소 등의 생활기반 시설, 상하수도나 쓰레기 처리 등의 공공시설의 유지가 어렵게 됩니다. 이들 지역에서는 인구의 급격한 감소로 수익성을 유지할 수 없게 된 의료기관이나 교통기관 등이 철수하는 사태가 일어나고 있습니다.

과소지역의 문제는 고도성장기의 지역개발정책에서 비롯된 것이라 할 수 있습니다. 앞에서 살펴본 바와 같이 고도성장기에 지방의 인구가 3대도시권으로 유입되면서 인구가 감소한 지역이 많이 생기게 되었는데요, 특히 규슈, 시코쿠, 주고쿠, 호쿠리쿠, 도호쿠지방에서 인구유출이 많았습니다.

이들 지역에서 젊은이들은 중학교를 졸업하자마자 집단취직을 통해 도시로 빠져나갔습니다.

과소지역의 가장 큰 문제점은 젊은층이 사라져 농촌의 노동력이 급속도로 고령화되고 있다는 점입니다. 젊은층이 없어지면서 다음 세대의 재생산이 일어나지 못하고 있는데요, 도시지역에 비해 고령화가 10년 내지 20년 앞서 있다고 할 정도로 고령화 문제는 심각합니다.

일본정부는 1970년의 과소지역대책긴급조치법過疎地域對策緊急措置法을 시작으로 법률을 제정해 과소지역의 문제를 해결하기 위해 노력해왔습니다. 과소문제가 심각한 지역을 과소지역으로 지정해 재정지원을 하고 있지만, 과소문제의 구조적 뿌리가 깊은 만큼 쉽사리 해결되지는 않고 있습니다.

2017년 4월 1일 기준으로 과소 시정촌으로 지정되어 있는 시정촌은 817개로, 이는 전국 1,718개 시정촌의 47.5%에 해당됩니다. 2015년 국세조사에 따르면 과소 시정촌의 인구는 1,087만 명으로, 일본 인구의 8.6%에 해당하는 사람들이 전 국토의 59.7%에 해당하는 지역에 흩어져 살고 있습니다.

한계마을이란 무슨 뜻인가요?

현재 일본이 안고 있는 과소문제의 심각성을 잘 보여주는 것은 한계마을 限界集落입니다. 한계마을이란, 65세 이상 고령자가 인구의 절반을 넘는 지역으로 지역공동체로서의 기능이 사실상 한계에 다다른 지역을 가리킵니다. 한계마을의 수백 여 개가 앞으로 10년 이내에 사실상 마을 자체가 소멸될 위기에 처한 것으로 예측되고 있습니다. 마을 자체가 소멸할 위기에 처하게 되면 생활조건이 급속히 악화되면서 남겨진 주민들은 다른 곳으로 떠날 수밖에 없고 이로써 지역사회가 해체되고 마는 것입니다.

이들 한계마을이 안고 있는 가장 시급한 문제는 교통기관이 철수해 이동하기가 매우 어렵다는 점과 의료기관이나 사회복지기관이 멀리 떨어져 있다는 점입니다. 자체적으로 이동수단이 없는 병약한 노인들에게 이러한 문제는 생존과 직결되는 것이라고도 할 수 있습니다.

2008년 야마가타현의 조사에 따르면 과소지역의 96%가 마을 내에 의료기관이 없으며, 가장 가까운 의료기관까지의 거리는 평균 약 7km, 가장 가까운 개호서비스 시설까지의 거리는 평균 약 8km 떨어져 있는 것으로 나타나 있습니다. 이런 상황을 반영해서 최근 일본에서는 이동이 불편한 노인들을 병원이나 개호시설까지 모셔다 드리는 것이 중요한 자원봉사활동 중 하나가 되고 있습니다.

교통망 こうつうもう・交通網

　교통망은 지역사회를 연결하는 중요한 역할을 합니다. 교통수단의 발달은 근대가 낳은 가장 중요한 진보 중 하나라고 할 수 있습니다. 사람과 물자의 이동을 촉진시킴으로써 이제까지 별개의 생활권에서 살았던 사람들이 같은 사회의 구성원으로서 서로를 의식하게 만들었고, 이러한 의식의 변화는 근대 국민국가를 형성하는 토대가 되었습니다. 이런 점에서 교통망은 근대국가 건설의 근간이 된다고 할 수 있습니다.

　일본은 근대 초기부터 교통망의 확충에 힘을 기울였습니다. 1872년에 도쿄의 신바시 しんばし・新橋와 요코하마 よこはま・横浜를 잇는 관영철도 官營鉄道를 건설하였고 자금 부족으로 철도건설이 어려워지자 민간자본으로 철도를 건설하게 하였습니다. 이에 따라 메이지말기에는 철도에 의해 아오모리 あおもり・青森에서 도쿄로, 도쿄에서 나고야 なごや・名古屋, 오사카 おおさか・大阪를 거쳐 가고시마 かごしま・鹿児島에 이르기까지 주요 도시가 하나로 연결되기에 이르렀습니다. 그 후 이러한 간선 幹線을 토대로 지방과 지방을 잇는 지선 支線이 건설되었습니다.

신바시역

자료 : 世界文化社 編, 1968, 『明治維新』, 12~13쪽

전후에 와서 철도를 대신하여 교통망의 중심이 된 것은 고속도로입니다. 고도경제성장과 더불어 물류의 이동이 활발해지면서 1960년대부터는 철도만으로는 수송의 한계를 맞게 되었고, 이에 따라 자동차가 새로운 교통수단으로 부상하였습니다. 또한 경제적으로 풍요로워지면서 자동차의 보급이 급속도로 확산되고 여가를 즐기려는 사람들이 증가하면서 여행붐이 일어났습니다. 이에 따라 1960년대에 도메이고속도로 とうめいこうそくどうろ・東名高速道路와 메이신고속도로 めいしんこうそくどうろ・名神高速道路가 개통되었고, 그 후 도호쿠지방에서 규슈로 이어져 일본열도를 하나로 연결하는 고속도로가 건설되었습니다.

고도성장기에 와서는 재래선 在来線을 대신하여 고속철도인 신칸센 しんかんせん・新幹線이 개통되었습니다. 1964년에 도쿄올림픽을 계기로 도카이도신칸센이 개통되었고, 이후 도호쿠지방에서 도쿄로, 도쿄에서 오사카를 거쳐 규슈지방으로 이어져 일본열도를 관통하는 신칸센이 개통되었습니다. 이로써 지역간 이동은 더욱 활발해지게 되었습니다.

최근에 와서 비행기도 중요한 교통수단으로 대두하고 있는데, 1970년대까지만 해도 일반서민이 비행기를 이용하는 것은 쉬운 일이 아니었지만, 점차 항공운임이 저렴해지면서 비행기로 이동하는 여행객 수가 늘어났습니다. 이와 더불어 국내 항공기 이용자 수도 점차 증가해 국내 항공망은 도쿄를 중심으로 도쿄와 지방 대도시를 잇는 형태로 개통되었습니다.

철도 てつどう・鉄道

일본의 철도 경영은 누가 맡고 있나요?

철도는 크게 재래선과 신칸센으로 나눌 수 있습니다. 재래선은 고속철도인 신칸센 이외의 철도 노선을 말합니다. 재래선은 멀리 떨어져 있는 주요 도시를 잇는 원거리 수송을 담당하는 간선철도, 그리고 대도시와 그 주변지역, 근거리의 지방과 지방을 연결하는 지선 철도로 나눌 수 있습니다.

철도경영의 주체별로 보면 크게 국철 国鉄과 사철 私鉄로 나눌 수 있으며, 이외에 지방공공단체나 제3섹터가 운영하는 경우도 있습니다. 일본에서는 메이지기에 민간기업이 철도건설에 참여했는데, 자금이 없었던 메이지정부는 1887년에 사철철도조례를 제정하여 민간기업이 철도를 건설할 수 있도록 하였습니다. 그러다가 1906년 철도를 군사적 목적으로 이용하기 위해 전국의 모든 철도를 국유화합니다. 이후 민영화되기까지 철도는 국철 日本国有鉄道·이라는 단일회사에 의해 운영되어 왔는데, 적자가 심각하게 누적되면서 1987년 6개의 여객회사 JR北海道, JR東日本, JR東海, JR西日本, JR四国, JR九州와 1개의 화물회사 JR貨物로 분할·민영화되었습니다.

한편 국철이 민영화되면서 수익성은 없지만, 공익을 위해 존속시킬 필요가 있는 일부 노선에 대해서는 지방공공단체나 제3섹터가 운영을 맡았습니다.

사철은 민간기업이 운영하는 철도회사를 가리키는데, 1906년 철도 국유화 조치에 따라 대도시의 도심과 교외를 잇는 근거리 수송을 담당하고 있습니다. 1920~1930년대에 도쿄나 오사카와 같은 대도시에서는 인구가 증가함에 따라 교외 주택지가 조성되었고, 도심과 교외를 잇는 전철노선의 건설이 활발히 이루어졌습니다. 이후 전철은 도심으로 출퇴근하는 샐러리맨들을 수송하는 교통수단으로 자리잡게 되었습니다.

신칸센을 타고 어디까지 갈 수 있나요?

신칸센은 일본열도를 잇는 동맥으로 도호쿠지방에서 규슈지방에 이르기까지 주요도시를 연결하고 있습니다. 1964년에 도쿄올림픽에 맞추어 개통한 도카이도신칸센은 재래선으로 도쿄에서 오사카까지 7시간 30분 걸리던 이동시간을 4시간으로 단축하였고, 그 후 계속적인 기술혁신을 통해 2시간 30분으로 단축하였습니다. 다음 그림에서 보는 바와 같이 도카이도신칸센을 시작으로 도호쿠지방에서 간토지방, 주부지방, 긴키지방을 거쳐 규슈지방으로 이어지는 일본열도를 관통하는 신칸센이 개통되었지요. 신칸센이 개통되면서 지역간 이동은 더욱 활발해지고 빨라지게 되었습니다.

신칸센은 기존의 재래선을 대체하는 형태로 건설되었기 때문에 신칸센이 개통된 이후 철도교통의 중심은 신칸센으로 이동하고 있습니다. 빨간색으로 표시된 것이 완공된 신칸센이고, 보라색 점선으로 표시된 것이 현재 건설 중인 노선입니다.

자료 : 成美堂出版部編集部, 2005, 『日本地圖 2005』, 70~71쪽을 토대로 최근 개통상황을 반영하여 수정

일본의 철도노선(재래선과 신칸센)

- **도카이도**(東海道) **신칸센** 1964년 도쿄 올림픽 개회 직전에 개통. 도쿄에서 출발하여 요코하마, 나고야, 교토를 거쳐 오사카에 도착
- **산요**(山陽) **신칸센** 오사카에서 출발하여 고베, 오카야마(岡山), 히로시마를 거쳐 하카타에 도착
- **도호쿠**(東北) **신칸센**: 도쿄에서 출발하여 오미야(大宮), 후쿠시마(福島), 센다이(仙台), 모리오카(盛岡)를 거쳐 아오모리에 도착
- **야마가타**(山形) **신칸센** 도호쿠신칸센 정차역인 후쿠시마에서 갈라져 야마가타(山形)를 거쳐 신조(新庄)에 도착. 건설비용을 줄이기 위해 재래선을 개량한 미니신칸센 방식을 취했기 때문에 속도는 신칸센만큼 빠르지 않음.
- **아키타**(秋田) **신칸센** 도호쿠신칸센 정차역인 모리오카에서 갈라져 아키타(秋田)에 도착. 미니신칸센
- **조에쓰**(上越) **신칸센** 도호쿠신칸센 정차역인 오미야에서 갈라져 니가타(新潟)에 도착
- **호쿠리쿠**(北陸) **신칸센** 도쿄에서 출발하여 호쿠리쿠지방의 주요 도시를 경유하여 쓰루가(敦賀)에 도착. 1997년 나가노(長野)동계올림픽 개최에 맞추어 나가노까지 개통되었으며, 2015년 나가노에서 가나자와(金沢)까지 개통되었고, 나머지 구간은 현재 공사 중
- **규슈**(九州) **신칸센**: 하카타에서 나가사키로 이어지는 노선과 하카타에서 가고시마로 이어지는 두 개의 노선이 있음. 2004년 구마모토 현의 야쓰시로(八代)에서 가고시마(鹿児島)까지 개통되었고, 2011년 하카타에서 야쓰시로까지 개통됨. 하카타에서 나가사키로 이어지는 구간은 현재 공사 중
- **홋카이도**(北海道) **신칸센**: 삿포로시(札幌市)에서 쓰가루해협을 건너 아오모리시에 이르는 노선으로, 2016년 아오모리와 호쿠토(北斗)를 잇는 구간이 부분 개통함

신칸센 E7계

재래선의 노선은 점점 폐지되고 있나요?

앞에 나온 철도노선 그림에 나타나 있는 것처럼 재래선은 일본열도를 매우 복잡하게 연결하고 있습니다. 거미줄처럼 복잡하게 얽혀 한눈에 알아보기 힘들 정도입니다. 재래선은 메이지기에 홋카이도에서 도호쿠지방, 간토지방, 도카이지방, 긴키지방을 거쳐 규슈지방으로 이어지는 간선루트가 개통되었고, 이후 이러한 간선을 끼고 복잡하게 지선이 개통되었습니다. 그림에서는 신칸센에 가려 잘 보이지 않지만 재래선은 신칸센과 나란히 이어집니다. 신칸센이 재래선의 선로를 증설하는 형태로 건설되었기 때문입니다.

그렇지만 신칸센이 개통되면서 여객 수송의 중심은 신칸센으로 이동하게 됩니다. 재래선의 여객 수가 크게 감소하였기 때문에 기존의 재래선은 이용자가 많은 대도시를 중심으로 몇 개 구간으로 나뉘어 구간별로 운행되는 경우가 많습니다. 그리고 신칸센이 분할·민영화되면서 채산성이 없는 재래선은 중소 규모의 회사가 운영을 맡았습니다. 이용자 수가 적은 과소지역에는 제3섹터가 운영을 맡는 경우도 있으며, 일부 구간의 노선이 폐지되면서 지역민의 불편을 초래하는 경우도 발생하고 있습니다.

- **도카이도본선**(東海道本線) 도쿄에서 고베까지 이어지는 노선으로 1872년에 도쿄의 신바시와 요코하마를 잇는 관영철도가 처음으로 개통되었고, 1889년 전 구간이 개통됨
- **산요본선**(山陽本線) 고베시에서 출발해 기타큐슈시의 모지(門司)에 도착. 시모노세키(下関)역을 지나 해저의 간몬関門 터널을 통과
- **도호쿠본선**(東北本線) 도쿄에서 출발해 센다이, 모리오카, 하치노헤를 거쳐 아오모리에 도착
- **가고시마본선**(鹿児島本線) 모지에서 출발하여 하카타, 구마모토를 경유하여 가고시마에 도착
- **간사이본선**(関西本線) 나고야에서 오사카로 이어지는 노선
- **주오본선**(中央本線) 도쿄에서 고신(甲信)지방을 거쳐 나고야에 도착
- **호쿠리쿠본선**(北陸本線) 시가현(滋賀県) 마이바라(米原)에서 니가타현 조에쓰(上越)로 이어지는 호쿠리쿠지방의 간선
- **산인본선**(山陰本線) 교토에서 돗토리(鳥取), 이즈모(出雲), 하마다(浜田)를 거쳐 야마구치현 시모노세키에 도착

JR패스로 철도 이용하기 ジャパンレールパス

JR패스(JAPAN RAIL PASS)란 뭐죠?
관광을 목적으로 방문하는 외국인을 위한 철도 승차권으로, 일본 전국의 국철과 신칸센, 나리타 익스프레스 등을 이용할 수 있습니다. JR패스는 7일, 14일, 21일 권으로 나누어져 있으며, 첫 승차일을 기입한 날부터 정해진 기간 동안 거리·횟수에 관계 없이 사용할 수 있습니다.

JR패스

구입 및 교환은 이렇게!

일본 국내에서는 구입할 수 없고, 외국에서 JR패스 교환권을 구입한 뒤(여권 이름과 동일한 영문이름 사용) 역내에 있는 '미도리노 마도구치 みどりの窓口'에서 여권과 함께 제시하면 필요한 승차권을 발급받을 수 있습니다.

- **미도리노 마도구치** みどりの窓口 : 큰 JR역에는 미도리노 마도구치가 있습니다. 이곳에서는 JR패스 교환과 지정석 티켓 및 장거리열차의 티켓도 구입할 수 있습니다.

JR패스 교환권 유효기간 및 환불은 이렇게!

교환권 발행일(구입한 날짜)로부터 3개월 내에 패스로 교환해야 합니다. 환불은 교환권을 구입한 곳에서 가능하고 구입 후 1년 이내에 환불해야 하며, 환불할 때에는 10퍼센트의 환불 수수료를 제한 나머지를 받습니다.

좌석 예약은 필수인가요?

대부분의 신칸센, 특급 및 급행열차에는 지정석과 자유석이 갖추어져 있습니다. 자유석은 패스만 제시하면 이용가능하고 지정석을 이용할 때에는 JR역의 예약 티켓 사무소에서 패스를 보여준 후에 예약티켓을 받아서 사용합니다. 별도의 예약요금은 없지만 좌석 예약은 일본 내에서만 가능합니다. (단, 방학기간과 골든 위크인 4월 29~5월 15일 경에는 좌석이 부족할 수 있습니다.)

JR패스로 이용 가능한 교통편을 알려 주세요

신칸센 노조미のぞみ 를 제외한 JR그룹 전 노선의 신칸센·특급열차·급행열차·쾌속열차·보통열차 및 JR버스와 JR훼리 국내 노선을 이용할 수 있습니다. JR에서 운영하지 않는 사철은 이용할 수 없으며, JR 버스의 경우에도 몇몇 지정된 버스 외에는 사용이 불가능합니다.

JR패스 요금(2020년)기준

종류	보통차		그린차	
구분	어른	어린이	어른	어린이
7일간	29,650엔	14,820엔	39,600엔	19,800엔
14일간	47,250엔	23,620엔	64,120엔	32,060엔
21일간	60,450엔	30,220엔	83,390엔	41,690엔

지방의 JR 패스는 어떤 것이 있죠?

지방도시를 관광하는 여행자는 이용범위가 한정된 JR패스를 이용하여 저렴한 가격으로 편리한 서비스를 받을 수 있습니다. JR홋카이도 레일 패스는 홋카이도 전역에서, JR 이스트(East) 레일 패스는 홋카이도를 제외한 도쿄 북쪽의 지역에서, JR웨스트(West) 레일 패스는 간사이 공항을 중심으로 서쪽지역에서, JR규슈 레일 패스는 규슈 전역에서 이용 가능합니다.

다양한 JR선

고속도로 こうそくどうろ・高速道路

　일본의 도로는 국도와 지방도로로 나눌 수 있으며, 국도는 일반 국도와 고속 자동차 국도로 나눌 수 있습니다. 일본에서는 고속도로를 자동차도 じどうしゃどう・自動車道 라고 칭하며 도메이고속도로와 메이신고속도로에 대해서만 고속도로라는 명칭을 쓰고 있습니다. 이는 가장 먼저 계획된 이 2개의 도로가 공식명칭이 확정되기 이전에 일반인들에게 고속도로라는 명칭으로 널리 불리었기 때문입니다. 일본에서 고속도로가 건설되기 시작한 것은 1960년대로, 급속한 경제성장으로 물류가 크게 증가하면서 화물수송이 늘어나게 되었습니다. 따라서 이동량이 많은 곳을 중심으로 대도시와 대도시를 연결하는 형태로 고속도로가 건설되었습니다.

　옆 그림은 일본의 전국 고속도로망을 나

일본의 고속도로망

자료 : 成美堂出版編集部, 2005, 『日本地図 2005』, 68~69쪽을 토대로 최근 개통상황을 반영하여 수정

타낸 것입니다. 현재 공사가 진행 중인 구간은 점선으로 표시하였습니다. 그림을 보면 알 수 있듯이 철도와 마찬가지로 고속도로는 주요도시를 연결하고 있습니다. 홋카이도를 동서, 남북으로 종・횡단하고 있으며 도호쿠지방에서 간토지방, 간사이지방, 산요지방을 거쳐 규슈지방으로 이어지고 있습니다.

- **도메이고속도로**(東名高速道路) 가장 통행량이 많은 고속도로로 도쿄에서 출발해 고마키(小牧)에 도착
- **메이신고속도로**(名神高速道路) 가장 먼저 개통된 고속도로로 간사이 교통의 중추적인 역할을 담당. 고마키에서 출발해 니시노미야(西宮)에 도착
- **주오자동차도**(中央自動車道) 도쿄에서 출발하여 야마나시현, 나가노현, 기후현을 거쳐 아이치현의 고마키에 이르는 자동차도
- **도호쿠자동차도**(東北自動車道) 간토지방과 도호쿠지방을 잇는 주요 간선으로 사이타마현 가와구치(川口)에서 출발해 아오모리현 아오모리에 도착
- **주고쿠자동차도**(中国自動車道) 오사카부 스이타에서 출발하여 야마구치현 시모노세키에 도착
- **산요자동차도**(山陽自動車道) 효고현 고베에서 출발해 오카야마현, 히로시마현을 경유해서 야마구치현 야마구치에 이르는 노선과 몇 개의 지선을 말함
- **규슈자동차도**(九州自動車道) 규슈지방을 관통하는 자동차도이며, 후쿠오카현 기타큐슈를 기점으로 하여 가고시마현 가고시마에 도착
- **도오자동차도**(道央自動車道) 홋카이도를 남에서 북으로 종단
- **도토자동차도**(道東自動車道) 홋카이도를 동에서 서로 횡단
- **아키타자동차도**(秋田自動車道) 도호쿠자동차도에서 갈라져 아키타에 도착
- **야마가타자동차도**(山形自動車道) 도호쿠자동차도에서 갈라져 야마가타를 거쳐 사카타(酒田)에 도착
- **조반자동차도**(常磐自動車道) 도쿄에서 출발해 미야기현 센다이에 도착
- **호쿠리쿠자동차도**(北陸自動車道) 니가타에서 출발해 시가현 마이바라에 도착
- **간에쓰자동차도**(関越自動車道) 도쿄에서 출발해 니가타현의 나가오카(長岡)에 도착

항공 こうくう・航空

국제화와 더불어 항공로는 점차 중요한 교통망으로 부상하고 있는데요, 고속철도보다 빠르게 원거리를 이동할 수 있다는 장점 때문에 국내항공의 비중은 점점 커지고 있습니다. 일본의 국내 항공망은 도쿄를 중심으로 도쿄와 지방 대도시를 잇는 방식으로 개통되어 있습니다. 비행기는 신칸센과 치열한 요금경쟁을 하고 있으며, 신칸센으로는 시간이 많이 걸리는 원거리 지역과 도쿄 사이를 연결하는 이동수단으로 자리 잡고 있습니다.

- **도쿄국제공항**(東京国際空港) 도쿄의 중심지인 하네다에 위치
- **나리타국제공항**(成田国際空港) 지바현 나리타시(成田市)에 위치한 일본을 대표하는 국제공항
- **후쿠오카공항**(福岡空港) 규슈지방의 중심 공항으로 아시아와 가까워 아시아 각지의 이용자가 많은 공항
- **신치토세공항**(新千歳空港) 지토세시(千歳市)에 위치한 홋카이도의 대표적인 공항
- **오사카국제공항**(大阪国際空港) 간사이지방의 중추적인 공항으로 간사이국제공항이 완공되면서 국내선 전용공항이 됨
- **간사이국제공항**(関西国際空港) 간사이지방의 중추적인 공항으로 오사카만(大阪湾) 센슈오키(泉州沖)의 인공섬을 조성하여 개항
- **나하공항**(那覇空港) 오키나와현 나하시(那覇市)에 위치한 오키나와 지역의 대표적인 공항
- **주부국제공항**(中部国際空港) 주부지방의 허브공항으로 이세만(伊勢湾)의 바다를 매립하여 건설
- **고베공항**(神戸空港) 효고현 고베시에 인공섬을 조성해 건설한 공항
- **신키타큐슈공항**(新北九州空港) 기타큐슈시 동부 해안에 인공섬을 조성해 건설한 공항

나리타 국제공항

국제선 비행기

교량과 터널 はしとトンネル・橋とトンネル

일본정부는 교량과 해저터널을 건설하여 혼슈와 섬을 연결함으로써 일본열도를 하나로 연결하는 국토개발정책을 추진해왔습니다. 교량과 터널의 개통은 지역권의 범위를 확대하고 물류와 사람들의 이동을 촉진시킴으로써 지역사회의 모습을 크게 변화시켰습니다. 여기에서는 홋카이도와 도호쿠지방을 잇는 세이칸터널과 혼슈와 시코쿠를 잇는 연락교에 대해 살펴보겠습니다.

세이칸터널은 어디에 있나요?

홋카이도와 도호쿠지방을 연결하는 세이칸 せいかん・青函터널은 아오모리현의 히가시쓰가루 ひがしつがる・東津軽와 홋카이도의 하코다테 はこだて・函館를 연결하는 터널로 1988년에 개통되었습니다. 총길이가 약 53.9km에 이르며 쓰가루해협의 해저 밑 약 100m의 지층을 파서 철도를 건설하였습니다.

2016년 홋카이도신칸센의 일부 구간으로 세이칸터널을 통과하는 아오모리와 호쿠토 北斗를 잇는 구간이 개통되었습니다. 홋카이도신칸센의 건설이 늦어지면서 현재 도쿄와 홋카이도를 오가는 여객의 90% 이상은 항공기를 이용하고 있습니다. 그렇지만 2031년 홋카이도신칸센이 전면 개통되면 신칸센을 이용해 홋카이도와 도쿄를 오가는 이용객이 크게 늘 것으로 기대됩니다.

한편 세이칸터널은 홋카이도와 혼슈를 연결하는 화물 수송에서 중요한 역할을 담당하고 있습니다. 날씨에 영향을 받지 않고 안정된 수송이 가능하다는 점에서 화물이용은 꾸준히 이루어지고 있습니다. 그러나 해저에 있기 때문에 시설의 노후화가 빠르게 진행된다는 문제점도 있습니다.

아오모리현 쪽에서 본 세이칸터널

혼슈와 시코쿠를 잇는 경로는 몇 개가 있습니까?

시코쿠과 혼슈를 잇는 연락교는 크게 3개 경로가 있습니다. 이 지역에서 다리가 개통되기 전에는 배가 유일한 교통수단이었는데, 짙은 안개로 인해 결항이 잦고, 이 부근을 지나는 배가 많아 충돌할 위험성이 높아지자 일찍부터 연락교의 필요성이 제기되었습니다. 1955년에 국철에서 운영하는 연락선이 침몰하는 사고가 빈발하자 시코쿠 지방자치단체가 '가교추진협의회'를 발족해서 유치운동을 벌였습니다. 이에 따라 1970년에 혼슈시코쿠 연락교공단 ほんしゅうしこくれんらくきょうこうだん・本州四国連絡橋公団이 설립되었고, 1978년에 기공식이 이루어지면서 1988년에 처음으로 세토오하시 せとおおはし・瀬戸大橋가 개통되었습니다.

다리가 개통되면서 시코쿠 지역사회는 크게 변모하였는데, 혼슈로 출퇴근하는 사람들이 크게 늘면서 하나의 생활권을 형성하게 되었죠. 특히 이 지역은 세토나이카이국립공원으로 매우 경치가 좋은 곳이기도 한데요, 다리의 개통과 더불어 관광객도 늘고 있습니다. 반면 혼슈로 쇼핑가는 사람

혼슈시코쿠 연락교의 3개 경로

세토오하시

이 증가하면서 시코쿠지역 상점가의 매상은 줄었다고 합니다.
　이 3개의 연락교를 합해 혼슈시코쿠 연락교 本州四国連絡橋라고 하며, 이 3개 경로를 포함한 자동차도를 가리켜 혼슈시코쿠 연락도로 本州四国連絡道路라고 부릅니다.

가장 먼저 개통된 것은 세토오하시가 맞지요?

　세 개의 루트 중에서 가장 먼저 개통한 것은 가운데에 위치한 세토오하시 せとおおはし・瀬戸大橋입니다. 세토오하시는 가가와현 사카이데 さかいで・坂出와 오카야마현 구라시키시 くらしきし・倉敷市의 고지마 こじま・児島를 연결하는 다리인데, 도로와 철도 겸용의 2층으로 되어 있습니다. 1979년부터 순차적으로 개통되어 1988년에 전부 개통되었습니다. 세토오하시는 5개의 섬을 연결하는 6개의 다리를 모두 총칭합니다. 상부의 다리는 4차선 도로로 이를 세토중앙자동차도 瀬戸中央自動車道라고 하며, 하부의 철로는 세토오하시선 瀬戸大橋線이라고 합니다.

아카시해협대교 쪽 경로는 어떻게 이어지나요?

　고베와 도쿠시마를 연결하는 다리를 가리켜 아카시해협대교 あかしかいきょうおおはし・明石海峡大橋라고 합니다. 이 다리를 포함해 고베에서 시코쿠로 이어지는 자동차도로를 고베아와지나루토자동차도 こうべあわじなるとじどうしゃど・神戸淡路鳴門自動車道라고 합니다. 이 경로는 모두 3개 다리로 이루어져 있습니다.
　오나루토교 おおなるときょう・大鳴門橋는 도쿠시마의 나루토시 なるとし・鳴門市와 아와지시마 あわじしま・淡路島를 연결하는 다리로, 1976년에 기공식이 이루어져 1985년에 개통되었습니다. 상하 2층 구조로 상부가 자동차전용도로, 하부가 신칸센 규격의 철로입니다. 시코쿠신칸센 건설이 동결되면서 현재는 하부의 철로가 통행자의 보도교로 이용되고 있습니다.
　1998년에는 혼슈의 고베와 시코쿠 사이에 위치한 아와지시마를 연결하는 아카시해협대교가 완성되어 게이한신 けいはんしん・京阪神과 시코쿠 しこく・四国가 하나로 연결되었죠. 이 다리는 총 3.9km의 현수교로 당초에는 도로와 철도 겸용다리로 하려는 계획이었으나, 건설비용 때문에 단독교로 변경되었습니다.
　오나루토교와 아카시해협대교로 이어지는 이 경로는 게이한신이라는 거대 공업지역과 연결되기 때문에 혼슈와 시코쿠를 연결하는 3개 경로 중에서 가장 교통량이 많습니다. 다리가 개통됨에 따라 도쿠시마산 농수산물의 게이한신 방면으로의 출하량도 크게 늘어났습니다.

세토우치시마나미해도

1999년에는 세토우치시마나미해도 せとうちしまなみかいどう・瀬戸内しまなみ海道로 불리는 다리가 개통되었습니다. 이 경로는 히로시마현 오노미치 おのみち・尾道와 에히메현 이마바리 いまばり・今治 간을 연결하는 다리로, 2006년 전 구간이 개통되었습니다. 이 해도는 6개의 섬이 10개의 다리로 연결되어 있는데, 다리를 포함한 고속도로를 니시세토자동차도 にしせとじどうしゃどう・西瀬戸自動車道라고 부릅니다.

다리가 개통됨에 따라 물류뿐 아니라 통근, 통학자도 증가하였습니다. 그렇지만 아직까지 3개 경로 중에서 가장 통행량이나 물류량이 적은 편입니다. 이것은 양쪽을 잇는 도시와 그 배후지의 경제 규모와 경제력이 약하기 때문입니다.

풀어봅시다! 퀴즈

1장 일본열도와 지역사회

다음 퀴즈를 풀어보면서 배운 내용을 정리하고 복습해 봅시다.

* 현재 일본의 수도이며 일본의 정치, 경제, 문화, 교육의 중심지로서 19세기 이후 서양의 문물을 적극수용하여 세계적인 도시로 자리매김한 이 도시는 어디일까요?

　　　　　　　　　　　　　　　　　　　　　　　　　　　도쿄とうきょう・東京

* 프랑스의 떼제베(TGV : 1981년), 독일의 이체(ICE : 1990년), 스페인의 아베(AVE : 1992년), 한국의 KTX(2003년)와 더불어 세계 5대 고속철도 중 하나로, 홋카이도北海道에서 규슈九州에 이르기까지 일본열도를 하나로 연결하고있는 철도는 무엇일까요?

　　　　　　　　　　　　　　　　　　　　　　　　　　　신칸센しんかんせん・新幹線

* 일본은 매년 봄이 되면 삼나무 꽃가루로인해 눈물・콧물이 나오며 심하게는 눈이 부어오르고 코가 막혀 외부생활이 어려울 정도입니다. 각 현県에서는 2월 초부터 마스크를 착용하라는 주의를 주고 있다고 하는데요, 이런 꽃가루 알레르기를 일본어로 무엇이라고 할까요?

　　　　　　　　　　　　　　　　　　　　　　　　　　　화분증かふんしょう・花粉症

* 일본 긴키近畿지방 중부에 있는 도시로, 에도시대에 일본 최대의 상업도시로 발전해 '천하의 부엌'이라고 일컬어지기도 하였던 도시는 어디일까요?

　　　　　　　　　　　　　　　　　　　　　　　　　　　오사카おおさか・大阪

* 일본 혼슈本州의 아오모리현青森県과 홋카이도北海道의 가미이소군上磯郡을 잇는 총연장 53.9킬로미터(해저부분 23.3킬로미터)의 해저터널은 무엇인가요?

　　　　　　　　　　　　　　　　　　　　　　　　　　　세이칸터널せいかんとんねる・青函トンネル

* 세토나이카이瀬戸内海해협의 혼슈本州와 시코쿠四国를 잇는, '철도 도로 병용교'의 이름은 무엇인가요?

　　　　　　　　　　　　　　　　　　　　　　　　　　　세토오하시せとおおはし・瀬戸大橋

제2장
일본문화의 원류

인구 じんこう・人口

일본의 인구는?

 2020년 3월 1일 현재의 추계치를 보면 일본의 총인구는 1억 2,595만 명입니다. 이는 2015년 국세조사에서 발표한 1억 2,709만 명보다 116만 명이 줄어든 수치입니다. 다음 그래프는 1950년부터 2010년까지의 인구 추이와 그 이후의 장래 인구 전망치를 제시한 것입니다. 이 그래프를 통해 1950년부터 2010년까지는 일본인구가 지속적으로 증가해왔음을 알 수 있습니다. 그렇지만 고령화와 저출산 현상이 심각해지면서 1990년대부터 인구증가율은 크게 둔화되었고, 이 그래프에는 나타나 있지 않지만 2008년 1억 2,808만 명을 정점으로 이후 일본 인구는 매년 감소하고 있습니다.

 한편 2010년 이후의 추계치를 보면 일본 인구는 지속적으로 감소하는 것으로 나타납니다. 장래 인구는 국립사회보장·인구문제연구소 国立社会保障・人口問題研究所라는 일본 정부기관에서 추산한 것인데요, 이에 따르면 일본 인구는 2030년에 1억 1,662만 명, 2060년에 8,674만 명으로 크게 감소할 것으로 예상됩니다.

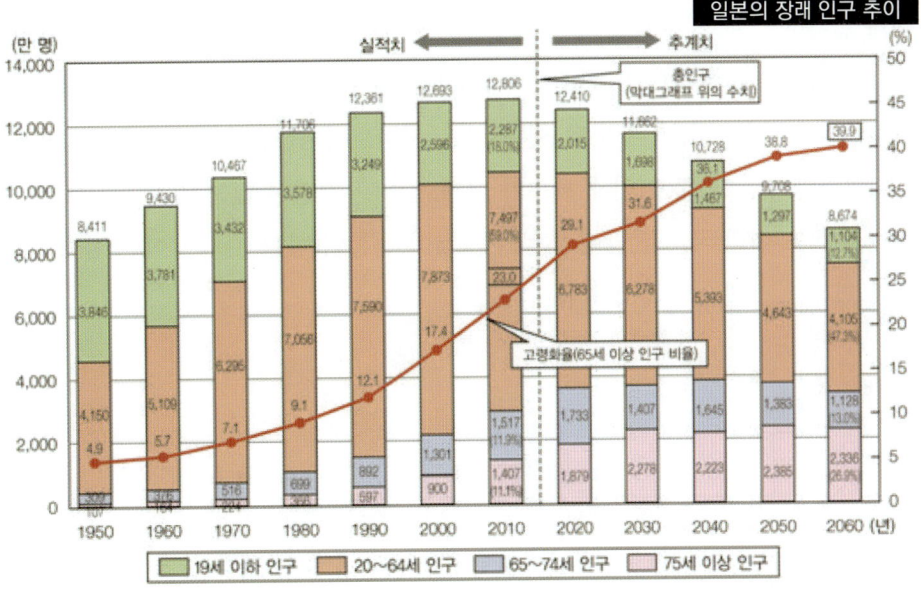

주: 2010년까지는 總務省의「국세조사」, 2015년부터는 國立社會保障 · 人口問題研究所의「日本の將來推計人口」의 추계 결과.
자료 : 內閣府, 『高齡社會白書 2012』(內閣府 홈페이지http://www8.cao.go.jp/kourei/whitepaper/w-2012/zenbun/s1_1_1_02.html 에서 인용하여 작성).

일본은 세계에서 가장 빠르게 고령화가 진행되고 있지요?

한편 이 그래프에는 전체 인구 중에서 65세 이상 고령자가 차지하는 비율도 나타나 있습니다. 이를 보면 1970년에 7.1%에 이르러 고령화사회에 진입하였고, 1995년에 14.6%를 나타내며 고령사회에 진입하였음을 알 수 있습니다. 이후에도 매년 고령자 비율은 꾸준히 증가해 2010년에 고령자 비율은 23.0%에 도달하였는데요, 2060년에는 그 비율이 무려 39.9%가 될 것으로 추산되고 있습니다. 고령화가 심각해지면서 최근에는 75세 이상 고령자 비율도 꾸준히 증가하고 있습니다.

특히 지방에 따라서는 고령자의 비율이 절반을 넘는 지역도 상당수 있을 정도로 고령화문제가 심각합니다. 이들 지역은 젊은이들이 빠져나가 노인세대만이 거주하게 되고, 이로 인해 다음 세대의 재생산이 이루어지지 못해 사실상 지역사회가 해체에 이르게 되는 경우가 많습니다.

급속한 고령화와 이로 인한 인구감소는 아직까지 인류사회가 경험하지 못한 새로운 상황입니다. 인구감소는 필연적으로 국내 소비시장의 규모를 축소시키고, 기업의 생산규모를 축소시킵니다. 생산연령 인구의 감소는 심각한 노동력 부족과 생산성 저하를 가져옴으로써 경제활동의 근본을 약화시키게 됩니다. 나아가 세금과 사회복지비용을 부담할 사람이 감소하면서 심각한 재정난을 초래하게 됩니다.

　현재 일본은 지속적으로 늘어나는 사회복지비용으로 인해 국가의 재정적자가 매우 심각한 상황에 처해 있습니다. 국가 세출의 3분의 1을 사회보장 관계비가 차지하고 있는데요, 장기간의 경기침체와 급속한 고령화로 인해 세수가 크게 늘어날 전망이 없는 가운데 부족한 세수를 메우기 위해 매년 수십조 엔의 국채를 발행해야 하는 것이 일본의 현실입니다. 이런 점에서 고령화는 일본의 현재와 미래를 크게 압박하고 있습니다.

많은 사람들로 붐비는 대도시의 번화가

일본인의 민족구성 にほんじんのみんぞく・日本人の民族

일본인은 단일민족인가요?

일본인 중에는 일본이 다민족사회가 아니라 단일민족사회이며, 다문화사회가 아닌 단일문화사회라고 믿는 사람들이 꽤 있습니다. 일본민족이 야마토 やまと・大和 민족의 후예이며, 일본문화는 야마토문화를 이어받은 단일문화라는 것을 강조하는 사람도 있습니다. 그렇지만 오늘날 일본학계에서 단일민족설은 부정되고 있습니다. 선사시대부터 일본열도에는 복수의 서로 다른 종족들이 거주해왔고, 이 집단들이 이동하는 과정에서 혼혈이 생기고, 주어진 환경에 적응하는 과정을 거치면서 현대 일본인으로 발전해왔다는 견해가 대체로 받아들여지고 있습니다.

현재 일본에 거주하고 있는 사람들을 혈통적, 문화적 관점에서 보면 다수 민족인 야마토민족을 비롯해 소수민족으로서 류큐 りゅうきゅう・琉球 민족, 아이누 アイヌ 민족이 있습니다. 그리고 재일 한국·조선인이나 외국인 노동자 등도 일본사회 속의 소수 집단입니다.

야마토민족은 현대 일본인의 다수집단을 형성하고 있으며, 본토인이라고도 불립니다. 이들은 혼슈, 규슈, 시코쿠 등 넓은 지역에 거주하고 있습니다. 일본에서는 3세기 말 또는 4세기 초에 최초로 탄생한 통일정권을 야마토 やまと・大和 왕권이라고 부르는데, 여기서 유래하여 일본민족을 야마토민족이라고 부릅니다.

류큐민족은 오키나와인?

류큐민족은 주로 류큐열도(오키나와)에 거주하면서 독자적인 류큐문화를 발전시켜 왔습니다. 15세기에 통일왕국을 이루었고 일본, 중국과 교류를 해왔습니다. 1879년 무력으로 일본에 복속된 이래, 류큐민족은 야마토민족이 아니라는 이유로 차별을 받으며, 일본문화에 동화될 것을 강요당했습니다.

1945년 오키나와는 일본에서 유일한 전장이 되어 수십만 명의 민간인이 희생당했고, 미군의 점령이 끝난 이후에도 1972년까지 미군의 직접통치하에 놓였습니다. 본토 복귀가 이루어진 이후에도 여전히 미군기지가 존속하고 있으며, 미군의 주민 폭행사건도 발생하고 있습니다. 이러한 역사적 배경으로 인해 오키나와인들은 본토인에 대해 강한 피해의식을 가지고 있으며, 미군기지 철수를 요구하며 인권과 평화운동에 앞장서고 있습니다.

류큐문화를 잘 보여주는 슈리성

아이누민족은 누구인가요?

아이누민족은 주로 홋카이도에 거주하고 수렵과 채집, 어업으로 생활하며 독자적인 문화를 발전시켜 왔습니다. 1868년에 메이지정부는 이곳을 강제적으로 통합하여 홋카이도라 칭하고, 개척사 開拓使를 두어 개척했습니다. 아이누의 거주지를 국유화하고, 아이누를 구토인 旧土人이라고 칭하며 '홋카이도 구토인 보호법 北海道旧土人保護法'을 제정하였습니다. 이 법은 아이누족의 고유한 풍습과 문화를 금지하고 일본문화에 동화될 것을 강제하였으며, 농경 생활을 강요하고 토지를 빼앗는 정책을 명분화한 것이었습니다. 아이누족은 자신들의 선주권 인정과 독자적인 문화 보호 등을 일본 정부에 요구했습니다. 이러한 요구를 반영하기 위해 2019년에 '아이누민족지원법'이 제정되어 일본 정부가 아이누민족을 처음으로 홋카이도의 선주민족임을 공식 인정했습니다. 신법 제정에 따라 향후 지역 사회와 산업 진흥을 포함한 종합적인 발전 전망이 제시되었습니다.

재일한국인의 수는 계속 감소하고 있다면서요?

근대에 일본열도로 건너오게 된 재일한국인도 현대 일본인을 구성하는 중요한 소수집단 중 하나입니다. 재일한국인은 식민지 지배하에서 일자리를 찾아 또는 전시기의 강제동원에 의해 일본에 건너오게 되었습니다. 일본에서는 재일한국인을 '재일한국·조선인' 또는 '재일코리안'이라고 부릅니다. 조선인이라는 명칭은 대한민국 국적을 취득하지 않은 재일한국인의 경우, 국적 표기란에 '조선적 朝鮮籍'이라고 기재되어 있는 것에서 유래합니다. 식민지 시대부터 일본에 거주하던 한반도 출신자들은 미점령하인 1947년에 잠정적으로 내려진 외국인 등록령에 따라 외국인 등록을 하게 되었는데, 당시 대한민국 정부가 수립되기 이전이어서 국적란에 출신지를 가리키는 '조선'이라는 명칭이 사용되었습니다. 1952년에 일본국적을 박탈당한 재일한국인들이 이후 자신의 국적을 '한국'으로 변경하지 않은 경우 그대로 국적란에 '조선'이라는 표기가 유지되었고, 여기에서 유래해 편의적으로 '조선적'이라는 명칭이 사용되고 있습니다.

패전 직후에 240만 명 가까이 있던 재일한국인의 절반 정도가 귀국하고, 일본에 남은 사람들과 그 자손들이 재일한국·조선인 집단을 형성하게 되었습니다. 1990년대 이후 일본으로 귀화하는 사람이 늘면서 2019년 6월 말 현재 한국 국적을 취득했거나 조선적인 채로 남아 있는 재일한국인은 45만 명 정도입니다. 일본 법무성에 따르면 2016년~2018년까지의 3년 동안에도 매년 5,000명 정도 일본에 귀화했다고 합니다. 여기에 더해 고령으로 인한 사망자도 늘어나기 때문에 재일한국인은 지속적으로 감소하고 있습니다.

재일한국인들은 일본사회에서 법적, 사회적, 경제적 차별을 받으며 어렵게 생활하면서도 소수집단으로서 독자적인 아이덴티티를 추구해왔습니다. 1980년대에는 지문날인철폐운동을 벌여 성과를 거두었고, 최근에는 참정권 요구운동, 소수자의 인권향상을 위한 운동을 전개하고 있습니다.

외국인 노동자의 규모는 어느 정도인가요?

한편 1980년대부터 일본에는 외국인 노동자의 수가 꾸준히 늘고 있습니다. 중소기업의 생산직 노동력 부족문제가 심각해지고 1985년 플라자 합의로 엔의 가치가 급격히 높아지면서 동남아, 중국, 남미로부터 외국인 노동자가 대거 유입되었습니다.

일본 법무성 출입국 재류관리청出入国在留管理庁에 따르면 2019년 6월 말 현재, 일본에 중장기 체류하는 외국인은 282만 9,416명으로 일본 총인구의 2.24%를 차지합니다. 이는 2018년 말보다 3.6%, 10만 명 가까이 증가한 수치입니다. 2017년 말~2018년 말까지의 증가율은 7%였습니다. 일본 체류 외국인은 2012년 말 이후 7년 연속 증가하여 일본 사회의 외국인 위상이 높아지고 있습니다.

체류자격별 내역을 보면 영주자가 78만 3,513명으로 가장 많고 기능실습 36만 7,709명, 유학 33만 6,847명으로 뒤를 잇고 있습니다. 국적별로는 중국이 78만 6,241명으로 가장 많아 전체의 27.8%를 차지하고 다음으로 한국 45만 1,543명, 베트남 37만 1,755명, 필리핀 27만 7,409명으로 아시아계가 84%를 차지합니다. 전년 대비 증가율이 가장 높은 곳은 베트남으로 2018년 말보다 12.4%나 증가했습니다.

2018년 말부터는 기술, 인문지식 국제업무 분야 취업자가 13.6%, 고도전문직 분야 취업자가 17.9%로 눈에 띄게 증가했습니다. 대학, 전문학교, 대학원을 졸업해 전문 지식을 가진 외국인의 취업은 근년 증가하고 있습니다. 이는 정부와 기업이 전문 인력 유치에 힘을 쏟고 있기 때문으로 보입니다.

일본어 にほんご・日本語

일본어의 구성은?

일본어의 문자는 히라가나, 가타카나, 한자, 로마자, 숫자로 구성되어 있습니다. 히라가나는 한자의 초서체를 흘려서 만든 문자로, 9세기 말에서 10세기 초에 성립되었을 때는 50개였으나 현재 46개가 남아 있습니다.

가타카나는 10세기경에 성립된 것으로 한자의 자획을 일부 떼어내어 만든 문자입니다. 가타카나는 외래어 표기나 의성어, 의태어, 강조하고 싶은 말에 주로 사용합니다.

한자는 4~5세기경에 백제의 왕인 王仁이 천자문과 논어를 일본에 전한 것이 그 시초라고 합니다. 일본한자의 경우, 한자의 음만을 읽는 우리와는 달리 음과 훈을 모두 읽습니다.

한자의 초서체

일본어의 특징은?

- 교착어로서 '주어 + 목적어 + 술어'의 구조를 보입니다.
- 문자의 종류가 많습니다.
- 다른 언어에 비하여 음운조직이 단순하고, 음절의 종류가 적습니다.
- 고저(高低)악센트 체계를 갖습니다.
- 조사(助詞)가 문법적 기능을 합니다.
- 동음이의어가 많습니다.
- 직업, 세대, 성별 등에 따라 사용하는 언어에 차이가 나타나기도 합니다.

일본인의 언어 표현의 특징

① 정해진 인사 표현

일본어는 정해진 인사 표현이 많습니다. (아침, 점심, 저녁)인사, 밥 먹을 때, 외출과 귀가할 때 인사 표현 등 거의 정해진 표현을 사용합니다. 그러나 「おはよう」「おやすみ(なさい)」는 가족이든 외부인이든 사용이 가능하나 「こんにちは」는 가족에게는 사용하기 어려운 인사 표현입니다. 재미있는 것은 '차린게 별로 없습니다만 많이 드세요(何もありませんが、たくさん召し上がってください)'라는 말이나 어디가냐고 물었을 때 답하는 「ちょっと　そこまで」 등이 있습니다.

② 맞장구 표현

일본인은 유난히 맞장구를 잘 치는 민족입니다. 나는 당신의 이야기를 잘 듣고 있습니다. 당신의 이야기를 잘 듣고 있고 수긍하고 동조한다는 표현입니다. 잘 듣고 있으니 어서 이야기를 계속하세요라는 암묵의 허가도 있지요. 자주 사용하는 맞장구 표현으로는 「うん、ええ、はいはい、そうですね、やっぱり、なるほど、すごい」 등이 있습니다.

③ 감사와 사과 표현

감사하다는 말도 다양하고 말과 행동도 같이 하는 경우가 많습니다.

- ありがとうございます
- 感謝します
- お世話になります
- どうも　ありがとう
- 毎度ありがとうございます

사과표현도 상황에 따라 다양한 표현으로 이루어져 있습니다.

- すみません
- ごめん(なさい)
- もうしわけありません
- 失礼しました
- 悪いけど
- お詫びいたします
- ゆるしてください

③ 변화해 가는 일본어 표현

일본어가 점점 변화해가고 있고 흔들리고 있는 것도 있습니다. 신조어도 생겼다가 사라지고 잘 쓰지 않는 표현은 자연스럽게 사라지기까지 합니다. 대표적인 것이「ら」ぬきことば, 「さ」入れ言葉의 사용입니다. 「ら」ぬきことば의 가능 표현인 「見られる」를 「見れる」로, 「食べられる」를 「食べれる」로 한다거나 하는 것입니다.

「さ」入れ言葉의「さ」 せていただく의 쓰임입니다.

先生の論文を読ませていただきました。　（○）
先生の論文を読まさせていただきました。（×）
それでは、発表させていただきます。　　（○）
それでは、発表せていただきます。　　　（×）
コピーを取らせていただきます。　　　　（○）
コピーを取らさせていただきます。　　　（×）
本日、休業させていただきます。　　　　（○）
本日、休業せていただきます。　　　　　（×）

국호 こくごう・国号

일본이라는 국호가 쓰이기 시작한 것은 언제인가요?

일본의 정식 명칭은 日本이며, 닛폰 にっぽん 혹은 니혼 にほん이라고 발음합니다. 일본의 국호를 '일본'이라고 한다는 것은 헌법에 근거를 두고 있지만 헌법에 그 규정이 있는 것은 아닙니다. 1889년에 공포된 메이지헌법에서는 일본을 가리켜 '대일본제국 大日本帝国'이라 명기하고 있으며, 1947년에 제정된 신헌법에서는 '일본국 にほんこく・日本国'이라고 명기하고 있습니다.

일본정부는 국호의 정식 발음을 정하고 있지 않기 때문에 닛폰과 니혼을 구분하는 명확한 기준은 없습니다. 일반적으로 국제 스포츠대회나 우표, 화폐 등에서는 '닛폰(NIPPON)'이라고 쓰지만 일상생활에서는 대체로 '니혼'이라고 표현하는 경우가 많습니다.

일본이라는 국호가 언제부터 쓰이기 시작했는지에 대해 일본의 역사 연구자들은 대체로 7세기 말에서 8세기 초로 보고 있습니다. 율령이 제정되어 고대국가가 확립되던 이 시기에 고대국가의 명칭으로 일본이라는 국호가 사용되었습니다. 일본 역사학계의 권위자인 아미노 요시히코 あみのよしひこ・網野善彦 교수는『일본이란 무엇인가 日本とは何か』(2000)라는 책에서 7세기 말인 689년에 시행된 아스카키요미하라령 あすかきよみはらりょう・飛鳥浄御原令에서 일본이라는 국호가 사용되었다고 보는 것이 대체적인 견해라고 지적하고 있습니다. 이보다 조금 늦은 701년에 시행된 다이호율령 たいほうりつりょう·大宝律令에서 일본이라는 국호가 사용되었다고 보는 학자도 있습니다. 한자로는 일본이라고 썼지만 당시에는 야마토 やまと라 발음하였다고 합니다.

왜국이라는 명칭은 언제 사용되었나요?

고대 중국에서는 일본열도에 있는 정치세력을 왜 わ·倭 또는 왜인 わじん·倭人이라고 불렀는데요, 702년 중국 대륙으로 건너간 야마토의 사신은 주 周의 측천무후에게 그때까지의 왜국 わこく·倭国에 대신해 일본국 日本国으로 국명이 변경되었음을 밝혔습니다. 일본이라는 한자에는 중국 대륙을 기준으로 보았을 때 '해뜨는 곳에 가까운'이라는 의미를 담고 있는데요, 아미노 교수는 이러한 명칭에는 대륙의 대제국에 대하여 작지만 자립한 제국이 되려는 야마토 지배자들의 강한 의지가 담겨 있다고 보고 있습니다.

영어로는 일본을 'Japan'이라고 표기하는데요, 이 명칭의 유래에 대해서는 두 가지 설이 있습니다. 하나는 중국 북부지방에서 일본국을 'Jiepenkuo'라고 부르던 것을 포르투갈인들이 'Zipangu' 또는 'Jipangu'로 들었다는 설이 있습니다. 또 하나는 중국 남부지방에서 일본을 'Yatpun'이라고 부르던 것을 네덜란드인들이 'Japan'이라고 들었다는 설이 있습니다.

국기 こっき・国旗

히노마루는 언제부터 일본 국기였나요?

'히노마루 ひのまる・日の丸'는 일본의 국기입니다. 흰 바탕에 빨간 동그라미가 그려져 있는 간단한 디자인으로 태양을 기호화한 것입니다.

히노마루는 에도 えど・江戸시대에 관선 官船, 즉 막부 소속의 배를 표시하는 것에서 비롯된 것으로 알려져 있습니다. 에도막부는 각 번에서 막부로 보내는 연공미를 운반하는 배에 붉은 동그라미를 그린 깃발을 내걸도록 하였습니다. 그리고 에도 말기에 서양의 압력으로 개국을 한 이후에는 서양 선박과 혼동되지 않도록 일본 선박에 히노마루를 내걸도록 하였습니다.

근대국가가 탄생한 메이지시기에 와서 일본정부는 1870년 태정관 太政官 포고를 통해 해적선 취급을 받지 않도록 우편선과 상선에 히노마루를 국기로 게양하도록 하고, 히노마루의 규격을 정했습니다.

이후 메이지정부는 국민들에게 히노마루를 일본 국가의 상징으로 받아들여 국민의식을 고취시키고자 했습니다. 이를 위해 초등학교에서 운동회를 비롯한 각종 행사 때 히노마루를 게양하도록 하였고, 국어나 수신 修身, 창가 唱歌 등의 수업에서도 히노마루에 대한 교육을 했습니다.

일본이 제국주의의 길로 나아가면서 히노마루는 제국주의적 침략과 관련된 상징으로서의 역할을 하게 되었는데요, 출정 병사를 환송하거나 승전을 축하할 때 일본인들은 히노마루를 흔들었고, 점령지에는 히노마루가 게양되어 일본의 국력을 과시하였습니다. 히노마루를 앞세우며 '천황 폐하를 위해 초개 草芥와 같은 목숨을 바칠 것'을 강요받은 수많은 일본군인들이 전쟁터에서 희생되었습니다.

히노마루

이러한 역사적 배경으로 인해 일본에서는 오랫동안 히노마루를 국기로 인정하는 데 대해 저항이 있었고, 1999년에 와서야 법적으로 일본 국기로서의 위상을 부여받게 되었습니다. 그렇지만 지금도 여전히 히노마루를 국기로 받아들이는 것을 거부하는 일본인들도 있습니다.

국가 こっか・国歌

기미가요의 역사적 유래에 대해 알려주세요!

기미가요는 일본의 국가입니다. 기미가요는 오래 전부터 전해 내려오는 작자 불명의 가사에 곡을 붙인 것으로 가사는 '그대여, 작은 돌이 큰 돌이 되어 이끼가 낄 때까지 오래 사십시오 君が代は千代に八千代にさざれ石の巌となりて苔のむすまで'라는 내용으로 되어 있습니다. 기미는 일왕을 가리키며, '기미가요'라는 제목은 첫머리 가사 '기미가요 きみがよ・君が代'에서 따온 것입니다.

이 가사의 원형은 10세기 초에 발간된 『고킨와카슈 こきんわかしゅう・古今和歌集』에 실려 있는 와카기미와 わがきみは・我が君は(우리 님은)로 알려져 있습니다. 또한 10세기 말에 발간된 『와칸로에이슈 わかんろうえいしゅう・和漢朗詠集』에도 기미가요와 君が代は(님의 시대는)라는 제목으로 실려 있습니다.

이 가사에 곡을 붙여 만든 기미가요가 탄생한 것은 메이지시대에 들어와서입니다. 해군성은 궁내성 아악과에 기미가요의 작곡을 의뢰했고, 아악과 악장 하야시 히로모리 はやしひろもり・林広守는 과원들이 작곡한 것들 중 하나를 약간 수정해서 자신의 이름으로 제출하였습니다. 이 곡에 대해 해군의 외국인 교사였던 독일인 F. 에케르트 Franz von Eckert가 서양음악풍의 화성을 붙여 완성시

킨 것이 기미가요입니다. 이 곡은 1880년 10월에 '천황을 찬미하는 의례의 곡'으로 발표되었고, 같은 해 11월 3일 천장절 天長節에 궁중에서 처음으로 연주되었습니다.

메이지정부는 히노마루와 마찬가지로 국민들이 기미가요를 일본의 상징으로 받아들여 천황에 대해 충성심을 갖도록 만들고자 했습니다. 1893년 문부성은 기미가요를 초등학교의 '축일대제일창가 しゅくじつたいさいじつしょうか・祝日大祭日唱歌'로 지정하였고, 이에 따라 초등학교의 기념식전에서는 반드시 기미가요를 제창하도록 하였습니다. 그리고 초등학교에서는 히노마루와 마찬가지로 국어, 수신, 창가 등의 교과를 통해 기미가요 교육을 했습니다. 음악 교과서에는 기미가요와 히노마루에 관한 노래가 수록되었고, 국어교과서와 수신교과서에도 히노마루와 기미가요에 대한 문장이 수록되었습니다.

히노마루와 기미가요를 거부하는 일본국민도 있다면서요?

패전 이후 히노마루의 게양이 금지되고 기미가요는 한동안 불리는 일이 없었지만, 1952년 일본이 주권국가로서의 지위를 회복함에 따라 일본정부는 국민의식을 고취시키기 위해 학교 현장에서 히노마루와 기미가요를 국기와 국가로 정착시키기 위한 노력을 지속해왔습니다. 국민 경축일의 의식을 거행함에 있어 문부성은 국기 게양과 국가 제창이 바람직하다고 여겨, 각 교과에서 국기를 존중하는 태도를 기르고 지도하라는 지도방침을 세웠습니다. 문부성이 제시한 학습 지도 요령에서는 입학식과 졸업식에서 히노마루 게양과 기미가요 제창을 의무화하였고, 이러한 조치는 초등학교를 넘어 중학교와 고등학교에까지 확대되었습니다. 이런 가운데 일본 국민들 사이에 히노마루와 기미가요가 정착되어 갔습니다.

이러한 정부 정책에 대해 교사와 학부모, 학생의 반발도 있었습니다. 기미가요는 천황의 통치가 영속되기를 기원하는 노래이므로, 이런 노래를 국가로 제정하는 것은 주권재민을 규정한 헌법정신에 위배된다는 비판이 그 이유였습니다. 학교 기념식에서는 교사나 학생들이 기미가요 제창을 거부하는 경우도 있었습니다.

냉전체제가 붕괴되고 전반적인 보수화가 진행되는 가운데 1999년 국기·국가법이 제정되면서 히노마루와 기미가요는 국기와 국가로서의 위상을 부여받게 되었습니다. 그러나 지금도 여전히 히노마루와 기미가요를 국기와 국가로서 받아들이기를 거부하는 비판의 목소리가 있습니다.

천황제 てんのうせい・天皇制

상징천황제란 무엇인가요?

일본에는 천황이라고 불리는 왕이 있는데요, 일본국 헌법 제1조에서는 '천황은 일본국의 상징이자 일본 국민통합의 상징'이라고 규정하고 있습니다. 따라서 천황은 국민통합의 상징으로서만 존재할 뿐 실질적인 통치권이나 정치적 권력은 갖고 있지 않습니다. 그렇지만 천황은 헌법이 정한 테두리 내에서 국사행위를 하고 있으며, 황위계승을 비롯해 종교색이 강한 신도의식에 이르기까지 전통적인 의식을 거행하고 있습니다.

일본인 중에는 천황제가 일본의 역사와 문화 그 자체이며, 일본적 아이덴티티의 핵심이라고 보는 사람도 있습니다. 보수 세력 중에는 천황을 실질적인 국가원수의 지위로 복귀시켜야 한다는 주장을 제기하기도 합니다. 이런 점에서 오늘날에도 여전히 천황은 일본사회와 문화를 이해하는 데 중요한 위치를 차지하고 있습니다. 근대 이후 일본 내셔널리즘의 중핵에는 항상 천황제가 자리 잡고 있으며, 천황의 존재를 대신하거나 이를 초월하는 국민통합의 구심점을 발견하기 어렵다고 할 수 있을 것입니다.

일본제국주의에 의한 식민지 지배와 침략전쟁으로 고통을 받아야 했던 우리나라 사람들에게 천황의 이미지는 군국주의의 정점과 같은 이미지로 다가옵니다. 그렇지만 오늘날 일본의 우경화 右傾化는 반드시 천황제와 결부시켜 논의하기 어려울 정도로 다변화되어 있습니다. 일본인들의 천황에 대한 의식도 무관심에서 친근함, 존경심을 갖는 것에 이르기까지 다양하다고 할 수 있습니다.

천황이라는 칭호가 처음 등장한 것은 언제인가요?

천황제는 고대에 제도화되었습니다. 천황이라는 칭호가 처음 등장한 것은 7세기 말엽으로 그 이전에는 군주를 오키미 おおきみ·大君라고 칭했습니다. 고대 율령국가의 기틀이 확립되는 과정에서 왕권을 강화하기 위해 천황이 제도화되었고 황실의 계보가 정리되었습니다. 또한『고지키 こじき·古事記』나『니혼쇼키 にほんしょき·日本書紀』가 편찬됨으로써 천황이 하늘의 자손이라는 신화가 만들어졌습니다. 이런 점에서 천황이라는 칭호는 앞에서 살펴본 일본이라는 국호가 등장하는 역사적 배경과 같은 맥락에서 파악할 수 있습니다.

그렇지만 근대 이전까지만 해도 천황의 지위는 불안정하였습니다. 고대에는 권력투쟁에 의한 혈육상쟁이 끊이질 않았고, 이로 인해 자살하거나 암살, 변사를 당한 천황도 있으며, 폐위를 당하거나 강제로 양위를 해야만 했던 천황도 있었습니다.

중세에 와서 천황의 정치적 실권은 크게 약화되었습니다. 중세는 고대국가가 해체되면서 천황과 귀족 중심의 지배에서 무사정권이 중심이 되는 무사사회로 전환해나가는 시기라고 할 수 있습니다. 12세기 말에 가마쿠라 막부 かまくらばくふ·鎌倉幕府가, 14세기 중반에 무로마치 막부 むろまちばくふ·室町幕府가 탄생하면서 천황은 사실상 정치적 실권을 잃게 되었고, 메이지유신이 일어나기 전까지 종교적인 권위만을 유지해왔습니다. 에도막부는 천황의 정치적 행동을 철저히 통제하고 문학이나 예능 방면 이외의 활동을 금지시켰습니다.

근대에 와서 천황의 지위는 어떻게 바뀌었나요?

근대에 와서 천황의 지위는 크게 바뀌게 되었는데요, 메이지유신을 통해 천황은 절대적인 권력을 갖게 되었으며 신성불가침한 존재로 신격화되었습니다. 메이지정부는 메이지헌법을 제정하여 천황에게 절대적인 권력을 부여하였으며, 천황을 신격화하기 위해 천황에 대한 유교적 충성을 강조하는 군인칙유 ぐんじんちょくゆ·軍人勅諭나 교육칙어 きょういくちょくご·敎育勅語와 같은 도덕적 지침을 만들었습니다. 또한 고대신화와 전통적인 종교에 기초해 국가신도 こっかしんとう·國家神道를 만들어 천황에 대한 신격화를 체계화하였습니다. 이와 더불어 천황과 관련된 각종 의식을 만들

어 천황을 중심으로 한 국민통합을 꾀하였습니다.

　패전 이후 천황제는 크게 바뀌게 되었는데요, 미점령하에서 이루어진 전후개혁에 의해 천황의 절대 권력은 부정되었고 천황은 국민통합의 상징적 존재가 되었습니다. 1946년 1월 1일 천황은 '인간선언'을 통해 스스로가 신격 神格을 부정하였습니다. 또한 천황과 황실이 민주적이고 근대적이며 대중에게 친숙한 존재라는 새로운 이미지를 만들어냄으로써 전전의 군국주의적 천황의 이미지로부터 벗어나고자 하였습니다.

황족은 어떤 사람들인가요?

　일본인이면서 호적도 없고 이름 앞에 오는 성도 없는 사람이 있다면 그 사람들이 바로 황족입니다. 황족은 일반사람과는 달리 호적과 성이 없으면서도 외국으로 여행할 수 있는 여권이 발급되는 유일한 사람입니다.

　천황 직계 가족으로서 결혼한 사람에게 '~미야 みや・宮'라는 칭호를 붙이며, 결혼한 자손과 그 자녀로 한정되어 있습니다.

　그런데 황족 남자가 혼인을 하면 배우자와 그 자녀는 황족이 됩니다. 반면 황족 여자의 경우, 황족이 아닌 남자와 혼인을 하게 되면 황적 皇籍을 이탈하게 되어 더 이상 황족이 아니게 됩니다. 그 배우자와 자녀는 당연히 황족이 아닙니다. 따라서 최근 일본에서는 황족의 사망이나 출생자녀수 저하 등으로 인해 황족 수가 감소하는 것을 우려해 황족에 대한 재규정이 필요하다는 주장도 제기되고 있습니다.

신화 しんわ・神話

　일본의 가장 오래된 역사책인 『고지키 こじき・古事記』와 『니혼쇼키 にほんしょき・日本書紀』에는 B·C 660년 진무 じんむ・神武천황이 일본을 건국하고 천황으로 즉위하였다고 전해집니다. 이 즉위일을 기념하기 위해 2월 11일을 건국기념일로 정하고 있습니다.

　태초에 있던 혼돈의 바다를 하늘에서 내려다보던 세 신령들이 세상을 창조하기로 결정하고 이자나기 イザナギ와 이자나미 イザナミ를 비롯한 많은 남신과 여신들을 만들어냈습니다. 신령님에게서 창을 받아든 이자나기가 바닷물에 창을 넣고 휘저은 후 꺼내보니 창끝에 묻은 바닷물 몇 방울이 다시 바다 속으로 떨어져 오야시마 おおやしま가 되었고, 이것이 현재의 일본 열도가 되었다고 합니다.

　이자나기와 이자나미가 결혼하여 아이 대신 혼슈 ほんしゅう・本州・시코쿠 しこく・四国・규슈 きゅうしゅう・九州 등을 낳았고, 이자나미는 불의 신을 낳다가 죽게 되었습니다. 죽은 이자나미를 찾아 요미노쿠니 よみのくに・黄泉国까지 쫓아갔다가 도망쳐 나온 이자나기는 부정한 몸을 씻기 위해 목욕을 하는데, 왼쪽 눈을 씻을 때 아마테라스 오미카미 あまてらすおおみかみ・天照大神라는 태양의 여신이, 오른쪽 눈을 씻을 때 쓰쿠요미노미코토 つくよみのみこと・月読命라는 달의 여신이, 코를 씻을 때 스사노오노미코토 すさのおのみこと・須佐之男命라는 바다의 남신이 태어났다고 합니다.

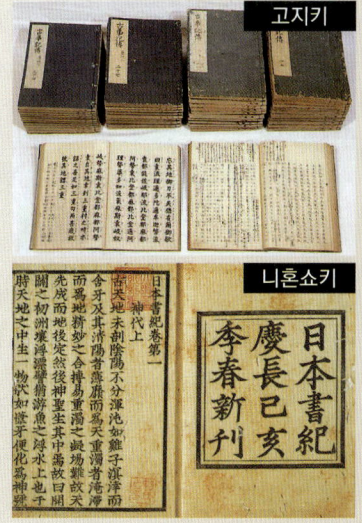

고지키

니혼쇼키

원호 げんごう・元号

원호란 무엇인가요?

현재 일본에서는 원호 げんごう・元号(또는 ねんごう・年号라고도 함)를 쓰고 있습니다. 원호란 왕의 즉위나 상서로운 일, 천재지변 등 역사적 사건이 일어났을 때 이를 기준으로 해를 세는 방식으로, 과거에는 중국이나 우리나라에서도 사용했습니다. 일본에서는 근대국가가 탄생한 메이지 이후에도 원호를 사용하고 있는데요, 메이지시대에 한 천황의 재위 기간에 하나의 원호를 쓰는 일세일원 いっせいいちげん・一世一元 제도가 확립되었습니다.

패전 후에는 원호의 법적 근거는 없어졌지만 타성적으로 쇼와 しょうわ・昭和가 사용되어 왔습니다. 그런데 1960년대 후반부터 보수세력을 중심으로 원호법제화 운동이 일기 시작했고, 1975년 천황 재위 50년을 계기로 차기 천황의 등장에 대비해서 원호의 공백을 만들지 않기 위한 운동이 활발히 일어났습니다. 이에 따라 1979년에 원호법이 성립되었고, 이 법에 의거해 원호 '헤이세이 へいせい・平成'가 정해졌고, 이어 2019년 5월 헤이세이 천황의 퇴위와 새로운 천황의 즉위에 따라 원호가 '레이와 れいわ・令和'로 바뀌었습니다.

원호는 천황의 재위를 기준으로 시간을 계산하는 방식이므로, 국민주권의 원칙과 맞지 않는다는 비판이 있습니다. 또한 일본에만 통용되는 것이므로 일본인의 역사의식과 국제 감각을 약화시킨다는 비판도 있습니다. 우리는 원호를 통해서도 천황의 존재가 여전히 일본사회에서 중요한 위치를 차지하고 있다는 것을 알 수 있습니다.

원호에는 어떤 것들이 있나요?

근대에 와서 사용된 원호로는 메이지 めいじ·明治(1868~1912), 다이쇼 たいしょう·大正(1912~1926), 쇼와 しょうわ·昭和 (1926~1989), 헤이세이 へいせい·平成 (1989~2019년), 레이와 れいわ·令和 (2019년~현재)가 있습니다.

원호를 서기로 고치려면 어떻게 해야 하나요?

원호를 서기로 고치려면 각 원호의 원년을 알아야 합니다.

예를 들어 쇼와 원년은 1926년이므로 쇼와 10년을 서기로 고치려면 10 + 1925 = 1935년, 헤이세이 원년은 1989년이므로 헤이세이 10년은 10 + 1988 = 1998년이 됩니다. 이 때, 원년에서 1을 뺀 수에 더해야 한다는 점에 주의해야 합니다.

거꾸로 서기를 원호로 고치려면 2010 - 1988 = 22, 즉 헤이세이 22년이 됩니다.

연 도	연호 이름	기 간
1868년	메이지 めいじ·明治	1868 ~ 1912년
1912년	다이쇼 たいしょう·大正	1912 ~ 1926년
1926년	쇼와 しょうわ·昭和	1926 ~ 1989년
1989년	헤이세이 へいせい·平成	1989 ~ 2019년
2019년	레이와 れいわ·令和	2019년 ~ 현재

국민축일 こくみんのしゅくじつ・国民の祝日

　국민축일 こくみんのしゅくじつ・国民の祝日이란, 일본정부가 정한 '일본국민의 경축일'을 말하며 모두 양력으로 지냅니다. 1999년 휴일법 개정에 따라 토요일이나 일요일이 공휴일이면 다음 월요일을 휴일로 하여 연휴를 만드는데, 이를 '해피먼데이ハッピーマンデー' 또는 '이동축일'이라고 합니다.
　그런데 축일은 메이지시대 めいじだい・明治時代에 만들어진 다양한 국가의례에서 비롯된 것이 많습니다. 메이지정부는 천황과 관련된 다양한 국가적 경축일을 제정함으로써 일본국가와 민족이 유구한 역사를 가졌으며, 만세일계 万世一系의 천황가를 중심으로 독자적인 문화를 만들어냈다는 신화를 국민의 마음 속에 심고자 하였습니다.

새해 がんたん・元旦

1월 1일 당일을 간지쓰 がんじつ・元日라고 하며 1월 1일 아침을 간탄 がんたん・元旦이라고 합니다. 12월 28일은 시고토오사메 しごとおさめ・仕事納め라고 하여 한해의 업무를 마감하고, 1월 4일은 시고토하지메 しごとはじめ・仕事初め라고 하여 새해 업무를 시작하는 날입니다. 양력 1월 1일~3일을 산가니치 さんがにち・三が日라고 칭합니다.

간지쓰

성인의 날 せいじんのひ・成人の日

1월 둘째 주 월요일은 성인의 날입니다. 만 18세(2023년~)가 되는 것을 기념하는 날로, 각 시·정·촌 市·町·村에서는 성인식을 거행하며 대부분 기모노를 입고 참석합니다.

성인의 날 행사

건국기념일 けんこくきねんのひ・建国記念の日

2월 11일은 건국기념일입니다. 이 날은 1873년에 제정된 기원절 きげんせつ・紀元節이라는 경축일에서 유래되었는데요, 기원절은 『니혼쇼키にほんしょき・日本書紀』에 기술된 초대 진무 じんむ・神武 천황의 즉위일인 1월 1일을 태양력으로 환산한 날입니다. 전후 戰後에 와서 폐지되었다가 1966년에 축일로 제정되었습니다.

천황탄생일 てんのうたんじょうび・天皇誕生日

2월 23일은 천황탄생일로 2019년에 새로 즉위한 현 천황의 탄생을 기념하는 날입니다. 천황탄생일은 쇼와 23년(1948년)까지는 천황의 장수를 축원한다는 의미에서 천장절 てんちょうせつ・天長節로 불리었습니다. 이날은 많은 사람들이 천황의 거처인 도쿄의 고쿄 こうきょ・皇居를 방문하여, 천황의 건강과 장수를 기원합니다.

춘분 しゅんぶんのひ・春分の日

춘분은 3월 21일경 태양이 춘분점에 도달하는 날로 낮과 밤의 길이가 같다고 합니다. 춘분과 추분을 중심으로 한 전후 3일간의 1주일을 히간 ひがん・彼岸이라고 하는데, '저 세상'이라는 뜻입니다. 그리고 첫날을 히간노이리 ひがんのいり・彼岸の入, 마지막 날을 히간노아케 ひがんのあけ・彼岸の明け라고 합니다. 이 날이 되면 저 세상에 산다고 믿고 있는 조상들의 영혼을 위로하기 위하여 특별한 행사인 불교의 공양이 행해지기도 하며, 조상들의 묘를 청소하고 꽃을 놓아두거나, 향을 피우며 성묘를 합니다. 그리고 각 가정의 불단 ぶつだん・仏壇에는 히간모치 ひがんもち・彼岸餅 나 보타모치 ぼた餅 를 바칩니다. 역대 천황과 황족을 기리는 춘기 황령제 しゅんきこうれいさい・春期皇霊祭에서 유래한 것입니다.

쇼와의 날 しょうわのひ・昭和の日

4월 29일은 쇼와천황 탄생일입니다. 1989년 쇼와천황의 사망으로 인해 미도리노히 みどりのひ・緑の日로 명칭이 정해졌으나, 명칭 변경을 요구하는 보수세력의 운동에 의해 2007년부터 쇼와의 날로 바뀌었습니다.

헌법기념일 けんぽうきねんび・憲法記念日

5월 3일 헌법기념일은 새로운 일본국 헌법이 시행된 것을 기념하는 날입니다. 1947년 5월 3일에 구 헌법인 메이지헌법 明治憲法이 폐지되고, 새 헌법으로 대치되었습니다. 새 헌법의 기본원리는 기본적 인권과 평화주의를 존중하는 데 있습니다. 특히 새 헌법 중 주목할 중요한 조항은 군비 軍備와 전쟁을 금지하여 영원한 평화를 수립한다고 명시한 점입니다.

자연의 날 みどりのひ・緑の日

2006년까지는 4월 29일이었던 자연의 날이 쇼와의 날로 바뀌면서 2007년부터 5월 4일의 축일 명칭이 되었습니다.

어린이날 こどものひ・子供の日

5월 5일 어린이날은 원래 남자 아이의 성장과 건강을 비는 날이었으나 1948년 '국민축일법'에

의해 어린이날로 정했습니다. 이 날은 남자 아이들을 위한 축제날인 단고노셋쿠 たんごのせっく·端午の節句와 여자 아이들을 위한 3월 3일 모모노셋쿠 もものせっく·桃の節句를 하나로 통합한 데서 유래합니다.

고이노보리

어린이날에는 집 밖에 하늘 높이 잉어 모양의 깃발인 '고이노보리 こいのぼ'를 매다는데, 잉어가 맑은 물은 물론 못이나 늪지대에서도 살 수 있는 생명력이 강한 물고기이기 때문이랍니다.

또한 지마키 ちまき (띠, 조릿대 잎에 싸서 찐 찹쌀떡)나 가시와모치 かしわもち (떡갈나무 잎에 싼, 팥소를 넣은 찰떡)를 먹고, 창포 꽃의 향기가 잡귀를 몰아내며 창포의 가늘고 긴 잎이 칼날과 닮았다 하여 강하고 늠름한 기상을 닮으라는 의미로 창포를 태운 물로 목욕을 하기도 합니다.

바다의 날 うみのひ·海の日

7월 셋째 주 월요일인 바다의 날은 국민들에게 바다에 대한 이해와 관심을 일깨우는 날입니다. 메이지 めいじ·明治 천황이 등대를 순찰하는 용도로 영국에서 만든 '메이지마루 めいじまる·明治丸'라는 돛단배로 동북 순행을 마치고 귀항한 것을 기념하는 날이기도 합니다. 메이지마루는 현재 도쿄해양대학에 보존되어 있습니다.

산의 날 やまのひ·山の日

8월 11일은 '산의 날'로, 산과 친숙해지는 기회를 가지며 산의 은혜에 감사하자는 뜻에서 2016년부터 시행되었습니다. 이날로 정한 특별한 이유는 없으며 8월 중순에 있는 '오봉 연휴'와 이어지도록 하기 위해서 11일로 정했습니다.

경로의 날 けいろうのひ・敬老の日

9월 셋째 주 월요일은 고령자를 경애하고 장수하신 노인들을 축하하는 날입니다. 이 날에는 일반적으로 가족들이 노인에게 선물을 하는데, 주로 꽃다발, 난초, 식품, 의류, 여행, 식사 대접 등입니다.

추분 しゅうぶんのひ・秋分の日

9월 23일은 가을의 시작으로, 이를 기념하고 조상을 기리기 위해 제정한 날입니다. 추분을 전후한 3일 동안에 성묘를 합니다. 이날에는 오하기 おはぎ (찹쌀과 맵쌀을 섞어 만든 경단으로 겉에 팥고물을 입힌 것)를 먹습니다. 역대 천황과 황족을 기리는 추기 황령제 しゅうきこうれいさい・秋期皇霊祭에서 유래한 것입니다.

오하기

스포츠의 날 すぽーつのひ・スポーツの日

10월 둘째 주 월요일은 스포츠를 통하여 전 국민의 심신을 건강하게 지키자는 의미에서 제정된 스포츠의 날입니다. 1964년 10월 10일에 개최된 도쿄 올림픽을 기념해 만든 날이기도 합니다. 이 날은 전국 대부분의 직장과 학교에서 각종 체육대회가 열립니다.

문화의 날 ぶんかのひ・文化の日

11월 3일로 메이지 천황의 생일을 기념하는 날입니다. 전전에는 명치절 めいじせつ・明治節로 불리었으나, 1948년에 '자유와 평화를 사랑하고, 문화를 장려하는 날'인 문화의 날로 정해졌습니다. 이 날에는 일본 문화 발전에 공로가 있는 사람들에게 천황이 문화훈장을 수여하며, 이 시기에 학교에서는 문화제가 열립니다.

근로감사의 날 きんろうかんしゃのひ・勤労感謝の日

11월 23일로 천황이 그 해에 수확한 곡물을 처음으로 맛보고 신에게 바치는 니이나메사이 にいなめさい・新嘗祭에서 유래되었습니다. 1948년에 '근로를 존중하고 생산을 축하하며, 국민들 서로가 감사하는 날'로서 법률로 정해졌습니다.

성씨 せい·姓

일본인의 성姓은 어떻게 만들어 졌나요?

메이지시대 めいじじだい·明治時代 이전에는 무사나 귀족 등 지배계급만이 성 せい·姓을 가질 수 있었습니다(みなもと, ふじわら 등). 이런 점에서 성은 특권계급의 상징이었던 것입니다. 1870년에 메이지정부는 평민에게 성을 허락하는 조치를 취하였는데요, 이는 근대 국민국가의 기초로서 국민 개개인을 식별할 필요성이 높아졌기 때문입니다. 육군성에서는 병적 へいせき·兵籍을 조사할 때 성이 없는 자가 있어 매우 어려움이 많다는 사실을 태정관 だいじょうかん·太政官에 보고하였습니다. 메이지정부는 전 국민이 성을 갖게 하고 또 한 번 만든 성은 바꾸지 못하도록 하였는데요, 이에 따라 평민들도 성을 갖게 되어 새로운 성이 많이 생겨났습니다. 그 중 70퍼센트 이상이 지명이나 지형에서 만들어진 것입니다.

- **기노시타**(きのした·木下): 큰 나무 밑의 집에서 태어난 사람
- **스기모토**(すぎもと·杉本): 삼나무가 많은 고장에서 태어난 사람
- **와타나베**(わたなべ·渡辺): 뱃사공인 사람
- **다나카**(たなか·田中): 논 가운데 집이 있는 사람
- **와타야**(わたや·綿谷): 솜가게라는 직업에서 유래한 성

이밖에 다이콘だいこん·大根(무), 야나가와やながわ·柳川(버드나무가 많은 강)와 같이 동식물의 이름을 본떠서 만든 성씨도 있습니다.

일본은 세계 2위의 다성多姓 국가라던데요?

일본인의 성을 묘지 みょうじ·苗字라고 하는데요, 2005년 자료에 의하면 전국에 약 30만 종류의 성이 있다고 합니다. 반면 중국에는 약 3,500종류, 한국은 약 250종류가 있습니다. 이처럼 일본인의 성의 종류가 많은 이유는 같은 한자를 써도 다르게 읽는 경우가 많기 때문입니다. 그래서 명함에는 한자와 읽는 방법을 가나표기로 함께 적기도 합니다.

재미있고 특이한 성에는 어떤 것이 있나요?

숫자와 관련된 성

일본인들은 성이나 이름에 숫자를 사용하는 경우가 많습니다. 예를 들면 「一文字」라는 성은 '이치몬지いちもんじ'라고 읽고, 「一二三」은 '히후미ひふみ'라고 읽습니다.

생활과 관계 있는 성

생활과 관계 있는 성으로는 「四月一日·四月朔日」가 있습니다. 이것은 '와타누키 わたぬき'라고 읽는데, '와타 わた·綿 (솜)'를 '누쿠 ぬく·抜く(빼다)' 하는 계절인 4월에서 유래된 성입니다.

재미있는 성

- 하나다はなだ·花田 : 꽃밭에서 태어난 사람, 꽃밭 주인
- 오쿠おく·奥 : 상대방의 부인을 부르는 존칭어 '오쿠상おくさん·奥さん'과 한자·발음이 모두 같음
- 데구치でぐち·出口와 이리구치いりぐち·入り口 : '출구'와 '입구'라는 뜻으로 영원히 만나지 못할 것 같은 느낌이 드는 두 성
- 가네모치かねもち·金持 : 돈 많은 부자

우리나라 '김·이·박'처럼 일본에 많은 성은 무엇인가요?

1위	2위	3위	4위	5위
사토 さとう・佐藤	스즈키 すずき・鈴木	다카하시 たかはし・高橋	다나카 たなか・田中	이토 いとう・伊藤
6위	**7위**	**8위**	**9위**	**10위**
와타나베 わたなべ・渡辺	야마모토 やまもと・山本	나카무라 なかむら・中村	고바야시 こばやし・小林	가토 かとう・加藤

성씨의 지역적인 분포를 보면, '사토'는 도호쿠 とうほく・東北, 홋카이도 ほっかいどう・北海道, 간토 かんとう・関東 지방에 많고, '스즈키'는 간토지방에 많으며, '다카하시'는 동일본 ひがしにほん・東日本 에서 주코쿠 ちゅうごく・中国, 시코쿠 しこく・四国 지방에 많다고 합니다.

어렵고도 어려운 일본인의 성 읽는 법
- 같은 한자라도 읽는 방법이 여러 가지인 경우 : 와타나베/와타베 わたなべ/わたべ・渡辺
- 읽는 방법은 같은데 한자가 다른 경우 : 아베 あべ・阿部/安部
- 읽는 방법이 특이한 경우 : 하세가와 はせがわ・長谷川
- 같은 한자가 2글자 이상인 경우 : 사사키 ささき・佐々木

일본에서는 결혼하면 성이 바뀌나요?

일본 여성들은 결혼 후 대개 남편의 성을 따르게 됩니다. 이는 메이지민법에서 규정된 부부동성 제 ふうふどうせいせい・夫婦同姓制에서 유래한 것인데요, 메이지민법에서는 여성이 결혼하면 남편 집안의 성을 취하도록 하였습니다. 전후개혁의 일환으로 1947년에 민법이 개정되었는데, 개정된 민법에서 부부는 같은 성을 취하되 어느 한쪽의 성을 사용할 수 있다고 규정하고 있습니다. 그렇지만 현실적으로는 남편의 성을 택하는 경우가 95퍼센트를 넘습니다.

이처럼 결혼으로 인해 여성이 성을 바꾸는 것은 남편의 집안에 여성이 흡수되는 듯한 이미지를 만들며, 성은 개인의 정체성에 관련된 것이므로 성을 바꾸도록 하는 것은 인권침해라는 비판도 제기되고 있습니다. 여성의 사회 진출이 늘어나고 있는 현대사회에서 직업을 갖는 여성들이 결혼 후 성을 바꿈으로서 여러 가지 불편과 불이익을 초래한다는 의견이 대두되면서 부부별성제 ふうふべっ

せいせい·夫婦別姓制를 요구하는 목소리가 높아지고 있습니다.

　이런 가운데 2009년 중의원 선거에서 민주당은 부부별성을 공약으로 내세웠고, 선거에서 승리해 여당이 되면서 결혼 시에 부부가 부부 동성 또는 별성을 선택할 수 있도록 하는 선택적 부부별성제를 추진하고자 하였습니다. 그렇지만 보수 세력의 반대에 부딪쳐 결국 실현되지 못했습니다. 이후 자민당이 여당으로 복귀하면서 현재 부부별성제에 대한 논의는 정체상태에 있습니다.

이름 なまえ·名前

　일본인의 이름은 일반적으로 1글자~3글자인 경우가 많습니다. 이름은 시대를 반영해서인지 시대에 따라 인기 있는 이름의 경향도 크게 변해 왔습니다.
　20세기 초에 유행했던 남자 이름은 기요시きよし·清, 마사오まさお·正男, 여자는 요시코よしこ·芳子, 히사코ひさこ·久子, 기요코きよこ·清子 등 전반적으로 '맑고, 바르고, 아름답게'라는 의미가 들어있는 것이 많았습니다.
　1945년 이전에는 기요시 きよし·清, 미노루みのる·実, 히로시ひろし·弘 등과 같이 1글자의 한자로 된 남자 이름이 늘고, 여자의 이름은 '~코~こ·子'로 짓는 사람이 더 늘어난 적도 있으며, 쓰네つね, 미네みね 같은 2음절에서 가즈코かずこ, 아키코あきこ같은 3음절로 바뀌어 갔습니다.
　제2차 세계대전 중에는 군국적인 색채가 짙어져 남성은 마사루まさる·勝, 스스무すすむ·進, 이사무いさむ·勇 등 '강함', '용감함'을 의미하는 이름이 많았고, 여자는 가즈코かずこ·和子, 사치코さちこ·幸子 같은 온화하고 부드러운 인상을 주는 이름이 많았습니다.
　전후 고도성장기 이후에는 여성의 이름에서 '~코~子'가 서서히 사라졌습니다. 그리고 그 시대에 인기있는 탤런트나 스포츠 선수들의 이름을 붙이는 경향이 강해졌습니다. 최근에는 이름의 의

미보다 부를 때의 어감이 우선시되어 표기는 그것을 따르는 형태의 이름이 많습니다.

호적에 사용 가능한 한자는?

호적에 등록될 수 있는 성씨와 이름은 일본 호적법의 규칙에 따라 일정한 규정을 따르게 되어 있습니다. 성씨의 경우 귀화, 국적 취득 등으로 새로이 호적에 기재할 때에는 규칙 제60조가 규정하는 범위의 문자를 사용할 수 있습니다. 이름은 호적법 제50조 1항의 규정에 따라야 합니다. 2004년 법무성령 제66조로 '한자표'가 제시되었고, 이에 따라 현재 사용 가능한 이름의 한자는 상용한자 1,945자와 한자표 883자를 합친 2,828자입니다.

일본 문패

종교 しゅうきょう・宗教

일본 고유의 종교는 신도인가요?

일본 고유의 종교는 신도しんとう・神道라고 할 수 있으며, 그 이외에도 고대에 들어온 불교, 근세의 기독교, 이슬람교 등이 있습니다. 일본인은 특정종교를 가지고 있다기보다 생활화되어 있는 부분이 많습니다.

'세계 가치관 조사(1995년 전국의 18세 이상의 남녀 1,000명 정도를 기본으로, 세계 23개국에서 실시한 의식 조사)'에 의하면, '현재 가지고 있는 종교가 있습니까?'라는 질문에 '종교를 가지고 있다'라고 대답한 사람은 37.8퍼센트였습니다 (그 중 가장 많은 것이 불교로 31.4퍼센트, 크리스트교·가톨릭은 0.9퍼센트, 프로테스탄이 0.5퍼센트). 반면 '종교를 중요시하고 있습니까?'라는 질문에 '그렇다'라고 대답한 사람은 21.3퍼센트로, 조사 대상 23개국 중 두 번째로 낮은 비율을 보여 일본에 있어서의 종교 의식은 전반적으로 낮다고 말할 수 있습니다.

일본인은 다종교인가요?

다만, '일본인은 무종교'라던가 '종교를 가지지 않는다'라고 단언할 수는 없습니다. 최근 신사,

절, 교회에 참배한 횟수를 보면, '전혀 가지 않는다'는 사람은 전체의 11퍼센트로 일본인의 생활이 종교행위와 밀접하게 연결되어 있고, 일생의 중요한 고비마다 종교의식을 따르고 있다는 것을 알 수 있습니다. 아기가 태어나면 출생의식은 신도식으로 치릅니다. 태어난 후 약 한 달이 되면 조부모와 부모가 아이를 데리고 가까운 신사 じんじゃ・神社에 가서 가문의 일원이 된 것을 보고하고 아이의 건강을 기원하는 오미야마이리 おみやまいり・お宮参り를 치릅니다. 시치고산 しちごさん・七五三에는 3・7세의 여자 아이와 3・5세의 남자 아이를 신사에 데리고 가서 건강과 축복을 기원합니다. 또한 결혼식은 불교식, 신도식, 기독교식으로 다양하게 치릅니다. 그러나 인생의 마지막인 장례식은 대부분 불교식으로 하는 경향이 있고, 시신은 보통 화장을 합니다. 부처님을 모시는 불교의 절 おてら・お寺 안에 신도의 상징인 도리이 とりい・鳥居가 있는 곳(기요미즈데라 きよみずでら・清水寺)도 볼 수 있습니다.

신사

도리이

후지산 ふじさん・富士山

후지산은 어떤 산인가요?
후지산은 약 1만 년 전 지각 변동으로 이즈いず・伊豆 반도와 혼슈 ほんしゅう・本州가 부딪치면서 융기해 생긴 것으로, 시즈오카현 しずおかけん・静岡県 북동부와 야마나시현 やまなしけん・山梨県 남부에 걸쳐 있는 일본에서 가장 높은 산(3,776미터)입니다. 동쪽으로는 보소 반도 ぼうそうはんとう・房総半島가, 서쪽으로는 재팬 알프스 日本アルプス가, 남쪽으로는 이즈 반도 いずはんとう・伊豆半島가 보이고, 북서쪽 산자락에는 오무로산 おおむろやま・大室山을 비롯한 기생화산이 많습니다. 후지고코 ふじごこ・富士五湖라는 아름다운 다섯 개의 호수도 있지요. 간토 かんとう・関東 평야로 둘러싸인 후지산은 어느 방향에서 보아도 그 경관이 뛰어나 일본인들이 매우 좋아하는 명산입니다.

후지산에는 언제 올라갈 수 있나요?
야마비라키 やまびらき・山開き(7월 1일~8월 31일)라는 기간 동안 올라갈 수 있습니다. 후지산은 무난한 등산로 덕분에 쉽게 정상까지 오를 수 있으나, 산 정상에 가까워지면 기상 변화가 심하므로 주의해야 합니다. 네 개의 주요 등산로가 있는데 산의 하단부부터 정상까지 각 등산로마다 200~300미

터 고도 차이를 두고 여러 개의 산장이 있어서 멀리서 온 등산객들이 묵어갈 수 있습니다.

높이에 따라 이치고메 いちごうめ・一合目부터 정상인 주고메 じゅうごうめ・十合目(그러나 정상을 주고메라고 부르지는 않습니다)로 구분하는데, 버스나 자동차는 고고메 ごごうめ・五合目인 2,305미터까지 운행되며 그 이후부터가 본격적인 등산로가 됩니다.

후지산

사쿠라 さくら·桜

사쿠라는 일본의 국화 国花인가요?

사쿠라는 일본을 대표하는 꽃으로 벚꽃을 말합니다. 사쿠라를 일본의 국화 こっか·国花로 알고 있는 사람이 많지만, 일본에는 국화가 없습니다. 사쿠라는 일본인들이 좋아하는 '일본인의 꽃'이죠.

일본의 옛말에 '꽃은 벚꽃, 사람은 무사 花は桜、人は武士'라는 말이 있습니다. 벚꽃이 망설임 없이 순간적으로 지는 것에 비유하여, 어떤 일에서도 죽음 앞에 망설이거나 그것을 두려워하지 않는 사무라이의 기질을 잘 표현한 것입니다.

사쿠라가 핀 전경

사쿠라 전선 さくらぜんせん・桜前線

사쿠라는 남쪽에서부터 점차적으로 피기 시작하면서 북쪽으로 올라갑니다. 사쿠라 전선은 개화일이 같은 지점을 이은 선으로 보통 10일 간격으로 구분합니다. 사쿠라 전선의 북상은 그 지방에 봄이 옴을 알립니다.

사쿠라가 일본인에게 널리 사랑받는 이유는, 일본인에게 새로운 시작을 의미하기 때문입니다. 학교의 신학기나 회사의 회계년도 4월에 시작하므로 사쿠라가 피는 계절인 4월은 일본인들에게는 새로운 시작을 의미합니다. 많은 사람들이 4월에는 가족・친구・동료들과 사쿠라 나무 아래서 하나미 はなみ・花見 (벚꽃놀이)를 즐깁니다. 회사에서는 신입사원들이 하나미가 시작되기 전날부터 미리 가서 자리를 잡아 놓기도 합니다.

하나미

일본인이 존경하는 인물

사카모토 료마 さかもと りょうま・坂本龍馬 1835~1867

사카모토 료마는 에도시대 えどじだい・江戸時代 말기 일본통합을 이루어낸 무사 さむらい・侍입니다. 탁월한 협상능력으로 당시 앙숙지간이었던 사쓰마번 さつまはん・薩摩藩(현재의 가고시마현)과 조슈번 ちょうしゅうはん・長州藩(현재의 야마구치현)의 동맹을 이루어낸 그는, 도쿠가와 막부 とくがわばくふ・德川幕府가 실질적인 정치권력을 포기하고 이를 왕실에 되돌려주어야 한다고 제안하여 메이지유신 めいじいしん・明治維新의 새 정부가 들어설 수 있도록 터를 닦은 사람으로 평가됩니다.

33살의 젊은 나이로 그는 자객에 의해 암살되었습니다. 그의 동상은 태평양을 바라보고 있으며, 오른쪽 손을 찔러 넣은 왼쪽 품 안에 총·수류탄·편지·성서를 숨기고 있다거나 아무것도 없다는 등 여러 이야기가 있습니다.

사카모토 료마

도쿠가와 이에야스 とくがわ いえやす・徳川家康 1543~1616
도쿠가와 이에야스는 260년이나 계속된 에도시대의 기초를 마련했습니다.

오다 노부나가 おだ のぶなが・織田信長 1534~1582
오다 노부나가는 일본 전국시대 せんごくじだい・戦国時代에 통일의 기초를 마련한 인물입니다.

도요토미 히데요시 とよとみ ひでよし・豊臣秀吉 1536~1598
도요토미 히데요시는 오다 노부나가와 같은 시대의 인물로 전국 통일을 완성하였습니다.

후쿠자와 유키치 ふくざわ ゆきち・福澤諭吉 1835~1901
일본 최초의 대학인 게이오기주쿠 けいおうぎじゅく・慶應義塾 (현재의 게이오대학)를 세운 계몽가이자 사상가입니다.

사이고 다카모리 さいごう たかもり・西郷隆盛 1827~1877
사이고 다카모리는 하급무사의 아들로 태어나 메이지유신의 3대 영웅으로 불리며, 정한론 せいかんろん・征韓論을 주장했습니다.

이치카와 후사에 いちかわ ふさえ・市川房枝 1893~1981
2차대전 후 일본의 여성참정권 운동을 벌여 일본의 여권신장에 크게 기여한 인물입니다.

일본인이 좋아하는 역사 인물 인기 순위

	남	여
16~29세 (청년층)	오다 노부나가 織田信長	오다 노부나가 織田信長
	사카모토 료마 坂本竜馬	도쿠가와 이에야스 徳川家康
	도쿠가와 이에야스 徳川家康	사카모토 료마 坂本竜馬
30~59세 (중년층)	오다 노부나가 織田信長	오다 노부나가 織田信長
	사카모토 료마 坂本竜馬	사카모토 료마 坂本竜馬
	도쿠가와 이에야스 徳川家康	도쿠가와 이에야스 徳川家康
60세 이상 (장년층)	도쿠가와 이에야스 徳川家康	도쿠가와 이에야스 徳川家康
	오다 노부나가 織田信長	오다 노부나가 織田信長
	도요토미 히데요시 豊臣秀吉	미나모토노 요시쓰네 源義経

▶ (자료제공) NHK방송문화연구소여론조사부 「日本人の好きなもの」 2008年

일본인의 발명품 はつめいひん・発明品

휴대용 사인펜

펜텔사 社가 1963년에 개발한 세계 최초의 수성펜이 '사인펜'이란 이름으로 판매되었습니다. 당시 미국에서 발명되었던 유성 마커나 작은 글자도 쓸 수 있는 유성펜이 있긴 했지만, 뒷면에 비치는 등 난점이 있었습니다. 이를 보완하여 펜텔사가 가벼운 터치로 가늘면서 뒷면에 비치지 않도록 글을 쓸 수 있는 수성펜을 개발하였던 것은 획기적이었답니다.

펜텔사 전경

샤프펜

현재의 하야카와 はやかわ・早川 금속연구소의 창업자인 하야카와가 1915년 실용적인 샤프펜을 발명하여 일본 국내뿐 아니라 해외에서 주문이 쇄도하였고, 그 후 '항상 준비된 샤프펜(ever ready sharp pen)'이라고 그 명칭을 바꾸었습니다.

말하는 자판기

외국인은 '일본에는 자판기가 많다'는 사실에 놀란다고 합니다. 사실 일본 전국에 500만 내지 600만대이므로 일본 국민 25명에 한 대 꼴인 셈이지요. 생화, 스시, 내복 등 무엇이든 자판기에서 구입이 가능합니다. 최근에는 만엔짜리 지폐를 넣는 자판기까지 등장하였고, 그 안에는 로보트가 장착되어 있어, 영어, 포르투갈어, 중국어 등 외국어뿐만 아니라 간사이벤 かんさいべん・関西弁, 나고야벤 なごやべん・名古屋弁, 쓰가루벤 つがるべん・津軽弁 등의 일본의 지방 사투리까지 말합니다. 뿐만 아니라 날씨 정보, 포인트 카드의 정보 인식까지 가능하다고 합니다.

커터칼

1956년 현재의 올파 OLFA 주식회사인 오카다상회 岡田商会의 창업자가 칼을 접을 수 있고 보통 칼이나 면도칼보다 더 오래 쓸 수 있는 칼을 고안해냈습니다.

일본 전통 종이

'도사텐구조시 とさてんぐじょうし・土佐典具帖紙 라는 일본 전통 종이는 0.03밀리미터로 매우 얇아서 '잠자리 날개'라고도 불릴 정도이며, 세계에서 가장 얇고 견고한 종이입니다. 1880년에 비로소 대량으로 외국에 수출되어 그 질을 인정받아 2001년에는 도사텐구조시의 제조법이 중요무형문화재로 지정되었습니다.

의료용 내시경

1950년에 올림푸스 광학 공업사 (현재의 올림푸스사 オリンパス株式会社)의 주임기사였던 스기우라 すぎうら・杉浦 팀이 세계에서 최초로 위장을 촬영하는 카메라를 개발하였습니다. 그 기술을 내시경으로 발전시켜 현재 전 세계 의료용 내시경의 70퍼센트를 차지하게 되었습니다.

일본의 칼
일본의 칼은 견고하며 잘 들기로 유명합니다. 일찍이 제철기술의 발달로 질 좋은 강철과 독자적인 일본도의 제작법이 개발되었습니다. 옛날 일본에서는 목탄을 사용하였기 때문에 1,200도 이상으로는 가열할 수 없었고, 철을 더욱 단단히 만들기 위해 '달구어진 철을 두드려 연마하는 기술'이 개발되었던 것입니다.

가정용 혈압계
오므론 헬스케어사 OMRON HEALTH CARE가 개발한 전자혈압기는 1971년에 판매되기 시작하여 현재 전 세계 판매량의 60퍼센트로, 1위를 차지하고 있습니다.

가정용 마사지 의자
마쓰시타 전기 まつしたでんき・松下電器가 1969년 개발한 마사지 의자가 널리 보급되어 있습니다.

화장실 위시렛
TOTO사가 수세식 변기에 온수 비데 기능이 있는 위시렛을 개발하여 1980년 발매를 개시, 2005년 현재 판매고가 2,000만대를 돌파하는 인기상품이 되었습니다.

팩스(FAX)
사진전송자치로 일본전기(NEC)기술자가 1928년에 발명해 실용화했습니다.

인스턴트 라면
1958년 닛신식품창업자인 안도모모후쿠가 발명했습니다.

비데
이나 伊奈 도예가 온수용 좌변기를 발명해, 화장실을 쾌적하게 하는 비데의 원형은 미국에서 개발된 의료용입니다. 1964년에 이나도예가 발명한 것을 시작으로 1969년 TOTO에 의해 세계에 알려지기 시작했습니다.

지하철의 자동개찰기
교통카드 등으로 지하철이나 버스 등을 타고 내릴 때 자동계산이 되는 자동개찰기는 일본 오무론에서 개발된 것입니다.

인스턴트 카레
1968에 오츠카식품 大塚에서 세계에서 최초로 발매된 인스탄트 카레는 본카레입니다.

건전지
1885년 야이사키조우 屋井先蔵는 건전지로 연속전기시계를 발명했습니다.

전기밥솥
1940년 미츠이전기에 의해 발명되었습니다.

국민영예상 수상자 こくみんえいよしょう・国民栄誉賞

국민영예상 国民栄誉賞은 내각총리대신 표창의중 하나로, 국민들에게 널리 존경받고 사랑받으며 사회에 희망을 전해주는 일에 업적을 세운 사람의 명예를 높이 칭송하는 것을 목적으로 1977년 8월에 창설되었습니다. 창설 당시에는 지지율 하락으로 고심하던 후쿠다 ふくだ・福田 내각의 인기몰이 도구라는 비판도 있었다고 합니다. 일본 국적 보유와는 상관 없이 수상할 수 있습니다.

제1대 수상자 오 사다하루 おう さだはる・王貞治는 한국에서 '왕정치'로도 널리 알려진 야구감독입니다. 그는 아버지가 중국인, 어머니가 일본인으로 중국 국적이었으나 일본으로 귀화하였습니다. 현재 일본프로야구기구(NPB) 커미셔너 특별고문으로 활동하고 있습니다.

그리고 제7대 수상자인 미소라 히바리 みそら ひばり・美空ひばり는 엔카의 여왕으로 당시 일본인의 정서를 담은 노래「川の流れのように」외에 다수의 곡을 발표하고 영화에 출연하는 등 일본인들의 많은 사랑을 받으면서 여성 최초 수상의 영예를 안았습니다.

또한 역대 수상자 명단에는 없지만 수상을 거부한 사람이 있습니다. 야구선수 후쿠모토 유타카 ふくもと ゆたか・福本豊, 작곡가 고세키

국민 영예 상장

유지 こせき ゆうじ・古関裕而, 그리고 야구선수 스즈키 이치로 すずき いちろう・鈴木一郎입니다.

특히 이치로는 두 차례 수상대상에 지목되었으나 두 번 다 수상을 거절하였다고 합니다. 2001년에 일본 야구 역사상 처음으로 메이저리그에서 수위타자 활약을 높이 평가 받아 수상자로 지명되었고, 2004년에는 메이저리그 시즌 최다 안타기록을 갱신하여 수여를 검토하였으나 거절하였습니다. 이치로는 인터뷰에서 "현역 선수이므로 만약 상을 받는다면 현역을 은퇴한 후에 받고 싶다"라고 했답니다.

2013년 5월 5일 기준으로 국민영예상을 받은 사람은 모두 23명입니다.

순서	수상 년월일	수상자	직업
1	1977년 9월 5일	王貞治・おう さだはる	프로야구 선수
2	1978년 8월 4일	古賀政男・こが まさお	작곡가
3	1984년 4월 19일	長谷川一夫・はせがわ かずお	배우
4	1984년 4월 19일	植村直己・うえむら なおみ	모험가
5	1984년 10월 9일	山下泰裕・やました やすひろ	유도선수
6	1987년 6월 22일	衣笠祥雄・きぬがさ さちお	프로야구 선수
7	1989년 7월 6일	美空ひばり・みそら ひばり	가수
8	1989년 9월 29일	千代の富士・ちよのふじ	스모선수
9	1992년 5월 28일	藤山一郎・ふじやま いちろう	가수
10	1992년 7월 28일	長谷川町子・はせがわ まちこ	만화가
11	1993년 2월 26일	服部良一・はっとり りょういち	작곡가
12	1996년 9월 3일	渥美清・あつみ きよし	배우
13	1998년 7월 7일	吉田正・よしだ ただし	작곡가
14	1998년 10월 1일	黒澤明・くろさわ あきら	영화감독
15	2000년 10월 30일	高橋尚子・たかはし なおこ	육상선수
16	2009년 1월 23일	遠藤実・えんどう みのる	작곡가
17	2009년 7월 1일	森光子・もり みつこ	배우
18	2009년 12월 22일	森繁久彌・もりしげ ひさや	배우
19	2011년 8월 18일	なでしこジャパン	여자축구팀
20	2012년 11월 7일	吉田沙保里. よしださおり	레슬링선수
21	2013년 2월 25일	納谷幸喜. なやこうき	스모선수
22	2013년 5월 5일	長嶋茂雄. ながしましげお	프로야구선수, 감독
23	2013년 5월 5일	松井秀喜. まついひでき	프로야구선수
24	2016년 9월 13일	伊調馨. いちょうかおり	여자레슬링선수

▶ 국민영예상 수상자

일본인 노벨상 수상자

　노벨상은 스웨덴 발명가 알프레드 노벨의 유언에 따라 매년 인류의 문명 발달에 학문적으로 기여한 사람에게 주어지는 상이다. 노벨상의 종류는 물리학상, 화학상, 생리학·의학상, 문학상, 평화상이 있다. 2020년 3월 현재, 일본은 노벨상 수상 당시 일본 국적이었던 수상자가 25명(물리학상 9명, 화학상 8명, 생리학·의학상 5명, 문학상 2명, 평화상 1명)이다. 과학 부문의 노벨상 수상자가 22명이나 된다는 것은 기초과학이 튼튼하며, 일을 치밀하고 꼼꼼하게 처리하는 일본인의 직업의식과도 관련이 있을 것이다.

노벨 물리학상 수상자

수상 연도	이름	부문(수상 이유)
1949년	유카와 히데키	중간자 존재의 예상
1965년	도모나가 신이치로	양자전자量子電磁 역학 확립에 기여
1973년	에사키 레오나	반도체 터널 효과의 실험적 발견
2002년	고시바 마사토시	우주 중성미 관찰 업적
2008년	고바야시 마코토	소립자 물리학에 대한 공헌
2008년	마스카와 도시히데	소립자 물리학에 대한 공헌
2014년	아카사키 이사무	청색 발광 다이오드 발견
2014년	아마노 히로시	청색 발광 다이오드 발견
2015년	가지타 다카아키	뉴트리노 진동 발견

노벨 화학상 수상자

연도	이름	부문(수상 이유)
1987년	후쿠이 겐이치	화학 반응 과정의 이론적 연구
2000년	시라카와 히데키	전도성 고분자의 발견과 발전
2001년	노요리 료지	키랄 촉매에 의한 비대칭 반응 연구
2002년	다나카 고이치	생체고분자의 동정 및 구조 해석 방법 개발
2008년	시모무라 오사무	녹색 형광 단백질(GFP) 발견과 생명과학에 대한 공헌
2010년	스즈키 아키라	크로스 커플링 개발
2010년	네기시 에이이치	크로스 커플링 개발
2019년	요시노 아키라	리튬 이온 2차전지 개발

노벨 생리학 의학상 수상자

연도	이름	부문(수상 이유)
1987년	도네가와 스스무	다양한 항체를 생성하는 유전적 원리 해명
2012년	야마나카 신야	iPS세포 개발
2015년	오무라 사토시	열대 감염병 특효약 개발
2016년	오스미 요시노리	자가포식 현상 규명
2019년	혼조 다스쿠	면역관문수용체 발견

노벨 문학상 수상자

연도	이름	부문(수상 이유)
1968년	가와바타 야스나리	『이즈의 무희』, 『설국』, 『천 마리 종이학』
1994년	오에 겐자부로	『개인적 체험』, 『히로시마 노트』, 『오키나와 노트』, 『2백 년의 아이들』 등 현대인의 삶을 글로 표현

노벨 평화상 수상자

연도	이름	부문(수상 이유)
1974년	사토 에이사쿠	비핵 3원칙 제창

일본 출신이지만 수상 당시 외국 국적의 수상자

연도	이름	부문(수상 이유)
2008년	난부 요이치로(미국 국적)	물리학상(자발적 대칭성 파괴 발견)
2014년	나카무라 슈지(미국 국적)	물리학상(청색 발관 다이오드 발견)
2017년	가즈오 이시구로(영국 국적)	문학상(『남아 있는 나날』, 『나를 보내지 마』)

풀어봅시다! 퀴즈

2장 일본 문화의 원류

 다음 퀴즈를 풀어보면서 배운 내용을 정리하고 복습해 봅시다.

* 제2차 세계대전이 끝난 후인 1947년에서 1949년 사이에 태어난 사람들을 일컫는 말로, 최근 이 세대의 대량 퇴직이 시작되어 일본의 새로운 사회 문제가 되고 있습니다. 이 세대를 무엇이라고 할까요?

단카이세대だんかいのせだい·団塊の世代

* 일본은 특유의 연호를 사용하고 있으며, 근세 일본의 연호로는 메이지明治(1868년~1912년), 다이쇼大正(1912년~1926년), 쇼와昭和(1926년~1989년), 헤이세이平成(1989년~현재) 입니다. 서기 2010년을 연호로 고친다면 어떻게 써야 할까요?

헤이세이 22년平成22年

* 자연 친화의 목적과 그 혜택에 감사하며 마음의 여유를 가지자는 미도리노히緑の日는 본래 1989년에 서거한 쇼와昭和(히로히토裕仁) 천황의 생일이었던 4월 29일이었으나, 2007년부터는 ○월○일로 바뀌었습니다. 몇 월 며칠 일까요?

5월 4일

* 막부幕府 말기 사무라이侍로 활약하며 탁월한 협상 능력으로 당시 앙숙지간이었던 사쓰마번薩摩藩과 조슈번長州藩의 동맹을 이루어낸, 일본인이 존경하는 정치가는 누구일까요?

사카모토료마さかもとりょうま·坂本龍馬

* 일본을 대표하는 산으로 예부터 일본인들에게 영산으로 여겨져 신앙의 대상이 되었습니다. 높이 3,776m인 이 산은 어디일까요? 또한 가장 낮은 산은 어디일까요?

후지산ふじさん·富士山/ 덴포산てんぽざん·天保山

* 11월 중순 주말에 열리는 행사로 어린이의 성장을 축하하고 액막이를 하기 위해 3세와 5세의 남자아이, 3세와 7세의 여자아이가 신사에 참배하러갑니다. 어린이들이 무사히 성장해왔음을 신에게 감사하고 앞으로도 계속 건강하게 성장하기를 비는 이 날은 무슨날일까요?

시치고산しちごさん · 七五三

* 일본의 1만엔권 화폐의 모델로 메이지시대明治時代 계몽가이자 교육가이며, 게이오대학 慶応大学을 설립하기도 한 이 사람은 누구인가요?

후쿠자와유키치ふくざわゆきち・福澤諭吉

* 단옷날 남자아이의 건강과 행복을 기원하며 종이나 천으로 잉어 모양을 만들어 장대에 매달아 놓는 것을 무엇이라고 하나요?

고이노보리こいのぼり・鯉のぼり

* 1999년 휴일법 개정에 따라 토요일이나 일요일이 공휴일이면 다음 월요일을 휴일로 하여 연휴를 만드는데 이 제도를 무엇이라고 하나요?

해피먼데이제도ハッピーマンデー制度

제3장
정치체제와 사회제도

정치체제 せいじたいせい・政治体制

현대 일본의 정치체제는 국민주권과 의회 민주주의를 바탕으로 하고 있습니다. 1946년에 제정된 일본국헌법에서는 국가권력기구의 조직과 운용에 대해 규정하고 있는데요, 신헌법을 통해 입법부, 행정부, 사법부의 삼권분립 원칙이 확립되었습니다. 의회가 국권의 최고기관이 되었고 행정권은 내각에 속하게 되었으며, 수상의 권한이 강화되었습니다. 또한 사법권의 독립이 보장되었습니다.

의원내각제

내각은 국가의 행정을 담당하는 기관으로 최고 책임자는 수상, 즉 내각총리대신입니다. 천황은 상징적으로만 국가를 대표합니다. 내각총리대신은 국회의원의 투표에 의해 선출되며 반드시 현직 국회의원이어야 합니다. 내각은 총리와 국무대신으로 구성되며 행정부의 최고의사 결정기구입니다.

내각은 국회의 신임이 없으면 존속할 수 없게 되어 있는데요, 국무대신의 과반수는 국회의원 가운데서 임명되어야 합니다. 중의원이 내각 불신임안을 가결하면 내각은 총사직하거나 국회를 해산해야 합니다.

2001년 중앙성청개혁을 통해 새롭게 재편된 중앙정부의 행정조직은 현재 1부 12성청으로 다음과 같이 구성되어 있습니다.

일본정부의 행정조직

내각부 內閣府 · 부흥청 復興庁 · 총무성 総務省 · 법무성 法務省 · 외무성 外務省 · 재무성 財務省 · 문부과학성 文部科学省 · 후생노동성 厚生労働省 · 농림수산성 農林水産省 · 경제산업성 経済産業省 · 국토교통성 国土交通省 · 환경성 環境省 · 방위성 防衛省 · 국가공안위원회 国家公安委員会

국회

국회는 중의원과 참의원으로 구성된 양원제입니다. 양원제를 채택하고 있지만 수상 지명, 국가예산 의결, 국제조약 의결에 있어 양원의 의결 내용이 대립할 경우 중의원의 의결 내용이 참의원의 의결내용에 우선합니다. 또한 출석의원 3분의 2 이상의 다수결로 중의원은 참의원의 의결을 번복할 수 있습니다.

중의원은 임기 4년으로 소선거구 · 비례대표 병립제에 의해 선출하는데요, 475명의 중의원 의원 중 295명을 후보자 기명식 소선거구제로, 나머지 180명을 권역별 선거구에서 정당명부식 비례대표제로 선출합니다. 참의원은 임기 6년으로, 전국 단위의 비구속명부식 비례대표제로 선출되는 의원 96명과 도도부현 단위의 대선거구제에서 선출되는 의원 146명으로 구성됩니다. 참의원 선거는 3년마다 실시되며 선거를 통해 총 정원의 절반을 선출합니다.

국회의사당

정당

2021년 2월 기준으로 활동 중인 주요 정당을 국회 의석수 순으로 나타내면 아래와 같습니다.

자민당 じゆうみんしゅとう・自由民主党 (391명)

입헌민주당 りっけんみんしゅとう・立憲民主党 (152명)

공명당 こうめいとう・公明党 (57명)

일본유신회 にっぽんいしんのかい・日本維新の会 (26명)

일본공산당 にほんきょうさんとう・日本共産党 (25명)

국민민주당 こくみんみんしゅとう・国民民主党 (16명)

자민당은 1955년에 정권을 획득한 이래 1993년까지 장기집권을 했는데요, 1993년 7월 중의원 선거에서 패배해 야당이 되었습니다. 이에 따라 일본신당의 호소카와 모리히로 ほそかわ もりひろ・細川護熙를 수반으로 하는 비자민 연립정권이 탄생했는데요, 비자민 연립정권은 1년만에 무너져 1994년 6월 자민당은 연립정권을 구성해 여당으로 복귀하게 됩니다. 그리고 2009년 8월 중의원 선거에서 민주당에 패배해 다시 야당이 되었지만, 2012년 12월 중의원 선거에서 승리해 집권당으로 복귀하게 됩니다. 이처럼 불과 몇 년을 제외하고 자민당은 50년이 넘도록 장기집권해 왔습니다. 자민당의 장기집권은 서구사회에서는 찾아볼 수 없는 일본 특유의 정치현상이라고 할 수 있습니다.

고도성장기에 지속되어온 일본의 정치체제를 가리켜 흔히 '55년체제'라고 하는데요, 이것은 1955년에 성립된 보수와 혁신의 대립적인 정치구도를 말합니다. 1955년 10월 좌우로 분열되어 있던 사회당이 통일되어 일본사회당이 탄생하자, 같은 해 11월에 자유당과 민주당이 통합하여 자유민주당이 결성됩니다. 이로써 보수와 혁신의 대립구도가 탄생하게 됩니다. 이후 일본정치는 보수 자민당과 혁신 사회당의 2대 정당을 중심으로 전개되었습니다.

그렇지만 55년 체제는 자민당이 우월한 비대칭적인 대립구도로, 실제 의석 상으로도 사회당의 의석수는 자민당의 절반에 못 미치는 1과 2분의 1 정당제였습니다. 혁신세력의 약세 속에서 자민당은 경제성장을 정권유지의 기반으로 삼으며 장기집권할 수 있었습니다.

1990년대 중반은 일본 정당구도에 있어 커다란 변화가 일어난 시기입니다. 정당 간 이합집산이 일어나면서 1996년 민주당이 탄생하였고, 사회당의 다수의원이 민주당에 합류하면서 일본사회당은 군소정당으로 전락하였고 당명도 사회민주당으로 바꿨습니다. 이런 가운데 자민당과 민주당의 보수 양당을 중심으로 하는 정치체제가 성립되었습니다.

2009년 민주당이 강한 개혁의지를 앞세워 자민당의 장기집권 시대를 끝냈지만, 전후 60년에 걸쳐 형성된 사회시스템을 개혁하는 데 역부족과 한계를 드러냈습니다. 그리고 2011년에 발생한 동일본대지진과 후쿠시마 원전사고 등의 처리에서 드러낸 무능함으로 인해 국민의 지지를 잃으면서 결국 2012년에 다시 자민당에게 정권을 내주게 되었습니다.

자민당 본부

자민당의 정당홍보

헌법 けんぽう・憲法

일본국헌법은 언제 제정되었나요?

일본국헌법 日本国憲法은 미점령기인 1946년 11월 3일에 제정되고, 1947년 5월 3일부터 시행되었습니다. 신헌법의 제정을 통해 일본은 평화롭고 민주적인 국가가 될 수 있는 기반을 마련하였는데요, 주권재민과 평화주의, 기본적 인권의 보장은 일본국헌법의 3대 원리라고 할 수 있습니다.

신헌법은 전문前文과 본문 11장 103조로 구성되어 있습니다. 전문에는 신헌법의 기본정신이 제시되어 있는데 "일본국민은 정부의 행위에 의해 다시는 전쟁의 참화가 일어나지 않도록 할 것을 결의하고, 여기에 주권이 국민에게 있음을 선언해 이 헌법을 확정한다"고 되어 있습니다. 본문은 제1장 천황, 제2장 전쟁의 방기 放棄, 제3장 국민의 권리와 의무, 제4장 국회, 제5장 내각, 제6장 사법, 제7장 재정, 제8장 지방자치, 제9장 헌법개정, 제10장 최고법규, 제11장 보칙 등으로 이루어져 있습니다.

신헌법의 가장 큰 특징은 메이지헌법에 규정된 천황주권을 부정하고 국민주권을 기본원리로 채택하고 있다는 점입니다. 천황은 실질적인 통치권을 갖지 않는 상징적인 존재로 규정되어 있는데, 헌법 제1조에서는 "일본국 및 일본 국민통합의 상징이라는 천황의 지위는 주권을 갖는 일본국민의 총의에 기초한다"고 규정하고 있습니다. 헌법 제4조에서는 "천황은 국정에 관한 권능을 갖지 않는다"고 규정하고 있습니다. 따라서 전전에 천황에게 부여되었던 절대적인 통치권은 없어지게 되었고 천황의 국사행위는 외교적, 의례적인 것이 되었습니다.

또한 신헌법은 평화주의 이념을 담고 있습니다. 헌법 제9조에서는 "일본국민은 정의와 질서를 기조로 하는 국제평화를 성실하게 희구하여 국제분쟁을 해결하는 수단으로서 무력 행사를 포기한다"고 규정하고 있습니다. 또한 "육해공군 및 그 밖의 전력을 보유하지 않으며, 국가의 교전권을 인정하지 않는다"고 규정하고 있습니다. 이 조항은 오랫동안 일본국민의 지지를 얻어 군국주의화를 저지하는 역할을 담당해왔다고 할 수 있습니다.

그리고 신헌법은 자유와 평등의 이념에 입각하여 개인의 기본적 인권을 광범위하게 보장하고 있습니다. 헌법 제3장 국민의 권리와 의무에서는 기본적 인권의 불가침성을 호소해 사상, 신앙, 집회, 학문 등의 자유권, 남녀평등권, 생존권, 교육권, 노동기본권 등의 기본적 인권을 광범위하게 보장하고 있습니다.

헌법 9조를 둘러싼 개정 논의에 대해 설명해 주세요!

그런데 미점령이 끝나자 보수 세력들은 신헌법이 미점령군의 강요에 의해 만들어진 것이라고 비판하면서 자주헌법 제정운동, 헌법개정운동을 전개하였습니다. 1955년에 집권당으로 등장한 자민당은 개헌을 당 강령에 명기하고 중대한 정치적 과제로 삼았습니다. 그러나 이러한 시도에 대해 유권자들은 헌법개정 저지에 필요한 3분의 1 의석을 호헌세력에게 줌으로써 그 기도를 좌절시켰고 이후 1990년대 초까지 개헌의 움직임은 사실상 표면에 등장하지 않았습니다.

1991년 걸프전쟁을 계기로 일본의 국제공헌 문제가 정치적 쟁점이 되면서 개헌논의 자체를 금기시하던 환경에 커다란 변화가 일어나게 되었습니다. 또한 냉전종식 후 해외병력의 효율화를 꾀하며 일본의 방위분담과 동맹강화를 요구하는 미국의 압력이 높아지면서 개헌을 주장하는 보수 세력의 목소리도 더욱 커지게 되었죠.

특히 개헌문제가 정점에 달했던 것은 2000년대 중반입니다. 고이즈미 수상은 미국의 이라크 전쟁 개시에 즉각적인 지지를 표명하였고, 2004년에 전투지역인 이라크에 자위대를 파견하였습니다. 2005년에는 자민당에서 신헌법 초안을 발표하였습니다. 그 뒤를 이은 아베수상은 '전후체제로부터의 탈피 脫却'을 주장하며 개헌을 정치 일정에 올리겠다는 의지를 표명하였고, 2007년에 헌법개정을 위한 절차법인 국민투표법을 여당 단독으로 통과시켰습니다. 그렇지만 2007년 참의원선거의 참패로 아베내각이 퇴진하면서 개헌 열기도 식어갔는데요, 2012년 다시 아베내각이 등장하면서 개헌에 대한 강한 의지를 보이고 있습니다.

이런 경위에도 불구하고 아직까지 일본국 헌법은 1946년에 제정된 이래 한 번도 개정된 적이 없습니다. 이것은 전후개혁을 통해 만들어진 헌법을 대다수 국민들이 지지해 왔기 때문인데요, 특히 전쟁포기와 전력불 보유를 규정한 헌법 9조에 대한 국민의 지지는 여전히 확고합니다. 일본사회의 전반적인 보수화가 진행되는 가운데 일본인들이 어떤 선택을 하게 될지에 대해서는 관심을 가지고 지켜보아야 할 것입니다.

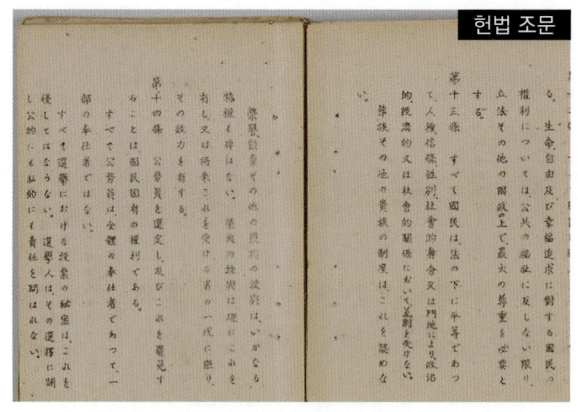
헌법 조문

가족제도 かぞくせいど・家族制度

일본의 가족제도는 어떤 특징이 있나요?

전전에 일본의 가족은 이에제도라 불리는 가부장제 가족제도에 의해 규정되었습니다. 이에제도는 남계혈통주의를 통해 이에いえ・家의 존속을 추구하는 가족에 관한 법・제도 및 사회규범을 말하는데요, 집안의 대표로서 가장에게 절대적인 권한을 부여하고 장남에게 가독家督의 지위를 계승하게 함으로써 집안 대대로의 존속을 꾀하고자 했던 제도입니다. 이에제도는 에도시대에 가장에 대한 절대적 복종을 근간으로 하는 무사계급의 가족규범에 기초한 것으로, 일제강점기에 호주제도를 통해 우리나라에 이식된 제도이기도 합니다.

메이지정부는 봉건적인 충효의 가치에 기초한 이에제도를 가족제도로 재편함으로써 이에를 기초로 하여 국민을 지배하고자 하였습니다. 따라서 이에제도는 가족규범으로서 커다란 영향력을 발휘해 일본인들의 생활과 의식을 지배하였습니다.

전후개혁을 통해 이에제도는 폐지되었고, 일본의 가족은 남녀간의 민주적이고 평등한 관계를 이상으로 하는 부부 중심의 가족제도로 새롭게 탄생하였습니다. 일본국헌법 제24조에서는 가족생활에 있어서의 개인의 존엄과 남녀평등을 명시하고 있는데요, "혼인은 양성의 합의에 의해서만 성립되고, 부부가 동등한 권리를 갖는 것을 기본으로 해서 상호협력에 의해 유지되어야 한다. 또한 배우자의 선택, 재산권, 상속, 주거의 선정, 이혼과 혼인 및 가족에 관한 그 밖의 사항에 관해 법률은 개인의 존엄과 양성의 본질적 평등에 입각해서 제정되어야 한다"고 규정하고 있습니다.

이러한 헌법 규정에 기초하여 1947년에 민법이 개정되었습니다. 개정된 민법에서는 호적의 편제 단위가 '이에'에서 '부부 및 자녀'로 바뀌었습니다. 또한 가장의 호주권과 장남이 호주권을 계승하는 가독상속이 폐지되고 아들·딸의 균분상속이 규정되었습니다. 그리고 부양 의무자의 순위가 없어져 형제자매가 협력하여 부모를 부양하도록 규정하였습니다. 처의 무능력 규정도 폐지되어 배우자의 재산권과 상속권이 보장되었고, 자식에 대한 친권도 행사할 수 있게 되었습니다. 또한 부부는 같은 성을 취하되 어느 한쪽의 성을 사용할 수 있도록 하였습니다. 이로써 전전의 가족관계를 규정하였던 이에제도는 사실상 폐지된 것입니다.

그러나 전후 가족개혁에도 불구하고 호적은 그대로 남아 있기 때문에 현실의 가족관계를 구속하는 부분이 여전히 있습니다. 호적은 가족을 하나의 묶음으로 취급하여 개인을 개체로서가 아니라 이에의 성원이라는 측면을 강조하는 기능이 있는데요, 이에가 선조에서 후손으로 이어진다는 집안의식을 조장한다고 할 수 있습니다.

또한 현행 호적제도는 남녀간의 불평등한 관계를 그대로 유지시키고 있습니다. 결혼하게 되면 혼인신고를 하는데 결혼한 부부는 대체로 남자의 본적지를 새로운 호적지로 정하는 경우가 많습니다. 이것은 남자의 호적에 여자가 들어가는 입적 入籍의 이미지를 만들며 결혼생활에서의 남녀간의 관계에 영향을 미치기도 합니다.

나아가 현행 민법에서는 부부동성 제도를 취하고 있기 때문에 결혼한 부부 및 그 자녀는 모두 같은 성을 쓰도록 되어 있습니다. 전후개혁을 통해 남편과 아내 둘 중 하나의 성을 취할 수 있게 되었지만 현실적으로 남편의 성을 택하는 경우가 대부분인데, 이것은 남편의 집안에 여성이 흡수되는 듯한 이미지를 만들며, 여성의 사회진출이 증가하면서 여성에게 여러 가지 불편과 불이익을 초래하고 있습니다.

혼인신고서

가족규범과 가족관계는 어떻게 변화하고 있나요?

전후 고도성장기를 거치면서 일본에서는 핵가족화가 꾸준히 진행되었습니다. 핵가족세대의 수가 꾸준히 증가하였고, 친족세대에서 차지하는 핵가족세대의 비율도 크게 증가하였습니다. 이와 더불어 가족규범이나 가족관계에 있어서도 변화가 나타났는데요, 고도성장기에 기업사회가 확립되면서 일부 중간계층이 아닌 다수의 도시민 가정에서 여성의 전업주부화가 진행되었고, 여성의 삶의 방식으로 가정에서 육아나 가사에만 전념하는 전업주부 규범이 확립되었습니다. 이런 가운데 사생활주의가 확산되었는데요, 직장에 나가 열심히 일해 돈을 벌어오는 남편, 집에서 알뜰하게 살림하고 아이들을 키우는 아내, 그리고 경제적인 안정을 바탕으로 아이들과 단란한 시간을 보내는 소시민적인 행복과 안락감, 이것이 바로 1960년대 고도성장기를 통해 형성된 전형적인 가족상이었다고 할 수 있습니다.

그렇지만 고도성장기 이후 기술혁신과 서비스 경제화가 진행되고 여성의 취업기회가 증가하면서 핵가족규범에 있어서 변화가 일어나고 있습니다. 결혼에 대한 생각이 바뀌어 결혼을 늦게까지 미루는 만혼화 晩婚化 현상이 눈에 띄게 증가하고 있으며, 결혼을 하지 않는 사람의 비율도 증가하고 있습니다. 또한 남녀간의 성별 분업의식에 있어서도 커다란 변화가 일어나 기존의 부부관계에서 벗어난 새로운 유형의 부부관계도 등장하고 있으며, 사실혼(비법률혼) 관계를 취하고 있는 커플이나 결혼하지 않고 장기간 동거관계를 취하고 있는 커플도 증가하고 있습니다.

교육제도 きょういくせいど・教育制度

전후 교육에 있어서의 가장 큰 변화는 무엇인가요?

일본의 교육이념과 교육제도에는 전전과 전후에 커다란 변화가 있었습니다. 전전에 일본의 교육은 천황제 지배체제를 유지하기 위한 기반이었습니다. 전전의 교육목적을 한마디로 말한다면 '천황에게 충성을 다하는 충량한 신민을 육성하고, 국가를 위해 충성을 다하는 국민을 육성하는 것'에 있었다고 할 수 있습니다. 전전의 교육체제를 '교육칙어체제'라고도 하는데, 교육칙어는 메이지기 교육의 근본방침을 명시한 메이지천황의 말로 충효를 핵심으로 한 유교적 덕목을 기초로 하여 충군애국을 궁극적인 국민도덕으로 제시하였습니다. 메이지정부는 교육칙어를 전국의 각 학교에 배포하여 이를 예배하고 봉독하도록 강요하였고, 이를 통해 천황에 대한 자발적인 충성을 이끌어내려 했습니다.

미점령하에서 이루어진 전후 교육개혁을 통해 교육이념과 교육제도는 근본적으로 변화하였습니다. 일본국헌법 제26조에서는 '모든 국민은 법률이 정하는 바에 의하여 그 능력에 따라 교육을 받을 권리를 갖는다'고 규정하고 있습니다. 이러한 신헌법의 정신에 입각해서 1947년에 교육기본법과 학교교육법이 제정되었는데, 이들 법률에서는 민주주의 교육과 교육의 기회균등이라는 이념을 명시하고, 새로운 학교제도에 대해 명시하고 있습니다.

등교하는 초등학생

하교하는 고등학생

학교교육법에 의해 새롭게 규정된 일본의 학제는 우리나라와 비슷합니다. 초등학교 6년, 중학교 3년, 고등학교 3년, 대학교 4년으로 되어 있으며 초등학교에서 중학교까지가 의무교육입니다.

진학률의 추이를 알려 주세요!

전후 교육개혁을 통해 마련된 제도적 틀에 기초해서 고도성장기에는 진학률이 크게 증가하였습니다. 고도성장으로 경제적으로 풍요로워지면서 진학률이 상승했는데요, 고등학교 진학률은 1950년 43%에서 1975년 92%로 크게 상승하였습니다. 또한 대학 진학률(단기대학 포함)도 상승하였는데, 1955년에 10%였던 대학 진학률은 1975년에는 38%로 증가하였고 그 후에도 증가해 2019년에 54.67%를 나타내고 있습니다. 그렇지만 같은 해 한국의 대학진학률(전문대학 포함)이 70.4%인 것과 비교하면 고등 교육기관으로의 진학률에 있어 한일 간에 큰 차이가 있는 것을 알 수 있습니다.

일본에도 대학 간 서열이 있나요?

일본에는 2019년 기준으로 774개의 대학이 있습니다. 국립대학 82개, 공립대학 91개이며 사립대학 약 592개가 있습니다.

일본은 우리나라와 마찬가지로 학력이 사회적 지위를 결정하는 데 중요한 지표가 되는 학력사회이기 때문에 대학 간 서열이 형성되어 있다고 할 수 있습니다. 소위 일류대학이라고 일컬어지는 대학군이 있습니다. 일본에서는 입학하기 어려운 학교를 가리켜 난관교 難関校라고 하는데요, 입학하기 어려운 대학을 난관대학 難関大学이라고 표현하기도 합니다.

주요 국립대학으로는 도쿄대학 東京大学을 비롯해 교토대학 京都大学, 도호쿠대학 東北大学, 규슈대학 九州大学, 홋카이도대학 北海道大学, 오사카대학 大阪大学, 나고야대학 名古屋大学 등이 있습니다. 이들 7개 대학은 전전에 제국대학 帝国大学으로 설립된 대학으로, 전후에 와서 현재의 명칭으로 바뀌었습니다.

이들 이외에 히토쓰바시대학 一橋大学, 고베대학 神戸大学, 도쿄공업대학 東京工業大学, 도쿄외국어대학 東京外国語大学, 쓰쿠바대학 筑波大学, 오차노미즈대학 お茶の水大学 등의 국립대학이 있습니다.

와세다 대학 오쿠마 기념 강당

사립대학으로는 우리에게도 잘 알려져 있는 게이오대학 慶応大学, 와세다대학 早稲田大学을 비롯해 조치대학 上智大学, 메이지대학 明治大学, 주오대학 中央大学, 국제기독교대학 国際基督教大学 등이 있습니다. 가쿠슈인대학 学習院大学은 황족이 많이 다니는 대학으로 알려져 있습니다.

입시제도 にゅうしせいど・入試制度

일본도 수험경쟁이 치열한가요?

일본에서는 사립학교의 경우, 유치원, 초등학교, 중학교, 고등학교, 대학에 각각 입학시험이 있습니다. 반면 국·공립학교의 경우 유치원, 초등학교, 중학교에는 입학시험이 없습니다.

일부 유명 사학 私学은 유치원 또는 초등학교부터 대학까지 계열화된 형태로 학교가 설립되어 있는 경우가 있는데요, 일단 유치원 또는 초등학교에 입학하면 특별한 일이 없는 한 대학까지의 진학이 사실상 보장됩니다. 이를 가리켜 '에스컬레이트교'라고도 하는데요, 이 때문에 가장 빠른 경우 유치원 입학 때부터 수험준비가 시작된다고 할 수 있습니다.

또한 유명 사립중학교에 가기 위해서는 초등학교 4, 5학년부터 입시준비가 시작됩니다. 특히 일본에는 일관교 一貫校라고 부르는 중학교, 고등학교 과정이 붙어 있는 학교가 있는데요(일관교는 국·공립의 경우도 있음), 일관교에 들어가면 고등학교 입시를 준비하지 않아도 되는 장점이 있습니다. 따라서 중학교 입시는 더욱 치열할 수밖에 없습니다.

대학입시도 매우 치열한데요, 입시준비를 위해 주말이나 방과 후에 입시전문학원 (주쿠 塾 또는 예비교라고 부름)에 다니는 학생들도 많습니다.

일본의 대학입시제도는 어떤 특징이 있나요?

일본은 대학입시가 자율화되어 있어 각 대학별로 시험과목 및 선발방식이 다양합니다. 우리나라의 수능(대학수학능력시험)과 같은 시험을 일본에서는 대학입시센터시험 大学入試センター試験, 줄여서 センター試験이라고 합니다.

센터시험은 1979년에 국·공립대를 대상으로 하는 대학공통 1차시험 大学共通一次試験에서 출발하였는데요, 당시 대학진학률이 상승하면서 수험경쟁이 치열해지자 이를 해결하기 위한 방책으로 공통 1차시험을 치르게 되었습니다. 1989년부터 그 대상을 넓혀 사립대학도 이 시험에 참가하게 되었고, 그 후 계속적으로 센터시험에 참가하는 대학이 늘면서 지금은 대부분의 대학에서 센터시험을 입시전형에 반영하고 있습니다.

센터시험에서는 국어, 지리역사, 수학, 공민, 이과, 외국어 등 6개 영역으로 나누어 시험을 보는데, 외국어 영역에는 한국어도 포함되어 있습니다. 수험생들은 자신이 지원하고자 하는 대학에서 요구하는 과목에 맞춰 응시하면 됩니다. 이 센터시험은 각 대학마다 반영하는 비율이 다릅니다.

각 대학은 센터시험을 기본으로 하면서 다양한 선발방식을 취하고 있는데요, 국·공립대학에서는 1차시험인 센터시험과 대학 독자적으로 치루는 2차시험 결과를 종합해 선발하는 경우가 많습니다. 사립대학은 국·공립대학보다 더 선발방식이 다양하다고 할 수 있는데요, 센터시험을 기본으로 하면서도 추천입시나 특별입시 등 보다 다양한 선발방식을 취하고 있습니다.

현재의 대학입시센터시험은 2020년 1월 실시를 마지막으로 폐지되고 2021년 입학부터는 '대학입학공통테스트'가 새롭게 도입됩니다. 대학입학공통테스트의 가장 큰 특징은 영어시험에 토익과 토플 등의 '민간 영어시험'을 활용하는 것과, 국어와 수학 시험에 서술형 문항을 도입하는 것입니다. 그러나 민간 영어시험은 대도시에 살며 가정 형편에 여유가 있는 학생들은 시험을 여러 번 치러 그중 가장 좋은 성적을 제출할 수 있지만, 지방에 살거나 가정 형편이 어려운 학생들은 시험을 한 번 치르기도 쉽지 않다는 공평성 문제가 제기되어 도입이 보류되었습니다. 사고력·판단력·표현력 등 다양한 능력을 평가하겠다는 의도로 도입하려고 했던 국어와 수학 시험의 서술형 문제 역시 보류되었습니다. 50여만 명에 이르는 수험생들의 답안을 단기간에 어떻게 공정하고 정확하게 채점할 수 있느냐에 대한 우려가 제기되었기 때문입니다.

대학입학공통테스트는 센터시험과 마찬가지로 1월 13일 이후 첫 번째 토요일과 일요일에 치러집니다. 출제 교과와 과목은 6교과 30과목으로 센터시험과 같으나, 2024년도 이후부터는 간소화될 것이라고 합니다.

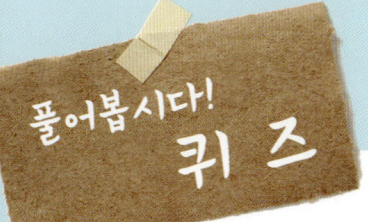

3장 정치체제와 사회제도

 다음 퀴즈를 풀어보면서 배운 내용을 정리하고 복습해 봅시다.

* 1868년 일본의 근대적 통일국가를 이룬 계기가 되었으며 경제적으로는 자본주의, 정치적으로는 입헌정치, 사회·문화적으로는 근대화를 달성하게 했던 혁명적인 이 사건을 무엇이라고 할까요?

　　　　　　　　　　　　　　　　　　　　　　　　　메이지유신めいじいしん・明治維新

* 자유민주당自由民主党은 자유당自由党과 일본민주당日本民主党이 1955년 10월 보수합동에 의해 성립된 정당입니다. 이때 출현한 정치체제를 무엇이라고 할까요?

　　　　　　　　　　　　　　　　　　　　　　　　　　　　　55년체제55年体制

131

제4장
일본인의 인간관계와 사회생활

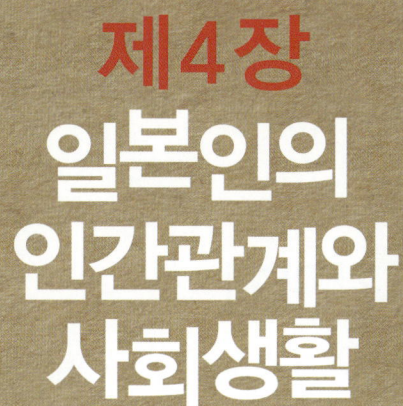

집단 중심의 인간관계
しゅうだんちゅうしんのにんげんかんけい・集団中心の人間関係

일본인의 국민성은 우리와 다른가요?

일본인들은 어떤 국민성을 가졌을까? 그들은 어떤 가치관을 가지고 있으며 어떤 행동양식을 나타내는가? 일본에 관심이 있는 사람이라면 막연하게나마 이런 질문들을 떠올리게 됩니다. 또한 일본인과 교제해본 적이 있는 사람이라면 일본인들의 교제방식이나 인간관계가 한국인의 그것과는 차이가 있다는 것을 발견하고는 이를 비교문화론적으로 설명해보고 싶은 생각이 들기도 하였을 것입니다.

우리에게 흔히 일본문화는 집단주의 문화로 알려져 있습니다. 우리는 일본인이 집단에서 벗어나 남들과 다르게 행동하기를 두려워한다든지, 조직이나 집단을 위해 헌신하는 것을 당연시한다든지 하는 이미지를 가지고 있습니다. 따라서 회사에 충성을 다하는 일본인의 모습을 소속을 중시하는 집단주의 문화적 관점에서 해석하기도 합니다. 일본의 이지메 いじめ(집단따돌림) 문제를 집단주의 문화와 연관시켜 논하기도 합니다.

일본문화에 대해 왜 이런 시각이 만연하게 된 것일까요? 그리고 이러한 시각은 일본문화의 특성을 잘 반영하는 것일까요? 사실 이 문제에 답하는 것은 어렵습니다. 일본문화가 집단주의 문화로 알려지게 된 배경에는 '일본문화론'이라 불리는 논의가 큰 영향을 끼쳤는데요, 일본인들은 서양과 비교해서 일본인의 행동양식이라든가 문화적 특징에 대해 논하기를 좋아합니다. 이들 논의는 '일본인론 日本人論', '일본론 日本論', '일본문화론 日本文化論', '일본사회론 日本社会論' 등으로 일컬어지고 있는데, 지금도 대중들의 뜨거운 관심을 받으며 왕성하게 쏟아져 나오고 있습니다.

지금까지 일본문화론에서는 서구문화와 대비되는 일본문화의 특징을 집단주의 문화로 규정해왔는데요, 서구문화가 개인주의를 근간으로 하는 문화라면 일본은 집단주의를 근간으로 하는 문화라는 점을 강조해왔습니다. 집단주의란, 구성원의 개체적 자율성보다 집단이나 조직에 대한 소속을 중시하는 생각입니다.

집단주의문화론의 시각에 따르면, 일본인은 개인의 목표나 가치보다는 집단의 목표나 가치를 중시하고 집단에 대해 일체감을 가지며 집단의 화합을 우선시한다는 것입니다. 이러한 집단주의 문화는 산업화에도 불구하고 여전히 일본문화의 뿌리를 이루고 있어 일본인의 인간관계와 행동양식을 규정하고 있습니다. 나아가 이러한 전통적 가치관이나 조직원리가 일본이 아시아에서 유일하게 자생적으로 근대화에 성공하고 경제대국으로서의 지위를 확립하게 한 요인이라는 주장도 제기되어왔습니다.

대표적인 일본문화론을 소개해주세요

일본문화론이 본격적으로 전개된 것은 베네딕트의 『국화와 칼 菊と刀』 연구를 시작으로해서입니다. 베네딕트는 『국화와 칼』(1946)에서 '각자가 자신에게 알맞은 위치를 차지한다'는 계층제도에 대한 신뢰가 일본인의 사회관계의 기본에 있다고 보았습니다. 따라서 일본인들은 가정에서, 사회에서 차지하는 자신의 위치를 정당한 것으로 받아들이고 그 역할에 충실합니다. 그리고 세상으로부터 받은 고마움을 중시하며 이를 갚아야 할 채무로 느끼는 온 おん·恩과 기리 ぎり·義理, 기무 ぎむ·義務의 규범을 중시합니다.

루스 베네딕트

베네딕트는 일본인의 행동이 세상에 대한 체면이나 타인과의 인간관계에 지배되는 측면이 강하다고 보았으며, 이를 '수치의 문화'로 표현했습니다. 서양문화가 남이 보든 보지 않든 도덕의 절대적인 기준에 비추어 행동하는 죄의 문화인데 반해, 일본문화는 자신의 행동이 타인에게 웃음거리가 되지 않을까 우려하는 집단을 의식한 수치심이 행동원리가 되는 수치의 문화라는 것입니다. 따라서 일본인의 행동이나 사고방식은 외면적인 타인과의 인간관계에 지배되기 쉽다고 보았습니다.

나카네 지에 なかね ちえ・中根千枝는『종적 사회의 인간관계 タテ社会の人間関係』라는 책에서 일본문화는 조직에 대한 소속을 중시하는 장 場의 문화라고 보았습니다. 장의 문화는 구성원의 전인격적인 참가를 강조하고, 조직과의 일체감을 강조함으로써 공 公과 사 私의 구분을 애매하게 하고, 다른 집단에 대해서는 배타성을 갖는 폐쇄적인 세계를 형성합니다. 나카네 지에는 이러한 고찰을 통해 일본인은 자기 집단 이외의 사람과는 잘 접촉하지 못하며, '우리 うちもの・内者'와 '남 そともの・外者'을 구별하는 의식이 강하다고 지적하였습니다.

도이 다케오 どい たけお・土居健郎는 이러한 집단주의적 문화를 심리적 측면에서 규명하고자 하였습니다. 그는『아마에의 구조甘えの構造』(1971)라는 책을 발표해 일본에서 큰 반향을 일으켰는데요, 아마에는 '수동적으로 타인으로부터 애정을 희구하는 심리'입니다. 도이는 이 책에서 타인에게 의존하고자 하는 아마에あまえ・甘え의 심리가 일본인의 독특한 심리로서 널리 존재한다고 지적하였습니다.

아마에의 심리는 모든 인간에게 공통되는 본능 차원의 의존욕구이지만, 서양에서는 이러한 심리가 사회화 과정을 통해 억압됩니다. 반면 일본에서는 아마에의 욕구가 허용되고 장려됨으로써 어른이 되어서도 여전히 일본인의 인간관계의 기초를 형성하고 있습니다.

이와 같이 일본문화론의 대표적인 논의를 종합해보면 강조하는 측면은 다르지만 공통적으로 일본인은 자신이 속해 있는 집단의 목표나 가치를 중시하고, 집단구성원 간의 화합과 일체감을 중시하며, 다른 집단에 대해서는 배타성을 갖는다는 점을 강조하고 있습니다.

일본문화론에 대한 비판

그런데 일본문화론에 대해서는 비판도 많습니다. 일본문화론을 비판하는 사람들은 일본문화론이 일본사회와 일본문화의 이미지를 왜곡시키고 있으며 국제사회에서 일본 이해의 장벽이 되고 있다고 비판합니다. 일본문화론에 비판적인 사람으로는 미국에서 활동하고 있는 일본계 미국인 문화인류학자 베후 하루미 べふ はるみ・別府春海를 비롯해 오스트레일리아에서 활동하고 있는 스기모토 요시오 すぎもと よしお・杉本良夫, 로스 마오어(Ross Mouer)와 같은 사람들이 있습니다.

비판론자들은 일본문화론이 논자의 개인적인 체험이나 에피소드에 의거하였다는 점에서 객관적인 학문적 논의라고 보기 어렵다고 지적합니다. 일본인이 다른 사회의 구성원에 비해 더 집단주의적이라는 주장은 검증되지 않았는데요, 일본에서의 사회갈등은 이들 주장을 부정하기에 충분할 정도로 존재한다는 것입니다.

또한 비판론자들은 집단주의적 특징이 일본인 전체에서 나타난다고는 말하기 어렵다는 점을 지적합니다. 일본문화론에서는 일본인을 상당히 동질적으로 취급하고 있는데요, 일본인 개개인은 다양한 가치관이나 동기를 가지고 있으며, 사회계층이라든지 직업, 세대, 지역에 따라 다른 행동양식이나 가치관, 인간관계를 나타내기 때문에 이를 동질적으로 취급해 일반화하는 것은 문제가 있다고 지적합니다.

또한 이들 논의는 시대적 변화도 무시하고 있어 어떤 규범이 일본인들에게 받아들여지고 통용되는 데 커다란 변화가 있음을 간과하고 있다는 비판도 있습니다. 마치 변하지 않는 고정된 일본을 상정해 이를 일본의 기층문화 基層文化라든가 일본문화의 원류 源流 등과 같은 개념으로 표현하고 있다는 것입니다.

나아가 일본사회의 조화와 화합만을 강조함으로써 사회적 갈등을 무시하고 체제 안정에 기여하는 이데올로기로 기능하고 있다는 점도 비판하고 있습니다.

과연 일본인은 집단주의적일까?

그렇다면 일본문화론은 학문적으로 전혀 쓸모없는 논의일까요? 앞에서 비판론자들이 지적한 한계에도 불구하고 지금까지 일본문화론에서는 왜 그토록 일본문화의 집단주의적 측면만을 강조해 왔던 것일까요? 그리고 그 논의는 왜 이렇게 많은 사람들에게 받아들여지고 있는 것일까요? 이러한 문제에 대해 진지하게 생각해 볼 필요가 있습니다. 일본문화론을 단순한 이데올로기로 치부하기에는 그 뿌리가 깊고 확고하기 때문입니다.

일본문화론에서 말하는 집단주의가 대중들에게 널리 받아들여지고 있는 배경에는 이것이 우리의 일상감각과 상당히 맞아떨어지기 때문이라고 할 수 있습니다. 사실 일본에서 오래 살다보면 일본사회가 상당히 조직 중심의 사회임을 실감하게 됩니다. 어떤 일의 결정에 있어 조직의 논리가 우선시되고 개인은 그 다음으로 밀려나는데요, 개인이 조직을 위해 희생하는 것은 당연하다는 논리가 상당히 힘을 얻습니다.

일본문화론에 대해 비판적인 스기모토 요시오는 『일본인을 그만 두는 방법 日本人をやめる方法』(2001)이라는 책에서 일본사회가 일본문화라는 틀에 다양한 사고를 억압하고 일본적 방식에 맞추

도록 강제하는 정도가 크다고 지적합니다. 그는 자신이 신문사에서 일하면서 느꼈던 조직사회의 중압감을 지적하고 있는데요, 신문사에서는 상하관계가 매우 엄격하고, 지위나 입사 연도에 따라 호칭이 달라지고, 아랫사람은 윗사람의 눈치를 보지 않으면 안 됩니다. 또한 동료간의 집단적인 압력도 거세서 동료끼리의 상호감시가 심하고, 이런 분위기에서 개인은 법적으로 보장된 휴일을 마음대로 사용할 수 없으며, 회사에서 주최하는 행사에 참가하지 않으면 이단아로 찍혀 비난을 받습니다.

그는 이러한 행동이나 지향이 가정이나 학교에서의 사회화 과정을 통해 습득되고 있으며, 일본인의 무의식의 세계까지도 지배하고 있다고 주장합니다. 이런 점에서 일본사회는 매우 세밀하게 쪼개진 상하관계의 서열체계 속에 자신의 위치를 끊임없이 확인하도록 하는 사회적 테크놀로지가 발달한 사회라고 지적합니다.

이러한 지적에서 알 수 있는 것처럼 조직 우선적인 일본사회의 특징은 단순히 일상적인 감각을 넘어서 구조적인 뿌리를 가지고 있습니다. 따라서 이를 규명하기 위한 구체적인 검토와 이론화가 필요합니다. 일본사회에서 대세를 따르지 않는 소수자는 참으로 외롭습니다. 일본의 협조적 노사관계에 이의를 제기하는 사람들은 소수파로 밀려나 회사와 노조로부터 이단자로 배척되고 왕따를 당합니다. 이들은 기업사회의 비리를 고발하고 노동현장에서의 인권유린을 폭로하지만, 이들의 목소리는 어디까지나 소수자의 외침에 불과합니다.

이런 점에서 일본문화론에서 제시하는 집단주의문화는 근대화된 일본사회에서 얼마나 개인주의가 확립되어 있지 않은지를 부각시키고, 개인의 자율성과 주체성을 자각시키는 계기로서 다루어져야 할 것입니다.

생활 속의 의례 じんせいぎれい・人生儀礼

일본도 관혼상제의 의례를 중시하나요?

일본인의 생활에는 인생의 중요한 전환점이 되는 때를 기리는 의례가 발달되어 있는데요, 일본인들은 우리와 마찬가지로 여러 의례 중에서도 특히 관혼장제 冠婚葬祭의 예를 중시해왔습니다. 관이란 성인이 되는 것을 기념하여 관 冠을 쓰고 원복 元服을 입는 의례로, 지금의 성인식에 해당합니다. 혼은 남녀가 만나 가정을 이루는 결혼의 의례이며, 장 葬은 사자를 저승으로 보내는 장례이며, 제는 선조를 공양하는 제사의례를 말합니다. 또한 이러한 의례의 중간에도 개인이 탄생하여 성장하고 나이가 들면서 겪게 되는 여러 사건을 기념하는 성대한 의식을 행해왔습니다.

이러한 행사는 예로부터 행해져온 것이지만, 시대적 상황에 따라 변화해왔습니다. 특히 고도성장기에 도시적 생활양식이 전국적으로 보급되면서 전통적 의례의 중요성과 의미가 퇴색되기도 하였습니다. 그렇지만 오늘날에도 여전히 일본인들의 생활에서 중요한 위치를 차지하고 있죠. 결혼이나 장례하는 방식은 시대에 따라 변화해왔지만 지금도 복잡한 절차와 형식을 통해 치러지고 있습니다. 아직도 많은 가정에는 불단 ぶつだん・仏壇과 가미다나 かみだな・神棚가 있어, 일상적으로 선조에 대한 공양과 기원을 하고 있습니다. 또한 새해가 되면 매년 수천만 명의 일본인이 신사를 참배해 새해 소원을 비는 하쓰모데 はつもうで・初詣의 의례도 행합니다. 11월 15일을 전후해서 일본 각지의 신사에서는 시치고산 しちごさん・七五三 의 의례를 위해 화려한 전통의상을 입은 아이들을 볼 수 있습니다.

이러한 의례를 '통과의례'라고 합니다. 사람은 태어나면서부터 죽을 때까지 여러 차례 중요한 전기를 맞는데요, 이때 각 단계마다 부과된 과제를 수행함으로써 다음 단계로 나아가게 되지요. 이를 통해 새로운 역할이나 지위를 획득하게 되는 것입니다. 통과의례는 특정 단계에서 다음 단계로 가기 위해 치르는 의례인데요, 한 장소에서 다른 장소로 이동하거나 한 집단에서 다른 집단으로 소속을 변경하면서 치르는 의례도 통과의례입니다.

일본에서는 통과의례라는 말 대신 '인생의례'라는 말도 널리 사용됩니다. 인생의례라는 말에는 일본인들이 '일생을 살아가면서 중요하다고 생각하는 의례'라는 뉘앙스가 내포되어 있습니다. 예로부터 일본인들은 한 개인이 출생하여 성인으로 성장하기까지의 과정을 중시해 왔습니다. 또한 나이 드는 것에 특별한 의미를 부여하고, 동시에 특정한 나이에는 액년 やくど・厄年을 맞게 되므로 조심하여 재앙을 피해야 한다고 생각하였습니다. 그리고 장송 葬送과 선조공양의 의례를 중시해 자손의 지극한 공양이 선조의 성불 成仏을 가져온다고 믿었습니다. 이런 점에서 인생의례라는 말에는 예로부터 일본인들이 인생에서, 그리고 공동체 생활에서 중시한 고유한 가치관이 담겨 있습니다.

물론 이러한 인생의례는 대부분 중국에서 시작되어 한반도를 거쳐 전래된 것입니다. 따라서 우리에게도 익숙한 의례가 많지요. 그렇지만 일본인의 인생의례는 오랜 전통 속에서 일본적인 방식으로 정착해왔습니다. 특히 일본인의 인생의례의 밑바탕에는 불교와 신도의 결합이라는, 일본 고유의 민속사상이나 신앙이 깔려 있습니다.

신도에 따르면 한 개인의 탄생은 씨족신인 우지가미 うじがみ・氏神의 자손으로 태어나는 것을 의미합니다. 그 지역에 사는 사람들은 모두 그 지역에서 받들어 모시는 우지가미의 자손인 우지코 うじこ・氏子가 되는 것이죠. 따라서 일본인의 신앙생활은 신사에서 우지가미를 만나는 것에서부터 시작되는데요, 아이가 태어나면 부모는 신사에 가서 신에게 아이가 태어난 것을 알리고 신의 가호를 빕니다. 또한 아이의 성장에 맞추어 우지가미를 찾아갑니다.

한편 일본인들은 죽은 조상은 후손의 공양에 의해 부처가 된다는 불교신앙을 가지고 있습니다. 신이 된 조상은 이승에 머물면서 후손에게 안녕을 가져다준다고 믿었습니다. 만약 후손이 공양을 게을리하면 조상은 성불을 하지 못하고 이승을 떠돌아다니게 됩니다. 이러한 사생관은 신불습합 神仏習合을 통해 일본인들의 민속신앙 속에 깊이 자리잡아 선조에 대한 공양을 중시하는 관습을 낳았습니다.

인생의례는 왜 절과 신사에서 행해지는 것이지요?

일본에서는 이러한 민속신앙이 지금도 여전히 강한 힘을 발휘하고 있습니다. 여기에는 일본의 고유한 역사적 배경이 있는데요, 전통적 민간신앙에 기초하고 있는 신도는 메이지기에 와서 국가신도로 격상되어 국가의 보호 아래 있었으므로, 신사와 관련된 의례는 쇠퇴 없이 번성해왔습니다. 한편 절은 에도시대에 시행된 기독교 금지정책의 일환으로 모든 사람은 이에いえ・家를 단위로 하여 하나의 절에 등록해야 한다는 데라우케제도てらうけせいど・寺請制度 를 통해 장례나 공양과 밀접히 연결되었습니다.

지금도 단카 だんか・檀家라고 하여 특정 절에 집안의 묘지를 두고 장례식과 제사를 의뢰하는 대신 시주를 하여 그 절의 재정을 돕는 경우가 많습니다. 이러한 역사적 연유로 인해 일본에는 신사가 약 11만 개, 절이 약 7만 개나 존재합니다.

특히 인생의례와 관련된 행사는 절이나 신사의 중요한 수입원이 되고 있습니다. 따라서 각 신사나 절에서는 앞다투어 행사의 의미를 부풀리고 이벤트화하고 있습니다. 거꾸로 이러한 과정에서 특정한 이벤트가 마치 오래 전부터 시작된 것인 양 전통으로 재창조되는 경우도 있습니다.

인생의례는 원래 지역공동체의 행사로 행해져 왔는데요, 지금은 지역사회와의 연계가 약해져 대도시 주변의 유명 신사나 절로 집중되는 경향이 있습니다. 다양한 기원과 효험을 바라는 대중들의 심리가 이러한 현상을 낳고 있는데요, 이런 가운데 다양한 의례는 일종의 국민문화로 정착해 있습니다.

도쿄 메이지진구

하쓰모데

출생과 육아 たんじょうといくじ・誕生と育児

예로부터 일본인들은 출생과 관련된 의례를 중시해왔습니다. 출생은 공동체의 새로운 성원이 태어난다는 점에서 매우 중요한 일이었는데요, 특히 옛날에는 영아 사망률이 높았기 때문에 신의 가호를 빌어 아이의 무사를 기원하는 주술적 성격의 의례가 많았습니다. 그렇지만 현대에 와서 의학의 발달로 영아 사망률이 제로에 가까워지면서 출생과 관련된 의례는 축소되고 간소화되었지만, 어린이의 건강한 성장과 무사안녕을 비는 의례는 지금도 여전히 중시되고 있습니다.

❶ 하쓰미야마이리

일본인들은 생후 30일을 전후해서 처음으로 아이를 신사에 데리고 가는데요, 이것을 하쓰미야마이리 はつみやまいり・初宮参り라고 부릅니다. 하쓰미야마이리는 태어난 곳의 우지가미에게 아이의 출생을 알리고 신의 가호를 빌기 위한 것인데요, 우지가미에게 인사함으로써 아이가 사회의 구성원으로 인정받는다는 의미가 있습니다.

이날은 아이에게 화려한 외출복을 입힙니다. 지금도 이 행사는 전국적으로 널리 행해지고 있는데요, 신청하면 신사에서 축사를 해주기도 합니다.

❷ 오쿠이조메

생후 백 일째(내지 120일)가 되는 날에는 처음으로 음식을 먹는다는 의미의 오쿠이조메 おくいぞめ・お食初 의식을 합니다. 모유나 우유 이외에 음식다운 음식을 처음으로 먹는다는 뜻인데요, 그렇지만 아직 이유식을 하기에는 이른 시기이므로 먹는 시늉만 합니다. 예전에는 그 지역의 연장자에게 '기르는 부모님'이라는 뜻의 야시나이오야 やしないおや・養親 를 부탁해 야시나이오야가 아이에게 음식을 먹였다고 합니다.

축하 밥상에는 팥밥과 도미구이, 맑은 장국 すいもの, 우메보시 うめぼし・梅干し 등을 올려놓고, 또 다른 상에는 홍백색의 떡을 올려놓습니다. 지방에 따라 밥상 위에 작은 돌을 올려놓기도 하는데, 이것은 아이의 이를 튼튼하게 한다 はがため・歯固め는 의미를 담고 있습니다. 오쿠이조메 의식은 아이의 성장을 축하하고 일생동안 먹을 것에 구애받지 않기를 기원한다는 의미가 있습니다.

❸ 하쓰젯쿠

생후 처음으로 맞이하는 절기를 하쓰젯쿠 はつぜっく・初節句라고 하는데요, 여아는 3월 3일에 모모노셋쿠 もものせっく・桃の節句 또는 히나마쓰리 ひなまつり・雛祭り라고 불리는 의례를, 남아는 5월 5일에 단고노셋쿠 たんごのせっく・端午の節句라고 불리는 의례를 합니다. 이 행사는 지금도 일본 전역에서 행해지고 있는데요, 히나마쓰리 시기가 가까워지면 백화점이나 상점에 히나마쓰리 인형이 진열되어 있고, 5월이 되면 여기저기서 고이노보리 こいのぼり・鯉のぼり가 흩날리는 것을 흔히 볼 수 있습니다.

- **단고노셋쿠** たんごのせっく・端午の節句

단고노셋쿠는 원래 중국의 단오행사에서 유래된 것으로, 중세부터 무사사회에서 이 행사가 치러

고이노보리

단고노셋쿠 장식

져 왔습니다. 5월이 되면 고이노보리가 공원이나 각 가정에 걸려 있는 것을 흔히 볼 수 있는데요, 옥외에 고이노보리를 다는 것은 물살을 거슬러 올라가는 잉어의 힘찬 기상에서 비롯되었습니다. 남자 아이가 인생의 험한 파도를 헤치고 씩씩하게 성장하기를 바라는 어른의 마음을 담고 있습니다. 이 날 집안에 단을 만들어 갑옷과 투구, 활, 창, 칼 등의 무구 武具를 장식하고 긴타로인형 きんたろうにんぎょう・金太郎人形이나 모모타로인형 ももたろうにんぎょう・桃太郎人形을 장식합니다. 가족이나 친척들은 고이노보리나 투구를 쓴 인형, 활, 화살 등의 장난감을 선물합니다.

• **히나마쓰리** ひなまつり・雛祭り

매년 3월 3일은 여자 아이의 탄생과 행복을 기원하는 히나마쓰리가 열립니다. 이 날이 되면 여자 아이가 있는 집에서는 히나단 ひなだん・雛壇에 인형을 장식하며 여자 아이들의 건강과 행복을 기원합니다. 3월 3일을 전후하여 복숭아꽃이 피기 때문에 모모노셋쿠 もものせっく・桃の節句라고도 하고 '딸들의 축제'라는 뜻에서 온나노셋쿠 おんなのせっく・女の節句라고도 합니다.

히나마쓰리는 몸에 생긴 상처나 재앙을 인형으로 옮겨서 강물에 흘려보내기 위해 중국에서 행하던 삼월 삼짇날 액막이 행사를 본 딴 고대 일본의 히나나가시 ひなながし・雛流し와 17세기 초 에도시대 궁중여인들의 히나인형 놀이가 어우러지면서 만들어진 것으로 추정됩니다. 이 날이 가까워지면 어린 딸을 둔 가정에서는 길일을 골라 아름답게 장식한 히나인형과 히나과자, 떡, 복숭아와 복숭아꽃 등을 붉은 천을 깐 단 壇위에 올립니다. 히나인형의 종류와 수량에 따라 다르나, 적게는 2단에서 많게는 8단의 히나단을 장식합니다. 보통 빨간 히나단의 최상단에는 천황과 황후를 장식하고 그 다음 궁녀와 음악연주가, 궁정 대신, 종자, 가재도구, 우마차 인형 등의 순으로 배치하는데 지방마다 약간씩 다르답니다.

히나마쓰리에 히나인형을 장식하는 것은 첫째, 여자 아이가 바르고 예쁘게 성장하여 좋은 인연

히나단

지라시 즈시

을 만나 행복한 결혼생활을 하기를 바라는 것이며 둘째, 좋지 않은 재난이나 재앙 등을 인형에 옮겨 그것들을 피할 수 있도록 하는데 그 의미가 있습니다. 따라서 3월 3일이 지나면 바로 치우는 것이 관습인데요, 축제가 끝났는데도 단을 치우지 않으면 딸이 늦게 결혼하거나 결혼하지 못한다는 속설이 있습니다.

　3월 3일 당일이나 그 전날 저녁에는 여자 아이의 할아버지와 할머니, 친척이나 친구들을 초대하여 지라시즈시 ちらしずし・散らし寿司 (밥 위에 재료를 뿌린 초밥)와 대합장국, 시로자케 しろざけ・白酒 (쌀로 빚은 단 음료), 히나아라레 ひなあられ (히나마쓰리 제단에 올리는 당밀을 묻힌 튀밥) 등을 나눠 먹으며 아이의 행복을 기원합니다.

❹ 첫돌

　우리나라에서와 마찬가지로 일본에서도 첫돌 はつたんじょうび・初誕生日이 중시됩니다. 이 행사에서는 아이가 탄생해 무사히 1년을 지낸 것을 축하하고 앞으로도 건강하게 잘 커주기를 기원하였는데요, 가족이나 친지들을 불러 성대히 잔치를 하고 이웃들에게 떡을 나누어 주었습니다. 이때 아이의 장래를 점치는 행사를 하였는데요, 남아에게는 농기구나 주판, 붓을, 여아에게는 자나 반짇고리를 늘어놓고 무엇을 잡는가에 따라 그 아이의 장래 직업을 예측하기도 하였습니다. 1년이 되기 전에 걷기 시작한 아이에게는 떡을 짊어지게 해서 일부러 넘어뜨리는 관습도 있었는데요, 이것은 1년이 되기 전에 걷기 시작한 아이는 커서 부모로부터 멀리 떨어져 살게 된다는 통념이 있었기 때문이라고 합니다.

　첫돌 행사는 지금도 널리 행해지고 있는데요, 가족끼리 또는 친척이나 친지를 초대해 축하행사를 합니다. 축하선물을 보내준 사람에게는 감사의 뜻으로 답례품을 보내며, 감사장에는 아이의 모습을 담은 기념사진을 동봉하기도 합니다.

❺ 시치고산 しちごさん・七五三

　시치고산은 7세, 5세, 3세(남자는 5세와 3세, 여자는 7세와 3세)가 된 어린이가 부모를 따라 신사에 참배하는 행사입니다. 지금도 매년 11월 15일 전후가 되면 일본 각지의 신사에서 화려하게 차려 입은 어린이들을 볼 수 있습니다. 이 날 남자아이는 하카마 はかま・袴를, 여자아

신사에서의 시치고산

이는 후리소데 ふりそで・振袖를 입습니다.

　11월 15일은 우지가미에게 그 해의 수확을 감사하는 날인데요, 시치고산은 우지가미의 가호를 받고 자란 어린이가 우지가미와 지역공동체의 사람들에게 사회적으로 승인 받고 축복 받는 축제였습니다. 3세, 5세, 7세는 성장에 있어 중요한 전기라고 판단되는 나이인데요, 예전에 일곱 살은 유년기가 끝나고 고도모구미 こどもぐみ・子供組라는 어린이 조직에 가입하는 나이였으므로 더욱 중시되었습니다.

　이러한 관습은 무가사회에서 시작되었다고 하는데요, 에도시대에 와서 점차 서민계급에 퍼졌습니다. 현재는 전국적으로 행해지지만 원래는 간토지방의 풍습으로, 교토나 오사카와 같은 간사이지방에는 13세가 된 어린이가 절에 참배하여 부처님의 지혜를 받는다는 주산마이리 じゅうさんまいり・十三参り가 있습니다.

　시치고산에는 아이의 성장에 맞추어 머리모양이나 의복을 바꾸었는데, 이를 가미오키 かみおき・髪置き, 하카마기 はかまぎ・袴着, 오비토키 おびとき・帯解き라고 부릅니다. 가미오키란 세 살의 남녀 어린이가 지금까지 깎았던 머리를 길러 끈을 묶는 것을 말합니다. 다섯 살 남자아이에게는 처음으로 하카마를 입혔는데, 이를 하카마기라고 합니다. 일곱 살의 여자아이는 지금까지 끈이 붙어 있는 유아용 기모노에서 오비 おび・帯를 묶는 후리소데로 갈아입었는데, 이를 오비나오시 おびなおし・帯直し, 오비하지메 おびはじめ・帯始め, 또는 히모오토시 ひもおとし・紐落とし라고 합니다

　예전에는 지역 행사로 치루어졌지만 오늘날에는 지역사회와의 유대가 약화되면서 가족행사가 되고 있습니다. 참배하는 곳도 지역의 신사가 아니라 메이지진구 明治神宮와 같은 유명한 신사에 몰려 있으며, 날짜도 15일 전후의 주말에 집중하는 등 점차 본래 의미가 변화하고 있습니다.

　이 행사를 축하하기 위해 부모님은 아이에게 하카마나 후리소데 같은 의복을 마련해줍니다. 친지들은 보통 학용품이나 장난감을 선물합니다. 신사 참배가 끝난 뒤에는 축하해준 사람들에게 인사를 다니며, 천년 행복을 가져다 준다는 지토세아메 ちとせあめ・千歳飴나 팥밥을 나누어 먹습니다. 지토세아메는 홍백의 가래엿인데요, 지토세는 천년이라는 뜻이며, 빨간색과 흰색의 조합은 경사스러운 일을 의미합니다.

성인식 せいじんしき・成人式

성인식의 역사적 유래를 알려 주세요!

어린이의 성장과정을 지나서 그 다음으로 중시되는 것은 성인이 되는 것입니다. 성인이 된다는 것은 당당한 사회의 구성원으로 인정받는다는 것을 의미하는데, 이를 축하해 성인식이 거행되었습니다. 성인식을 계기로 젊은이들은 어린이 집단에서 나와, 남녀별로 각각 젊은이 집단에 가입해 친분을 쌓으며 사회생활에 필요한 사교의 기술이나 기타 기능을 익혔습니다. 젊은이들의 모임에서는 남녀간에 집단으로 교류를 갖기도 하였는데요, 이런 과정에서 마음이 통하는 쌍도 탄생하였습니다.

남자는 전통적으로 15세경에 성인식을 치렀는데, 이때 머리모양을 바꾸고 관을 썼습니다. 성인식은 시대나 지역, 신분에 따라 조금씩 달랐는데 원복을 입거나 관 冠 또는 에보시 えぼし・烏帽子를 썼습니다. 훈도시 ふんどし・褌를 차는 경우도 있었습니다. 이러한 의식에서 유래하여 성인식을 가리켜 겐푸쿠 이와이, 에보시 이와이, 훈도시 이와이라고 부르기도 합니다. 이러한 의식을 거침으로써 젊은이는 노동이나 행정, 혼인 등 여러 방면에서 공동체의 당당한 구성원으로 인정받았습니다. 특정 장소에서 심신훈련을 하거나 죽음과 재생을 체험하는 고된 육체적 시련을 부과함으로써 독립된 주체로서의 정신적, 육체적 자립을 촉구하였습니다. 성년식을 행한 직후 젊은이들의 모임인 와카모노구미 わかものぐみ・若者組에 가입하는 경우가 많았는데, 이때부터 밤에 여자들 모임방을 방문하는 요바이 よばい・夜這い도 행해졌기 때문에 혼전 성교가 공인되는 의미가 있었지요.

한편 여자의 경우에는 13세경 또는 초조 初潮를 시작으로 성인식이 이루어졌습니다. 이때 속치마의 긴 천을 허리에 감는 고시마키 こしまき・腰卷의 의례라든가, 철을 술이나 차 등에 담가 산화시킨 가네 かね・鉄漿라는 액체로 치아를 검게 물들이는 가네쓰케 鉄漿つけ의 의례를 하기도 하였습니다. 이러한 의식은 혼인 가능한 연령이 되었음을 알리는 의미가 있었습니다.

언제 공휴일로 지정되었나요?

1948년부터는 매년 1월 15일을 성인의 날이라 하여 국정 공휴일로 지정했는데요, 지금은 1월 둘째 월요일로 바뀌었습니다. 이 날 전국의 각 지방자치단체는 만 20세가 된 지역의 젊은이들을 공회당이나 구민회관에 초청하여 성인식 의례를 치루는데요, 성인이 되어 사회를 짊어지고 나갈 젊은이에 대한 높은 기대가 수십 년 동안 이러한 행사가 이어져 온 배경이 되고 있다고 할 수 있습니다. 이 날 대체로 남자들은 양장을, 여자들은 후리소데를 입습니다.

성인식에 대한 비판의 목소리도 높다고 하던데요?

그렇지만 최근 전국에서 일률적으로 거행되는 행사에 대한 비판의 목소리도 높습니다. 행사장에 모인 젊은이들이 너무 떠들고 소란을 피워 행사가 제대로 진행되지 않는다든지, 지역과의 유대가 약화되면서 행사에 참여할 젊은이들이 없다든지 하는 문제점이 있습니다. 젊은이들이 빠져나간 지방 소도시에서는 오본 おぼん・お盆으로 귀성이 많아지는 시기에 성인식 행사를 하기도 합니다. 몇몇 지방자치단체에서는 이 행사를 중단하려고 하였는데, 지역의류협회의 강한 저항에 부딪혀 중지하지 못했다고 하는 뉴스도 있었습니다. 이런 점에서 행사 본래의 의미는 무색해지고 있습니다.

이 날 성인이 된 것을 기념하여 부모는 남자에게는 양복 한 벌을, 여자에게는 양장이나 후리소데와 같은 정장을 선물합니다. 후리소데는 매우 비싼 물건이므로 친척들은 주로 후리소데에 맞추어 오비아게 おびあげ・帯揚げ나 오비지메 おびじめ・帯締め, 조리 ぞうり・草履 등을 선물합니다.

성인식

결혼식 けっこんしき・結婚式

일본에서의 결혼은 어떻게 이루어지나요?

① 길일

우리나라의 경우 결혼식 날을 받을 때 주역을 이용하여 길일을 잡는 경우가 있습니다. 일본은 6일 간을 주기로 길흉을 표시한 요일표인 로쿠요 ろくよう・六曜를 바탕으로 날짜를 정하는데, 다이안키치지쓰 たいあんきちじつ・大安吉日라는 날이 가장 좋은 날이랍니다. 따라서 일요일과 다이안키치지쓰가 겹친 날은 결혼식장 잡기가 매우 어려워 미리미리 예약해 두어야 합니다.

② 초청장

일본의 결혼식이나 피로연에는 가까운 사람들만 한정하여 초대하므로 초대장을 받지 않은 사람은 참석할 수 없습니다. 대신 신혼여행을 다녀온 뒤, 엽서에 여행지에서의 사진과 함께 "결혼했습니다"라는 메시지를 인쇄하여 알리는 것이 일반적입니다. 신랑 신부는 약 두 달 전부터 식장에 초대할 사람을 선정하고 왕복엽서를 발송합니다. 엽서를 받은 사람은 참석여부를 표시하여 회신을 합니다.

결혼식 비용은 얼마나 드나요?

하객 1인당 3~5만 엔이 소요되므로 100명을 초청하면 300~500만 엔의 비용이 필요합니다. 최근에는 해외에서 결혼식 겸 신혼여행을 하는 커플들이 늘어나고 있는데, 이 경우 신혼여행 비용까지 합해서 7만~20만 엔이면 충분하다고 합니다. 피로연의 경우 하객의 식비가 평균 만~만 5천 엔 정도이고, 답례품이 1인당 만 엔 정도이니 하객 한 사람에게 2만 엔 이상을 소비하게 됩니다. 따라서 하객은 축의금을 최소한 3만 엔 이상 준비합니다.

결혼식은 어디서 하나요?

'태어나면 신사에서, 결혼할 때는 교회에서, 죽을 때는 절에서'라는 말이 있듯이 일본인들은 종교에 별로 얽매이지 않는 것 같습니다. 결혼하는 곳은 신전, 교회, 절 등 다양하지만 특별한 형식 없이 당사자들끼리 친지들 앞에서 하는 경우도 있습니다.

① 신전 神前 결혼식

신전 결혼식에서는 가까운 친척과 가족만 참석하여 결혼서약을 합니다. 신랑은 검은색, 신부는 흰색 기모노를 차려입고 신랑 신부가 3단으로 포개진 잔의 술을 교환해 9번에 나눠 마시는 '산콘노기 さんこんのぎ・三献の儀' 또는 '산산쿠도 さんさんくど・三三九度', 즉 서로 술잔을 주고 받는 의식을 치릅니다. 피로연은 다른 장소로 옮겨서 합니다.

신전 결혼식

② 교회 チャペル 결혼식

반드시 기독교인이 아니라도 많은 사람들이 교회에서 결혼식을 올립니다. 대체로 신부는 흰색 웨딩드레스를, 신랑은 검은 턱시도를 입습니다.

③ 불전 仏前 결혼식

주로 사원에서 행해지나 경우에 따라서는 승려를 초대하여 가정 내에 있는 불전에서 행하기도 합니다. 불교에서는 전생에 부부의 연을 맺는 남녀가 부처님의 인도로 하나가 되는 것이라고 믿기 때문에, 부처님 앞에 결혼을 보고하고 감사드리며 부부의 영원한 사랑을 맹세합니다.

오미아이 おみあい・お見合い와 나코도 なこうど・仲人

오미아이란 맞선에 해당되는 말로, 중매인인 나코도의 집에서 양가 부모와 신랑 신부 후보가 함께 만나는 것이 일반적입니다. 나코도는 중매 역할뿐만 아니라 두 사람의 결혼을 보증하고 상담역할까지 하는 것으로, 우리의 주례와 같은 기능도 포함합니다. 연애결혼의 경우 맞선은 볼 필요가 없지만 나코도를 정하여 부탁해두어야 합니다. 예비 신랑 신부는 결혼식 전에 미리 나코도를 찾아가 인사드리는 것을 예의로 여깁니다.

유이노 ゆいのう・結納

결혼 상대가 정해진 후 서로 주고받는 혼수를 유이노라고 합니다. 방식은 지방에 따라 차이가 있는데, 간토 지방은 신랑 신부가 서로 주고받고, 오사카 おおさか・大阪를 중심으로 한 간사이 지방에서는 신랑 쪽에서만 보냅니다. 유이노는 돈, 예물과 함께 장수, 백년해로, 발전, 건강 등을 상징하는 장식품을 함께 보냅니다. 목록과 함께 보내면 받는 쪽에서는 받았다는 수령서를 보냅니다. 신부 쪽의 경우 신랑 쪽의 반 또는 1할 정도 선에서 답례를 합니다.

結婚式 けっこんしき・結婚式

결혼식 당일에는 집에서 예복을 차려 입고 부모님께 작별 인사를 한 뒤 식장으로 향합니다. 교회 결혼식은 예외이지만 결혼식장에는 대개 양가 가족만 참가합니다.

신전결혼식은 독특한 다마쿠시 たまくし・玉串 (닥나무 섬유로 만든 배 또는 종이오리를 달아서 신전에 바치는 것)를 신에게 공양하는 의식을 치룹니다. 이 의식은 먼저 신랑 신부가 행하고 다음은 나코도 부부, 쌍방의 친족 대표 순으로 진행됩니다. 결혼식 하객들은 남자는 검은 양복에 흰 넥타이, 기혼 여성은 검은색 정장 투피스, 미혼 여성은 화려한 후리소데 ふりそで・振袖 차림으로 결혼식에 참석합니다.

피로연은 어떻게 하나요?

피로연에는 초청받은 사람만 참석하며, 일반 하객은 피로연회장에 참석하여 축의금을 전달합니다. 피로연은 여유롭게 2~3시간 정도 걸립니다. 피로연에서는 신부가 여러 번 의상을 갈아입고 나오는데 이를 오이로나오시 おいろなおし・お色直し라고 합니다. 이것은 신부가 시댁의 가풍에 젖어들어 '그 집 사람'이 되었다는 의미와 성스러운 식을 마치고 속세의 생활로 돌아가 앞으로 두 사람의 일상적인 생활을 시작한다는 의미가 담겨있다고 합니다.

일본은 친족과도 결혼할 수 있다고 하던데요?

일본의 결혼제도 중 우리나라와 가장 다른 것은 친족 간의 혼인입니다. 최근에 법으로 동성동본 간의 결혼이 인정되었지만 아직도 꺼려하는 우리나라와는 달리, 일본의 민법에서는 3촌까지의 혼인만 금지하고 있습니다. 따라서 사촌간의 혼인도 간혹 있으며 천황가에서는 친족 간의 혼인이 서민보다 더 관례화되어 있어서, 아키히토 あきひと・明仁 천황의 결혼식 때는 결혼 자체보다 '평민'과의 결혼이라는 사실이 더 화제가 될 정도였습니다.

장례식 そうしき・葬式

일본에서는 사람이 죽으면 모두 화장을 합니다. 화장이 끝나면 재를 넣은 단지에 발끝 뼈부터 조금씩 담아 맨 마지막에 머리뼈를 담습니다. 마치 살아있는 사람을 축소시켜 그대로 담아 놓은 형상입니다.

일본은 대개의 가정에 불단 ぶつだん・仏壇이 있어 여기에 위패 位牌를 모시는데, 이 세상에서의 이름이 아닌 가이묘 かいみょう・戒名를 받아 안치합니다. 죽은 이의 명복을 빌며 올리는 제사인 호지호우지・法事도 매년 지내는 것이 아니라 3년, 7년에 한 번씩 절에서 지냅니다.

장례식 부조금인 오코덴 おこうでん・お香典은 흰 봉투에 넣어서 검은 줄을 두릅니다. 오코덴은 결혼식보다 액수(약 5천엔 정도)를 적게 넣으며, 헌 돈으로 주는 것이 관례입니다. 새 돈으로 주는 것은 새 돈을 미리 준비할 만큼 기다렸다는 인상을 주기 때문입니다. 또한 결혼식과 마찬가지로 장례식에 참석한 사람들에게 답례품을 주는 관례가 있습니다. 장례식에서는 '고슈쇼사마데시타ごしゅうしょうさまでした・御愁傷様でした'라는 위로의 인사말을 합니다.

장례식을 마치고 집에 돌아오면 부정을 없애는 의미로 현관에서 몸에 소금을 뿌리고 집안으로 들어옵니다.

- **이하이**(いはい・位牌)：위패
- **기지쓰**(きじつ・忌日)：기일. 사람이 죽은 날을 말합니다. 특히 불교에서는 사람이 죽은 후 49일간을 '주잉 ちゅういん・中陰' 혹은 '기추 きちゅう・忌中'라고 합니다.
- **가이묘**(かいみょう・戒名)：계명. 사후에 주어지는 이름을 말합니다.
- **오쓰야**(おつや・お通夜)：장례식 하루 전 날 일가 친척들이 상가(喪家)에서 밤을 새우는 것을 말합니다.
- **오코덴**(おこうでん・お香典)：고인의 영전에 바치는 물품이나 금품을 말합니다.

제례 ほうじ・法事

장례와 마찬가지로 제례는 대부분 불교식으로 행해집니다. 출생이나 성장과 관련된 의식이 신도와 밀접한 관련을 가지는 반면 장례와 제례는 불교식으로 이루어지는데요, 이는 앞에서 지적한 바와 같이 데라우케제도와 밀접한 관련이 있습니다.

제례는 죽은 조상에 대한 제사인데요, 일본인들은 죽은 조상의 자손들이 계속해서 의례를 올림으로써 죽은 인간의 혼이 격을 높여간다고 믿었습니다. 죽은 인간의 혼은 처음에는 죽은 혼으로서 단순한 사령 死霊의 위치에 머물러 있지만 후손들의 공양을 받음으로써 신 神이나 부처 仏로 승격하게 됩니다. 이것이 바로 조상신으로서의 조령 祖霊이며, 만약 후손이 공양을 게을리하면 신이 될 수 없습니다.

이러한 조령관은 일본인의 제례에서도 그대로 나타납니다. 일본에서는 제사를 연기 年忌, 연기공양 年忌供養, 연기법요 年忌法要라고 부르는데, 불교식으로 이루어져 7일, 14일, 21일, 28일, 35일, 42일, 49일, 100일, 1주기 周忌, 3회기 回忌, 7회기, 13회기, 17회기, 23회기, 27회기, 33회기 등으로 행해집니다. 연기는 보통 사후 33년째의 마지막 제사를 끝으로 종료되지만, 지방에 따라서는 50년째에 종료되기도 합니다. 마지막 연기에는 불단에 모셔 두었던 위패를 태워버린다든지 무덤 속이나 절에 모시기도 합니다. 이러한 과정을 거쳐 죽은 혼은 조상신인 선조先祖의 위치로 승격하며, 개별적으로 인식되는 선조에서 개별적으로는 인식되지 않는 집합적 선조로 단계적으로 바뀌게 됩니다.

한편 일본인들은 제사를 지내지 않게 된 조령은 제사를 지내고 있는 조령보다 오히려 자손들이 살고 있는 집안에 늘 머물러 있거나 아니면 정기적으로 들러준다고 믿었습니다. 일본인들은 지금도 오본 おぼん・お盆을 중시합니다. 이 관습은 원래 자신들의 죽은 할아버지나 할머니, 그 이전의 조상들이 돌아온다고 믿는 불교의식에서 유래한 것입니다. 오본은 선조를 모셔와 접대하고 다시 타계로 돌려보내는, 선조와 자손의 교류를 상징하는 행사입니다.

일본 납골당 묘

야쿠도시와 도시이와이
やくどしととしいわい・厄年と年祝い

야쿠도시

일본에는 특정 연령을 재액이 많은 해라 여기고 그 해에는 특별히 근신하는 관습이 있는데, 이 연령을 야쿠도시 やくどし・厄年라고 합니다. 이는 한국에서 액년이라고 부르는 것과 같은 것으로 중국의 음양사상에 기초한 것이며, 근세 이후 일본의 민간에 널리 퍼졌습니다.

야쿠도시는 지방에 따라 조금씩 다릅니다. 일반적으로 남자는 25세, 42세, 61세가, 여자는 19세, 33세, 37세가 야쿠도시에 해당합니다. 특히 남자의 42세와 여자의 33세는 다이야쿠 たいやく・大厄라고 하여 가장 조심해야 하는 해로 여깁니다. 이것은 42세가 시니 しに・死に와 발음이 같아 죽음과 관련된 느낌이 들며, 33세는 산산이 부서지거나 망가진다는 산잔 さんざん・散々과 같은 발음이기 때문이라는 해석도 있습니다. 이 연령은 신체적으로나 사회적으로 일대 전환기에 해당하므로 조심해야 한다는 경계심이 작용하는 나이라고 할 수 있습니다.

재액을 막기 위한 행위로는 새해를 두 번 맞이하여 야쿠도시를 피하는 방법이 있습니다. 또는 정초에 신사 참배를 하러 가면서 몸에 지녔던 동전을 버리거나, 입춘 전날의 세쓰분 せつぶん・節分 의례 때 액을 쫓는 데 사용하였던 콩을 자신의 나이만큼 종이에 싸서 버리기도 하였습니다. 친척이나 이웃을 초대해 연회를 베풂으로써 액을 먹어버리는 행위를 하기도 했습니다.

부모의 야쿠도시에 태어난 아이에게 나쁜 재액이 옮지 않을까 염려하기도 하였는데요, 예방조치로서 아이를 길에다 내버리는 것처럼 하고 미리 부탁을 해둔 사람이 데려오기도 하였다고 합니다. 이와 같이 버리는 행위를 통해 재액이 사라졌다고 믿었던 것입니다.

도시이와이

도시이와이 としいわい・年祝い는 장수를 축하하는 의례인데요, 61세의 환갑 還曆, 70세의 고희 古稀, 77세의 희수 喜寿, 80세의 산수 傘寿, 88세의 미수 米寿, 90세의 졸수 卒寿, 99세의 백수 白寿 등의 의례가 있습니다.

그 중에서도 예로부터 가장 중시되었던 것은 환갑입니다. 환갑은 겐푸쿠, 혼례와 더불어 3대 의례 중 하나였습니다. 일본인들은 10간 干 12지 支가 60년 만에 한 바퀴를 돌아 다시 제자리에 왔으므로 갓난 아기 あかんぼう・赤ん坊로 돌아가 새로운 생명력을 얻는다는 의미로 받아들였다고 합니다. 따라서 환갑을 맞이한 사람에게 붉은 웃옷 赤いちゃんちゃんこ을 입히고 붉은 두건 あかいずきん・赤い頭巾을 쓰게 하고 붉은 방석에 앉혔습니다.

예전에는 환갑을 맞으면 한 집안의 가장 家督의 지위를 장남에게 양도하고 모든 활동에서 은퇴해 은거 隠居생활에 들어가는 것이 일반적이었습니다. 이런 점에서 단순한 장수 축하를 넘어 가계가 대대로 이어지고 가업이 번영하는 것을 축원하는 의례였습니다. 은퇴한 가장은 신사의 우지코로 봉사하면서 신앙생활에 전념하였습니다. 환갑을 계기로 제2의 인생을 맞이하였던 것입니다. 예전에 장수 축하는 본인의 생일이 아니라 길일을 택해 축하연을 베풀었다고 합니다.

그렇지만 지금은 평균수명이 크게 늘면서 환갑을 맞이하는 것은 일상적인 일이 되었으므로 예전과 같이 성대한 행사를 치르지는 않습니다. 직계가족들이 모여 파티를 하는 정도이며 온천여행이나 해외여행을 가기도 합니다. 초고령사회가 되면서 장수 축하의 연령은 점차 높아지고 있습니다.

선물문화 ぞうとう・贈答

선물의 나라 일본

일본인의 생활 속에서 '주고받는 ぞうとう・贈答' 관습은 매우 중요한 의미를 지닙니다. '선물의 나라'라고 일컬어질 정도로 선물을 주고받는 것이 일반화되어 있습니다. 선물을 할 때는 대체로 실용적인 간단한 물건을 준비하며, 내용물에 못지않게 포장에도 정성을 기울입니다.

또한 받은 선물의 포장을 뜯을 때도 조심스럽게 정성껏 뜯는답니다.

선물 가게 모습

선물문화와 관련된 용어들에 대해 알아볼까요?

① 오미야게 おみやげ・お土産

옛날 신사참배를 간 사람이 집에 있는 사람들에게 신의 축복을 나누어주기 위해 신사 주변의 물건을 사가지고 돌아온 것이 그 유래였다고 합니다. 오늘날에는 종교적인 의미는 많이 퇴색되었으나 여행갔던 지방의 특산물을 사가지고 돌아와 가족이나 이웃에게 선물을 나누어 주는 풍습은 그대로 남아있습니다. 오미야게는 값이 비싸지 않고 실용적인 지방 토산물로, 주로 식품 종류가 많습니다.

② 데미야게 てみやげ・手土産

남의 집을 방문할 때 가지고 가는 선물로 주인에게 직접 건네 줍니다.

③ 프레젠토 プレゼント

생일이나 학교 입학, 졸업 때 주고받는 선물을 말합니다.

④ 오추겐 おちゅうげん・お中元

오추겐은 오봉 お盆 시기와 겹쳐 '오추겐＝오봉'이라고 생각하기 쉬우나 오추겐과 오봉은 그 성격이 다릅니다. 오추겐은 평소에 신세진 사람에게 감사의 마음을 담아 인사드리는 행사로서 백화점 같은 곳에서 특별 판매행사를 주최하는 등 상업적 요소가 강하고, 오봉은 조상을 기리는 연중행사입니다. 원래 음력 7월 15일이었으나, 요즘은 양력 7월 상순에서 15일 사이에 친척이나 평소에 신세진 사람들에게 선물을 보내는 날로 그 개념이 바뀌었습니다.

⑤ **오세보** おせいぼ・お歳暮

연말에 보내는 선물로, 각 상점이나 백화점에서 선물코너 ギフトセンター를 마련하는 것은 물론, 전국 어느 곳이라도 배달이 가능한 시스템을 가동합니다.

⑥ **오넨가** おねんが・お年賀

연시에 보내는 선물, 즉 연하장을 말하는데 12월 말에 보내면 1월 1일에 모두 각각의 집으로 배달됩니다.

⑦ **오스소와케** おすそわけ, **오후쿠와케** おふくわけ

받은 선물을 이웃에게 나눠 주는 것으로, 식품이나 지방의 특산물 등이 많습니다.

⑧ **오카에시** おかえし・お返し

받은 선물에 대해 답례하는 것 또는 그 선물을 말합니다. 대개 축하에 대한 답례는 두 배로 하고 조문 시에 받은 선물에는 그 절반 はんがえし・半返し 정도로 합니다.

⑨ **우치이와이** うちいわい・内祝い

출산이나 결혼축하, 입학축하 등의 경사 때 선물하는 것을 말합니다.

⑩ **노시가미** のしがみ・熨斗紙

원래 노시 熨斗란, 정사각형의 색종이를 가늘고 길게 6각형으로 주름지게 접어서, 속에 '노시아와비 のしあわび・熨斗アワビ (말린 전복조각)'를 넣은 것으로, 결혼식 등 경사 때 축하의 뜻을 나타내기 위해 선물이나 축하금 또는 답례품에 덧붙이는 일종의 장식입니다. 접은 종이 안쪽에 선물을 준비하는 사람이 짧게 축하의 말을 써넣기도 합니다. 요즘은 말린 전복 대신 다시마를 넣거나 간편하게 종이에 인쇄된 것을 이용하기도 하는데 이 종이를 노시가미라고 합니다.

선물을 주고받는 매너

일본인은 데미야게로 직접 가지고 가면, 반드시 '변변치 못한 것입니다만 つまらないものですが'이라고 말하며 상대방에게 전합니다. 또 선물을 할 때 사용방법도 자세히 일러주는 것이 예의라고 생각합니다. 선물을 받게 되면 가까운 시일 안에 이에 대한 보답을 꼭 하며 여의치 않을 때는 말로라도 인사를 해야 합니다. 관혼상제의 경우에도 받은 액수의 약 절반을 다시 돌려주는데, 이를 한가에서 はんがえし・半返し라고 합니다.

선물을 할 때 특별히 조심해야 하는 것이 있나요?

우리가 병원에 입원한 사람에게 흰 꽃을 선물하지 않듯이 일본에서도 선물할 때 주의해야 할 사항들이 있습니다.

① 흰색을 죽음의 색깔이라고 생각하므로 흰 종이로 포장하지 않고, 흰 꽃도 선물하지 않습니다.
② 자살을 상징하는 칼은 선물하지 않습니다.
③ 일본인들은 짝으로 된 것이 행운을 가져다준다고 여겨서 짝을 이룬 세트선물을 좋아하는데, 죽음 し・死을 연상하는 4개 し・四는 피해야 합니다.
④ 그림에도 주의해야 합니다. 여우를 묘사한 선물은 '풍부함'을 의미하고, 너구리가 묘사된 선물은 '교활'을 의미한다고 합니다.
⑤ 일본은 신분이나 지위에 대해 엄격한데 지위를 구별하기 힘들 때에는 골동품을 선물하는 것이 좋다고 합니다.
⑥ 빗 くし은 괴롭게 죽는다는 의미의 쿠시 くし・苦死와 발음이 같아서 선물로 주고받지 않습니다.
⑦ 병문안 갈 때 화분을 선물하지 않습니다. 뿌리를 내린다는 네즈쿠 ねづく・根付く가 병으로 몸져눕는다는 네쓰쿠 ねつく・寝付く와 발음이 비슷하기 때문입니다.

어떤 선물을 하는 것이 좋을까요?

일본인에게 있어 선물의 선택 기준은 상대가 좋아하는 것, 부담스럽지 않은 것, 여유로움을 즐길 수 있으면서도 실용적인 것이라고 합니다. 재미있는 점은 남에게 선물하고 싶은 것과 자신이 선물 받고 싶은 것에 차이가 있다는 것인데, 선물하고 싶은 물건은 맥주, 커피, 산지직송 특산품, 햄이나 소시지, 조미료, 식용유인데 반해, 받고 싶은 것으로는 상품권을 선호한다고 합니다.

다양한 상품이 진열되어 있는 가게

일본인과 동물 どうぶつ・動物

　동물과 물고기에 대한 일본인들의 생각은 전통적으로 이어져 내려와 오늘날 생활에서도 잘 나타나고 있으며, 동물·물고기를 문화와 결부시켜 많은 이야기를 만들어내고 있습니다.

도미 たい・鯛

　도미는 '경사스럽다'는 의미인 메데타이 めでたい의 '타이'와 같은 음을 가졌기 때문에 결혼식 같은 경사스런 잔치에 빠지지 않고 내놓는 생선입니다. 도미를 토막 내지 않고 통째로 먹으면 행운이 따른다고 믿어 꼬리와 머리를 자르지 않고 그대로 요리하기도 합니다.

도미

잉어 こい・鯉

　잉어는 어떤 역경도 극복할 수 있는 물고기로 여겨져 큰 목적을 이루는 힘과 용기, 인내력을 상

징합니다. 일본에서는 사내아이가 잉어를 닮아 강하게 살아갈 수 있기를 바라는 마음에서 5월 5일의 고도모노히 こどものひ・子供の日에는 잉어 모양의 천을 높은 장대에 매단 '고이노보리 こいのぼり'를 세우는 풍습이 있습니다.

고노이보리

고이노보리의 색깔에는 각각 의미가 있습니다. 맨 위의 검은색 잉어는 真鯉 まごい라고 하며 아버지를, 그 아래의 빨간색 잉어는 緋鯉 ひごい로 어머니를, 파랑색 잉어는 子鯉 こごい라고 해서 자녀를 의미합니다. 크기도 차이가 납니다. 고이노보리는 가족의 수만큼 달기도 하는데 차남의 경우는 초록색, 여자아이의 경우는 오렌지, 핑크, 보라색 등을 다는 가정도 있다고 합니다.

금붕어 きんぎょ・金魚

금붕어는 16세기 초 중국에서 수입되어 에도시대에는 그 종류도 다양해졌으며, 당시 관상용으로 기르는 것이 유행이었습니다. 1960년대까지는 금붕어를 넣은 물통을 멜대로 메고 다니면서 파는 모습을 볼 수 있었고, 지금도 마쓰리 まつり・祭り나 엔니치 えんにち・縁日에 노점에서는 '긴교스쿠이 きんぎょすくい・金魚すくい'라는 금붕어 건지기 놀이를 합니다.

긴교스쿠이

새우 えび・海老

구부러진 허리와 긴 수염의 새우는 그 모양이 노인을 닮아 학·거북이와 함께 장수의 상징으로 여겨지고 있습니다. 중세에는 '바다의 노인'이라고도 불리었으며 현재 새우를 나타내는 문자도 「海老」, 즉 바다의 노인이라는 의미입니다. 특히 이세에비 いせえび・伊勢海老는 그 크기·모습·색 등에서 뛰어나 결혼식 등의 축하연에서 빠지지 않고 나오는 요리입니다.

이세에비

학 つる·鶴

학은 목과 다리가 길고, 모습이 아름다워 예로부터 민화나 회화에 많이 등장하고 있습니다. 10월에 시베리아나 몽고에서 일본으로 날아와 이듬해 3월에 돌아가는 겨울 철새입니다. 특히 장수를 상징하는 동물로 여겨져 경사스러운 일의 도안이나 장식에 자주 사용되고, 병의 회복을 기원하며 천 마리의 학을 종이로 접어 환자에게 전하기도 합니다.

거북 かめ·亀

'학은 천년, 거북이는 만년'이라는 속담에서 알 수 있듯이 거북이는 경사스러운 동물로 여겨지고 있습니다. 학과 마찬가지로 장수와 번영을 상징합니다.

휘파람새 うぐいす

휘파람새는 몸집이 매우 작고 독특한 아름다운 울음소리로 봄을 알리는 새입니다. 정확히 매화가 피는 무렵 울기 시작하므로, 매화와 휘파람새의 조화는 그림이나 시가의 소재로 자주 등장합니다.

우구이스

개구리 かえる·蛙

개구리는 예로부터 일본인에게 친숙한 동물입니다. 일본의 농업은 주로 논농사이므로 논에는 개구리를 비롯한 다양한 생물이 있었습니다. 『고킨와카슈 こきんわかしゅう·古今和歌集 (905년)』에도 '개구리의 울음소리를 들으면 노래를 읊고 싶어진다'라고 쓰여있듯이 일본인은 개구리의 울음소리에서도 계절을 느껴 노래를 읊었습니다.

개 いぬ·犬

인간이 야생 동물 중에서 가축으로 기르기 시작한 최초의 동물이 개라고 합니다. 그러나 일본에서는 사냥개보다 집 지키는 개로서의 역할이 컸고, 에도시대에는 애완용 개도 등장하였습니다. 신사 앞에는 신사를 지키는 고마이누 こまいぬ 도 있답니다.

고마이누

- **시부야의 충견 하치코** 渋谷のハチ公

도쿄시내 시부야의 상징인 하치코는 주인이 세상을 떠난 후에도 계속 주인을 기다렸다는 충견 하치의 동상입니다. 개의 동상이지만, 소설·영화화되어 잔잔한 감동을 주기도 했죠. 하치코 동상 앞은 시부야역에서도 만남의 장소로 유명하며 충견 하치코는 국립박물관에 박제되어 전시되고 있습니다.

하치코

고양이 ねこ·猫

고양이는 일본인들이 매우 좋아하는 애완동물입니다. 고양이는 둔갑술을 쓸 수 있다고 여겨져 일본의 요괴 중에는 변신하는 능력을 지닌 '바케네코 ばけねこ·化け猫'도 있답니다. 또한 상점이나 식당에는 한쪽 앞발을 들고 있는 고양이 인형을 쉽게 볼 수 있는데, 이것은 행운의 고양이인 '마네키네코 まねきねこ·招き猫'랍니다.

고양이

너구리 たぬき·狸

너구리는 동아시아(일본·한반도·중국)에서만 서식하는 오소리를 닮은 야행성 동물입니다. 놀라면 죽은 척하여 사람을 속이기 때문에, 자는 척하는 것을 '다누키네이리 たぬきねいり·狸寝入り'라고 말합니다. 일본의 민화에서는 여러 가지 모습으로 둔갑하여 사람을 속이려 하지만, 실패만 하는 유머러스한 동물로 묘사되고 있습니다.

- **가게 앞의 다누키상**

일본의 상점이나 식당 앞을 지나다보면 도자기로 만들어진 너구리 인형을 볼 수 있는데요, 복스럽게 통통한 너구리가 오른손에는 돗쿠리 とっくり·徳利, 왼손에는 통장을 들고, 고개를 약간 갸웃하면서 서 있답니다. 돗쿠리는 '인덕을 지니자'는 의미이며 통장은 '신용이 제일'이라는 의미입니다. 또한 너구리의 발음이 「他を抜く(남을 앞지르다)」와 비슷하므로 남보다 더 장사가 잘 되기를 바라는 마음에서 가게 앞에 장식해두는 것입니다.

다누키상

여우 きつね・狐

여우는 교활한 동물이라는 이미지가 있어서 민화나 전설 등에서도 주로 악역을 맡고 있습니다. 한편, 이나리 いなり・稲荷 신사의 경내에 앉아있는 여우 석상은 신의 사자로서의 여우를 나타내고 있습니다.

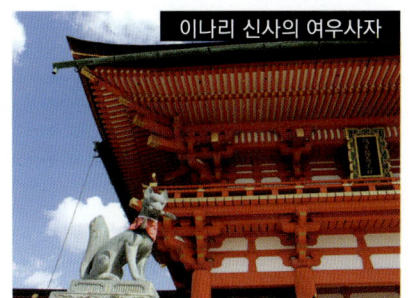
이나리 신사의 여우사자

- **이나리** いなり・稲荷 **신사** : 오곡의 신을 모신 신사. 여우가 오곡신의 사자 使者라는 데서 이나리라고 부르기도 합니다.

나비 ちょう・蝶

일본에는 배추흰나비 もんしろちょう와 호랑나비 あげはちょう가 많으며, 그 외에도 약 260종 이상의 나비가 있습니다. 나비는 예부터 와카 わか・和歌에서 많이 읊어졌습니다.

매미 せみ・蝉

사방에서 들려오는 요란한 매미소리를 늦가을에서 초겨울에 걸쳐 내리는 비인 시구레 しぐれ에 비유하여 '세미시구레 せみしぐれ・蝉時雨'라고 합니다. 와카나 하이쿠 はいく・俳句에서도 많이 읊어져 왔고, 하이쿠의 명인 바쇼 ばしょう・芭蕉의 작품 중에는 '세미시구레'를 주제로 읊은 노래가 유명합니다.

잠자리 とんぼ

옛날에는 일본을 '아키쓰시마 あきつしま'라고 했는데, '아키쓰 あきつ'란 잠자리의 다른 말입니다. 초대 천황인 진무 じんむ・神武 천황이 모기에 물렸을 때 잠자리가 날아와 그 모기를 잡아먹었다고 하여 붙여진 이름이라는 전설이 있습니다. 잠자리는 특히 아이들에게 사랑받아『아카톤보 赤とんぼ (고추잠자리)』라는 가을의 시정을 나타낸 동요도 있습니다.

반딧불이 ほたる・蛍

반딧불이는 맑은 물의 수풀에서 서식하며, 초여름 5월경부터 7월 중순에 그 모습을 나타냅니다. 꼬리 근처에서 푸르스름한 빛을 발하기 때문에 여름밤에 벌레장에 넣고 그 빛을 감상하기도 합니다. 도야마 とやま・富山 에는 '반딧불이 마을 ほたる村'이 있습니다.

마네키네코 まねきねこ・招き猫

마네키네코란 무엇인가요?
　일본에서는 앞발 하나를 들고 있는 고양이상을 쉽게 볼 수 있는데요, 이것이 행운의 고양이 '마네키네코'입니다. 고양이의 습성상 낯선 사람이 다가오면 불안해져서 앞발로 얼굴을 닦는 것처럼 행동을 하는 것에서 이 동작이 유래되었는데, 오른발을 들고 있으면 돈을 부르고 왼발을 들고 있으면 손님을 부른다고 합니다. 요즘은 두 발 다 들고 있는 고양이도 있고 플라스틱으로 만들어져서 앞발을 앞뒤로 흔드는 고양이 등 여러 종류가 있습니다.

마네키네코의 유래는 무엇인가요?
　도쿄 세타가야 せたがや・世田谷의 고토쿠지 ごうとくじ・豪徳寺의 주지 스님이 고양이를 한 마리 키우고 있었습니다. 너무 가난했지만, 생명을 죽이거나 버릴 수는 없어 정성껏 키웠죠. 하루는 이 지역을 다스리던 영주가 절 앞을 지나다 더위에 지쳐 우물가 나무 밑에서 목욕을 하려는데, 고양이 한 마리가 자기를 부르는 것처럼 울고 있는 것이었습니다.
　'귀여운 놈이군'하며 쓰다듬으려는데, 고양이가 폴짝 뛰어 누추한 절 문 앞에 앉는 것이었습니다.

'이런 곳에 절이 있었나?' 싶어 고양이를 향해 발걸음을 옮긴 순간, 영주가 옷을 벗었던 나무에 벼락이 떨어졌습니다. 영주의 목숨을 살린 고양이 덕분에 이 절은 영주 가문의 원찰 願刹이 되었고 절의 살림도 윤택해 졌습니다. 고양이가 죽고 나자 절 안에 정성껏 묻어 주었고, 이후로 고양이상을 문 앞에 세우면 복이 들어온다고 믿게 되었다는 이야기입니다.

마네키네코

또 이런 이야기도 있습니다. 에도 막부 えどばくふ・江戸幕府 시절 최고의 환락가 요시와라 よしわら・吉原에 고양이를 좋아하는 우스구모 うすぐも・薄雲라는 기생이 있었습니다. 하루는 밤에 화장실을 가려는데 키우던 고양이가 옷자락을 물고 집요하게 늘어지는 것이었습니다. 물리치려고 하면 할수록 더 크게 울면서 소동을 피우니, 하인이 뛰어와서는 "미친 고양이 아니야!"하면서 단칼에 목을 쳤습니다. 그런데 잘린 고양이의 목이 날아가서 화장실 천장에 숨어 있던 독사의 목을 덥석 물었죠. 기생은 자신의 경솔함에 눈물을 흘리며 그 후 고양이를 키우지 않고 대신 고양이상을 만들어 곁에 두었다고 합니다.

마네키네코의 색깔에도 의미가 있나요?

시간이 흐르면서 마네키네코의 모양과 색깔에 여러 가지 의미가 덧붙여졌고, 길조를 의미하는 문양과 나비와 꽃 등으로 장식하였습니다. 흰색 마네키네코는 일반적으로 복을 부르는 의미이지만, 검은 마네키네코는 마귀를 퇴치하고, 붉은색은 병을 예방, 금색 마네키네코는 금전운을 부르는 것이라 믿고 있습니다.

① 삼색 마네키네코

여러 가지 색깔 중에 가장 인기 있는 것은 삼색 마네키네코입니다. 삼색 마네키네코 중에서도 수컷 삼색 마네키네코는 선원들에게 행운을 주는 고양이로 여겨지고 있습니다. 실제 수컷 고양이가 삼색인 경우는 유전학적으로도 아주 드문데, 이러한 희소가치가 삼색 마네키네코의 인기에도 영향을 미쳤으리라 짐작됩니다.

② 흰색 마네키네코

두 번째로 인기 있는 색깔은 흰색입니다. 흰색의 이미지가 맑기 때문에 흰색 마네키네코가 순수함을 의미한다는 견해도 있지만, 흰색 고양이가 많이 생산된다는 단순한 이유에서 널리 퍼졌을 수도 있다는 의견도 있습니다.

③ 검은색 마네키네코

검은색 마네키네코는 매우 드물며 악을 물리치는 부적으로 사용됩니다. 이러한 믿음은 신비한 검은 고양이의 전설에서 비롯되었는데, 스토커의 괴롭힘을 당하는 젊은 여성들에게 인기가 많다고 합니다.

④ 기타

붉은색 마네키네코는 악과 병마를 내쫓고, 금색 마네키네코는 돈을 부르며, 분홍색 마네키네코는 사랑을 부른다고 합니다.

여러 가지 색깔의 마네키네코

마네키네코는 왜 옷을 입고 있나요?

마네키네코는 붉은색 목걸이에 방울을 달고 있습니다. 이것은 에도시대 중반까지 고양이가 매우 비싼 애완동물이었다는 데서 연유합니다. 부유한 사람들은 에도시대에 비단으로 만든 붉은색 목걸이와 방울을 달아 그들의 소중한 고양이가 시야에서 멀어지지 않도록 하였다고 합니다. 마네키네코는 때때로 붉은 목걸이 앞에 에이프런을 걸치기도 하는데, 이 또한 에도시대의 관습으로 어린이의 평온한 성장을 기원하기 위해 지장보살의 목에 에이프런을 두르던 전통적인 믿음에서 영향을 받았습니다. 또 마네키네코가 에도시대의 금화인 고반 こばん·小判을 가지고 있는 것도 특이합니다.

오늘날의 마네키네코

오늘날에는 현대 일본인의 감각에 맞는 여러 가지 모양의 마네키네코가 상업광고나 팬시용품으로 속속 등장하고 있습니다. 심지어는 마네키네코를 작업의 주제로 삼고 있는 예술가들도 있다고 합니다.

마네키네코

마네키네코

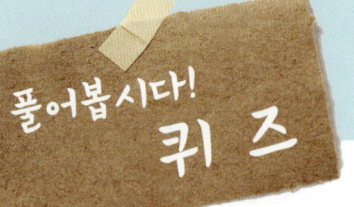

4장 일본인의 인간관계와 사회생활

 다음 퀴즈를 풀어보면서 배운 내용을 정리하고 복습해 봅시다.

* 오른발을 들고 있으면 돈을 부르고 왼발을 들고 있으면 손님을 부른다는 행운의 고양이로, 최근에는 두발 다들고 있는 고양이도 있고 플라스틱으로 만들어져서 앞발을 앞뒤로 흔드는 고양이도 있습니다. 이것을 무엇이라고 할까요?

마네키네코まねきねこ・招き猫

* 매년 3월 3일이면 여자아이가 있는 집에서는 히나단雛壇에 인형을 장식하여 여자아이들의 건강과 행복을 기원하는 축제를 여는데, 이것을 무엇이라고 할까요?

히나마쓰리ひなまつり・ひな際り

* 우리말의 '괴롭히다, 들볶다'라는 의미의 동사가 명사화되어 생겨난 말로 어떤 특정한 대상을 정해 놓고 집단이 다 같이 괴롭히는 일을 뜻하는 말입니다. 현재 일본에서 심각한 사회문제가 되고 있는 이것은 무엇일까요?

이지메いじめ

* 일생중 재난을 맞기 쉽다고 하는 나이를 말합니다. 일본에서 25세·42세·61세의 남성과 19세·33세·37세의 여성이 해당되는 이것을 무엇이라고 할까요?

야쿠도시やくどし・厄年

172

제5장
음식문화 개관

일본 음식의 특징 たべもの・食べ物

일본의 음식은 전통요리가 발달되어 있습니다. 각 지방의 특산품을 재료로 해서 만든 요리를 향토요리라고 하는데, 이는 그 지방의 독특한 요리방법을 중요시하고 있습니다.

일본 음식은 어떤 특징이 있나요?

① 일본인 식생활의 주식은 쌀이며, 고기 요리보다 생선 요리가 먼저 발달하였습니다.

② 다섯 가지 맛인 단맛 あまい・甘い, 신맛 すっぱい・酸っぱい, 매운맛 からい・辛い, 쓴맛 にがい・苦い, 짠맛 しょっぱい・塩っぱい을 중요시 하고 그 맛을 살려 요리합니다.

③ 다섯 가지 색인 흰색 しろ・白, 노랑 き・黄, 빨강 あか・赤, 파랑 あお・青, 검정 くろ・黒을 중요시 하고 그 색이 어울리게 담아냅니다.

④ 다섯 가지 조리법인 날 것으로 먹기 なま・生, 삶기 にる・煮る, 굽기 やく・焼く, 튀기기 あげる・揚げる, 찌기 むす・蒸す가 기본 조리법입니다.

⑤ 재료는 제철음식 위주로 요리합니다.

⑥ 음식을 담아내는 그릇과 음식과의 조화를 고려해서 담습니다. 미각과 함께 시각을 중요하게 생각합니다.

조미료

간장은 일본요리에서 빠질 수 없는 조미료입니다. 요리를 할 때 일본에서는 '사·시·스·세·소'의 순으로 조미료를 넣는다고 합니다.

さとう 설탕

しお 소금

す 식초

しょうゆ 간장

みそ 된장

식사 예절 しょくじのマナー・食事のマナー

젓가락만 사용하는 일본

일본에서는 숟가락을 거의 사용하지 않고 젓가락 하나로 밥과 국, 반찬을 모두 먹습니다. (단, 카레라이스와 같은 음식에는 숟가락을 사용합니다.) 숟가락 없이 젓가락만으로 식사를 하기 때문에 음식을 떨어뜨릴 수도 있으므로 밥그릇을 한 손으로 들고 먹으며, 밥그릇에 입을 대고 먹어도 됩니다. 미소시루 みそしる・味噌汁라는 된장국도 다른 한 손에 젓가락을 들고 밑에 가라앉은 된장을 젓가락으로 휘저어서 입에 대고 마시며, 밥을 국에 말아 먹지는 않습니다.

또한 밥을 꼭꼭 눌러서 담는 것은 밥 자체의 맛을 떨어뜨린다 하여 고슬고슬하게 담습니다. 가정이나 식당에서 식사를 하다 남기지 않도록 각자 자신이 먹을 만큼만 덜어서 먹고 모자란듯하면 오카와리 おかわり(한 그릇 더 달라는 의미)를 부탁합니다.

식사는 각자 개인 상차림이며, 한 그릇에 담겨진 음식을 여럿이 함께 먹어야 할 때는 자신의 개인용 접시인 고자라 こざら・小皿 또는 도리자라 とりざら・取り皿에 덜어서 먹습니다. 다타미 たたみ・畳 방에서 큰 연회를 열거나 식사를 할 때는 커다란 상이나 테이블 대신 작은 1인용 밥상을 줄지어 놓고 앉아서 각자 식사를 합니다.

다양한 젓가락 받침

젓가락

　일반적으로 나무젓가락을 사용하며 손에 쥐는 쪽이 아래쪽보다 굵고 끝부분이 뾰족합니다. 젓가락은 하시오키 はしおき・箸置き(젓가락 받침)에 가로로 걸쳐놓는데, 없을 때는 접시에 걸쳐놓기도 합니다. 가족끼리도 각자 정해진 젓가락만 사용하는 것이 습관화되어 있답니다. 신사에서는 젓가락을 신성한 것으로 여겨 선물로 주기도 합니다.
　가운데에 놓인 음식을 자기 접시에 덜어 와야 할 경우에는 젓가락을 먹던 쪽으로 집어오지 않고 반대쪽으로 뒤집어서 덜어다가 다시 뒤집어서 먹습니다. 즉, 젓가락은 양쪽을 다 사용할 수 있습니다.

와리바시 わりばし・割り箸 : 일회용 젓가락
　와리바시는 와루 わる・割る (나누다) + 하시 はし・箸 (젓가락) 즉 '젓가락을 쪼개다'라는 의미입니다. 와리바시는 일반 가정에서는 잘 사용하지 않습니다.

젓가락으로 하면 안 되는 행위가 있나요?

① **마요이바시** まよいばし・迷い箸

어느 음식을 먹을지 고민하면서 젓가락을 든 채 망설이지 않습니다.

마요우 まよう・迷う (망설이다)

② **나미다바시** なみだばし・涙箸

젓가락으로 음식을 집을 때 국물이나 간장을 흘리지 않도록 합니다.

나미다 なみだ・涙 (눈물)

③ **와타시바시** わたしばし・渡し箸

식사 도중 젓가락을 밥그릇 위로 가로질러 올려놓지 않습니다.

와타스 わたす・渡す (건너지르다, 걸치다, 건네다)

④ **하시와타시** はしわたし・箸渡し

젓가락에서 젓가락으로 반찬을 건네지 않습니다.

와타스 わたす・渡す (건네다, 건너지르다, 걸치다)

⑤ **사구리바시** さぐりばし・探り箸

젓가락으로 음식을 뒤적거리거나 형태를 망가뜨리지 않습니다.

사구루 さぐる・探る (뒤지다)

⑥ **사시바시** さしばし・刺し箸

젓가락으로 음식을 찍어서 먹지 않습니다.

사스 さす・刺す (찌르다)

⑦ **네부리바시** ねぶりばし・ねぶり箸

젓가락 끝을 입안에 넣고 빨지 않습니다.

네부루 ねぶる・舐る (핥다, 빨다)

⑧ 쓰키바시 つきばし・突き箸
젓가락으로 음식을 쿡 찍어서 먹지 않습니다.
쓰쿠 つく・突く (찌르다, 찍다)

⑨ 다테바시 たてばし・立て箸
밥 위에 젓가락을 세워서 꽂아놓지 않습니다.
다테루 たてる・立てる (세우다)

⑩ 마와시바시 まわしばし・回し箸
젓가락으로 밥그릇을 마구 휘젓지 않습니다.
마와스 まわす・回す (돌리다)

⑪ 요세바시 よせばし・寄せ箸
젓가락으로 그릇을 끌어당기지 않습니다.
요세루 よせる・寄せる (옆으로 가져오다)

⑫ 니기리바시 にぎりばし・握り箸
젓가락을 쥔 채로 밥공기를 잡거나 움직이지 않습니다.
니기루 にぎる・握る (쥐다)

⑬ 모기바시 もぎばし・もぎ箸
젓가락에 붙은 음식을 입으로 떼어내지 않습니다.
모구 もぐ (잡아떼다, 비틀어 떼다)

일본 전통 요리

가이세키요리 かいせきりょうり・懐石料理

● **가이세키요리** かいせきりょうり・懐石料理**란 어떤 음식인가요?**

가이세키요리는 본래 사찰에서 다도 茶道 를 위해 즐기는 음식을 말합니다. 공복 시에 맛차 まっちゃ・抹茶를 마시면 위에 자극이 너무 강하기 때문에 위를 보호하기 위해 차를 마시기 전에 내는 간단한 음식입니다. 가이세키 懐石라는 단어는 스님들이 공복을 이기기 위해 따뜻하게 데운 돌을 가슴에 품고 있었다는 데서 유래한 말이라고 합니다. 대체로 밥상에서 오른쪽에는 국, 왼쪽에는 밥, 그리고 그 윗쪽 작은 접시에는 생선회 등을 놓습니다.

요리는 멋스런 도자기 그릇에 자연을 모티브로 한 모양으로 담겨져 나옵니다. 식사를 할 때는 먹기 전에 우선 눈으로 즐기고, 먹을 때는 우아하게 먹는 것이 예법입니다.

● **그럼 가이세키요리** かいせきりょうり・会席料理**는 뭐죠?**

예법을 지키면서 즐기던 것이 가이세키요리라면, 에도시대 300년 간의 평화로운 번영 중에 많은 음식점이 생기고 요리사도 탄생하면서 지금까지의 일본 요리의 장점만을 살려 독특하게 완성된 것이 서민적인 연회요리인 가이세키요리 会席料理 입니다. 한자가 다르죠? 보통 한 가지씩 접시에 담아 내는 술자리용 요리입니다. 일본의 온천여관에서 저녁식사로 나오는 것이 바로 가이세키요리랍니다.

작은 접시에 담겨 한 사람씩 각 상으로 차려 나오기도 하고, 큰 교자상에 한꺼번에 나오기도 하는 일본식 코스요리라고 할 수 있습니다.

전채 前菜 → 국 汁 → 생선회 お刺身 → 생선·고기구이 焼き物 → 스프 箸洗い (입맛을 바꾸기 위해 작은 공기에 주는 맑은 국물) → 덴푸라 揚げ物 → 생선·고기·채소·건어물 조림 煮物 → 초무침 酢の物 (입맛을 상큼하게 해주는 종류) → 밥 ごはん, 채소절임 漬物, 면종류 めん類 → 과일 果物 → 일본과자 和菓子

가이세키 요리

오세치요리 おせちりょうり・おせち料理

● **오세치란 어떤 의미인가요?**

'오세치 おせち'라는 말은 '오세치쿠 おせちく・御節供'의 줄임말로, 일본의 5대 명절인 오절구 五節句 (음력 1월 7일, 3월 3일, 5월 5일, 7월 7일, 9월 9일)에 신에게 공양하던 음식을 뜻하였습니다. 이것이 에도시대 말기에는 서민들에게 널리 퍼졌으며, 지역이나 집안에 따라 특색 있는 요리로 발전하였습니다. '절기 節気에 먹는 음식'이라는 뜻의 오세치요리 おせち料理가 특히 설날에 먹는 요리로 자리잡은 것은 제2차 세계대전 이후입니다. 일본에서는 설날 아침에 오조니 おぞうに・お雜煮와 특별 음식인 오세치요리를 먹습니다. 연말에 만들어 1월 1일 새해가 된 것을 축하하며 가족들과 함께, 또는 손님들에게 내는 특별한 음식입니다.

● **오세치요리는 어떤 음식인가요?**

기본 요리의 재료는 무, 당근, 우엉, 두부, 다시마 등이며 이를 어패류와 함께 양념을 넣고 오랜 시간 약한 불에 졸여 만든 것이 공통 메뉴이고, 각 가정의 전통에 따라 적게는 열 가지, 많게는 스

정갈하게 담긴 오세치 요리

무 가지 정도의 음식을 준비합니다.

　오세치요리의 특징은 첫째, 수분을 적게 해서 보존성을 높여 한꺼번에 장만해 놓고 설연휴 내내 먹을 수 있도록 국물 없는 마른 음식을 준비하는 점입니다. 둘째, 간 あじつけ・味付け을 아주 달고 진하게 하는 편인데, 그 이유는 과거 일본에서 설탕이 일반 서민에게는 값비싼 식재료로 여겨져 일본의 중장년층에게 단 음식은 귀한 음식, 맛있는 음식이라는 인식이 자리 잡고 있기 때문입니다.

● 오세치요리는 담는 방법이 있나요?
　이 요리는 손님이 오면 곧바로 대접할 수 있도록 미리 찬합에 담아두기 때문에 '주바코즈메 じゅうばこづめ・重箱詰め' 또는 '오주즈메 おじゅうづめ・お重詰め' 요리라고도 합니다. 대개 3~5단의 찬합에 5법 五法 · 5미 五味 · 5색 五色을 균형 있게 맞춰 예쁘게 담습니다. 주바코는 옛날에는 기본이 5단이었으나 핵가족화 되어가고 있는 현대에는 주로 3단이나 2단을 사용하는 추세라고 합니다.

● 오세치요리에는 다 뜻이 있다던데요?
　오세치요리에 들어가는 음식들은 보통 운수를 기리는 음식이라 하며 각각 특별한 의미가 있습니다.
　① 검은콩 くろまめ・黒豆 : 콩을 나타내는 마메 まめ・豆와 성실 · 건강하고 튼튼함을 나타내는 단어 마메 まめ・忠実 가 발음이 같은 데서 건강을 의미합니다.
　② 가즈노코 かずのこ・数の子 : 말린 청어알로 알의 숫자가 많아서 자손번영을 의미합니다.
　③ 다시마 こんぶまき・昆布巻 : 일본어로 다시마를 곤부 こんぶ・昆布라고 하는데, 이것은 '기쁘다'는 뜻의 요로코부 よろこぶ・喜ぶ와 마지막 부분 발음이 비슷하므로 다시마를 먹으면서 한 해 동안 좋은 일만 생기기를 기원한다는 의미입니다.
　④ 황 밤 くりきんとん・栗金団 : 콩이나 고구마를 삶아 으깨고 찐 밤 등을 넣은 단 음식으로 밤의 황금색은 빛나는 재물과 풍요로움을 상징합니다. 승리의 축하 또는 신년 축하 같은 경사에 쓰이고 있습니다.
　⑤ 다이 たい・鯛 : 도미를 가리키는 말인 다이가 경사스럽다는 의미인 메데타이 めでたい의 타이 たい와 겹쳐져서 경사스러움을 의미합니다.
　⑥ 새우 えび・海老 : 주름과 굽은 등을 노인의 피부에 비유해서 장수를 바란다는 뜻이 담겨 있습니다.
　⑦ 연근 れんこん・蓮根 : 연근을 먹으면 구멍을 통해 앞날을 볼 수 있는 지혜의 눈을 갖게 된다고 합니다.

신선함과 장인의 손맛
– 사시미 さしみ・刺身와 스시 すし・寿司

사시미 さしみ・刺身

● **사시미란 어떤 음식인가요?**

사시미는 신선한 어패류를 날것 그대로 간장과 고추냉이·생강 등의 양념을 곁들여 먹는 요리, 즉 생선회를 말합니다. 어패류 이외에도 말고기 회 馬刺し, 새고기 회 鳥刺し, 간 회 レバ刺し, 곤약회 こんにゃく刺し 등 여러 가지 종류가 있습니다.

● **사시미라는 이름은 어떻게 만들어졌나요?**

옛날 일본의 무사정권시대에 귀한 손님의 방문을 받게 된 오사카 성 おおさかじょう・大阪城의 어느 장군이 직속 부하에게 맛있는 요리와 술을 준비하라고 하였습니다. 조리장은 자신의 요리솜씨를 평가받을 좋은 기회라고 생각하고 최선을 다해 산해진미의 음식과 열 가지가 넘는 생선회를 만들어 올렸습니다. 장군은 처음으로 생선회를 손님과 맛있게 먹게 되었는데, 그 맛에 반한 손님이 문득 "장군, 이 회는 무슨 생선으로 만든 것이지요?"라고 물었습니다. 그러나 생선의 이름을 잘 몰

사시미

사시미

랐던 장군은 당황하여 조리장을 불러 이에 대답하게 하였습니다. 조리장은 횟감으로 사용된 생선의 이름과 조리법에 대하여 자세히 설명을 하여 귀한 손님으로부터 칭찬을 받았고 장군도 그 위기를 잘 모면할 수 있었습니다. 이후 조리장은 어떻게 하면 장군께서 어려운 생선 이름을 외우지 않고도 생선회를 즐길 수 있도록 할 수 있을지 궁리를 하던 끝에 하나의 묘안을 생각해 내었습니다. 그것은 작은 깃발에 생선의 이름을 적어 생선회에 꽂아 내놓는 방법이었습니다. 그 후 장군은 손님을 접대할 때 여러 가지 생선의 이름에 신경 쓰지 않고 생선회를 즐겼다고 합니다.

사시미의 사스 さす・刺す는 '찌르다, 꽂다' 등을 의미하며, 미 み・身는 '몸, 생선, 짐승의 살'을 의미합니다. 따라서 생선의 살에 작은 깃발을 꽂았다 하여 생선회를 '사시미 刺身'라고 부르게 되었다고 합니다.

● 사시미에는 어떤 종류가 있나요?

만드는 법이나 회를 뜨는 방법에 따라 다양합니다. 일본에서는 사시미를 주문해도 곁들이는 음식 つきだし・突き出し이 딸려 나오는 일이 거의 없고, 생선회만 나오는 경우가 많습니다.

① 스가타즈쿠리 すがたづくり・姿作り

뼈와 꼬리, 머리를 그대로 둔 채 살만 회로 쳐서 뼈 위에 올려놓아 원래 모습 그대로 꾸며 놓았다고 하여 '스가타(이케)즈쿠리'라고 합니다. 특히 도미 たい 의 경우는 축하 おめでたい 의 자리에 애용됩니다.

② 다타키 たたき

생선을 1~2센티미터 정도의 크기로 잘라 향초 香草나 된장 등을 넣어, 그것을 혼합하면서 칼로 잘게 다집니다. 식재로는 가다랭이, 전갱이, 날치, 정어리 등이 이용되며 향초로는 파, 생강, 차조기 잎, 마늘 등이 이용됩니다.

③ 아라이 あらい

생선살을 차가운 얼음물에 담가 오돌오돌하게 만든 생선회입니다. 씹을 때 적당한 탄력성을 느낄 수 있는 동시에 물에 기름기가 빠져 깔끔한 맛을 느낄 수 있습니다. 여름에 어울리는 요리이며, 외형의 시원함이나 독특한 음식 맛을 유지하기 위해 얼음그릇에 담겨져 나오는 경우가 많습니다. 주로 잉어나 게, 농어 등 신선한 흰 살 생선을 이용합니다.

● 사시미는 왜 항상 고추냉이 わさび와 함께 먹나요?

고추냉이와 생강에는 살균 작용 효과가 높아 상했을지도 모르는 생선에 의한 식중독을 미연에 방지할 수 있습니다.

- 쓰마 つま : 생선회에 곁들이는 무채 등의 채소를 말합니다. 생선회를 보기 좋게 장식하는 데에 빠뜨릴 수 없을 뿐만 아니라, 입 속을 씻는 해독제의 의미도 있습니다.

스시 すし・寿司

스시 すし・寿司는 스 す(식초) + 메시 めし(밥)가 합성된 말에서 메 め가 생략되어 만들어진 말입니다. 소금・식초・미림 등으로 맛을 낸 밥 위에 생선을 얹은 것으로 원래는 생선 등을 보존하기 위한 방법으로 고안되었던 것입니다.

● 스시의 종류

- 니기리즈시 にぎりずし・握り寿司 : 우리가 '스시'라고 하면 가장 먼저 떠올리는 형태입니다. 초밥 위에 생선살이나 해물 등을 얹은 가장 대중적인 스시로, 과거 에도막부 えどばくふ・江戸幕府 때 도쿄만 とうきょうわん・東京湾에서 잡은 어패류 등을 사용해서 만들었다고 하여 일명 에도마에즈시 えどまえずし・江戸前寿司라고도 합니다.
- 이나리즈시 いなりずし・稲荷寿司 : 조린 유부에 식초, 설탕, 깨, 겨자씨 등을 넣고 양념한 밥을 채 워넣는 유부초밥입니다.

니기리즈시

오시즈시

- **오시즈시** おしずし・押し寿司 : 식초로 가미한 밥을 일정한 모양의 상자 같은 곳에 넣고 스시 재료를 얹은 뒤 압력을 주어 눌러 만든 스시로 하코즈시 はこずし・箱寿司라고도 합니다. 고등어를 사용한 오사카 おおさか・大阪의 밧테라 バッテラ, 송어를 이용한 도야마 とやま・富山의 마스즈시 ますずし・鱒寿司가 유명합니다.

- **지라시즈시** ちらしずし・ちらし寿司 : 식초로 가미한 밥을 그릇에 담고 어패류나 채소 등 다양한 재료를 올려서 먹는 스시입니다. 오사카에서는 양념한 재료를 밥과 함께 내오지만, 도쿄에서는 양념장을 따로 주는 것이 다릅니다. 일본의 일반 가정집에서 가장 간편하게 해 먹을 수 있는 스시입니다.

스시세트

● **스시야** すしや・寿司屋

　스시야에서는 카운터 석에 앉아 주문하면 주방장이 즉석에서 니기리즈시를 만들어줍니다. 스시를 만들 때는 밥알의 수, 무게 등이 정해져 있기 때문에 요리사 이타마에 いたまえ는 오랜 과정을 거쳐야 한답니다. 가격에 따라 특상 特上, 상 上, 보통 並이라고 불리는 세트 메뉴가 있으며, 최근에는 주문하는 사람의 입장을 고려해서 송 松, 죽 竹, 매 梅라는 이름으로 바꾸어 놓은 스시야도 많습니다. 참고로 주문・배달하는 데마에즈시 でまえずし・出前ずし도 있답니다.

- **네타** ネタ : 스시 위에 올려놓는 생선회의 재료
- **무라사키** ムラサキ : 사시미를 찍어 먹는 간장

- 가리 ガリ : 스시 옆에 놓이는 얇게 썬 초절임 생강
- 오아가리 おあがり・お上がり : 오차 おちゃ・お茶 를 말합니다. 차를 마시는 이유는 오차에 식중독을 예방하는 성분이 있기 때문입니다.
- 오아이소 オアイソ : 계산(서)

가이텐즈시 かいてんずし・回転寿司

각종 스시 すし・寿司를 올려놓은 작은 접시를 손님이 앉은 좌석을 따라 설치된 컨베이어벨트 위로 연속해서 순환시키고, 손님은 자기가 먹고 싶은 스시를 접시 째 집어 와서 먹는 스시야의 형태를 가이텐즈시라고 합니다. 오사카 おおさか・大阪 의 다치구이 たちぐい・立ち食い 스시야 경영자인 시라이시 요시아키 しらいし よしあき・白石義明 가 맥주 제조 컨베이어벨트에서 힌트를 얻어, 많은 손님의 주문을 저렴한 가격에 능률적으로 처리할 수 있는 '컨베이어 회전 식사대'를 고안하고, 1958년 히가시오사카시 ひがしおおさかし・東大阪市 에 최초의 회전초밥집인 '겐로쿠스시 げんろくすし・元禄寿司'를 열었습니다.

가이텐즈시

회전 초밥을 먹는 방법은?

먹을 때는 흰 살 생선부터 시작해서 붉은 살 생선, 조개류나 두족류(문어, 오징어), 지방이 많은 재료, 졸인 재료(장어 등), 김초밥 등의 순서로 먹어야 제 맛을 즐길 수 있다고 합니다. 스시를 올려놓은 접시는 색깔에 따라 가격이 다르며, 식사가 끝나면 자신이 집어 왔던 접시의 수대로 계산합니다.

초밥의 종류

도미 たい, 광어 ひらめ, 오징어 いか, 가리비 ほたて, 새우 えび, 전복 あわび, 성게알 うに, 장어 うなぎ, 고등어 さば, 방어 ぶり, 연어 さけ, 연어알 いくら, 참치 뱃살 おおとろ, 참치붉은살 まぐろ赤身

肉를 먹는 다양한 방법
– 스키야키 すきやき・すき焼き와 야키니쿠 やきにく・焼き肉,
 샤브샤브 しゃぶしゃぶ

스키야키 すきやき・すき焼き

● 스키야키란 어떤 음식인가요?

일본의 쇠고기 음식을 대표하는 요리로, 일반적으로 얇게 썬 쇠고기를 간장과 설탕으로 달짝지근하게 맛을 냅니다. 파·쑥갓·두부·곤약 등을 철로 된 스키야키 냄비에 넣고 고기와 함께 살짝 익힌 후에 날계란을 푼 개인 접시에 덜어 먹는 음식입니다. 지방이나 가정에 따라 만드는 방법이 다르고 다양한 변형이 있지만 날계란을 찍어 먹는 것이 공통점입니다.

● 스키야키는 언제부터 먹기 시작했나요?

'자신의 취향에 맞는 すき・好き 재료를 구워 やき・焼き 먹는 요리'라고 쉽게 해석할 수도 있습니다. 그러나 실제 한자로는 「鋤焼」로 표기합니다. 에도시대에 농부들이 밭고랑을 일굴 때 사용하는 부삽 모양의 가래 すき・鋤에 쇠고기를 구워 먹은 것에서 유래되었다고 합니다.

일본에서는 에도 말기(19세기)까지는 불교의 계율 때문에 일반적으로 쇠고기를 먹지 않았지만,

스키야키 전골

1867년에 에도에 쇠고기를 파는 정육점이 문을 연 뒤 곧 스키야키를 취급하는 식당도 등장했습니다.

메이지시대가 되어 음식의 근대화를 목표로 스키야키는 서양식 두발과 함께 문명개화의 상징으로 유행하게 되어 '쇠고기를 먹지 않는 것은 개화되지 않은 사람'이라고 할 정도였습니다. 후쿠자와 유키치 ふくざわ ゆきち・福沢諭吉도 1870년 '니쿠쇼쿠노세쓰 にくしょくのせつ・肉食の説'라는 글에서 영양학적인 관점에서 일본인에게 육식을 장려하였습니다.

● 간사이 かんさい・関西 지방과 간토 かんとう・関東 지방은 조리법에 차이가 있나요?

간사이풍은 고기를 굽고 나서 조미료를 더하지만, 간토풍은 우선 간장・설탕・미림 등의 조미료를 넣은 장국인 와리시타 わりした・割り下에 쇠고기를 넣어 익힙니다.

야키니쿠 やきにく・焼き肉

● 야키니쿠란 어떤 음식인가요?

야키니쿠 焼き肉는 '굽다'라는 의미의 야쿠 やく・焼く와 '고기'라는 의미의 니쿠 にく・肉가 합쳐진 단어로 '고기구이', 즉 불고기입니다. 넓게는 스테이크, 징기스칸나베 ジンギスカン鍋 (일본에서 고안해 낸 양고기 요리의 일종), 바비큐 등도 포함됩니다. 갈비를 재료로 하는 야키니쿠가 유명하지만, 닭·소·돼지 등의 내장을 재료로 사용한 모쓰야키 もつ焼き, 일명 호르몬야키 ホルモン焼きも 있습니다.

● **야키니쿠는 언제부터 먹기 시작했나요?**

일본인들이 쇠고기를 먹게 된 것은, 메이지시대 이후입니다. 처음에는 고기 특유의 냄새 때문에 그다지 즐기지는 않았다고 합니다.

일본 식문화에 없었던 육류구이가 등장한 계기는 제2차세계대전 후 식량부족을 겪으면서 암시장에서 재일한국인이 고기의 대용품으로 내장을 닭꼬치처럼 구워 팔기 시작한 것이었습니다. 이것이 호르몬야키 ホルモン焼의 시작이며, 매우 평판이 좋았다고 합니다.

1946년경 야키니쿠 식당의 원조라고 하는 도쿄의 '메이게쓰칸 めいげつかん·明月館', 오사카 센니치마에 せんにちまえ·千日前의 '쇼쿠도엔 しょくどうえん·食道園'이 개점하였습니다. 1980년에 나고야 なごや·名古屋의 주식회사 신포 シンポ 가 무연로스터 無煙ロースター 개발에 성공하여 야키니쿠는 그 당시까지 연기 속에서 냄새가 배는 것을 꺼려하던 샐러리맨이나 여성에게도 사랑받게 되었습니다.

고기를 굽고 있는 모습

샤브샤브 しゃぶしゃぶ

● **샤브샤브라는 말은 어디서 왔나요?**

일본어의 '샤브샤브'는 물에 휘젓거나 물이 괸 곳을 걸을 때 나는 소리인 '철벅철벅'이란 뜻을 가진 의성어인데, 바로 이 말에서 샤브샤브가 탄생한 것이라는 설이 유력합니다.

● **샤브샤브란 어떤 음식인가요?**

샤브샤브라는 것은 아주 얇게 썬 고기 또는 생선을 끓는 물에 재빨리 넣어서 살짝 익혀 먹는 요리의 총칭입니다. 홋카이도 ほっかいどう・北海道에는 양고기를 사용한 '라무샤브 ラムシャブ'라는 것도 있습니다. 요리를 할 때는 중심에 대롱모양의 구멍이 있는 호코 ホーコー 냄비를 사용하며, 한국의 샤브샤브와는 달리 매운 맛이 없답니다. 비쳐 보일 정도로 얇게 썬 연한 고기를 사용하므로 고급요리라는 이미지가 있습니다.

샤브샤브

소스는 폰즈 ポン酢(감귤류의 과즙에 미림이나 간장, 식초를 첨가한 것)와 고마다레 ゴマダレ(곱게 간 참깨에 국물을 넣어 달게 만든 것) 등이 일반적입니다. 재료는 지방에 따라 다소 차이가 있으나, 돼지고기, 복어, 도미 등이 쓰입니다.

● **샤브샤브는 언제부터 먹기 시작했나요?**

샤브샤브의 기원에 대해 정해진 것은 없지만, 원래 샤브샤브는 북경 외에 중국 동북부의 일반적인 겨울요리입니다. 일본이 만주를 지배했던 시대에 큰 가마솥에 얇게 썬 고기, 채소 등을 끓는 물에 살짝 데쳐 먹던 것에서 유래되었다고 합니다. 전쟁 중 식사 시간을 단축시키기 위해 고기와 채소를 끓는 물에 함께 익혀 먹었던 것이 일본에 전해졌다는 설도 있습니다. 일본에서 양고기는 대중화 되지 않아 일본인에게 거부감이 없는 쇠고기와 돼지고기를 사용하는 샤브샤브가 일반화되었다고 합니다.

　그 후 1952년 오사카의 스에히로 スエヒロ 본점에서 '샤브샤브'라는 요리를 선보여 점차 확산되어갔습니다. 당시에는 한국 전쟁으로 인한 전쟁 특수로 일본은 경제적으로 호황을 누렸고 그 결과 스태미너 요리, 고기요리가 인기를 끌게 되었습니다. 스에히로는 양식 요리점이었지만 스테이크 요리보다도 간단하고 부담없이 먹을 수 있는 일본인 취향의 고기요리를 만들었습니다. 처음에는 돼지고기를 사용하다가 고도경제성장으로 풍요로워지면서 맛있는 쇠고기를 사용하게 되었고, 소스도 쇠고기에 맞는 '참깨소스'를 사용하게 된 것입니다. 가격은 식당마다 다르지만 코스요리는 2,000~3,000엔에서 8,000엔 정도입니다.

샤브샤브용 고기

면 삼총사
― 우동 うどん, 소바 そば・蕎麦, 라멘 ラーメン

우동 うどん

우동은 일본 면요리의 대표적인 음식입니다. 소면은 무로마치시대 むろまちじだい・室町時代 이전부터 있었고, 우동은 무로마치 시대에 번성했던 것으로 알려져 있습니다. 에도시대에 교토 きょうと・京都와 오사카 おおさか・大阪를 중심으로 발달한 면발이 연하고 야들야들한 간사이 우동 かんさいうどん・関西うどん이 다누키 우동 たぬきうどん의 시초이며, 깨끗한 자연환경을 가진 시코쿠 しこく・四国 지방을 중심으로 발달한 것이 사누키 우동 さぬきうどん・讃岐うどん입니다.

● 우동맛도 지역에 따라 다른가요?

간토 かんとう・関東와 간사이 かんさい・関西 지방은 국물 맛에 차이가 있습니다. 간토지방의 우동 국물은 진한 맛의 간장을 졸이면서 미림이나 설탕을 더한 것에 다시마・가다랭이포를 우려낸 국물을 넣어 맛을 내며, 국물은 진한 간장 색을 띄고 있습니다.

한편 간사이 지방의 우동국물은 다시마, 가다랭이포로 만든 국물을 기본으로, 표고버섯이나 쪄서 말린 잔멸치를 첨가합니다. 거기에 간장을 곁들이지만 맛이 엷은 간장이기 때문에 국물 색이 진하지 않고 맑습니다. 모두 양념으로 파나 고춧가루를 넣어 먹는 것이 일반적입니다.

또한 면도 지역에 따라 다소 차이가 있습니다. 그 중에서도 시코쿠 지방의 사누키우동은 면이 쫄깃쫄깃한 것으로 유명합니다.

사누키 우동

● 우동에는 어떤 종류가 있나요?
- 가마아게 우동 かまあげうどん : 삶은 우동 면과 국물이 따로 나오며, 우동 면을 국물에 담가서 먹습니다.
- 니코미 우동 にこみうどん・煮込みうどん : 국물이 끓기 시작하면 우동을 넣어 잠깐 끓여 내는 냄비우동입니다. 그 밖에 된장으로 만든 국물에 끓인 미소니코미 우동 みそにこみうどん・味噌煮込みうどん 은 아이치현 あいちけん・愛知県 의 특산물로 유명합니다.

미소니코미 우동

- 히야시 우동 ひやしうどん・冷やしうどん : 주로 여름철에 먹는 여름메뉴입니다. 삶은 우동을 얼음물에 헹구어 차가운 우동 국물에 담가먹는 일본식 냉면입니다.
- 야키우동 やきうどん・焼きうどん : 양배추, 당근 등의 채소, 소스 등과 함께 우동을 프라이팬이나 중화냄비에서 볶은 것입니다.

히야시 우동

● **기쓰네 우동** きつねうどん **과 다누키 우동** たぬきうどん**의 차이는?**
우동에는 여러 가지 고명을 얹는데, 이 고명에 따라 우동 이름이 바뀝니다.
- 기쓰네 우동 きつねうどん : 유부를 얹은 우동입니다. 여우가 유부를 좋아했다고 하는데서 붙여진 이름이라고도 하고, 삼각형으로 썰어서 얹은 유부가 여우의 얼굴형과 닮아서 붙여진 이름이라고 하는 속설도 있습니다.
- 다누키 우동 たぬきうどん : 간토지방에서는 튀김 부스러기를 얹은 우동을 '다누키 우동 たぬきうどん'이라고 하며, 간사이 지방에서는 '하이카라 우동 はいからうどん'이라고 합니다. 다누키 우동

기쓰네 우동

다누키 우동

이라는 이름의 유래는 확실히 알 수 없지만 튀김 부스러기는 튀김의 알맹이, 다네 たね가 없다, 즉 '다네누키 たね抜き'가 '다누키 たぬき'로 된 것이라는 설이 있습니다. 또한 간사이 지방에서는 튀김을 얹은 소바를 '다누키 たぬき'라고 부르는 경우도 있으니 주의해야 합니다.

- 쓰키미 우동 つきみうどん・月見うどん : 우동 위에 날계란을 깨 넣은 것입니다. 계란의 흰자위 부분을 구름, 노른자위 부분을 달이라고 생각해 '달을 본다'는 뜻의 쓰키미月見라는 이름이 붙여졌답니다.

소바 そば・蕎麦

메밀가루로 만드는 소바는 16세기 말 또는 17세기 초에 생겨났다고 하며, 도쿄를 중심으로 17세기 중반에 빠른 속도로 퍼졌습니다. 라쿠고 らくご・落語나 소설, 가부키 かぶき・歌舞伎에도 자주 등장한 것으로 보아, 대중적인 음식으로 사랑받았던 것을 알 수 있습니다.

● 소바는 어떻게 먹나요?

소바는 차게 먹는 것과 따뜻한 국물에 넣어 먹는 두 가지 방법이 있습니다. 차게 먹는 것으로는 우리나라의 냉모밀에 해당하는 '자루소바 ざるそば'가 있습니다. '자루 ざる (소쿠리)'에 담긴 면을 별도의 그릇에 담긴 국물에 담가 먹는데, 국물에 파, 고추냉이, 다이콘오로시 だいこんおろし・大根おろし (강판에 갈은 무) 등의 양념을 넣어 먹습니다. 다 먹은 뒤에는 소바를 삶아낸 물인 '소바유 そばゆ・そば湯'에 남은 국물을 부어 마시는 경우도 있습니다.

따뜻하게 먹는 소바로는 '가케소바 かけそば'가 있습니다. 삶은 면과 국물이 들어간 그릇이 따로따로 나와 면에 국물을 부으면서 먹는 것인데, 양념으로 다진 파와 시치미 しちみ・七味 (고추・참

깨·산초가루·유채씨 등을 빻아 섞은 향신료)를 넣어 먹기도 합니다.

소바를 먹을 때는 '후루룩' 소리를 내면서 먹어야 한다고 합니다. 소바는 세계에서도 드물게 소리를 내면서 먹는 것이 좋다고 여겨지고 있는 음식인지도 모르겠네요.

● 소바는 어디서 먹을 수 있나요?

소바는 에도시대 야타이 やたい·屋台에서 먹었다고 하는 기록이 있는 것으로 보아 현재의 패스트푸드였던 것 같습니다. 지금도 시장기를 면할 정도로 간단히 먹는 음식으로 여겨지고 있죠. 소바야 そばや·そば屋는 거리에서 자주 볼 수 있으며, 소바야에서는 소바뿐만 아니라 우동이나 돈부리 どんぶり·丼 등도 팔고 있습니다.

● 소바도 배달이 되나요?

소바야에서는 '데마에 でまえ·出前'라고 하는 전화 주문 배달 시스템도 이용할 수 있습니다. 일본에서 데마에가 가능한 것으로는 소바, 스시 すし, 라멘 ラーメン 등이 있답니다.

● 어느 때 소바를 먹는 풍습이 있나요?

소바는 평소에 자주 먹지만, 소바와 관련된 독특한 풍습도 있습니다. 먼저 '힛코시소바 ひっこしそば·引っ越しそば'라는 것은 이사를 했을 때 이웃이나 집주인에게 나눠주는 소바를 말합니다. 원래 에도시대의 관습으로, 소바면처럼 '가늘고 길게 신세를 지겠습니다'라는 의미를 담아 나누어 먹는 국수입니다. 이사하는 날 바쁠 때 소바를 주문해서 간단히 먹을 수 있었다는 점도 간과할 수는 없

자루소바

에비소바

습니다.

또한 '도시코시소바 としこしそば・年越しそば'라고 해서 오미소카 おおみそか・大晦日 (12월 31일 섣달그믐날)에 가족이 둘러 앉아 소바를 먹는 풍습이 있습니다. 이는 소바면처럼 가늘고 길게 오래 살기를 기원하는 의미입니다.

라멘 ラーメン

도쿠카와 막부 とくがわばくふ・徳川幕府의 쇄국정책이 메이지유신 めいじいしん・明治維新으로 마감되고 항구가 개방되자 항구 도시에 중국인 거리가 생기게 되었습니다. 1872년경 요코하마 よこはま・横浜의 난징 거리에 몇 개의 중화요리점이 생기면서, 중화요리에 대한 관심이 퍼지기 시작했습니다.

주로 포장마차 메뉴였던 라멘을 주 메뉴로 하는 가게가 생긴 것은 1910년 아사쿠사 あさくさ・浅草가 최초입니다. 최초의 라멘을 취급하던 점포는 당시에는 절대적인 인기를 얻었지만 지금은 폐점하고 없습니다.

제2차 세계대전이 끝난 후 중국으로부터 많은 일본 사람들이 귀환했는데, 이들이 라멘 제조법을 가지고 들어와 라멘 포장마차를 열었습니다. 당시의 대표적인 점포로는 1940년에 개점한 와카야마 わかやま・和歌山의 '마루코 まるこう・丸高', 1947년에 개점한 오노미치 おのみち・尾道의 '슈카엔 しゅうかえん・朱華園'이 있습니다.

중화요리점에서 쓰다 남은 돼지 뼈와 닭 뼈로 만든 국물에 간장・된장으로 맛을 낸 초기의 라멘은 1945년 이후 일본이 경제적으로 매우 어렵던 시절 서민들의 허기를 달래주었습니다. 그러나 이 평범한 음식은 평범함 속에서 비범함을 이끌어내는 일본의 장인 정신 덕분에 일약 세계적인 음식으로 발돋움하게 되었습니다.

일본인 중에는 라멘 매니아가 있어서, 유명한 라멘집 앞에 줄을 서서 참을성 있게 차례를 기다리는 사람들도 많습니다. 일본인들은 생라멘을 좋아하며 진한 국물, 담백한 국물 등 다양한 맛을 즐깁니다.

● 라멘에는 어떤 종류가 있나요?

라멘에는 인스턴트 라멘과 생라멘이 있습니다. 인스턴트 라멘은 1958년 오사카의 '치킨라멘 チキンラーメン'으로부터 시작되었습니다. 생라멘은 국물맛과 면 종류, 고명 그리고 지역에 따라 다양한 종류가 있습니다.

① 시오라멘 しおラーメン・塩ラーメン (소금라멘)

소금으로 간을 한 라멘으로 중화요리점에서 개발하였다고 합니다.

② 쇼유라멘 しょうゆラーメン・醬油ラーメン (간장라멘)

간장으로 맛을 낸 라멘으로, 후쿠시마현 ふくしまけん・福島県 의 기타카타 きたかた・喜多方 쇼유라멘이 유명합니다.

③ 미소라멘 みそラーメン・味噌ラーメン (된장라면)

갖은 채소와 돼지・닭 뼈를 우려내서 스프를 만듭니다. 스프에 된장을 푼 후 따로 삶은 생면을 넣고 버터・옥수수・해산물・돼지고기 수육・숙주를 얹습니다. '삿포로 さっぽろ・札幌 미소라멘을 먹으려면 라멘 요코초 ラーメンよこちょう・ラーメン横丁 에서'라는 말이 있답니다.

④ 돈코쓰라멘 とんこつラーメン・豚骨ラーメン

돼지 뼈를 장시간 끓여 국물을 낸 라멘으로, 규슈 きゅうしゅう・九州의 하카타 돈코쓰라멘 はかたとんこつ・博多豚骨ラーメン이 유명합니다.

우리나라의 삼각김밥
- 오니기리 おにぎり

오니기리란 어떤 음식인가요?
　삼각형 모양의 일본식 주먹밥을 오니기리라고 합니다. 오니기리라는 이름은 일본어로 '쥐다' 또는 '잡다'라는 뜻을 가진 '니기루 にぎる'라는 동사의 명사형인 '니기리 にぎり'에서 나온 말입니다. 옛날 귀족여성·궁녀들은 오니기리를 오무스비 おむすび·お結び라고 불렀습니다.

오니기리는 언제부터 먹기 시작했나요?
　주로 간토 かんとう·関東 지방에서는 오무스비, 간사이 かんさい·関西 지방에서는 오니기리로 부르는 경향이 있습니다. 오니기리는 약 1천 년 전인 헤이안시대 へいあんじだい·平安時代에 처음으로 만들어진 것으로 추정됩니다. 무사들이 볶은 밥이나 말린 밥으로 만든 오니기리를 비상식량으로 가지고 다녔던 것을 19세기에 이르러 흰 쌀밥으로 만들게 되었고, 제2차 세계대전 후 보편화되었습니다. 이후 편의점이 많이 보급되면서 손쉽게 구입해 먹을 수 있는 음식으로 자리잡게 되었습니다.

오니기리는 어떤 맛인가요?

단조로운 맛을 보완하기 위하여 밥 속에 다양한 재료를 넣습니다. 대표적인 것으로 우메보시 うめぼし・梅干し, 다시마 조림, 참치, 명란구이, 연어구이, 팥, 깨 등을 넣으며, 이 외에도 수십 가지 종류가 있습니다.

오무스비

오니기리

길거리 음식의 대표주자
- 다코야키 たこやき・たこ焼き

다코야키란 어떤 음식인가요?

밀가루 반죽에 잘게 썬 문어와 파를 넣고 구워 가다랭이포, 소스, 마요네즈 등을 뿌려 먹는 요리입니다. 다코 たこ는 일본어로 '문어'라는 뜻이고, 야키 やき・焼き는 '구이'라는 뜻이죠. 밑간을 잘 한 밀가루 반죽과 신선한 문어가 중요하며, 소스에 따라 맛이 다양하므로 취향대로 선택해 먹을 수 있습니다. 다코야키는 오코노미야키와 함께 일본인들이 즐기는 간식으로 오사카 지방에서 처음 시작되었습니다.

오사카의 도톤보리 どうとんぼり・道頓堀

오사카의 도톤보리는 일본 최대의 먹자골목입니다. 오사카 지역의 음식문화를 알기 위해서는 이곳으로 가면 된다고 할 정도죠. 다코야키는 10개에 500엔 정도로 약간 비싼편입니다. 어떤 곳은 자신의 취향에 맞게 직접 구워먹거나, 다양한 소스를 뿌려 주는 곳도 있습니다. 잘 알려진 소스로는 오타후쿠 オタフク 다코야키 소스가 있답니다.

다코야키

다코야키 가게

다코야키 만들기

오코노미야키 おこのみやき・お好み焼き

오코노미야키란 어떤 음식인가요?
'오코노미 おこのみ・お好み (좋아하다) + 야키 やき・焼き (굽다)'라는 음식 이름에서도 나타나듯 가다랭이포를 우려낸 물로 밀가루를 개어, 자신이 좋아하는 재료(고기, 채소, 해산물 등)를 넣고 부친 것입니다. 빈대떡과 유사하지만 오코노미야키에는 소스를 뿌려 먹는 점이 다릅니다.

오코노미야키는 언제부터 먹기 시작했나요?
밀가루를 물에 개서 부치는 방식은 옛날에도 있었습니다. 특히 후노야키 ふのやき・麩の焼き는 밀가루를 물에 갠 후 얇게 펴서 된장을 발라 구운 과자입니다. 그 후 에도시대 말기에 밀가루를 물에 개서 철판에 구워먹는 습관이 서민들 사이에 널리 퍼지게 되었습니다.

오코노미야키가 본격적인 먹거리가 된 것은 격변기였던 관동대지진(1923년) 이후의 일입니다. 식량이 부족했던 시기에 대용식으로 애용되다가 1930년대에는 요쇼쿠야키 ようしょくやき・洋食焼き 라고 했습니다. 1940년대에 들어와 그 명칭이 오코노미야키로 바뀌었고, 부침에 넣는 재료도 다양해지면서 많은 사람들에게 사랑받게 되었습니다.

오코노미야키는 어떤 맛인가요?

각 지역의 향토색을 살린 오코노미야키는 사용되는 소스와 재료에 따라 맛이 달라지는데, 그 중 대표적인 것은 히로시마 ひろしま・広島와 오사카 おおさか・大阪입니다.

① **히로시마** 広島

밀가루 반죽 위에 야키소바 やきそば를 포개어 얹는 것이 특징으로, 위에 끼얹는 반죽이 얇고 소스도 많이 바르지 않습니다.

② **오사카** 大阪

양배추와 돼지고기, 해물 등을 넣고 구운 다음, 마요네즈와 소스를 듬뿍 바르고 가다랭이포와 파래가루 등을 뿌립니다.

히로시마식 오코노미야키

오사카식 오코노미야키

야키소바 やきそば・焼きそば

야키소바란 어떤 음식인가요?

철판에 채소와 함께 면을 볶아 소스를 곁들인 음식으로, 일본 어디서나 쉽게 맛볼 수 있으며 축제에서도 빠지지 않는 메뉴입니다. '야키 やき・焼き (볶다) + 소바 そば (메밀국수)'가 합쳐진 말이지만 메밀국수가 아니라 '주카멘 ちゅうかめん・中華麺', 즉 중국요리에서 사용하는 밀가루 면을 볶은 것을 말합니다. 포장마차인 야타이 やたい・屋台에서도 팔며, 인스턴트 야키소바를 이용해 가정에서 만들어 먹기도 합니다.

야키소바

야키소바 만들기

- 재료 : 면, 돼지고기, 채소 (숙주나물, 당근, 양배추, 양파, 피망 등), 우스터소스
- 만드는 법 : ① 돼지고기를 볶다가 채소를 넣는다
  ② 약한 불에서 ①과 함께 면을 넣고 잘 섞는다
  ③ ②의 재료에 우스터소스를 넣고 다시 살짝 볶는다

돈부리 どんぶり・丼

돈부리란 어떤 음식인가요?
돈부리 丼란 밥공기보다 크고 깊은 사발인 돈부리바치 どんぶりばち・丼鉢에 밥을 담아 그 위에 여러 재료를 올린 덮밥 요리를 말합니다.

돈부리는 언제부터 먹기 시작했나요?
가장 오래된 돈부리는 우나동 うなどん・鰻丼으로 19세기 초에 등장하였으며, 에도 말기에는 후카가와동 ふかがわどん・深川丼이 생겨났습니다. 메이지 초기에는 가이카동 かいかどん・開化丼이라고 하는 규동 ぎゅうどん・牛丼이, 1891년에 닭고기를 계란으로 덮은 오야코동 おやこどん・親子丼이 등장했고, 1921년에는 가쓰동 カツ丼이 나왔습니다. 이처럼 많은 사랑을 받는 돈부리는 밥 위에 무엇을 얹느냐에 따라 수많은 종류가 생겨나고 있습니다.

돈부리는 어떤 종류가 있나요?
밥 위에 올려놓는 재료에 따라 그 종류가 다양합니다.
① **규동** ぎゅうどん・牛丼 : 쇠고기를 양파와 간장, 미림을 넣어 달게 조리한 후, 그 국물과 함께 밥에 얹어 먹는 것

② 우나동 うなどん・鰻丼 : 양념해서 잘 구운 우나기(장어)를 밥 위에 올려놓은 것

③ 덴동 てんどん・天丼 : 미림으로 맛을 낸 독특한 양념간장과 새우 등의 덴푸라를 밥 위에 얹은 것

④ 뎃카동 てっかどん・鉄火丼 : 밥 위에 참치회, 김, 다진 파, 고추냉이 등을 얹은 것

⑤ 가쓰동 かつどん・カツ丼 : 돈가스와 양파를 맛국물과 함께 끓이다가 풀어놓은 계란을 올려서 살짝 익힌 뒤 밥 위에 얹은 것. '가쓰 かつ'라는 이름이 이긴다는 의미의 '가쓰 勝'를 연상시키므로 시험이나 시합 전에 좋은 결과를 낼 수 있기를 기원하며 먹기도 합니다.

⑥ 오야코동 おやこどん・親子丼 : 맛국물에 닭고기, 양파, 삶은 참나물 등을 넣어 익히고, 계란으로 살짝 덮은 것을 밥 위에 얹은 것. 닭이 '오야 親 (부모)', 계란이 '코 子 (자식)'라는 발상으로 오야코동이라고 부릅니다.

⑦ 다닌동 たにんどん・他人丼 : 맛국물에 쇠고기, 돼지고기를 양파와 함께 넣어 익히고, 계란을 풀어 넣어 살짝 익힌 뒤 밥 위에 얹은 것. 닭고기와 계란을 오야코 親子 (부모와 자식)라고 여긴데 반해, 쇠고기·돼지고기와 계란의 조합을 서로 상관없는 '다닌 他人 (타인)'이라고 생각한 재미있는 발상입니다.

⑧ 주카동 ちゅうかどん・中華丼 : 돼지고기, 양파, 피망, 죽순 등을 중화요리 스프로 푹 끓여, 녹말가루를 걸쭉하게 풀어 밥 위에 얹은 돈부리입니다.

⑨ 기타 : 해산물을 그대로 얹어 먹는 이쿠라동 いくら丼, 우니동 うに丼 이나 특정지역에서만 맛볼 수 있어서 그 지명이 붙은 후카가와동 ふかがわどん・深川丼, 모시조개나 대합, 파 등의 채소를 익힌 뒤 된장국물을 얹은 가마쿠라동 かまくらどん・鎌倉丼 등 여러 가지가 있습니다.

텐동

오야꼬동

규동 체인점 '요시노야'

가쓰동

카레 カレー

일본에서 카레요리를 처음 먹은 사람은 1871년 16세의 무사 야마카와 겐지로 やまかわ けんじろう· 山川健次郎 로 미국으로 유학을 갈 때 배 안에서 먹은 것이 최초라고 전해지고 있습니다.

일본 사람들은 얼마나 카레를 좋아하나요?

카레는 일본인에게 가장 친숙한 음식 중 하나로, 특히 아이들이 좋아하는 '최고'의 요리입니다. 일본의 초등학교 小学校와 중학교 급식, 대학 학생식당의 정규메뉴, 패밀리 레스토랑 등의 인기메뉴이기도 합니다. 이전에는 대표적 서양식이었지만 전통 있는 양식점인 나카무라야 なかむらや·中村屋 등에서 카레가 인기를 끌기 시작했고, 현재는 일반 레스토랑 메뉴는 물론 인도 카레, 태국 카레 등 세계 각국의 본격 카레 전문점과 카레 전문 체인점도 많이 생겼습니다.

또한 카레는 가정에서도 자주 먹는 요리 중 하나로, 1인당 한 달에 두 서너 번은 먹는다는 통계도 있습니다.

카레는 원래 인도 음식이라는데요?
– 카레루(Curry roux)의 탄생에서 레토르트 카레(Retort curry)까지

카레는 인도, 인도네시아 등 아시아 여러 나라에서 즐기는 음식이지만, 현재 일본 가정에서 만드는 카레는 인도 카레와는 조금 다릅니다. 인도가 영국의 식민지였던 시기에 영국이 인도의 카레를 본국으로 가져가 유럽풍의 스튜 (stew)처럼 변형시켰습니다. 일본에는 메이지 초기, 문명개화와 함께 영국을 경유하여 유럽풍의 카레가 들어왔다고 합니다. 당시는 서양식의 고급 메뉴였지만 다이쇼시대 たいしょうじだい・大正時代부터 쇼와시대 しょうわじだい・昭和時代에 걸쳐 카레가루가 판매되면서 일반 가정에서도 만들게 되었습니다. 또한 1954년에 S&B식품에서 고형 카레루가 판매되면서 보다 싸고 간편한 서민요리가 되었습니다.

본카레가 세계 최초인가요?

1968년에 오쓰카식품공업 大塚食品工業 (현재의 大塚食品)에서 요리되어 있는 인스턴트 카레 스프를 포장한 레토르트 카레를 '본카레'라는 이름으로 발매했습니다. 대중의 입맛에 맞춘 레토르트 식품으로는 세계 최초의 것이었죠. 레토르트 카레는 계속 발전하여 현재는 식품업체의 고유상품이나 지역의 특색을 살린 것, 캐릭터가 부착된 것, 해외 수출품 등 여러 종류가 생산되며, 전국적으로 700~800 종류의 레토르트 카레가 판매되고 있다고 합니다. 또한 비프(Beef)카레, 포크(Pork)카레, 치킨(Chicken)카레 등 고기 종류를 고를 수 있을 뿐 아니라 덜 매운맛, 중간 매운맛, 매운맛, 아주 매운 맛 등 맛의 강도가 표시되어 있습니다. 또한 일본식뿐만 아니라 인도 카레, 태국 카레 등도 많이 판매되고 있답니다. 가격은 100~500엔 정도입니다.

카레는 어떤 종류가 있나요?

카레 소스의 주재료는 소고기라고 알려져 있지만 돈가스나 커틀렛(cutlet)을 카레라이스 안에 넣은 가스카레 カツカレー 를 비롯해 닭고기 튀김이나 돼지고기, 채소 등의 재료를 넣어 변화를 주거나, 크로켓, 햄버그 등을 카레라이스 안에 넣은 메뉴도 인기가 높습니다.

카레 소스는 흰 쌀밥과 함께 먹을 뿐 아니라 우동과 함께 먹을 때도 있습니다. 카레 소스에 육수를 붓고 우동을 넣은 카레 우동은 소바집의 정식메뉴입니다. 또한 걸쭉한 카레 소스를 안에 넣은 카레 빵과 중화 만두 안에 넣은 카레 만두 등도 일반 편의점에서 자주 볼 수 있는 인기상품입니다.

유명한 카레로는 어떤 것이 있나요?

유명한 카레로는 신주쿠 しんじゅく・新宿의 나카무라야 なかむらや・中村屋에서 판매되는 치킨카레가 있습니다. 이 외에도 오사카 おおさか・大阪 센니치마에 せんにちまえ・千日前 의 양식점 지유켄 じゆうけん・自由軒의 '명물카레'는 밥과 카레를 미리 섞은 후 위에 날계란을 얹어주는 카레라이스이며, 카레를 밥 위에 얹어주는 일반 카레라이스는 '특별카레'로 메뉴에 올라 있습니다.

돈가스 카레

카레 우동

카레라이스

돈가스 とんかつ・豚カツ

돈가스는 돼지고기 (안심 또는 등심)에 튀김옷과 빵가루를 입혀 튀긴 요리입니다. 메이지 초기 서양문명이 들어오면서 쇠고기를 얇게 썰어 버터나 기름에 구운 비프커틀릿 (Beef Cutlet) 이라는 서양요리가 일본에 들어왔습니다. 그 후 메이지 말기에 일본인이 즐겨 먹던 돼지고기를 재료로 덴푸라를 만드는 것처럼 기름에 튀겨, 일본식 요리인 돈가스가 탄생하였습니다.

돈가스는 어떻게 먹나요?

우스터소스나 겨자를 뿌려 먹으며 보통 가늘게 채친 양배추를 곁들입니다. 돈가스의 발음이 '이기다'라는 뜻의 가스 かつ・勝와 같아서 사람들은 시험이나 시합 전에 행운을 비는 의미로 먹기도 합니다. 돈가스를 샌드위치에 넣은 가쓰샌드 カツサンド, 덮밥으로 만든 가쓰동 カツ丼, 카레와 곁들인 가쓰카레 カツカレー 등 다양한 형태로 즐길 수 있습니다.

돈가스테이쇼쿠 とんかつていしょく・豚カツ定食란?

돈가스테이쇼쿠, 즉 돈가스 정식에는 돈가스, 양배추채, 오이절임, 밥, 된장국인 미소시루 みそしる・味噌汁 가 곁들여 나옵니다.

덴푸라 てんぷら・天ぷら

덴푸라란 어떤 음식인가요?
어패류나 채소류, 산채류에 밀가루와 달걀로 만든 튀김옷인 고로모 ころも를 입혀 기름으로 튀긴 요리입니다. 외국에는 스시 すし・寿司 등과 함께 일본의 대표적인 요리로 알려져 있습니다.

덴푸라라는 이름은 어떻게 생겨났나요?
덴푸라의 어원은 포르투갈어의 'tempero (조미료)'입니다. 규슈 きゅうしゅう・九州 일대에서는 어육魚肉을 간 뒤 잘게 썬 당근・우엉과 소금・설탕・녹말을 넣고 잘 섞어 기름에 튀긴 사쓰마아게 さつまあげ・薩摩揚げ 를 '덴푸라'라고 부르기도 합니다.

원래 에도시대에는 생선을 원재료로 한 것만 덴푸라라고 했으며 채소류를 튀긴 것은 쇼진아게 しょうじんあげ・精進揚げ라고 하였습니다. 또한 밀가루에 달걀노른자를 섞어서 입혀 튀긴 것을 긴푸라 きんぷら・金ぷら, 흰자를 사용한 것을 긴푸라 ぎんぷら・銀ぷら라고 구분하여 불렀습니다. 하지만, 현재는 모두 덴푸라라고 총칭하여 부릅니다.

덴푸라 중에서도 채소류나 어패류를 잘게 썰어 버무려 튀긴 것을 가키아게 かきあげ・かき揚げ, 해조류를 버무려 튀긴 것을 이소베아게 いそべあげ・磯辺揚げ라고 부릅니다.

특이한 덴푸라에는 어떤 것들이 있나요?

① 아이스크림 덴푸라 アイスクリームの天ぷら

차가운 아이스크림을 뜨거운 기름으로 튀겨낸 것입니다. 아이스크림을 카스테라 등 공기를 많이 포함하고 있는 재료로 싸서 재빠르게 튀기면, 공기가 내부로의 열전도를 방해하기 때문에 아이스크림이 녹지 않는다고 합니다.

② 반숙계란 덴푸라 半熟卵の天ぷら

사누키 우동의 기본 재료 중 하나입니다. 일반적으로 가가와현 かがわけん・香川県 의 우동 가게에 놓여 있는 덴푸라는 조미된 두툼한 튀김옷을 입힌 독특한 것인데, 식어도 맛이 좋습니다.

③ 바나나 덴푸라 バナナの天ぷら

밀가루에 우유, 설탕을 넣은 튀김옷을 바나나에 입혀 튀기고 취향에 따라 초콜릿이나 계피가루를 뿌려서 먹는 것으로 달콤한 과자 맛이 납니다.

덴푸라정식

가키아게 덴푸라

어디에 가면 맛있는 덴푸라를 먹을 수 있나요?

1924년 창업한 신주쿠 しんじゅく・新宿 의 덴푸라 전문점 '쓰나하치 つなはち・つな八'에서는 맛있는 덴푸라를 눈앞에서 만들어 줍니다. 메뉴는 튀김 정식이 1,200엔~10,000엔 정도입니다. 또한 간토 かんとう・関東 지방을 중심으로 하는 덴동과 덴푸라 전문체인점 '덴야 てんや'는, 1989년 도쿄역 야에스 やえす・八重洲 지하도에 1호점을 개점했습니다. 덴동 500~800엔, 덴푸라 정식 800~1,000엔 정도입니다.

'덴푸라'가 들어간 재미난 표현들

야구나 골프에서, 생각지 않게 높이 올라가버린 볼을 '덴푸라 テンプラ', 도로공사에서 노반 路盤 을 정비하지 않고 표면만을 포장하는 것을 '덴푸라호소 てんぷらほそう・天ぷら舗装', 납땜 안에 공동 空洞 이 생겨 접합 불량이 된 것을 '덴푸라한다 天ぷらする', 학교나 제복만 번지르르하고 내실이 없는 학생을 가리켜 '덴푸라각세 てんぷらがくせい・天ぷら学生', 그리고 겉만 그럴듯하게 도금한 시계를 '덴푸라노 긴도케이 てんぷらのきんどけい・テンプラの金時計'라고 합니다.

우나기노 가바야키 うなぎのかばやき・鰻の蒲焼

　일본인은 1년 내내 장어를 많이 먹는데, 특히 여름철에는 더 즐겨 먹습니다. 한국에서 여름철 보양음식으로 손꼽는 것이 삼계탕이라면 일본의 여름철 보양음식은 단연 장어 양념구이인 우나기노 가바야키 うなぎのかばやき・鰻の蒲焼랍니다. '더위에 지친 몸에 장어가 좋다'라는 기록이 1,200여 년 전 일본 고전인 『만요슈 まんようしゅう・万葉集』에도 나올 정도로, 장어는 예전부터 일본인이 즐겨 먹었던 보양식입니다.

일본에도 복날이 있나요?

　우리나라에 복날이 있다면, 일본엔 도요노 우시노히 どようのうしのひ・土用の丑の日가 있습니다. 장어는 가장 더운 시기인 도요노 우시노히, 즉 7월 20일 경에 즐겨먹는 여름철 음식입니다.

　옛날부터 이 시기에 '우 う'자가 붙는 음식, 즉 우메보시 うめぼし・梅干, 우동 うどん, 참외 うり, 소고기 うし・牛 등을 먹으면 더위를 이겨낼 수 있다고 하였는데 가장 많이 먹는 것은 역시 장어랍니다.

　일본은 장어요리의 역사가 긴 만큼 장어요리의 명소도 많습니다. 시즈오카현 しずおかけん・静岡県에 있는 하마나코 はまなこ・浜名湖는 장어 생산지로 유명하고, 100여 년의 전통을 자랑하는 음식점도 있습니다.

장어로 만든 요리로는 어떤 것들이 있나요?

장어 요리의 종류는 장어덮밥에서부터 장어파이까지 여러 가지가 있는데, 대표적인 요리로는 가바야키를 들 수 있습니다. 장어의 배를 가르고 펴서 살짝 구운 후 한번 쪄서 미림과 설탕을 넣은 간장양념 かばやきのタレ·蒲焼のタレ을 발라가며 숯불에 굽는 것입니다. 이렇게 하면 뼈가 연하게 익어 먹기 좋다고 합니다.

장어 요리 중에 또 하나 유명한 것은 우나돈 うなどん·鰻丼입니다. 돈부리 どんぶり·丼의 원조라 할 수 있는 우나돈은 에도시대에 장어 애호가인 오쿠보 이마스케 おおくぼ いますけ·大久保今介의 아이디어로 탄생하였다고 합니다.

우나돈 | 우나기노 가바야키

일본의 발효 음식의 대표주자
– 낫토 なっとう・納豆와 우메보시

낫토는 삶은 콩에 낫토균을 넣어 발효시킨 일본의 대표적인 건강식품 중의 하나입니다. 한국의 청국장과 비슷한 발효식품으로 냄새가 독특하며 집으면 실타래처럼 끈적끈적하게 늘어납니다.

낫토는 어떻게 만드나요?
찐 대두를 짚으로 싸서 40도 정도에 약 하루 정도 놓아두면 짚에 붙어 있는 낫토균에 의해 발효되고 끈기가 생깁니다. 먹을 때는 젓가락으로 섞으면서 한층 더 끈기가 생기도록 만든 후 먹습니다.

낫토도 지역에 따라 차이가 있나요?
낫토의 독특한 냄새와 끈적거림으로 일본인 중에서도 좋아하지 않는 사람이 있습니다. 낫토는 간토지방에서 주로 먹으며, 이바라키현 いばらきけん・茨城県이 대표적인 산지입니다.

지역에 따라 기호가 나뉘는 음식의 하나라고도 할 수 있습니다. 다만, 최근에는 제조법의 발달로 낫토 특유의 냄새가 별로 나지 않는 것도 있으며, 낫토에 포함되어 있는 '낫토키나제 ナットウキナーゼ'라는 성분의 건강 촉진 효과가 매스컴에서 다루어지면서 더욱 각광을 받게 되었습니다.

낫토

낫토는 어떻게 먹나요?

보통은 '낫토고항 納豆ご飯'이라고 해서, 흰 쌀밥에 낫토를 얹어서 먹습니다. 낫토를 젓가락으로 잘 저어서 점성이 있는 실 같은 것이 생기면 이때 간장이나 겨자를 곁들여 먹습니다.

계란이나 메추리 알, 파, 다이콘오로시 だいこんおろし・大根おろし(무를 강판에 간 것), 가다랑이포 등, 여러 가지 재료를 섞어 먹기도 합니다. 홋카이도 ほっかいどう・北海道와 도후쿠 とうほく・東北 지방 일부에서는 설탕을 섞어 먹는 사람도 있고, 최근에는 마요네즈를 섞어 먹는 사람도 있습니다.

현재는 주로 슈퍼마켓·백화점 등의 식품 코너에서 판매하고 있습니다. 본래는 짚 안에 들어있는 낫토를 팔았지만 현재는 발포스티로폼 용기에 간장과 겨자를 넣어 한 개에 50엔~100엔, 또는 3개 한 세트에 70엔~150엔으로 팔고 있습니다. 낫토를 용기 안에서 그대로 섞어서 낫토 특유의 실 같은 점액질을 만들 수 있도록 바닥이 요철로 되어 있기도 합니다.

어떻게 하면 낫토를 맛있게 먹을 수 있나요?

낫토는 먼저 한 번 잘 섞고 나서 간장이나 겨자를 곁들여 다시 한 번 섞는 것이 가장 맛있게 먹는 방법이라고 합니다. 간장과 겨자를 먼저 넣으면 수분 과다가 되어, 글루타민산을 포함한 점액이 잘 생기지 않기 때문입니다.

또한 파나 겨자를 첨가하면 낫토의 암모니아 냄새를 억제하는 효과가 있어, 낫토와 음식 궁합이 잘 맞는 조미료라고 할 수 있습니다.

요즘은 보기 드물게 스파게티의 토핑·된장국·튀김·오코노미야키 おこのみやき・お好み焼き 등에

쓰이는 경우도 있으며, 건강에 대한 관심이 높아지면서 일본인들도 낫토를 재평가하고 있습니다.

우메보시 うめぼし・梅干し

● 눈으로 즐기는 매화, 입으로 즐기는 우메보시

가장 먼저 봄소식을 전하는 매화는 향기가 짙고 아름다워, 예로부터 가인이나 시인들이 노래를 읊을 때 자주 소재로 삼던 꽃이기도 합니다.

매화는 꽃을 즐기는 것뿐만 아니라 식용, 약용 등 여러 가지로 이용됩니다. 우메 うめ・梅는 매실, 보시 ぼし는 호시 ほし(말림)라는 말로, 매실을 소금에 절이고 햇볕에 말려서 만든 매실 장아찌입니다.

맛이 새콤하면서 짜지만 알칼리성 식품으로 소화촉진, 살균작용, 노화방지, 식욕촉진 등에 효과가 있으며 여름철 더위 예방에 좋고 위장이나 피로회복에도 좋습니다.

● 장마 梅雨와 우메보시

장마를 일본어로 쓰유 つゆ・梅雨라고 표기하는 것은 장마가 시작되는 시기에 매실의 열매가 크게 자라기 때문이라고 합니다. 이와 같이 장마와 우메보시는 서로 깊은 연관이 있는 단어입니다.

● 놀라운 우메보시의 보존성

우메보시는 보존성이 아주 높아 10년 정도는 충분히 보존할 수 있으며, 상태만 좋으면 100년도 가능합니다.

밥에 올려져 있는 우메보시

모노와 나베 ものとなべ・物と鍋

스이모노 すいもの・吸い物

'들이마시다'라는 뜻의 '스우 すう・吸う'에 '모노 もの・物'를 붙여 '스이모노 吸い物'라고 부릅니다. 종류로는 맑은 장국과 된장국이 있습니다. 맑은 장국은 다시마와 가다랭이포를 물에 넣고 약한 불에 은근히 끓여 국물로 하며, 여기에 조개·생선·채소 등을 넣고 양념합니다.

스노모노 すのもの・酢の物

초무침 또는 초회라고 합니다. 생선·조개·채소 등을 소금에 절여 밑간을 하고 식초·설탕·간장을 넣고 새콤하게 무치는 일본요리입니다. 스노모노는 샐러드와 비슷한 성격으로 식사 중에 입가심을 하거나 입안을 산뜻하게 해주는 음식입니다.

스노모노

니모노 にもの・煮物

여러 가지 양념으로 간을 한 국물에 육류·어패류·채소 등을 넣고 졸여 맛이 재료 속으로 스며들게 하는 요리입니다.

나베모노 なべもの・鍋物

에도시대 말기에 쇠고기 냄비 요리가 서민들 사이에 보급되기 시작한 것이 냄비요리의 시초이며, 재료나 국물에 따라 스키야키, 모둠냄비, 두부탕 등 여러 가지 종류가 있습니다. 기본적으로 채소를 많이 섭취할 수 있고, 무엇보다도 영양이 골고루 배합되어 있다는 것이 특징입니다.

지리나베 ちりなべ・ちり鍋

지리나베는 냄비 안에 복어나 도미, 대구 등의 흰살 생선과 두부, 채소 등을 넣고 끓인 것으로 가다랭이포나 다시마로 맛을 낸 국물도 담백하지만 국물이 배어든 재료를 소스에 찍어 먹는 것 또한 별미입니다. 생선의 비린 맛은 다른 재료들과 어우러져 없어지고, 그 국물은 시원하고 담백한 맛을 냅니다. 지리는 우리나라에 남아있는 일본어이므로, 매운탕과 대비되는 맑은탕으로 바꾸어 말해야 합니다.

나베모노를 즐기고 있는 일본인

쓰케모노 つけもの・漬物

쓰케모노란 어떤 음식인가요?

한국의 김치, 유럽의 피클, 중국의 자차이 (갓 뿌리를 소금에 절인 김치) 등 세계 각지에 보존식품이 있는 것처럼, 쓰케모노는 일본식으로 채소·생선·고기 등을 소금·식초·된장·누룩 등에 절인 저장 식품을 말합니다.

원래 채소의 보존을 목적으로 시작되었고, 식품을 식염이나 쌀겨·된장·간장·술지게미 등에 절여서 저장성과 맛을 향상시킵니다. 절임으로써 보존성은 향상되지만 시간이 오래 지나면 효소나 유산균이 증식하여 신맛이 나게 됩니다. 채소 중에서는 수분이 많지 않은 경채류 (줄기채소)나 가지, 오이 등을 재료로 이용합니다.

언제부터 쓰케모노를 먹기 시작했나요?

헤이안시대에 처음으로 '쓰케모노 つけもの・漬物'라는 말을 사용하였고, 에도시대 えどじだい・江戸時代 전기에 다양한 채소나 생선 절임이 만들어져 중요한 반찬이 되었습니다. 또한 차우케 ちゃうけ・茶請け (차를 마실 때 함께 먹는 과자나 채소 절임)로도 애용되었습니다.

'고노모노 こうのもの・香の物', '신코 しんこう・新香'라고도 하며 그 지방의 풍토나 환경에 따라 다양하게 발전해 왔습니다. 교토 きょうと・京都의 기온 ぎおん・祇園에 있는 150년 전통을 자랑하는 가게의 쓰케모노부터 가정에서 담그는 것까지, 일 년 내내 제철 채소 절임을 즐길 수 있습니다.

쓰케모노에는 어떤 종류가 있나요?

따끈한 밥에 단무지 たくあん, 카레에 후쿠진즈케 ふくじんづけ・福神漬け나 락교 らっきょう, 스시에 쇼가즈케 しょうが漬け (생강 절임), 오카유 おかゆ・お粥 (죽)에 우메보시 うめぼし・梅干し, 우나기노가바야키 うなぎのかばやき・鰻の蒲焼에 나라즈케 ならづけ・奈良漬, 가마보코 かまぼこ와 어묵에 와사비즈케 わさび漬け는 빠뜨릴 수 없는 구성입니다.

다쿠앙 たくあん은 왜 두 조각만 주나요?

대체로 일식 요리점 등에서 식사할 때, 반찬의 하나로 다쿠앙 두 조각이 곁들여 나오는 경우가 있는데, 그 습관은 에도시대부터 시작되었습니다. 사무라이 さむらい・侍가 세상의 중심이었던 에도시대에 다쿠앙은 빠뜨릴 수 없는 반찬이었는데, 이때 사무라이에게 단무지를 한 조각, 혹은 세 조각만 내는 것은 금기였습니다. 왜냐하면 다쿠앙을 한 조각만 내면, '한 조각'이라는 의미의 '히토키레 ひときれ・一切れ'를 사람을 베라는 의미의 '히토오키레 ひとをきれ・人を斬れ'로 받아들였기 때문입니다. 또한 세 조각의 '미키레 みきれ・三切れ'는 '미키레 みきれ・身斬れ' 즉 '배를 가르다, 할복 はらをきる・腹を切る'의 의미로 받아들였기 때문에 두 조각만 내는 습관이 생겨난 것이라고 합니다.

참고로 나고야 なごや・名古屋에는 일본 유일의 쓰케모노 신 神인 가야노히메 かやのひめ를 모신 가야즈카야즈・萱津 신사가 있습니다. 그곳에서는 매년 8월 21일에 쓰케모노 마쓰리 つけものまつり・漬物祭り가 열리는데, 이때는 전국의 쓰케모노 업자들이 참배하러 온답니다. 쓰케모노 조합에서는 매월 21일을 '쓰케모노의 날 つけもののひ・漬物の日'로 정하고 있습니다.

여러 종류의 쓰케모노

야타이 やたい・屋台

야타이는 에도시대에 크게 번영하기 시작하여 니기리즈시 にぎりずし・握り寿司와 소바 そば・蕎麦, 덴푸라 てんぷら・天ぷら 등 바로 제공할 수 있는 음식물을 파는, 현재 일본 식문화의 기원 중 하나가 된 영업 형태입니다. 포장마차와 매우 비슷한 야타이는 엔니치 えんにち・縁日 신불 神仏과 이 세상의 인연이 강하다고 하는 날. 이 날 참배하면 영검이 크다고 함)나 마쓰리 まつり・祭り에서 특히 많이 볼 수 있습니다.

하지만 이런 행사 때가 아니더라도 퇴근시간이면 전철 역 주변에는 서서 간단히 먹을 수 있는 야타이들이 성시를 이룹니다. 인기 메뉴로는 라멘 ラーメン, 다코야키 たこやき・たこ焼き, 야키토리 やきとり・焼き鳥, 야키소바 やきそば・焼きそば, 오코노미야키 おこのみやき・お好み焼き 등이 있는데, 라멘을 제외하고는 포장해서 가져가는 경우가 많습니다.

야타이무라 やたいむら・屋台村라는 곳이 있다고 하던데요?

야타이가 많이 모여 있는 곳을 말합니다. 대표적인 곳으로는 히로시마 ひろしま・広島의 오코노미야키 야타이무라, 후쿠오카 ふくおか・福岡의 하카타라멘 博多ラーメン 야타이무라, 아오모리현 あおも

りけん·青森県 하치노헤시 はちのへし·八戸市의 미로쿠요코초 みろくよこちょう·みろく横丁 등이 있습니다.

　최근 도쿄 마루노우치 まるのうち·丸の内 근교를 비롯한 각 도시부에서는 '네오 야타이'라고 불리는 이동 판매차의 런치타임(Lunch time) 판매가 큰인기입니다. 기존의 도시락 중심보다 에스닉 계열의 도시락이 많고, 청결하고 세련된 분위기여서 여성고객도 부담없이 살 수 있습니다. 분점 포인트를 '네오 야타이무라'라고 부르며, 주로 오피스가의 점심 수요를 충당하고 있습니다.

마쓰리 야타이 모습

후쿠오카의 유명한 나카스의 라멘 야타이거리

일본의 독특한 식도락 문화
– 에키벤 えきべん・駅弁

에키벤이 무엇인가요?
최북단 홋카이도 ほっかいどう・北海道의 왓카나이 わっかない・稚内 역에서 최남단 가고시마 かごしま・鹿児島의 야마카와 やまかわ・山川 역에 이르기까지 열차역마다 그 고장의 향기를 가득 담아 여행자들의 입맛을 유혹하는 색다른 도시락을 판매하고 있습니다. '에키 えき・駅(역) + 벤토 べんとう・弁当(도시락)' 두 단어를 줄여서 에키벤이라고 하는데, 글자 그대로 역에서 파는 도시락이라는 뜻입니다.

열차여행의 즐거움과 지방문화의 독특한 정취까지 느끼게 해주는 에키벤은 일본인에게 향수를 불러 일으키는 매우 중요한 존재입니다. 일본은 철도 교통이 매우 발달되어 있어서 에키벤도 함께 성장하고 있습니다. 에키벤을 맛보기 위해 일부러 기차여행을 하는 사람도 있을 정도라고 하니 일본인들이 얼마나 에키벤을 사랑하는지 짐작할 수 있겠습니다. 대도시의 대형 백화점 등에서는 에키벤 품평회도 열려 각 지역의 독특한 에키벤을 맛볼 수도 있습니다.

에키벤은 언제 생겼나요?

에키벤의 기원에 대해서는 정확한 기록은 없습니다.

① 1877년 오사카 おおさか・大阪 역 설, ② 1877년 7월 고베 こうべ・神戸 역 설, ③ 1883년 우에노 うえの・上野 역 설, ④ 1885년 7월 16일 우쓰노미야 うつのみや・宇都宮 역 설 등이 있으며, 그 중 ③의 우에노역 설이 가장 널리 통용되고 있다고 합니다. 우에노역 설은 1883년 도쿄의 우에노역과 우쓰노미야역을 잇는 철도가 개통됐을 때 역 앞에서 팔던 우메보시 うめぼし・梅干し 주먹밥이 최초의 에키벤이라는 것입니다.

그 후 철도망이 확충되고 사철 私鉄이 등장하자 식당차가 첫 선을 보였고(1899년), 각 지방의 특색을 살린 에키벤도 대거 출시되었습니다. 전쟁 중에 판매가 부진했던 에키벤은 1964년 도쿄 올림픽과 함께 새로운 모습으로 등장하여 오늘과 같은 모습으로 발전하여 왔습니다.

에키벤은 어떻게 만드나요?

에키벤은 각 역을 대표하는 지역특산물이라 할 수 있는데, 각 지방에서 재배한 쌀부터 특산물에 이르기까지 풍부한 재료, 각 지역의 특색을 살린 도기 陶器와 대나무 제품의 용기, 보기에도 즐거운 다채로운 포장, 그리고 다양한 가격으로 여러 회사에서 만들고 있습니다. 따라서 철도 여행 중에 맛보는 에키벤을 통해 그 지방 특유의 역사, 풍토, 인정 등을 느낄 수 있습니다.

에키벤에 사용하는 밥은 기본적으로 식초 간을 하는데, 이것은 긴 여정에 밥이 쉬지 않도록 하기 위해서입니다. 밥에 중점을 둘 경우에는 밥에다 갖은 양념을 하여 맛을 내지만, 곁들이는 반찬으로 승부하는 경우에는 밥의 간은 한 듯 만 듯 살짝만 합니다. 오밀조밀 나뉜 도시락 칸막이에는 분홍

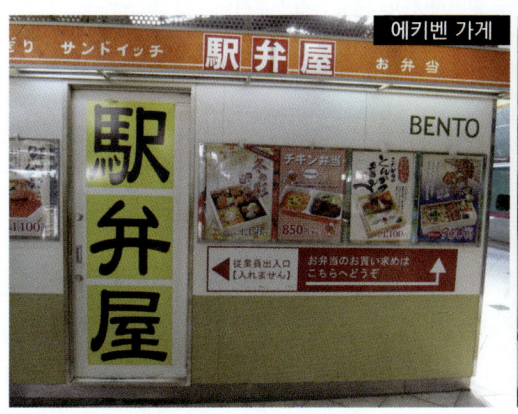

에키벤 가게

열차와 에키벤

색으로 물들인 어묵, 노란 달걀말이, 검은깨를 뿌린 살구색 연어, 다홍색 우메보시 등 각종 반찬을 예쁘게 담습니다.

에키벤은 어디서 살 수 있나요?

에키벤은 주로 역 구내의 키오스크 キオスク 와 같은 전용매점, 차내의 벤토우리 べんとううり・弁当売り, 휴게소뿐만 아니라 통신판매로도 살 수 있습니다. 하지만 최근에는 편의점과 대기업 체인음식점의 진출, 항공 산업의 발달, 입맛의 변화 등으로 인해 많은 타격을 입고 있습니다. 에키벤 업자들은 새로운 메뉴를 개발하거나 에키벤 대회 등 행사를 열어 판로 개척을 위해 다각도로 노력하고 있습니다.

한편 대도시의 백화점에서는 전국의 에키벤 품평회가 자주 열립니다. 가만히 앉아서 일본 전국의 맛과 여정을 즐기고 싶다는 손님의 요구가 많기 때문이지요. 이처럼 에키벤의 매력은 여행과 별개인 독특한 식문화의 하나로 정착되고 있으며 동시에 패스트푸드화, 기념품화 되어 사람들의 마음을 사로잡고 있습니다.

유명한 에키벤은 어떤 것들이 있나요?

최초의 에키벤은 주먹밥을 대나무 잎에 싼 것이었으나 이제는 그 종류가 매우 다양합니다. 각 지방에서 손쉽게 구할 수 있는 신선한 재료를 이용한 메뉴 구성에 저렴한 가격, 독특한 판매 전략으로 승부하는 에키벤은 전국에 약 2,000종 이상의 종류가 있다고 합니다.

① 도게노가마메시 とうげのかまめし・峠の釜めし

군마현 ぐんまけん・群馬県의 요코카와 よこかわ・横川 역의 에키벤으로, 뚝배기에 밥을 담고 그 위에 각종 조개류의 반찬을 얹은 도시락입니다.

② 슈마이 벤토 シューマイ弁当

슈마이라는 중국 찐만두 도시락으로, 요코하마 よこはま・横浜 역의 에키벤입니다.

이밖에도 하코다테역 はこだてえき・函館駅 의 아사이치 명물 해협 도시락 朝市名物海峡弁当, 삿포로 さっぽろ・札幌의 무당게 (소라게의 일종) 도시락 たらばがに弁当 등이 유명합니다.

참고로 2014년 1월에 개최된 에키벤 대회에서는 홋카이도 모리もり·森역의「いかめし」가 1위, 역시 홋카이도 왓카나이わっかない·稚内 역의「食べくらべ 四大かにめし」가 2위, 야마가타현 요네자와 よねざわ·米沢 역의「牛肉どまん中」가 3위를 차지했습니다.

에키벤은 얼마 정도 하나요?

500엔에서 10,000엔을 넘는 것도 있습니다. 이렇게 가격 차이가 나는 것은 내용물의 차이도 있지만, 담는 그릇인 도기 등의 가격도 포함되어 있기 때문입니다.

매년 4월 10일은 에키벤의 날!

에키벤에 대한 지속적인 관심을 환기시키기 위해 1993년에 4월 10일을 '에키벤의 날'로 정했습니다. 4월 10일은 신학기가 조금 지난 시기이고 알기 쉬운 날짜, 광고하기에 좋은 행락철, 역의 에키벤 대회와 기념행사를 하기 쉬운 시기, JR 발족일이 4월인 것을 염두에 두기도 했지만, 도시락의 한자「弁当」의「弁」이「四」와「十」의 조합으로 되어 있고「当」는 10을 의미하는 '도 とお·十'와 발음이 같기 때문이라고 합니다. 또한 1988년에는 품질과 위생 면에서 안심해도 된다는 것을 알리기 위해 에키벤 마크 駅弁マーク를 제정하여 등록상표화하고 있습니다.

음주문화 いんしゅぶんか・飲酒文化

일본인들은 보통 음식점이나 술집에 가면 '우선 맥주 とりあえずビール'라고 해서 약한 술인 맥주를 먼저 마십니다. 일단 기본으로 맥주를 한 잔하는 습관 때문에 농담으로 일본에서 가장 잘 팔리는 맥주는 '우선 맥주 とりあえずビール'라는 말이 생겨날 정도죠. 그 다음에 오사케 おさけ・お酒를 마시고 식사를 합니다. 일본인과 술을 마실 때 식사가 나오면 그것은 마무리라는 의미라고 생각해도 됩니다.

술을 마실 때 일본인들은 처음에는 대작을 하지만 그 다음부터는 자작을 해도 이상하게 여기지 않습니다. 그래서 상대방에게 술을 권하기도 하고 각자의 잔에 혼자 따라 마시기도 합니다. 술잔을 주고받기는 하지만 돌리지는 않습니다.

일본인들은 술을 데워서 마시는 경우가 많습니다. 옛날에는 술을 차게 마셨다고 하며 술을 데우는 돗쿠리 とっくり・德利가 일반화된 것은 청일전쟁(1894~1995년)과 러일전쟁(1904~1905년) 이후라고 합니다. 무덥고 습기가 많은 여름에는 술이 부패하기 쉬우므로 주로 겨울에 술을 담그며, 그래도 혹시 맛이 변하는 것을 막기 위해 탄소를 많이 사용하거나 60~65도 정도의 온도로 계속 데워야 했고, 그래서 술을 데워 마시는 습관이 생겨난 것으로 보고 있습니다.

윗사람으로부터 술을 받거나 어른에게 술을 권할 때에는 오른손이 그 중심이며 두 손으로 따릅니다. 우리나라가 왼손과 한 손 사용을 꺼리는 것과 달리 무난한 사이라면 한 손으로 술을 따르기도 합니다. 또한 첨잔을 실례라고 생각하는 우리와는 달리 상대편의 잔이 조금이라도 비면 첨잔을 하는 습관이 있습니다.

맥주

음주예절

사케 さけ・酒

사케란 넓은 의미로는 전통주를 가리키며 좁은 의미로는 청주 清酒를 말합니다. 일본의 사케는 각 지방에 따라 특색이 있어서 각 지역의 양조장에서 다양한 토속주 じざけ・地酒를 생산하고 주류 품평회도 자주 열립니다.

일본식 술집인 이자카야 いざかや・居酒屋에 가면 생맥주나 병맥주, 청주와 각종 위스키, 칵테일 등 술의 종류도 다양하답니다.

전통술, 니혼슈 にほんしゅ・日本酒

전통 일본 요리는 대개 맛이 강하지 않고 부드러운 편이며 제철 재료 특유의 맛이 담백하게 살아 있어, 여기에는 부드러운 일본 전통술인 니혼슈가 가장 잘 어울립니다. 한국의 청주와 비슷한 니혼슈는 보통 여름에는 차게 해서 히야 ひや・冷や로, 겨울에는 데워서 아쓰칸 あつかん・熱燗으로 마십니다. 차게 마실 때는 보통 컵으로, 데워서 마실 때는 돗쿠리 とっくり・德利라는 작은 도자기 술병에 담아 중탕해서 오초코 おちょこ・お猪口라는 청주 잔에 마십니다.

니혼슈도 와인처럼 등급을 두어 보통주, 특정 명칭주로 나눕니다. 보통주는 특정 명칭이 붙지 않

다루자케

여러 가지 쇼추

은 일반적으로 유통되는 대부분의 니혼슈이고, 특정 명칭주는 제조법에 따라 혼조조슈 ほんじょうぞうしゅ・本醸造酒, 준마이슈 じゅんまいしゅ・純米酒, 긴조슈 ぎんじょうしゅ・吟醸酒로 분류됩니다. 혼조조슈는 쌀과 누룩(효모) 외에 술의 변질을 막고 맛과 향을 좋게 하기 위해 주정을 첨가해 만듭니다. 준마이슈는 쌀과 누룩만으로 만든 것으로 혼조조슈나 긴조슈에 비해 농후한 맛이 있습니다. 긴조슈 중 다이긴조슈는 쌀의 정미 비율이 50퍼센트 이하인 프리미엄급이고, 긴조슈는 60퍼센트 이하, 준마이슈는 70퍼센트 이하의 백미白米를 사용하는 것을 의미합니다. 차게 마시는 히야는 혼조조슈 이상의 고급품이 어울리고, 아쓰캉으로 마실 때는 보통주가 오히려 맛있다고 합니다.

쇼추 しょうちゅう・焼酎 도 여러 가지 방법으로!

쇼추만 해도 마시는 방법이 여러 가지입니다. 일본음식점에서 소주를 시키면 으레 "무얼 타서 드시겠습니까?"하고 묻습니다. 일본에서는 대체로 소주에 얼음물 みずわり・水割り이나, 뜨거운 물 おゆわり・お湯割り을 섞어 매실 같은 것을 띄워 마시거나, 우롱차나 탄산수 또는 냉·온수로 희석해서 마신답니다. 소주는 지방에 따라 고구마, 옥수수, 쌀 등을 원료로 하여 만들기도 합니다.

미즈와리

술에 대한 여러 가지 이야기

술맛을 표시하는 방법으로서 톡 쏘고 쌉쌀한 맛 からくち·辛口, 약간 쌉쌀한 맛 ややからくち·やや辛口, 약간 순한 맛 ややあまくち·やや甘口, 순한 맛 あまくち·甘口 등이 있습니다.

일본에서는 결혼피로연이나 축하행사로 축하주를 마실 때 어른 몸집보다 큰 술통에 담긴 술인 다루자케 たるざけ·樽酒를 가져와 나무망치로 뚜껑을 깨뜨려 술통을 따 축하합니다. 이를 가가미비라키 かがみびらき·鏡開き라고 하는데, 술을 제조하는 사람들이 술통의 뚜껑을 가가미 かがみ·鏡라고 부른 데서 유래했다고 합니다. 지금도 닛코 にっこう·日光에 가보면 수십 종의 커다란 다루자케가 진열된 것을 볼 수 있습니다.

- 히레자케 ひれざけ·鰭酒 : 복어나 도미 등의 지느러미를 건조시켜 구운 뒤 뜨거운 청주에 넣어 마시는 술을 말합니다.
- 시로자케 しろざけ·白酒 : 흰 색의 걸쭉한 술로 단맛이 나기 때문에 히나마쓰리와 같은 특별한 날에 주로 여자 아이가 마십니다.
- 아마자케 あまざけ·甘酒 : 단맛이 나는 술로 주로 설날이나 마쓰리 まつり·祭り 때에 신사에서 맛볼 수 있습니다. 추운 겨울날 가정에서도 마십니다.
- 니고리자케 にごりざけ·濁り酒 : 도부로쿠 どぶろく·濁酒 라고도 하며, 우리나라의 막걸리와 비슷한 탁주입니다.

이자카야 いざかや・居酒屋

이자카야란 무엇인가요?
이자카야는 술과 식사를 파는 곳으로, 주로 대학생들, 회사원들의 모임이나 마무리(종강) 회식인 우치아게 うちあげ・打ち上げ 장소로 이용되기도 합니다. 우치아게란 원래 연극이나 스모의 흥행이 끝난 것, 또는 그것을 축하하는 연회를 의미하는 것인데, 요즈음에는 사업과 일, 이벤트가 끝난 뒤의 뒷풀이를 말합니다. 이자카야라는 명칭 외에 오뎅 おでん, 닭꼬치 やきとり・焼き鳥 등을 주로 판매하는 가게는 오뎅야 おでん屋, 야키토리야 焼き鳥屋로 구별해서 부르기도 합니다.

이자카야에는 어떤 종류가 있나요?
비교적 싼 가격으로 먹거나 마실 수 있는 체인점에서부터 전통적인 일본식 식당까지 다양합니다. 대표적인 이자카야 체인으로는 쓰보하치 つぼはち・つぼ八, 시로키야 しろきや・白木屋, 와타미 わたみ・和民, 쇼야 しょうや・庄屋, 무라사키 むらさき・村さ来 등이 있습니다.

전통적인 일본식 이자카야에는 점포 앞에 노렌 대신 빨간 등 あかちょうちん・赤提灯을 밝혀두는 곳이 많아 이것이 이자카야의 트레이드 마크가 되었습니다.

이자카야의 메뉴에는 어떤 것이 있나요?

이자카야의 가장 기본적인 메뉴는 술과 안주입니다. 일본 술만을 전문적으로 파는 곳도 있지만 대개는 일본 술과 함께 맥주, 소주, 위스키, 와인, 칵테일, 사와 サワー 등 다양한 종류의 술을 팔고 있습니다.

안주 おつまみ는 꼬치구이와 히야얏코 ひややっこ・冷や奴, 에다마메 えだまめ・枝豆, 사시미 さしみ・刺身 외에도 가라아게 からあげ・唐揚げ, 시샤모 ししゃも, 두부튀김 あげだしとうふ・揚げ出し豆腐, 고로케 コロッケ 등의 튀김류 あげもの・揚げ物와 찜요리 にもの・煮物, 야채샐러드 やさいサラダ・野菜サラダ 등이 대표적인 메뉴이며 피자 같은 양식 메뉴도 있습니다.

- 히야얏코 冷や奴 : 차게 한 날두부에 양념간장을 뿌려놓은 것
- 에다마메 枝豆 : 풋콩을 껍질 채 삶은 것
- 가라아게 唐揚げ : 재료에 튀김옷을 입히지 않고 튀긴 음식
- 사와 サワー : 칵테일의 일종으로 위스키, 진, 소주 등에 레몬이나 라임, 자몽 등의 즙을 넣어 상큼한 맛을 낸 술

이자카야 메뉴의 가격은 얼마 정도인가요?

가격은 가게에 따라 천차만별이지만 여기서는 대표적인 체인점의 가격을 소개하겠습니다. 의자

에다마메

꼬치구이

가라아게

에 앉으면 먼저 젓가락과 물수건, 에다마메 枝豆 나 다코와사비 たこわさび (문어를 고추냉이에 버무린 것) 등 간단한 안주가 사람 수만큼 나옵니다. 이것을 쓰키다시 つきだし・突き出し라고 합니다. 쓰키다시는 술과 함께 곁들여 나오고, 나중에 계산할 때 한 사람 당 300엔 정도의 금액이 청구됩니다. 가게에 따라서는 쓰키다시 없이 좌석 대금과 테이블 대금을 내도록 되어 있는 곳도 있습니다.

히야얏코 冷奴, 에다마메 枝豆 등의 간단한 안주류는 250~400엔 정도, 가라아게 唐揚げ 등의 튀김류가 480엔부터, 사시미 刺身 종류가 500~1,000엔, 꼬치구이가 280엔 부터(꼬치 두개가 1세트), 면과 밥 종류가 480엔에서 1,000엔 정도입니다.

송년회 등 단체 이용 시 한 사람당 2,000엔짜리 코스와 3,000엔짜리 코스 등 금액이 정해져 있으며 식사도 할 수 있습니다.

주류는 맥주가 400엔 정도부터이고 일본 술은 300엔에서 700엔, 사와 サワー는 300엔 정도부터입니다. 또한 주류는 노미호다이 のみほうだい・飲み放題라고 해서 일정 금액을 지불하면 원하는 만큼 마실 수 있는 코스도 있습니다. 단, 대개 2시간이라는 시간제한이 있으며, 또 마실 수 있는 종류가 한정되어 있는 경우도 있습니다. 주량이 센 학생들의 모임에서는 주로 이 코스를 선택한다고 합니다. 이자카야의 술과 음식 값은 지역에 따라 다르나 개인당 2,000엔에서 4,000엔 정도의 비용으로 즐길 수 있습니다.

이자카야 내부는 어떻게 되어 있나요?

오래된 이자카야 중에는 가게가 비좁아 카운터 석에서 마시는 경우도 있지만 대개의 이자카야는 의자나 다타미로 된 바닥에 테이블이 놓여 있습니다. 체인점 등에서는 칸막이나 노렌 のれん 등으로 테이블과 테이블 사이를 구분하는 곳도 많습니다. 또한 실내에 여러 개의 방을 만들어 각 방을

독립된 공간으로 꾸민 이자카야도 있습니다. 방의 크기는 다양하게 구비되어 있어서 사람 수에 따라 선택할 수 있습니다. 연회가 많은 성수기에는 반드시 예약을 해 두어야 합니다.

이자카야의 종류에는 어떤 것이 있나요?

- 아카초진 あかちょうちん・赤提灯 : 술집 입구에 붉은색 등을 달아 놓은 곳으로, 저렴한 일본 술집입니다.
- 로바다야키 ろばたやき : 구운 음식과 함께 술을 마실 수 있는 술집 겸 레스토랑입니다.
- 야키토리야 やきとりや・焼き鳥屋 : 닭꼬치구이를 먹을 수 있는 술집으로, 도쿄에서는 특히 니시신주쿠 にししんじゅく・西新宿에 많습니다.

이자카야 외부

이자카야 내부

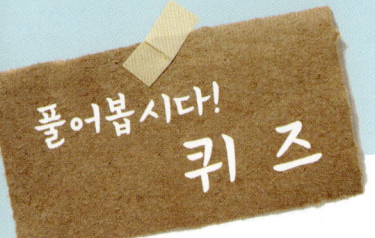

5장 음식문화 개관

 다음 퀴즈를 풀어보면서 배운 내용을 정리하고 복습해 봅시다.

* 오사카大阪지방에서 처음 시작된 것으로, 밀가루 반죽에 잘게 썬 문어와 파를 넣고 구워 가다랭이포, 소스, 마요네즈등을 뿌려먹는 요리입니다. 오코노미야키お好み焼き와 함께 일본인들이 즐기는 간식인 이 음식은 무엇일까요?

  다코야키たこやき・たこ焼き

* 메밀가루로 만든 면으로 16세기말 또는 17세기 초에 생겨났으며, 도쿄東京를 중심으로 17세기 중반에 빠른 속도로 퍼져 대중적인 사랑을 받았던 음식입니다. 라쿠고落語나 소설, 가부키歌舞伎에도 자주 등장하는 이 음식은 무엇일까요?

  소바そば・蕎麦

* 스す와 메시めし가 합성된 말로 일본식 초밥을 가리키며 원래는 생선등의 보존을 위해 고안되었던 것입니다. 소금, 식초, 미림등으로 맛을 낸 밥위에 생선을 얹은 이 음식은 무엇일까요?

  스시すし・寿司

* 일본어로 '쥐다' 또는 '잡다'의 뜻을 가진 '니기루にぎる'라는 동사의 명사형인 '니기리にぎり'에서 나온 말로 밥을 손으로 쥐고 모양나게 만들어 겉에 김을 두른 음식입니다. 편의점 등에서 손쉽게 구입해 먹을 수 있는 삼각형 모양의 일본식 주먹밥을 무엇이라고 할까요?

  오니기리おにぎり

* 매화는 예부터 가인이나 시인들이 노래를 읊을 때 자주 이용하던 꽃입니다. 이 매화의 열매인 매실을 소금에 절이고 햇볕에 말려서 만든 매실장아찌는 무엇일까요?

  우메보시うめぼし・梅干し

* 가다랭이포를 우려낸 물로 밀가루를 개어, 자기가 좋아하는 재료를 넣고 부쳐서 먹는 음식으로 한국의 빈대떡과 비슷합니다. 소스와 재료에 따라 맛이 달라지며, 그 중 대표적인 것은 히로시마풍広島風과 오사카풍大阪風이 있죠. 이 음식은 무엇일까요?

  오코노미야키おこのみやき・お好み焼き

* 일본의 대표적인 요리로 어패류나 채소류 등에 밀가루와 달걀로 만든 튀김옷인 고로모ころも를 입혀 기름으로 튀긴요리입니다. 포르투갈어 의tempero(조미료)가 어원인 이 음식의 이름은 무엇일까요?

덴푸라てんぷら・天ぷら

* 메데타이めでたい의 '타이'와 같은 음을 가졌기 때문에 결혼식 같은 경사스런 잔치에 빠지지 않고 내놓은 생선으로, 토막을 내어 요리하지 않고 통째로 먹으면 행운이 따른다고 믿어 꼬리와 머리를 자르지 않고 그대로 요리해 먹기도 합니다. 이것은 무엇일까요?

도미たい・鯛

* 얇게 썬 쇠고기를 철로 된 냄비에서 익힌 뒤 간장과 설탕으로 간 을 한후, 추가로파・쑥갓・버섯・두부・곤약등을 넣어 살짝 익힌후에 날계란을 푼 개인접시에 덜어먹는 일본의 대표적인 쇠고기 음식은 무엇일까요?

스키야키すきやき・すき焼き

* 연말에 만들어 1월 1일 새해가 된 것을 축하하며 가족들과 함께 먹거나 또는 찾아온 손님들에게 내는 특별한 음식으로, 손님이 오면 곧바로 대접할 수 있도록 주로 국물 없이 조린 음식을 미리 찬합에 담아 둡니다. 이 요리를 무엇이라고 할까요?

오세치 요리おせちりょうり・おせち料理

* 다양한 종류의 스시寿司를 작은 접시에 올려 놓고 손님이 앉은 좌석을 따라 설치된 컨베이어 벨트 위로 순환시켜, 먹고 싶은 스시를 손님이 직접 골라서 먹는 형태의 스시를 무엇이라고 할까요?

가이텐즈시かいてんずし・回転寿司

* 삶은 콩을 발효시켜 만든 일본 전통 식품으로, 끈적끈적한 실 같은 것이있고 특유의 냄새가 있습니다. 세계 5대 건강식품으로도 지정된 이 식품은무엇일까요?

낫토なっとう・納豆

* 철도가 발달한 일본에는 각 기차역마다 그 고장의 향기를 가득 담고 여행자들의 입맛을 유혹하는 색다른 도시락을 판매하고 있습니다. 이 도시락을 무엇이라고 부를까요?

에키벤えきべん・駅弁

제6장
전통예술과 일본문학

가부키 かぶき・歌舞伎

가부키란 무엇인가요?
　가부키는 에도시대 えどじだい・江戸時代 에 서민중심의 예능으로 시작되어 현재까지 약 400년간 전통을 이어오고 있습니다. 가부키 かぶき・歌舞伎 의「歌」는 음악,「舞」는 무용,「伎」는 연출・연기를 나타내고 있어 한자만 봐도 그 구성을 알 수 있습니다. 스토리 중심인 오늘날의 연극과는 달리, 음악과 춤이 중심이 된 일종의 무용극입니다.

가부키는 언제 시작되었나요?
　가부키는 1603년경 이즈모 いずも의 무녀인 오쿠니 おくに・阿国라는 여성이 교토 きょうと・京都에서 넨부쓰오도리 ねんぶつおどり・念仏踊리를 시작한데서 비롯되었습니다.
　여성 가부키는 대중의 큰 인기를 얻었으나, 지나치게 관능적이어서 에도 막부 えどばくふ・江戸幕府는 1629년 풍기문란을 이유로 상연을 금지시켰습니다. 그러자 이번에는 소년이 여자 역할까지 하며 춤과 곡예 등을 보여주는 가부키가 등장하였습니다. 그러나 이들이 남색 男色을 파는 일을 겸하게 되면서 1652년에 다시 상연이 금지되었습니다. 그래서 당시 에도에 있던 극단들은 막부 당국

에 진정을 계속하여 결국 소년의 상징인 앞머리를 자르고, 가무 歌舞 없이 연극만 하는 조건으로 다시 막부의 허가를 받았습니다. 이렇게 하여 여장한 남자가 연극을 하게 되었고, 가부키는 여러 형태의 변모과정을 거쳐 오늘날에 이르렀습니다.

가부키에는 어떤 종류가 있나요?

가부키 작품은 창작과정을 기준으로 순가부키 じゅんかぶき・純歌舞伎・기다유가부키 ぎだゆうかぶき・義太夫歌舞伎・신가부키 しんかぶき・新歌舞伎・무용극 ぶようげき・舞踊劇으로 나뉘며, 작품의 내용에 따라서 고대나 중세의 귀족이나 무사들이 주인공으로 등장하는 역사극인 시대물 じだいもの・時代物, 근세 서민들의 실생활에서 일어난 사건을 다룬 작품인 세화물 せわもの・世話物, 근세 다이묘 だいみょう・大名들의 번 はん・藩을 중심으로 일어난 사건을 다룬 작품인 오이에모노 おいえもの・お家物 등이 있습니다.

니마이메 にまいめ・二枚目란 무엇인가요?

니마이메는 미남자를 뜻하는 말입니다. 그 어원은 가부키 공연장 앞에 내걸었던 8장의 간판에, 첫 번째 一枚目로 주역, 두 번째 二枚目로 애정물의 미남자역, 세 번째 三枚目로 익살꾼역의 이름이 쓰여 있던 것에서 유래합니다.

상설극장

가부키 공연

가부키 공연은 어디서 볼 수 있나요?

　가부키는 도쿄 とうきょう・東京 긴자 ぎんざ・銀座 에 있는 가부키자 かぶきざ・歌舞伎座라는 상설극장에서 월말부터 다음 달 초의 약 1주일간을 제외하고는 1년 내내 공연하고 있습니다. 그 밖에도 국립극장, 오사카 おおさか・大阪의 쇼치쿠자 しょうちくざ・松竹座에서도 공연합니다.

　상연 시간은 휴식시간을 포함하여 4~5시간 정도입니다. 휴식 시간에는 식사를 하게 되는데, 이 때 먹는 식사를 '마쿠노우치벤토 まくのうちべんとう・幕の内弁当'라고 합니다. 공연 도중에는 약 30분의 휴식 시간이 두 번 정도 있습니다. 입장료는 4,000엔(3층 B석) 정도이며, 고어로 된 대사의 내용이 잘 이해가 안 되는 경우에는 이어폰을 대여 받아 현대어로 들을 수도 있습니다.

가부키자

가부키자

분라쿠 ぶんらく・文楽

분라쿠란 무엇인가요?
　일본이 세계적으로 자랑하는 전통 무대예술로, 서민을 위한 성인용 인형극입니다. 2003년 11월 7일 한국의 판소리와 함께 유네스코 세계 무형 문화유산으로 지정되었으며, 인형을 다루는 사람도 인간 국보로 대우를 받고 있습니다.

분라쿠는 언제부터 시작되었나요?
　아즈치모모야마시대 あづちももやまじだい・安土桃山時代 말엽부터 생겨나 에도시대 えどじだい・江戸時代 에 접어들어 교토 きょうと・京都와 오사카 おおさか・大阪 지방을 중심으로 발전하여 일본 전국 각지에서 흥행하게 되었습니다. 11세기경에는 각지를 떠돌아다니며 인형을 다루는 사람들을 구구쓰시 くぐつし・傀儡師라고 하였으며, 당시에는 손발이 없는 단순한 형태의 인형을 사용하였습니다. 이후 17세기 말엽 다케모토 기다유 たけもと ぎだゆう・竹本義太夫가 인형 조종술을 고도로 발달시키고, 많은 이야깃거리를 만들어 완성하였습니다.
　소규모의 인형극단과 인형의 대사를 연기하고 극의 내용을 노래하는 사람인 다유 たゆう・太夫,

음악을 연주하는 샤미센히키 しゃみせんひき·三味線引き가 공동으로 닌교조루리にんぎょうじょうるり·人形浄瑠璃라는 새로운 형태의 인형극을 만들었습니다. 18세기 말 닌교조루리는 우에무라 분라쿠켄 うえむら ぶんらくけん·植村文楽軒에 의해 크게 부흥하여 그의 제자들이 인형극 전용극장을 개설하고 극단 이름을 스승의 이름을 따 분라쿠자 ぶんらくざ·文楽座라고 하였습니다. 분라쿠라는 명칭은 이 극단 이름에서 유래한 것입니다.

분라쿠는 어떻게 이루어지나요?

분라쿠는 서사적인 노래 이야기인 조루리じょうるり·浄瑠璃를 노래하는 다유와 샤미센이라는 악기, 그리고 인형에 의한 삼위일체의 예술입니다. 닌교조루리라고도 말하는데, 이는 인형을 조루리 형식에 맞추어 놀린다는 뜻입니다.

① 내용과 연출

극의 주제는 크게 무가 武家 사회를 소재로 한 시대물 時代物, 서민을 주인공으로 한 세화물 世話物의 두 종류로 구분됩니다. 무대에는 배경과 도구들을 배치하는데, 무대 오른쪽에 설치된 지름 2.5미터 정도의 회전무대에는 다유와 샤미센히키가 교대로 앉아 연주합니다. 샤미센이 흐르는 배경음악과 인형의 화려한 의상이 매우 인상적입니다. 바닥에는 낮은 통로를 만들어 인형 조종자들이 지나다닐 수 있도록 하는데 객석에서는 보이지 않습니다.

② 인형

인형(큰 인형 130~150센티미터)은 실제 인물보다 조금 작게 만들고, 몸체는 없더라도 나무로 만든 머리와 손발을 달고 정교한 의상도 갖춥니다. 보통 오동나무나 노송나무로 만드는 인형의 머리에는 눈동자나 눈썹, 입, 턱을 만들어 넣어서 미묘한 표정까지 나타나도록 합니다. 인형의 머리는 현재 약 40여 가지를 만들어 두고 사용하고 있습니다. 공연 마다 역할 담당자가 된 인형사가 인형의 머리를 정하면 도코야마 とこやま·床山 (가부키 배우나 씨름꾼 등의 머리를 틀어 올려주는 사람)가 머리카락을 올려주고, 의상 담당자가 준비한 의상을 인형 조종사가 입혀 마무리합니다.

인형은 세 명의 남성이 다룹니다. 그 중 ① 우두머리는 인형의 머리와 오른손 외에 눈·눈썹·입술·손가락을 움직이며 다른 사람은 ② 인형의 두 발을, 나머지 한 사람이 ③ 인형의 왼손을 움직입니다. 이들을 '산닌즈카이 さんにんづかい·三人遣い'라고 합니다. 또한 하인·시녀·통행인과 같은 단역이나 동물은 한 사람이 조정하는데, 이를 '히토리즈카이 ひとりづかい・一人遣い'라고 부릅니다.

분라쿠는 어디서 볼 수 있나요?

분라쿠는 그 발상지인 오사카의 국립 분라쿠 극장과 도쿄의 국립극장 소극장에서 상연합니다. 티켓은 3,000엔~6,000엔 정도이며, 극장의 규모가 작기 때문에 좌석에 따른 가격의 차이는 별로 없습니다.

국립극장

닌교 조루리

노 のう・能

노란 무엇인가요?

노는 일본 전통의 가면무도극의 한 장르로 노와 쿄겐 きょうげん・狂言을 총칭해 노가쿠 のうがく・能楽라고도 합니다. 이 명칭은 메이지시대 이후에 생긴 말로 그 이전에는 사루가쿠 さるがく・猿楽라고 불렸습니다. 무표정한 가면, 소나무 한 그루만으로 장식한 무대 배경, 답답할 정도로 느린 배우의 동작……. 이것이 노에 대한 첫인상일 것입니다.

노가쿠시 のうがくし・能楽師라는 전문 배우들은 전용 극장(도쿄, 교토, 오사카)인 노가쿠도 のうがくどう・能楽堂에서 공연합니다. 인간의 희로애락을 그려내는 주인공은 가면 能面을 쓰고 느린 음악에 맞추어 시공을 초월하여 현실과 신・영혼의 세계를 넘나들며 인간의 고뇌와 이상을 유현 幽玄하게 연기하죠. 노를 감상하는 사람은 스토리와 무대에서 펼쳐지는 웅장하고 화려한 양식미를 음미합니다.

- 쿄겐 きょうげん・狂言 : 하루에 상연하는 5종목의 노와 노 사이에 공연하는 순수한 대사극으로, 가볍고 즐거운 일상적인 세계를 묘사하여 풍자와 웃음을 선사하는 일본의 전통 연극입니다.

노는 어떻게 시작되었나요?

　신을 즐겁게 하는 공양물인 사루가쿠 さるがく·猿楽 속의 노래와 춤이 독자적으로 발전을 거듭하다가 가마쿠라시대 후반에 노의 원형 原型이 생겨나게 되었습니다. 오늘날과 같은 양식으로 자리 잡게 된 것은 무로마치시대 むろまちじだい·室町時代인 14세기입니다. 당대 예능계의 일인자였던 간아미 かんあみ·観阿弥는 민간예능으로 행해져온 사루가쿠를 바탕으로 더욱 세련되고 예술성 있는 새로운 가무극인 노를 창출하였습니다. 간아미는 3대 쇼군 아시카가 요시미쓰 あしかが よしみつ·足利義満의 후원으로 기존에 있던 줄거리를 고치거나 다듬고 연출을 더욱 교묘하게 발전시키는 등 노의 육성을 했고, 아들인 제아미 ぜあみ·世阿弥는 이를 더욱 발전시켜 오늘날과 같은 형식의 노를 완성하였습니다. 제아미는 배우인 동시에 작가, 연출가이자 노의 이론가로 노에 대한 독특한 연극이론을 정립하였습니다. 이를 노가쿠론 のうがくろん·能楽論이라 하며, 『후시카덴 ふうしかでん·風姿花伝』이라는 노 이론서를 집필하였습니다.

　근세에 성립된 가부키 かぶき·歌舞伎나 닌교조루리 にんぎょうじょうるり·人形浄瑠璃가 서민적인 연극이라면, 노는 귀족적인 연극입니다. 성립 초기부터 쇼군 しょうぐん·将軍의 후원을 받은 것에서 알 수 있듯이 주로 무사계급의 사랑을 받았고, 근세에 이르러서는 에도막부 えどばくふ·江戸幕府의 의전행사용 예능 しきがく·式楽으로 상연되었습니다. 근세 초에 4좌 1류 四座一流의 틀이 형성되었고, 각 유파별로 이에모토 いえもと·家元 제도를 통하여 보수적인 전통을 유지하며 근대를 맞이하였습니다.

- 이에모토 家元 제도 : 가부키, 노, 다도 さどう·茶道, 이케바나 いけばな·生け花 등에서 유파에 따라 전통적으로 이어지는 계승체계를 말합니다.

노 공연

노 공연

제6장 전통예술과 일본문학

노는 어떤 구성으로 공연되나요?

고반다테 ごばんだて・五番立라는 구성에 따라 차례로 상연됩니다.

① **첫 번째 노** しょばんめもの・初番目物 또는 **와키노** わきのう・脇能

내용은 신의 영접이나 신령이 축복을 주는 것입니다. 주인공인 시테 シテ는 주로 신이나 정령으로 나타납니다.

② **두 번째 노** にばんめもの・二番目物 또는 **슈라모노** しゅらもの・修羅物

생전에 지은 죄로 사후에 수라도에 떨어진 무사의 고통을 그린 것으로 주로『헤이케모노가타리 へいけものがたり・平家物語』에서 취한 경우가 많습니다.

③ **세 번째 노** さんばんめもの・三番目物 또는 **가쓰라모노** かつら物

주로 젊고 아름다운 여성을 시테로 하며, 가무 중심의 우아한 장면을 전개해 갑니다. 그 날의 공연에서 중심적인 위치를 차지합니다.

④ **네 번째 노** よんばんめもの・四番目物 또는 **자쓰모노** ざつもの・雜物

①~②에 속하지 않는 여러 잡다한 종류를 포함한 것으로, 사랑・질투・복수 등 인간적인 감정이 많이 나타나 있습니다.

⑤ **다섯 번째 노** ごばんめもの・五番目物 또는 **기리모노** きりもの・切物

하루 중 맨 마지막에 상연하는 것으로 템포가 빠르며, 귀신같은 초현실적인 존재가 시테로 등장합니다.

라쿠고 らくご・落語

라쿠고란 무엇인가요?
라쿠고는 라쿠고카 らくごか・落語家가 기모노 차림으로 1인 다역을 하는 '1인 희극'으로, 두 사람이 주고 받는 만자이 まんざい・漫才와는 다릅니다. 에도시대에 번성한 것이 현재까지 그 인기가 이어져오고 있습니다. 무대장치는 따로 없고, 라쿠고카가 무대의 중앙에 방석을 깔고 기모노 차림으로 단정히 앉아서 고개의 방향과 어조를 바꾸어 가며 능숙하게 역할을 바꾸고, 혼자서 대화를 주고 받습니다. 윗사람에게는 오른쪽을 향해, 아랫사람에게는 왼쪽을 보며 연기를 합니다. 오른쪽으로 걸어올 때는 상대를 경멸하는 의미이며, 왼쪽을 향해 이야기할 때는 상대방에게 경의를 표하는 것을 나타냅니다.

라쿠고는 언제 시작되었나요?
라쿠고의 성립시기에 대해서는 여러 가지 설이 있으나 16세기 쇼군 しょうぐん・将軍이나 다이묘 だいみょう・大名들에게 들려주던 흥미롭고 익살스러운 단편이야기에서 시작되었다는 설이 유력합니다.

라쿠고는 어떻게 하는 건가요?

라쿠고카가 객석보다 한 층 높게 마련된 위치에 사방 1미터의 방석인 고자 こうざ・高座에 정좌 正坐를 하고 앉아서 연기합니다. 라쿠고카는 특유의 목소리를 내며 손짓, 몸짓, 익살스런 표정으로 등장인물이나 사물을 묘사하며 마지막 끝맺는 말로 관중을 즐겁게 합니다. 이야기의 화제로는 연극, 음악 곡, 괴담, 세상사 등을 다룹니다. 관객의 관심을 모으는 도입부를 마쿠라 まくら・枕라고 하고, 결말 부분에서 정곡을 찌르는 짧은 표현으로 흥을 돋우는 것을 오치 おち・落ち라고 합니다.

라쿠고 연기자를 어떻게 부르나요?

라쿠고카 らくごか・落語家 또는 하나시카 はなしか・噺家라고 부릅니다. 미나라이 みならい・見習い, 젠자 ぜんざ・前座, 후타쓰메 ふたつめ・二つ目, 신우치 しんうち・真打ち 등의 등급으로 구분되며 라쿠고협회가 라쿠고카의 양성을 담당하고 있습니다. 오사카 おおさか・大阪에는 등급제도가 없습니다.

라쿠고에는 어떤 종류가 있나요?

라쿠고는 제2차 세계대전을 기준으로 그 이전을 '고전 라쿠고 古典落語', 그 이후를 '신작 라쿠고 新作落語'로 나눕니다. 지역적으로는 도쿄를 중심으로 한 간토 かんとう・関東 지역의 무대에 오르는 '에도라쿠고 えどらくご・江戸落語'와, 오사카와 교토 지역을 중심으로 하는 '가미가타라쿠고 かみがたらくご・上方落語'로 구분합니다.

라쿠고의 도구

라쿠고가는 접었다 폈다 하는 부채인 센스 せんす・扇子와 수건인 데누구이 てぬぐい・手ぬぐい 정도의 도구만 가지고 연기합니다. 센스는 젓가락, 칼, 배를 젓는 노, 담뱃대 등으로 설정하고 데누구이는 책, 지갑, 담뱃갑 등으로 표현합니다. 왼손으로 돈부리 どんぶり・丼를 잡는 시늉을 하고 오른손으로 센스를 쥐고 젓가락처럼 사용하여 소바를 먹는 동작 등을 연기하는 것입니다. 그리고 고토 こと・琴, 샤미센 しゃみせん・三味線, 샤쿠하치 しゃくはち・尺八 등의 전통악기로 인물의 등장과 퇴장을 알립니다.

라쿠고는 어디에서 하나요?

초기에는 길거리 흥행이었으나 직업적인 라쿠고카의 등장으로 요세 よせ・寄席 라는 실내 공연장에서 공연되기 시작하였습니다. 서민의 오락으로 정착하게 되어 에도에만 백여 곳의 요세가 생겼고, 현재 도쿄의 아사쿠사 あさくさ・浅草나 우에노 うえの・上野, 이케부쿠로 いけぶくろ・池袋, 국립연예장 등을 비롯해 전국 각지에 요세가 있습니다. 공연은 약 3,000엔 정도로 관람할 수 있고 1일 2회입니다.

요세

전통악기 でんとうがっき・伝統楽器

전통악기에는 어떤 것들이 있나요?

일본 전통음악은 고토 こと・琴・샤미센 しゃみせん・三味線・샤쿠하치 しゃくはち・尺八・와다이코 わだいこ・和太鼓를 사용합니다. 전통악기 전반을 나리모노 なりもの・鳴物라고 하고, 와타이코 등의 타악기를 우치모노 うちもの・打物, 비파나 고토 등의 현악기를 히키모노 ひきもの・弾物, 샤쿠하치 등의 관악기를 후키모노 ふきもの・吹物라고 부릅니다.

① 샤미센 しゃみせん・三味線

샤미센

● 샤미센은 어떤 악기인가요?

목이 긴 현악기입니다. 음색이 다른 세 가지 줄로 되어 있고, 상아나 거북이 등껍질로 만든 술대인 바치 ばち・撥로 켜서 연주합니다. 일본인은 노래나 이야기를 읊는 것을 좋아하여 서민들은 샤미센을 그 반주에 사용하였습니다.

● 샤미센에도 종류가 있나요?

샤미센은 크기에 따라 태탁 太棹, 중탁 中棹, 세탁 細棹으로 나눌 수 있습니다. 가장 큰 태탁은 중후한 음, 중탁은 일반적인 음, 세탁은 가벼운 음을 냅니다.

● 샤미센은 어떻게 연주하나요?

바르게 앉아 오른손으로 몸통을 고정시키고, 왼손으로 대를 잡은 후 왼쪽 손가락으로 실을 뜯어 음의 높이를 결정하게 됩니다. 오른손에 가지고 있는 바치를 위에서 아래로 움직이는 것이 기본적인 연주법입니다. 반대로 아래에서 위로 하면 소리가 작아집니다. 또 바치로 가죽을 쳐서 타악기의 효과를 주거나 실을 뜯어 음의 변화를 주기도 합니다. 다이나믹하고 리드미컬한 즉흥성이 풍부한 연주법은 젊은 층에도 인기가 많으며, 앰프를 사용한 일렉트릭 샤미센도 있습니다.

❷ 고토 こと・琴

● 고토란 어떤 악기인가요?

중국 당나라 때부터 아악 연주용으로 전래된 현악기입니다. 섬세하고 아름다운 음을 특징으로 하며, 비교적 연주하기 쉬운 악기입니다. 본래는 귀족계급의 악기였으나 에도시대부터는 무가 武家와 유복한 시민계급에까지 퍼졌습니다.

고토

● 고토는 어떻게 생겼나요?

현재의 고토는 전체길이 약 190센티미터, 폭은 머리 쪽이 약 15센티미터, 꼬리 쪽이 약 24센티미터 정도입니다. 오동나무로 만든 몸통에 13줄의 현을 지탱하고 있는 가동식의 기둥인 기러기발 こま·駒을 세워 음의 높이를 조정합니다.

● 고토는 어떻게 연주하나요?

기본적인 주법은 오른손의 엄지, 집게손가락, 중지에 기코 ぎこう·義甲 (거문고 등을 탈 때 손가락 끝에 끼우거나 손가락에 쥐는 손톱모양의 깍지)를 끼고 현을 튕겨서 연주합니다. 유파에 따라 연주 자세 등에 차이가 있습니다.

❸ 샤쿠하치 しゃくはち·尺八

● 샤쿠하치란 어떤 악기인가요?

한국의 퉁소와 같이 세워서 부는 일본의 대표적인 관악기입니다. 샤쿠하치는 칼과 같은 무술도구의 역할을 한 적도 있습니다. 에도시대에는 보화종 普化宗 (선종 禪宗의 일파)에 소속된 승려들이 수행의 하나로서 샤쿠하치 음악을 배우고, 이 악기로 무술 수련을 하였습니다. 또한 샤쿠하치를 부는 것은 허무승 虛無僧에게만 주어지는 특권으로 일반인들이 연주하는 것은 금지되었죠. 그러나 메이지 유신 めいじいしん·明治維新 (1868)을 계기로 보화종이 폐지되었고, 이때부터 샤쿠하치는 민중의 것이 되어 종교성과 예술성의 양면을 겸비하면서 지금까지 전해지고 있습니다.

샤쿠하치

● 샤쿠하치는 어떤 특징이 있나요?

샤쿠하치는 중국 악기의 구조를 일본식으로 바꾼 것입니다. 재료는 참대 まだけ·真竹이며, 그 길이가 1척 一尺 8촌 八寸 (약 54.5센티미터)이라는 것에서 샤쿠하치 尺八라는 명칭이 붙게 되었습니다.

샤쿠하치 연주법의 매력은 취구 吹口와 지공 指孔이 커서 미묘한 조절이 자유롭고 사람의 목소리 억양과 동등한 정도의 음의 고저·강약·음색의 변화가 가능하다는 점입니다.

　현재는 엔카 등의 가요곡 연주에 사용되거나 민요나 시음 詩吟의 반주 등에 사용되어 폭넓은 장르로 각광을 받아 넓게 해외에서도 선 禪 음악으로서 관심을 모으고 있습니다. 그러나 유파의 규율이 엄격하여 자신이 소속된 유파 이외의 곡은 연주할 수가 없습니다.

다도 さどう・茶道

　일본의 다도는 일본인의 생활 속에 깊이 스며 있는 대표적인 전통문화입니다. 일본에 차가 전래된 시기는 나라 시대로 거슬러 올라가지만 무로마치 시대 선종의 승려들이 정신수양과 약용으로 마신 것이 그 시작이라 할 수 있습니다. 다도의 윤리는 이치고이치에 いちごいちえ・一期一会의 정신 즉, 주인은 손님에 대해, 손님은 주인에 대해 일생에 한 번밖에 만날 수 없다는 생각으로 성의를 다하여 차를 대접하는 것입니다.

　다성(茶聖)으로 일컬어지는 센노리큐(千利休)에 이르러 각지의 다도예술을 통합한 다도가 완성되었습니다. 센노리큐는 호사스러운 다실과 차 도구 등을 물리치고 간소하고 한적한 경지를 중히 여기는 와비차 わびちゃ・侘び茶를 완성시켰습니다. 그는 조선의 투박한 다기가 와비차에 어울린다고 높이 평가하여 임진왜란 때 끌려간 조선의 도공들에게 다기를 만들게 하였습니다. 또한 다도인이 갖추어야 할 기본정신으로 화 和, 경 敬, 청 淸, 적 寂을 강조하였습니다. 주인과 손님은 서로 화합하여 하나가 되어야 하며 和, 주인과 손님은 서로를 인정하고 존중해야 하며 敬, 욕심을 버리고 마음을 깨끗이 하고 다실과 다구를 청결하게 다루어야 하며 淸, 다실에서는 정숙하며 주위에 동요되지 말고 마음을 고요하게 가져야 寂 한다는 의미입니다.

와비차로 구현된 다도정신은 일본 다도의 본류를 형성하였습니다. 리큐가 세상을 떠난 후, 그의 후손에 의해 현재 일본 다도의 3대 유파인 ①오모테센케おもてせんけ·表千家 ②우라센케 うらせんけ·裏千家, ③무샤노코지센케 むしゃのこうじせんけ·武者小路千家가 형성되어 현재까지 이르고 있습니다.

　차 모임에 초대되어 갈 때는 반지나 귀걸이를 하지 말아야 합니다. 찻잔을 상하게 할 수도 있고 부딪칠 때 나는 소리로 인해 분위기를 방해할 수도 있기 때문입니다. 또한 차의 향기를 음미하는데 방해가 되므로 향수를 뿌리지 않는 것이 예의입니다.

　차를 마실 때는 먼저 두 손을 모으고 예를 표합니다. 이는 차를 대접해준 사람에 대한 감사의 뜻을 나타내는 것입니다. 그리고는 오른손으로 찻잔을 들어 왼손 손바닥에 얹은 다음 시계방향으로 가볍게 두 번 정도 돌린 후 세 번 정도 나누어 마십니다. 다 마시고 나면 입이 닿았던 부분을 오른손의 엄지와 검지를 이용해 찻잔을 가볍게 닦은 다음 찻잔의 정면이 자기 앞으로 오도록 해서 내려놓습니다.

이케바나 いけばな・生け花

이케바나란 무엇인가요?
이케바나는 일본 전통예술의 하나로 꽃·잎사귀·나뭇가지 등의 화재 花材를 그릇 花器에 담는 꽃꽂이를 말합니다. 꽃을 가꾸고 장식하는 기술의 발달과 함께 이케바나를 하는 사람의 정신적인 수양도 중시됨에 따라 화도 華道라고 불리게 되었습니다. 이케바나에는 천지인 天地人의 철학과 사상이 담겨 있는데요, 천지인 天地人 에서 '천 天'은 이끌어 주는 존재를, '지 地'는 따르는 존재, '인 人'은 조화를 이루는 존재라는 의미를 지닙니다.

이케바나에도 종류가 있나요?
6세기에 불교가 전래됨에 따라 시작된 공화 供花 의례(불전에 꽃을 바치는 것)로부터 비롯되었습니다. 현재 이케바나 유파는 약 3천개 정도가 있으며, 세습제인 이에모토 いえもと・家元 제도로 되어 있습니다.

① 릿카 りっか・立花
릿카는 '세우는' 형식에서 유래한 것으로 '다테바나 たてばな'라고도 합니다. 주로 소나무, 대나무 등 곧게 뻗은 소재를 사용하여 도코노마 とこのま・床の間를 장식하기 위한 것이며, 자연경관을 장엄하게 재현하는 것을 목표로 조화·비례·균형을 중요시합니다.

② 나게이레바나 なげいればな・投入花

'나게이레 なげいれ'에서 '이레 入れ'는 '이레루 入れる', 즉 '넣다, 꽂다'는 뜻이고, '나게 投げ'는 '건성으로 하다, 정성들여 하지 않는다'는 뜻을 가진 '나게루 投げる'에서 온 말입니다. 비교적 간소한 꽃꽂이로, 1700년대에 융성하다가 1800년대에 들어와 세이카 せいか・生花에 밀려나기 시작했습니다.

③ 세이카 せいか・生花

세이카는 19세기 초 천·지·인을 상징하는 개념인 삼각법의 형식을 갖추며 널리 성행하게 되었으며, 납작한 화기에 침봉을 사용하는 기법입니다.

④ 모리바나 もりばな・盛り花

나무의 꽃만을 사용하던 이전과 달리 풀과 같은 꽃을 사용한 기법을 말합니다. 종래에는 병에 꽂는 방식이 주류를 이루었으나, 수반에 꽂게 되면서 짧은 키의 꽃과 잎을 꽂는 형식으로 발전되었습니다.

⑤ 지유바나 じゆうばな・自由花

전통적인 형식에 따르지 않고 자유로운 발상이 첨가된 것으로 현대시대의 흐름에 부응하여 스테이지나 이벤트 등에서 연출되는 형식을 말합니다.

▶ http://www.ikenobo.jp 이케노보류池坊流 홈페이지
▶ http://www.nihonkoryu.org 고류古流 홈페이지
▶ http://www.ikebana.co.jp 미쇼류未生流 홈페이지

이케바나

이케바나

야마토에 やまとえ・大和絵

야마토에란 중국풍의 회화 '가라에 からえ・唐絵'의 상대어로 헤이안시대의 국풍 문화시기에 발달한 일본적인 회화를 말합니다. 겐지모노가타리 げんじものがたり・源氏物語 등의 에마키모노 えまきもの・絵巻物에서 찾아 볼 수 있습니다.

에마키모노 えまきもの・絵巻物
일본의 회화 형식 중 옆으로 긴 종이를 하나의 두루마리 형식으로 길게 이어서 정경이나 이야기를 연속하여 동적으로 전개하는 회화 형태를 말합니다. 일본 미술사에서는 에마키모노라고 하면 특히 헤이안시대부터 무로마치시대 사이에 일본에서 제작된 일본풍 회화양식의 작품을 말합니다.

우키요에 うきよえ・浮世絵

에도시대 서민들에 의해 발생한 민화로, 에도시대 초기부터 막부시대 ばくふじだい・幕府時代 말까지 교토를 중심으로 한 서민의 풍속 및 일상생활, 자연풍경, 풍물을 사실적으로 묘사한 그림을 말합니다.

현재 일반적으로 우키요에라면 오로지 다색 인쇄의 목판화인 니시키에 にしきえ・錦絵를 상상하지만 우키요에는 본래 육필화 にくひつが・肉筆画에서 시작된 것으로, 대량생산화 됨에 따라 니시키에 형태가 주를 이루게 된 것입니다.

후스마에 ふすまえ・襖絵

맹장지를 바른 방과 방 사이의 미닫이문인 후스마 襖에 그린 그림을 말합니다.

마키에 まきえ・蒔絵

일본 칠공예의 장식법 중 하나로, 칠기의 표면에 옻으로 문양을 그리고 그것이 마르기 전에 그 위에 금·은·주석 가루나 색가루를 뿌려 굳히는 방식입니다. 이는 일본의 독자적인 기법입니다.

우키요에 うきよえ・浮世絵

우키요에는 무엇을 그린 그림인가요?

원래는 불교사상에 따라 덧없는 세상 憂き世을 의미하였으나, 후에는 속세·현실 浮世이라는 의미로 바뀌었습니다. 우키요에는 유녀, 배우, 익살스러운 장면, 무사, 역사의 명장면 등을 소재로 그린 판화입니다. 단색판화에서 기술이 향상되면서 풍경, 가부키 かぶき・歌舞伎 배우나 스모 すもう・相撲 선수 또는 유녀, 서민들의 풍속 등의 소재가 그려졌고 우키요에가 삽입되면서 더욱 대중화되었습니다. 그 특징으로는 내세의 이상적 꿈보다는 현실 浮世에 바탕을 두고 있다는 점과, 그 본질이 과거나 미래의 유행 추구보다는 현실의 그림 絵에 있다는 점입니다.

우키요에는 조닌 ちょうにん・町人(상인) 사회의 서민적 생활상을 그린 회화로, 당시 사람들에게 오락의 제재로 취급되었습니다. 희화적인 요소를 가진 현대의 만화에 해당하는 것도 많았고 중국화나 야마토에 やまとえ・大和絵의 소재가 되는 전통적인 주제를 우키요에풍으로 바꾸는 일도 있었습니다. 자연풍경이 우키요에의 소재로 등장한 계기는 서민의 생활이 풍요로워져 여행을 즐길 여유가 생기게 되었기 때문이며, 이것은 당시의 그림엽서 같은 역할을 했습니다. 우키요에를 통해 민

간의 호색이나 욕정을 표현하기도 했을 뿐만 아니라, 통속적이고 오락적이며 관능적 묘사에서 인간의 생활 모습까지 다양한 곳에서 그 소재를 찾고 있습니다.

또한 우키요에의 대중화에 의해 판화가 기업화되면서 일본의 출판문화시대를 열기도 했습니다. 에도시대의 풍정을 멋지게 그려낸 우키요에는 도자기 등의 포장지에 사용되었으며, 그것이 유럽 화가들에 의해 진가가 알려지기 시작했습니다.

우키요에는 판화이기 때문에 많이 인쇄할 수 있어서 통속소설이나 에마키모노 えまきもの・絵巻物, 가와라반 かわらばん・瓦版 (에도시대에 찰흙에 글자나 그림을 새겨서 구운 인쇄판으로 신문 역할을 함)의 삽화 역할도 했으며, 또한 문맹자도 알 수 있도록 그림으로 연중행사를 나타낸 옛날 달력인 에고요미 えごよみ・絵暦 제작, 연하장 제작에도 이용되었습니다.

뚜렷한 도안과 대담한 구도, 그림자를 나타내는 것 등이 표현상의 특징입니다. 원근법도 사용되었는데 호쿠사이 ほくさい・北斎 의 '낚시의 명인 つりのめいじん・釣の名人'과 같이, 반대로 원경의 인물을 대담하게 확대하여 그리기도 하였습니다. 우키요에는 서양미술의 인상파에도 큰 영향을 끼친 것으로 알려져 있습니다.

우키요에

센스 せんす·扇子

센스란 무엇을 말하나요?
센스란 쥘부채를 말하며 일본의 전통의상과 잘 어울립니다. 센스는 오우기 おうぎ·扇라고도 하는데요, 오우기는 「扇」를 훈 訓으로 읽은 것이고, 센스는 음 音으로 읽은 것입니다. 센스의 「子」는 특별한 의미 없이 붙은 글자입니다.

센스는 어떻게 생겼나요?
디자인은 매우 다양한데 여성용은 화려하면서 가볍고 작으며, 남성용은 조금 크고 그림도 비교적 단순한 편입니다. 센스를 펼치면 중심에서 끝부분으로 확 펴지는데 이를 일본어로는 '스에히로가리 すえひろがり·末広がり'라고 하며 그 모양이 「八」자와 비슷해서, 일이 순조롭게 잘 되어가는 상황이나 사업이 번창할 조짐에 비유하기도 합니다. 식당이나 호텔 등에서는 장식품으로 화려한 금박을 칠해서 걸어 놓기도 하며, 회사의 답례품, 기념품 등으로도 애용됩니다.

일본인의 삶과 함께하는 센스

현대 생활에서도 센스는 더위를 식히기 위해 휴대하거나 선물로 주고받고, 시치고산 しちごさん・七五三을 비롯하여 기모노 きもの・着物를 입을 때 오비 おび・帯의 앞쪽에 꽂는 등 다양하게 사용되고 있습니다.

센스 | 화려한 센스

후린 ふうりん・風鈴

후린이란 무엇인가요?
여름철에 처마 밑에 달아놓고 바람이 불면 맑은 소리가 들리게 하는 풍경을 말합니다. 본래 귀신을 쫓는 역할을 한다고 믿어 절에서 사용되었으나, 에도시대부터 서민적인 것이 되었습니다. 그때부터 지금까지 전국적으로 인기를 얻고 있는 것이죠. 또한 매년 7월 가나가와현 かながわけん・神奈川県의 가와사키 かわさき・川崎 시에서는 수만개의 다양한 후린 시장 ふうりんいち・風鈴市이 열립니다.

후린에도 종류가 있나요?
각 지방마다 모양이나 무늬, 소리에 특색 있는 후린을 생산하는데, 유리로 된 에도 후린, 철로 만들어진 남부 후린 등이 가장 유명합니다.

- **다케자이쿠** たけざいく・竹細工 : 대나무로 만든 시즈오카현 しずおかけん・静岡県의 특산품
- **뎃세이** てっせい・鉄製 : 철로 만든 이와테현 いわてけん・岩手県의 특산품으로 맑은 소리를 냅니다.
- **가라스** ガラス : 유리를 고온에 녹여서 대롱처럼 불어 모양을 잡고 그 안쪽에 그림을 그려 넣습니다.

가라스 후린

후로시키 ふろしき・風呂敷

후로시키란 무엇을 말하나요?

일본식 보자기인 후로시키는 본래 증기욕탕 바닥에 까는 깔개였다고 합니다. 이 때문에 목욕을 의미하는 '후로 ふろ・風呂'와 깔개를 의미하는 '시키 しき・敷'를 합쳐 '후로시키 ふろしき・風呂敷'라고 불렀습니다. 현존하는 가장 오래된 후로시키는 쇼소인 しょうそういん・正倉院에 있는 왕실의 소장품을 싸놓은 것입니다

- **고로모즈쓰미** ころもづつみ・衣包み : 헤이안시대에 옷을 보자기에 싸서 머리에 이고 다녔던 것을 말합니다.

- **히라즈쓰미** ひらづつみ・平包 : '후로시키'라는 말이 사용되기 전인 무로마치시대(1338~1573)부터 겐로쿠시대 げんろくじだい・元禄時代 (1688~1704)까지는 보자기를 히라즈쓰미라고 불렀습니다.

후로시키는 어떻게 쓰이나요?

일본인들은 기모노 きもの·着物 차림에 후로시키 보따리를 들기도 하고, 판촉물이나 증정품으로 사용하기도 합니다. 이름이나 가문 家紋, 그리고 문양 등을 염색한 것은 실내 인테리어 장식으로도 쓰이고 있습니다. 결혼식이나 축하하는 자리에는 분홍색이나 흰색을, 장례식에는 보라색 등으로 색상을 구분하여 사용합니다.

관련 정보

1991년에 후로시키가 환경 친화적인 물건으로 인정받아서 에코마크(환경보전에 도움이 되는 각종 상품에 붙이는 표)를 획득하였고, 2000년부터 2월 23일이 '후로시키노히 風呂敷の日 (보자기의 날)'로 정해졌습니다.

후로시키

후로시키

노렌 のれん

건물이나 가정집에서 방 입구에 칸막이로 쳐 놓은 천으로, 원래는 추위를 막기 위해 사용하였으나 현재는 상점 입구에 가게 이름이 새겨진 천을 걸어 놓은 것을 말합니다. 색과 크기도 다양하며, 그림이나 문양이 그려져 있거나 글씨가 쓰여 있습니다. 노렌이 걸려 있으면 영업 중이고, 걸려 있지 않으면 가게 안에 불이 켜져 있어도 준비 중이므로 들어가는 일이 없도록 해야 합니다.

노렌은 가게의 얼굴이기도 합니다. 그래서 제자에게 분점을 내주는 것을 '노렌오와케루 のれんを分ける'라고 합니다. '와케루 分ける'라는 말은 '나누어 준다'는 뜻으로, 본점에서 분점을 내어 준다는 의미가 된답니다.

노렌

노렌

향토완구 きょうどがんぐ・郷土玩具

향토완구란 무엇을 말하나요?

예부터 일본 각지에서 만들어 온 완구로, 지역 전통 공예품이며 연중행사나 제례와 연관된 것이 많습니다. 향토완구는 대부분 신앙과 결합한 것이나 그 지역의 동물 등을 모델로 한 것이며, 재료 또한 일본 종이, 나무 등 그 지역 특산물을 이용합니다.

놀이나 오락거리가 적었던 시대에, 마쓰리 まつり・祭り는 민중에게 있어 얼마 안 되는 즐거운 날이었습니다. 이날 신불에 감사하고 기쁨을 서로 나누며, 가호를 받은 증거로써 향토완구를 만들어 왔습니다. 지금은 연하우표 年賀切手에도 향토완구 도안이 많이 사용됩니다.

주로 어떤 방법으로 만드나요?

향토완구를 만드는 데에는 하리코 はりこ・張り子라는 기법을 많이 사용합니다. 그것은 목각 인형의 원형 原型 주위에 풀로 종이를 여러 겹 바르고 건조시킨 후, 안쪽의 나무 원형을 빼고 다시 종이 틀을 붙여 채색하여 만든 종이 세공을 말합니다.

대표적인 향토완구로는 어떤 것들이 있나요?

① 미하루고마 みはるごま・三春駒 (후쿠시마현 福島県)

미하루고마는 미하루 三春 지방에서 만드는 채색된 목마를 말합니다. 1,200년경 사카노우에노 다무라마로 さかのうえの たむらまろ・坂上田村麻呂가 관음의 영험으로 도호쿠 とうほく・東北 지방 전투에서 승리했다는 목마 전설에서 유래하였습니다. 만물 성장의 의미로서 검은말은 결혼, 임신, 육아에, 흰말은 장수에 영험이 있는 부적으로 사람들의 사랑을 받았습니다. 후에 말 산지인 미하루에서 말이 안전하게 자랄 것을 기원한 것과 결부되어, 현재의 미하루고마로 발전하였습니다.

② 아카베코 あかべこ・赤べこ (후쿠시마현 福島県)

베코 べこ는 도호쿠지방의 방언으로 '소'를 뜻합니다. 807년, 야나이즈 やないづ・柳津 시의 엔조지 えんぞうじ・円蔵寺는 상류 마을로부터 대량의 목재를 기부 받았습니다. 그러나 이를 운반하는 것이 간단치 않아 사람들이 곤란해 하자, 어디선가 소의 무리가 나타나 목재의 운반을 도와주었습니다. 중노동으로 많은 소가 넘어지는 가운데 끝까지 일했던 것이 붉은 소였다고 합니다. 이 붉은 소가 돌이 되어 부처를 섬겼다고 하는 전설을 토대로 만들어진 아카베코는 눈에 띄게 선명하고 윤기 있는 붉은색이 특징인데, 이 붉은색은 나쁜 기운을 쫓는 효과가 있다고 합니다.

아카베코

③ 하리코노이누 はりこのいぬ・張り子の犬 (미야자키현 宮城県)

길조에 관련된 향토완구도 많은데요, 개는 도둑 등의 침입자가 들어온 것을 알려주거나 새끼를 많이 낳고 튼튼하고 건강하게 자란다는 점에서 악한 기운을 떨치고 아이를 점지하며 순산·순로 조운 성장 등 여러 신앙의 대상이 되었습니다.

④ 오키아가리 おきあがり・起き上がり (이시카와현 石川県)

하치만구 はちまんぐう・八幡宮에 모신 오진 おうじん・応神 천황이 태어났을 때 진홍빛 비단의 배냇 저고리에 싸여진 모습을 본떠 아이들의 무사성장과 다복을 기원했다는 것에서 유래하였습니다.

⑤ 고케시 こけし・木牌子 (도호쿠지방 東北地方, 이와테현 岩手県)

일반적으로는 얼굴과 몸통만 소박하게 조각한 목공예품입니다. 크게 전통적인 형식에 준거한 '전통 목각 인형'과 개성이 풍부한 '창작 목각 인형'으로 나누어지는데, 전통 목각 인형도 그 형식과 유래, 공법에 의해 여러 종류의 계통으로 분류되고 있습니다.

목각 인형은 에도시대에 산촌에 살던 목기 木器를 만드는 장인이 인형같이 생긴 소박한 장난감을 만들어 자녀에게 주었던 것이라는 설, 아이를 낙태했을 때 그 아기대신 이 인형을 만들었다는 설 등이 있습니다. 이것이 이후 도호쿠지방의 온천지 등에서 지방 특산품으로서 판매되었습니다.

▶ http://www.h3.dion.ne.jp/~isamu-h 전국의 향토완구
▶ http://www.footandtoy.jp 일본 향토완구 박물관

고케시

고케시

기모노 きもの・着物

기모노란 무엇인가요?

기모노는 '입다'라는 의미의 '기루 きる・着る'와 '물건'을 의미하는 '모노 もの・物'가 합쳐진 말입니다. 그러나 좁은 의미로는 서양 옷인 양복 洋服과 구별하여 전통 의상, 특히 일본 여성이 입는 전통 옷을 기모노라고 부릅니다. 기모노는 정월, 성인식, 결혼식 등 특별한 행사가 있는 날에 주로 입습니다.

기모노는 펼쳐놓으면 직선형 평면이며, 겨드랑이 부분이 트여있습니다. 또한 옷고름이나 단추가 없어서 옷을 입고 허리부분에 오비 おび・帯라는 넓은 허리띠를 두릅니다. 오비를 두르기 시작한 것은 16세기 모모야마시대 ももやまじだい・桃山時代부터입니다. 소맷 자락 끝이 꿰매져 있어 호주머니 대용으로 사용할 수도 있으며, 몸에 달라붙게 입고 치마폭이 아주 좁습니다.

기모노

메이지시대에 남성들은 서양복식을 하기 시작했으나 여성들은 여전히 기모노를 입었고, 다이쇼시대 たいしょうじだい·大正時代에 들어와 여성들이 양장을 입기 시작했습니다.

기모노에는 어떤 종류가 있나요?

일본의 전통의상인 기모노는 성별과 입는 장소에 따라 다양한 종류가 있습니다.

소맷기장이 짧은 도메소데 とめそで·留袖는 기혼여성만이 입는 격조와 기품이 있는 최상의 예복입니다. 후리소데 ふりそで·振袖는 미혼여성들만이 입는데, 우아하게 늘어진 긴 소매와 염색과 자수로 멋을 낸 화려한 무늬가 특징이어서 기모노 중에서도 가장 아름다운 것으로 손꼽힙니다. 호몬기 ほうもんぎ·訪問着는 말 그대로 방문복이란 뜻으로 사교용 기모노입니다. 후리소데보다 소매가 짧아 후리소데의 미를 경쾌하고 가볍게 나타낸 것입니다.

하카마 はかま·袴는 남자의 예장용 하의 下衣이고, 하오리 はおり·羽織는 기모노 위에 입는 짧은 겉옷으로 각 집안을 상징하는 문양인 가문 家紋이 장식되어 있으며, 남녀 모두 입을 수 있습니다. 남자의 경우는 예복용이지만 여자의 경우는 예복용이 아닙니다. 핫피 はっぴ·法被는 본래 무가의 머슴들이 입던 옷인데, 요즈음에는 주로 장인들이 입습니다. 통소매이고 기장은 허리에서 무릎 사이 정도이며 등 쪽에 상호가 커다랗게 새겨진 것이 특징입니다. 여름 축제 때에 많이 볼 수 있습니다.

기모노를 입을 때 무엇이 필요한가요?

① 오비 おび : 기모노의 허리에 두르는 넓은 띠를 말합니다.
② 게타 げた : 유카타를 입을 때 신는 나무로 된 신발이며, 맨발로 신습니다.

도메소데   후리소데   남자의 예복

③ 조리 ぞうり・草履 : 기모노를 입을 때 신는 신발입니다.
④ 다비 たび : 조리를 신을 때 신는 면으로 만든 버선입니다. 엄지발가락과 나머지 발가락 부분이 갈라져 있습니다.

기모노는 혼자 못 입는다고 하던데요?

기모노는 누구한테나 맞을 정도로 넉넉하게 만들어져 있어서, 입는 사람에 맞게 조정하려면 혼자서 입기가 힘듭니다. 기쓰케 きつけ・着付け의 손을 빌리더라도 입으려면 적어도 10분 이상 걸리며, 정식으로 입을 때에는 미용실에 가서 돈을 지불하고 입기도 합니다. 양복을 입을 때 여성복은 오른쪽 옷깃이 위로 오게 입고, 남성복은 이와 반대로 왼쪽 옷깃이 위로 올라오게 입습니다. 그러나 기모노는 남녀 구별 없이 왼쪽 옷깃이 위로 오도록 입고, 장례식 등의 흉사에는 오른쪽 옷깃이 위로 오게 입습니다.

유카타 ゆかた・浴衣

유카타는 원래 헤이안시대의 귀족들이 목욕할 때 입었던 한 장으로 된 마직 기모노였습니다. 에도시대에 들어와 서민 생활 내에 공중목욕탕 풍습이 보급됨에 따라 목욕 후에 입는 목면 기모노를 유카타라 부르게 되었습니다. 현대 일본의 호텔이나 여관에서는 잠옷 대신 유카타를 비치해 둡니다. 유카타는 실내용이지만 온천지대에서는 실외에서 입을 수 있고, 여름의 마쓰리 まつり・祭り 나 하나비 타이카이 はなびたいかい・花火大会 (불꽃놀이) 참가자와 관람객들이 입기도 합니다.

일본 문학 개요 ぶんがく・文学

❶ 나라시대 ならじだい・奈良時代, 710~794
동서양을 막론하고 문자가 없던 시대에는 입에서 입으로 전해지는 구전문학의 시대가 있었는데, 나라시대에는 구전문학이었던 신화 神話, 전설 伝説, 가요 歌謡 등이 한자로 기록되기 시작하였습니다.

- 고지키 こじき・古事記 : 설화나 전설 등이 담겨진 현존하는 가장 오래된 역사서(712)
- 만요슈 まんようしゅう・万葉集 : 만요가나로 기록된 일본 최고 最古의 가집 歌集 4,500여 수
- 니혼쇼키 にほんしょき・日本書紀 : 순수 한문체로 이루어진 총 30권의 역사서(720)

❷ 헤이안시대 へいあんじだい・平安時代, 794~1192
헤이안시대는 왕조문화의 전성기로, 헤이안 귀족들은 궁중을 중심으로 화려한 문화의 꽃을 피웠습니다. 히라가나 ひらがな・平仮名, 가타카나 かたかな・片仮名가 발명되어 여류문학 중심의 귀족문학이 번성하고, 모노가타리 ものがたり・物語, 역사 모노가타리 歴史物語, 설화문학 説話文学이 등장합니다.

- 다케토리 모노가타리 たけとりものがたり・竹取物語 : 최고 最古의 모노가타리, 전기적 내용 (10세기 중반)

- 겐지 모노가타리 げんじものがたり・源氏物語 : 무라사키 시키부 むらさき しきぶ・紫式部, 978?~1016? 의 소설 (11세기 초)
- 마쿠라노 소시 まくらのそうし・枕草子 : 세이 쇼나곤 せいしょうなごん・清少納言, 966?~1025?의 수필집

❸ 가마쿠라・무로마치시대 かまくら・鎌倉 / むろまちじだい・室町時代, 1192~1573

헤이안시대의 찬란한 왕조문화의 퇴색으로 문화적으로는 암흑시대였습니다. 무사, 전란의 시대로 불교의 무상 無常 사상 (무상관)이 짙게 내포된 문학이 무사나 승려를 중심으로 나타났습니다.

- 호조키 ほうじょうき・方丈記 : 무상관에 대한 가모노 조메이 かもの ちょうめい・鴨長明, 1155~1216의 수필
- 쓰레즈레구사 つれづれぐさ・徒然草 : 요시다 겐코 よしだ けんこう・吉田兼好, 1283~1350의 수필집으로, 불교적인 색채가 강함

❹ 에도시대 えどじだい・江戸時代, 1603~1868

에도시대에는 도시 서민들의 경제적 축적과 문맹 탈피, 출판문화의 발달로 도시 서민들의 취향에 맞는 성격을 갖게 됩니다. 경제력을 갖춘 조닌 ちょうにん・町人 문학이 중심이 되어 우키요조시 うきよぞうし・浮世草紙, 요미혼 よみほん・読本, 곳케본 こっけいぼん・滑稽本이 인기를 끌었습니다. 또한 와카 わか・和歌와는 다른 서민적인 놀이의 운문인 하이카이 はいかい・俳諧가 전국적으로 확산되었습니다.

- 고쇼쿠이치다이오토코 こうしょくいちだいおとこ・好色一代男 : 이하라 사이카쿠 いはら さいかく・井原西鶴, 1642~1693. 상인들의 성과 금전에 관한 이야기
- 오쿠노 호소미치 おくのほそみち・奥の細道 : 마쓰오 바쇼 まつお ばしょう・松尾芭蕉, 1644~1694의 기행문

❺ 메이지・다이쇼・쇼와시대
めいじ・明治 / たいしょう・大正 / しょうわじだい・昭和時代, 1868~1989

메이지유신은 통치권이 막부에서 천황으로 이양되는 일본 근대화 과정에서 결정적인 전환점이 되었습니다. 이 시기의 문학은 서양의 영향을 받아 개성적인 삶의 방식을 그린 문학이 나타났습니

다. 또한 와카와 하이카이는 단카 たんか·短歌와 하이쿠 はいく·俳句라는 새로운 이름으로 불리게 되었습니다.

- 봇짱 ぼっちゃん·坊っちゃん : 나쓰메 소세키 なつめ そうせき·夏目漱石, 1867~1916
- 마이히메 まいひめ·舞姫 : 모리 오가이 もり おうがい·森鴎外, 1862~1922
- 라쇼몽 らしょうもん·羅生門 : 아쿠타가와 류노스케 あくたがわ りゅうのすけ·芥川竜之介, 1892~1927
- 유키구니 ゆきぐに·雪国 : 가와바타 야스나리 かわばた やすなり·川端康成, 1899~1972
- 긴카쿠지 きんかくじ·金閣寺 : 미시마 유키오 みしま ゆきお·三島由紀夫, 1925~1970
- 카기리나쿠 도메이니 지카이 브루 限りなく透明に近いブルー : 무라카미 류 むらかみ りゅう·村上龍
- 노르웨이노 모리 ノルウェイの森 : 무라카미 하루키 むらかみ はるき·村上春樹
- 키친 キッチン : 요시모토 바나나 よしもと ばなな·吉本ばなな

대표적인 문학 작품

① 겐지 모노가타리 げんじものがたり·源氏物語

세계에서 가장 오래된 장편소설이며, 궁중의 여자 관리였던 무라사키 시키부 紫式部에 의해 쓰여졌습니다.

② 헤이케 모노가타리 へいけものがたり·平家物語

헤이케라는 무사의 일대기를 주제로 한 가마쿠라 막부 かまくらばくふ·鎌倉幕府 초기 무사들의 싸움 이야기로, 무명작가의 작품입니다.

③ 쓰레즈레구사 つれづれぐさ·徒然草

'호조키', '마쿠라노 소시'와 함께 일본 3대 수필의 하나로, 승려인 요시다 겐코 吉田兼好에 의해 쓰여졌습니다.

④ 닛폰 에이타이구라 にっぽんえいたいぐら·日本永代蔵

이하라 사이가쿠 井原西鶴에 의해 쓰여졌으며, 에도시대의 조닌 町人들의 생활을 묘사한 30편의 단편집입니다.

⑤ 오쿠노 호소미치 おくのほそみち・奥の細道

마쓰오 바쇼 松尾芭蕉가 도호쿠 とうほく・東北 지방을 여행하며 쓴 작품과 51편의 하이쿠(5·7·5조의 17음으로 구성되는 단시)로 쓰여진 전형적인 기행문입니다.

⑥ 봇짱 ぼっちゃん・坊っちゃん

이 작품을 쓴 나쓰메 소세키 夏目漱石는 소설가이자 평론가이며, 또한 영문학자로 알려져 있습니다. 시골 중학교 교사로서 교편을 잡고 그곳에서 생활을 하며 시골의 인정과 풍속을 흥미있고 비판적으로 묘사한 작품입니다.

⑦ 라쇼몽 らしょうもん・羅生門

아쿠타가와 류노스케 芥川龍之介의 다이쇼기를 대표하는 단편입니다. 헤이안시대의 헤이케모노가타리를 주제로, 살아가기 위한 악이라는 인간의 에고이즘을 잘 묘사하고 있습니다.

⑧ 유키구니 ゆきぐに・雪国

가와바타 야스나리 川端康成가 1968년 일본에서는 최초로 노벨 문학상을 수상했던 장편소설이며, 일본적인 아름다움을 찾아낸 묘사로 높이 평가받고 있는 작품입니다.

⑨ 개인적인 체험 こじんてきなたいけん・個人的な体験

오에 겐자부로 おおえ けんざぶろう・大江健三郎, 1935~현재가 노벨 문학상을 수상하는데 큰 영향을 미친 작품입니다. 장애인인 장남의 탄생으로 인한 갈등, 도피, 의사를 개입시켜 간접적인 살해를 결심, 수용의 과정을 리얼하게 묘사한 작품입니다.

▶ 봇짱 ▶ 라쇼몽 ▶ 유키구니 ▶ 개인적인 체험

봇짱

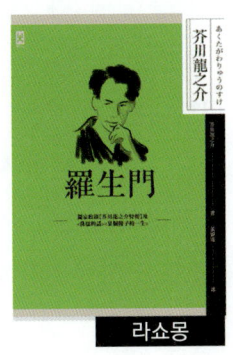
라쇼몽

유키구니

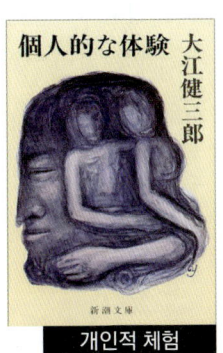
개인적 체험

하이쿠 はいく・俳句

하이쿠란 단카와 함께 일본 고유의 시 형식으로, 세계에서 가장 짧은 정형시라 할 수 있습니다. 3구 句 17음절을 기본으로 하는 단시형 短詩形이며, 각 구는 5·7·5 음절로 구성되어 있는 일본고유의 음운문학입니다. 일본에서는 예로부터 5·7·5의 리듬감을 중요시해 왔으며, 일본어의 운 韻을 다는 데는 5·7·5가 가장 좋습니다. 지금도 엔카 えんか・演歌를 들으면 가사가 5·7·5 풍인 노래가 많은 것을 알 수 있습니다. 대표작으로는 마쓰오 바쇼 まつお ばしょ・松尾芭蕉의 오쿠노 호소미치 奥の細道와 고바야시 잇사 こばやし いっさ・小林一茶의 오라가하루 おらが春가 있습니다.

5·7·5를 약속처럼 만든 것이 하이쿠라고 할 수 있는데, 하이쿠 俳句 의 「俳」에는 '익살', '장난', '패러디'라는 뜻도 포함하고 있습니다. 하이쿠는 유머가 중요합니다. 예로부터 하이쿠에는 자연과 인생에 대한 것 등이 유머로 가득 차 읊어지고 있으며, 오늘날 와카 わか・和歌와 함께 일본 시가문학의 양대 장르를 이루고 있습니다. 하이쿠에는 계절을 나타내는 '기고 きご・季語'를 넣도록 정해져 있으며 또한 '기레지 きれじ・切れ字'가 반드시 들어가야 합니다. 예를 들면 사쿠라는 봄, 국화는 가을의 기고입니다. 계절감을 의식하면, 대개 어느 기고가 어느 계절의 것인지 알 수 있습니다.

단카 たんか・短歌는 5·7·5·7·7의 5구 句음의 정형으로, 사람들의 심정을 짧은 말로 표현하는 노래입니다. 흔히 '와카'라고 하면 이 단카를 의미하기도 합니다. 8세기의 '만요슈 まんようしゅう・万葉集' 이후 '고킨와카슈 こきんわかしゅう・古今和歌集' 등에 많은 멋진 작품이 수록되어 있습니다.

▶ 신고킨와카슈

見渡せば　　花も紅葉も　　なかりけり
みわたせば　はなももみじも　なかりけり
　5　　　　　　7　　　　　　5

浦のとまやの　　秋の夕暮れ
うらのとまやの　あきのゆうぐれ
　7　　　　　　　7

藤原定家

신고킨와카슈

▶ 하이쿠

古池や　　蛙飛びこむ　　水の音
ふるいけや　かわずとびこむ　みずのおと
　5　　　　　7　　　　　　5

松尾芭蕉

名月を　　取ってくれろと　泣く子哉
めいげつを　とってくれろと　なくこかな
　5　　　　　7　　　　　　5

小林一茶

근대문학 きんだいぶんがく・近代文学

　일본의 근대문학은 1868년의 메이지유신 めいじいしん・明治維新에서 1945년 제2차 세계대전까지의 시기를 말합니다. 근세 봉건사회의 풍습을 부정하고, 서구문학의 영향을 받아 근대 시민의식에 입각하여 성립된 문학입니다. 비약적 발전을 이룬 것은 러일전쟁 후 시마자키 도손 しまざき とうそん・島崎藤村, 1872~1943 등의 자연주의가 발달하면서부터이며, 그 이후 메이지시대 말에서 다이쇼시대 たいしょうじだい・大正時代에 걸쳐 근대적 개성의 문학이 다양한 형태로 나타나기 시작하였습니다.

　19세기 후반 이후인 메이지・다이쇼・쇼와시대 しょうわじだい・昭和時代 는 에도시대 えどじだい・江戸時代 의 한학・한시문을 중심으로 하는 무가 武家 문학과 오락 소설을 중심으로 하는 조닌 ちょうにん・町人 문학이 융합한 시민 문학 혹은 지식인 문학의 시대라고 말할 수 있는데, 특히 소설이 문학의 주류를 차지하는 시기였습니다. 또한 교육의 보급과 함께 태어난 신문・잡지 등의 저널리즘과 결부되어 문학이 상품화 된 시기라고 할 수 있습니다.

메이지시대 めいじじだい・明治時代, 1868~1912

메이지 초기는 계몽사상기로, 후쿠자와 유키치 ふくざわ ゆきち・福沢諭吉, 1835~1901 가 '메이로쿠 잡지 明六雜誌 (1873년 창간)'를 통해 계몽 활동을 실시했습니다. 또, 에도막부 えどばくふ・江戸幕府 말기부터 서양 문학 번역이 시작되었고 메이지 10년경부터 활발해져 '80일간 세계일주' 등 주로 18・19세기 초의 영국・프랑스 작품이 많았습니다.

메이지 10년대 말부터 30년대에 걸쳐서는 후타바테이 시메이 ふたばてい しめい・二葉亭四迷, 1864~1909 등이 사실주의를 주장하며 문장의 개혁, 즉 언문일치라는 문체를 도입한 '뜬구름 うきぐも・浮雲(1887)'을 발표했습니다. 한편, 전통이나 형식 타파를 목표로 하는 개성적, 혁명적인 사조인 낭만주의의 발전에 기여한 모리 오가이 もり おうがい・森鴎外, 1862~1922는 '무희 まいひめ・舞姫(1890)'를 발표했습니다. 그는 외국문학에 밝아 외국문학 소개와 많은 번역 작품을 내어 일본문학에 자극을 주었습니다.

러일 전쟁(1894) 이후인 메이지 30년대 후반에는, 자연주의가 문단의 주류를 차지하기에 이르렀습니다. 시마자키 도손은 장편 소설 '파계 はかい・破戒(1905)'를 발표했고, 이것은 소외당한 가난한 마을을 둘러싼 지방을 무대로 살아가는 청년의 고뇌를 부락민이라고 하는 사회 문제와 관련시켜 그린 작품으로, 근대소설의 역사에 있어서 중요한 지표가 되었습니다.

메이지 40년대에 자연주의에 대립하여 윤리적이며 비판적인 입장을 나타낸 것은 나쓰메 소세키 なつめ そうせき・夏目漱石, 1867~1916 였습니다. 고양이를 주제로 한 풍자소설 '나는 고양이로소이다 わがはいはねこである・吾輩は猫である (1905)', '도련님 ぼっちゃん・坊っちゃん (1906)' 등을 발표한 나쓰메 소세키는, 문명 비평을 시도한 청결하고 박식한 지식인으로서 폭넓은 영향을 미쳤습니다.

이 무렵 반자연주의적인 또 하나의 사조로서 인공미・도시적인 취미 등을 좇는 예술 지상주의적, 향락적인 행방의 탐미주의가 일어났습니다. 프랑스 세기말 시대의 영향을 받은 '아메리카 모노가타리 あめりか物語 (1908)', '프랑스 모노가타리 ふらんす物語 (1909)'를 발표한 나가이 가후 ながい かふう・永井荷風, 1879~1959 및 그의 영향을 받은 다니자키 준이치로 たにざき じゅんいちろう・谷崎潤一郎, 1886~1965 를 들 수 있습니다.

다이쇼시대 たいしょうじだい・大正時代, 1912~1926

다이쇼시대는 러일 전쟁 후의 국가 체제 재편성기부터 호헌운동의 고양기에 걸쳐 흥했던 민중

을 위한 정치를 요구하는 시대이며, 반자연주의적이며 인도주의적 잡지 '시라카바 しらかば・白樺 (1910)'가 창간되었습니다. 시가 나오야 しが なおや・志賀直哉, 1883~1971 는 강한 자기주장과 간결한 묘사・문체를 특징으로 하는 작가이지만, 그 대표 장편 소설 '암야 행로 あんやこうろ・暗夜行路 (1921)'는 어두운 숙명을 넘어 범신론적인 구원의 경지에 이르는 과정이 그려져 있습니다.

다이쇼 중기에는 감성적인 실감보다 이지적인 기교나 기지를 중시하고 현실・인간에게 독자적인 해석을 더한 작풍이 나타났습니다. 아쿠타가와 류노스케 あくたがわ りゅうのすけ・芥川龍之介, 1892~1927 는 모리 오가이의 영향을 받아 중세의 고전인 '곤자쿠 모노가타리 今昔物語'에서 소재를 취한 '라쇼몽 らしょうもん・羅生門 (1915)'과 '하나 はな・鼻 (1916)'를 발표해 인간 에고이즘에의 불신 등을 형상화하였습니다. 역사적 사실을 근대적으로 해석하여 거기에서 자기의 문체를 이끌어 내 자아와 싸우면서 소설을 썼습니다.

다이쇼 10년 전후부터 인도주의 대신 보다 급진적인 무정부주의나 막시즘 문학이 대두하여 마르크스주의에 근거하는 프롤레타리아 문학이 주류가 되었습니다.

제1차 세계대전 말경부터 리얼리즘을 부정하는 전위 예술이 일본에도 소개되었고 세계 대전과 간토대지진 かんとうだいじしん・関東大地震 (1923年) 후의 사회 동요, 인간 상실의 위기감을 반영해 의인법・비유・의성어 등을 이용한 신선한 문체를 통해 현실을 감각적으로 표현하는 신감각파인 가와바타 야스나리 かわばた やすなり・川端康成, 1899~1972 는 '이즈의 무희 いずのおどりこ・伊豆の踊り子 (1926)'를 발표하였습니다. 그의 작품은 일본 고전에 근원을 두었으며, 그 밑바닥에는 서정성이 넘치고 있습니다.

쇼와시대 しょうわじだい・昭和時代, 1926~1989

중일 전쟁(1937) 이후 극단적인 문화 통제의 공백기를 거쳐 패전에 이르렀고 제2차 세계대전의 패전을 계기로 군국주의・전통주의로부터 벗어나 민주주의・근대주의로의 변화가 주창되어 정치의 지배로부터 문학을 해방, 근대적 자아를 확립하는 것을 목표로 한 '근대문학 近代文学 (1946)'이 창간되었습니다.

탐미적인 경향을 나타내는 '가면의 고백 かめんのこくはく・仮面の告白 (1949)' '금각사 きんかくじ・金閣寺 (1956)'의 미시마 유키오 みしま ゆきお・三島由起夫, 1925~1970, '사양 しゃよう・斜陽 (1947)', '인간 실격 にんげんしっかく・人間失格 (1948)'의 다자이 오사무 だざい おさむ・太宰治, 1909~1948 등이 등장하였고, 엔치 후미코 えんち ふみこ・円地文子, 1905~1986, 고우다 아야 こうだ あや・幸田文,

1904~1990, 아리요시 사와코 ありよし さわこ・有吉佐和子, 1931~1984 등의 여류 작가가 배출된 것이 전후문학의 특징 중 하나입니다.

'위대한 문학의 실험자'라고 불리는 아베 코보 あべ こうぼう・安部公房, 1924~1993 는 '벽 かべ・壁 (1951)' '모래 소녀 すなのおんな・砂の女 (1962)'로 일본의 문학을 현대화했고, 현대 도시 소설은 아베 코보로부터 시작되어 구라하시 유미코 くらはし ゆみこ・倉橋由美子, 1935~2005, 오에 겐자부로 おおえ けんざぶろう・大江健三郎, 1935~현재, 무라카미 하루키 むらかみ はるき・村上春樹, 1949~현재, 요시모토 바나나 よしもと ばなな・吉本ばなな, 1964~현재 등으로 계승되어 갔습니다. 이들의 문학적 실험의 시행착오가 일본 문학의 국제성을 높여 왔다고 말할 수 있을 것입니다.

1976년에 '한없이 투명에 가까운 블루 限りなく透明に近いブルー'로 무라카미 류 むらかみ りゅう・村上龍, 1952~현재 가 등장, 1979년에 '바람의 노래를 들어라 風の歌を聴け'로 무라카미 하루키가 등장했습니다. 이 두 무라카미를 중심으로 문학계는 1980년대에 접어들게 됩니다. 1981년 다나카 야스오 たなか やすお・田中康夫, 1956~현재 는 필요이상으로 속박하지 않고 사는 젊은이의 삶의 방식을 '어쩐지 크리스탈 なんとなくクリスタル'에 표현했고, 요시모토 바나나는 '키친 キッチン (1987)'과 '암리타 アムリタ (1994)' 등에서 파격적인 말투와 비유표현을 사용해 현재의 언어실태를 그대로 반영하기도 했습니다.

재일한국인 문학

재일한국인 작가는 김사량, 김달수, 김석범, 이회성, 유미리, 이양지, 현월, 김길호 등이 있습니다. 재일한국 문학이 주목받은 것은 김사량 金史良, 1914~1950 의 '빛 안에 光の中に (1939)'가 최초였습니다. 이 작품은 아쿠타가와상 후보작으로 올라가기도 했습니다. 제2차 세계대전 후 재일 문학의 중심적 지주가 된 것은 조선의 해방과 독립에 불타는 군상을 그린 '현해탄 玄海灘 (1952)', '태백산맥 太白山脈 (1969)'의 작가 김달수 金達寿, 1919~1997등입니다. 김달수의 태백산맥은 해방 이후부터 대구인민항쟁까지 시대적 배경을 다룬 소설입니다. 김석범 金石範, 1925~현재 은 1948년 4월 3일 제주도에서의 무장 봉기를 그린 '화산도 火山島 (1976)'을 약 20년에 걸쳐서 완성시켰습니다.

이회성 李恢成, 1935~현재 은 사할린 출신으로 한인교포의 사할린에서의 삶을 그린 작가입니다. 1969년 '또 다시의 길 またふたたびの道'로 군상 群像 신인상, 1972년 '다듬이질 하는 여자 砧をうつ女'로 아쿠타가와상 芥川賞, 1994년 '백년의 여행자들 百年の旅人たち'로 노마 野間 문예상을 수상하였습니다. 이양지 李良枝, 1955~1992 는 1988년에 발표한 '유희 由熙'로 제100회 아쿠타가와상을 수상하였습니다.

   그 후 등장한 유미리 柳美理, 1968~현재 는 1993년 '물고기의 축제 魚の祭'로 기시다구니오 岸田國士 희곡상, 1996년 '풀 하우스 フルハウス'로 노마 문예 신인상, 이즈미교카 泉鏡花 문학상, 1997년 '가족 시네마 家族シネマ'로 아쿠타가와상, 1999년 '골드 러쉬 ゴールドラッシュ'로 기야마 쇼헤이 木山捷平 문학상 등을 수상, 오늘날의 점점 무너지고 있는 가정문제를 부각시켜 그 심각성을 알리는 작품을 쓰고 있습니다. 재일 문학은 세계 속의 문학으로 전환하는 시대를 맞이하고 있습니다.

문학상 ぶんがくしょう・文学賞

노벨문학상 수상 작가

일본인 작가로서는 최초로 1968년에 가와바타 야스나리 かわばた やすなり・川端康成가 노벨문학상을 받았는데, 바로 그의 대표작인 『유키구니 ゆきぐに・雪国 (설국)』라는 작품입니다. 그 후 1994년에 오에 겐자부로 おおえ けんざぶろう・大江健三郎 도 노벨문학상을 수상하였습니다. 그의 대표작으로는 『개인적인 체험 個人的な体験 』, 『만연원년의 풋볼 万延元年のフットボール 』 등이 있습니다. 수상식에서 가와바타 야스나리는 '아름다운 일본의 나 美しい日本の私', 오에 겐자부로는 '애매한 일본의 나 あいまいな日本の私'라는 제목으로 기념강연을 하였습니다.

대표적인 문학상인 아쿠타가와상 芥川賞 과 나오키상 直木賞

아쿠타가와상과 나오키상은 모두 1935년 문예춘추사 文藝春秋社 에서 제정하였고 연 2회 1월과 7월에 발표하고 있습니다.

나오키상 直木賞 은 나오키 산주고 なおき さんじゅうご・直木三十五 가 사망하였을 때 문예춘추사의 주필이자 친구인 작가 기쿠치 칸 きくち かん・菊池寛 의 제안에 의해서 만들어진 문학상으로, 대중

문학 작가에게 주어집니다.

　아쿠타가와상 あくたがわしょう・芥川賞 역시 기쿠치 칸의 발의로 만들어진 문학상으로 아쿠타가와 류노스케를 기념하여 만든 상입니다. 일본 최고의 신인작가 등용문으로 알려져 있으며 순수문학 작가에게 주어집니다. 한 해 두 차례 수상자가 결정되지만, 수상자가 없는 경우도 있습니다. 재일 한국작가 이회성과 이양지도 이 상의 수상자입니다.

베스트셀러 ベストセラー

① [단행본]

다음의 단행본은 밀리언셀러 중에서도 발행부수가 많은 것과 한국어로 번역 출간 된 것을 중심으로 소개합니다.

작품명	저자	출판사
길을 열다 道をひらく (1968)	마쓰시타 고노스케	PHP연구소
일본 침몰 日本沈没 상・하 (1973)	고마쓰 사쿄	고분샤 光文社
창가의 토토 窓ぎわのトットちゃん (1981)	구로야나기 데쓰코	고단샤 講談社
나무탑 허물기 積木くずし (1982)	호즈미 다카노부	기리하라쇼텐 桐原商店
노르웨이의 숲 ノルウェイの森 상・하 (1987)	무라카미 하루키고	단샤 講談社
대왕생 大往生 (1994)	에이 로쿠스케	이와나미신쇼 岩波新書
뇌내 혁명 脳内革命 (1996)	하루야마 시게오	선마크 출판
오체불만족 五体不満足 (1998)	오토다케 히로타다	고단샤 講談社
일식 日蝕 (1999)	히라노 게이치로	신초샤 新朝社
키친 キッチン (1999)	요시모토 바나나	가도카와분코 角川文庫
세상의 중심에서 사랑을 외치다 世界の中心で、愛をさけぶ (2001)	가타야마 교이치	쇼각칸 小学館
공중그네 空中ブランコ (2002)	오쿠다 히데오	분슌분코 文春文庫
남쪽으로 튀어 サウスバウンド 1, 2 (2005)	오쿠다 히데오	가도카와분코 角川文庫
행복의 법 幸福の法 (2007)	오카와 류호	행복의과학출판
1Q84 1Q84 (2009)	무라카미 하루키	신초샤 新朝社

② [만화]
일본 내에서 1억 부 판매를 돌파한 만화 (단행본, 문고판, 관련서적 포함)는 다음과 같습니다.

작품명	저자	연재개시	출판사
고르고 13 ゴルゴ13	사이토 다카오	1968년	쇼각칸 小学館
도라에몽 ドラえもん	후지코. F. 후지오	1969년	쇼각칸 小学館
블랙잭 ブラック・ジャック	데쓰카 오사무	1973년	아키다쇼텐 秋田書店

전래동화 むかしばなし・昔話

일본의 전래동화를 무카시바나시라고 합니다. 예부터 전해 내려오는 일본인의 지혜와 정서를 잘 나타내고 있죠. 유치원 등에서 앞면에는 그림을, 뒷면에는 그 내용을 써넣은 가미시바이 かみしばい・紙芝居 를 이용해서 아이들에게 알려주고 있답니다. 여기에서는 전체적인 줄거리와 도입부를 소개하겠습니다.

쓰루노 온가에시 つるのおんがえし・鶴の恩返し
어느 겨울날 할아버지는 눈 속에서 덫에 걸려있는 한 마리의 학을 구해주었습니다. 그날 밤 우연히 길 잃은 한 여인이 찾아와서 절대로 방안을 들여다보지 말라고 부탁한 뒤 옷감을 짜기 시작했습니다. 그러나 호기심 많은 할머니가 그만 그녀의 당부를 어기고 몰래 방안을 들여다보았습니다. 그 순간 여인은 학이 되어 날아가 버리고 말았습니다.

　むかし、むかし、あるところにおじいさんとおばあさんが住んでいました。二人は貧しかったけれどもとても親切でした。ある寒い雪の日、おじいさんは町へたきぎを売りに出かけた帰り、雪の中に何かが動いているのを見つけました。

모모타로 ももたろう・桃太郎

어느 날 강가에서 빨래를 하던 할머니가 물에 떠내려 오는 복숭아를 발견하였습니다. 복숭아를 집으로 가져와 자르자, 안에서 커다란 남자 아이가 나왔습니다. 노부부는 아이에게 모모타로라는 이름을 지어주었습니다. 어느 날 모모타로는 개, 원숭이, 꿩과 함께 도깨비 섬의 요괴를 퇴치하러 가서 성의 금은보화를 한가득 받아 돌아왔습니다.

　むかし、むかし、あるところにおじいさんとおばあさんが住んでいました。おじいさんは山へしば刈りに、おばあさんは川へ洗濯に行きました。すると大きな桃が流れてきました。

잇슨보시 いっすんぼうし・一寸法師

옛날 어느 곳에 노부부가 살고 있었습니다. 자식이 없던 이들은 매일매일 기도했고, 간절히 바란 덕분인지 아이가 생겼답니다. 태어난 아이는 3센티미터 정도로 키가 매우 작아 잇슨보시라고 불렸습니다. 어느 날 수도로 가서 무사가 되겠다며 배로 쓸 밥공기, 노로 쓸 젓가락, 칼로 쓸 바늘, 칼집으로 쓸 짚을 갖고 길을 떠납니다. 큰 대궐집의 하인이 된 잇슨보시는 주인집 딸을 호위하여 신사 참배에 나섰다가 도깨비를 만나게 되었습니다. 잇슨보시는 도깨비를 물리치고 요술방망이를 얻어 눈 깜짝할 사이에 멋진 남자가 되었고, 주인집 딸과 결혼하게 되었습니다.

　むかし、むかし、あるところにおじいさんとおばあさんが住んでいました。子供のない二人は毎日子供が授かるよう神様に祈っていました。

우라시마 다로 うらしまたろう・浦島太郎

옛날 옛날에 우라시마 다로라는 마음 착한 어부가 아이들에게 괴롭힘을 당하고 있는 거북이를 구해주었습니다. 거북이는 그 보답으로 그를 등에 태우고 용궁으로 갔습니다. 며칠 동안 용궁에서 즐거운 시간을 보낸 우라시마는 마을일이 생각났습니다. 헤어질 때 공주님은 그에게 작은 상자 하나를 건네며 곤란한 일이 생기거든 상자를 열어보라고 했습니다. 마을로 돌아온 그는 어찌된 일인지 자신의 집도, 어머니도 찾을 수가 없게 되어 상자를 열어보기로 했습니다. 그러자 하얀 연기가 피어올라, 우라시마는 눈 깜짝할 사이에 할아버지가 되고 말았습니다.

　むかし、むかし、あるところに浦島太郎という心やさしい漁師が住んでいました。ある日のことです。浜辺を歩いていると一匹の亀が子供達にいじめられているのを見まし

た。そこで浦島太郎は亀を助けてやりました。

가구야히메 かぐやひめ・かぐや姫

　어느 날 할아버지는 숲에 갔다가 빛나는 대나무 안에서 갓난아이를 발견하였습니다. 할아버지와 할머니는 그 아이를 가구야히메라고 불렀습니다. 가구야히메는 아름다운 여인이 되어 많은 사람들로부터 구혼을 받았지만 누구의 청혼도 받아들이지 않았습니다. 할아버지와 할머니가 그 이유를 묻자 가구야히메는 11월 15일 밤에 자신이 태어난 달나라로 돌아가야 한다고 대답했습니다. 가구야히메를 보내고 싶지 않았던 할아버지는 많은 무사들을 시켜 그녀를 지키도록 하였으나 보름달 밤 환한 금색의 빛을 쬔 무사들은 힘을 잃고 잠들어 버렸습니다. 가구야히메는 빛 속에서 나타난 천사와 함께 하늘높이 올라갔습니다.

　むかし、むかし、あるところにおじいさんとおばあさんが住んでいました。おじいさんは竹を切ってかごやざるを作って暮らしていました。ある日のことです。

▶ http://www.geocities.co.jp/HeartLand-Gaien/7211 일본 옛날이야기 사이트

동요 どうよう・童謡

1918년 '붉은 새 あかいとり・赤い鳥'라는 아동문예잡지가 창간되었습니다. 이 잡지를 통해 아동문학 발전에 진력한 대표자는 스즈키 미에키치 すずき みえきち・鈴木三重吉, 1882~1936 로, 기타하라 하쿠슈 きたはら はくしゅう・北原白秋, 1884~1942 의 협력을 얻어 아이들의 아름다운 공상이나 감정을 길러주는 시와 노래를 창작했습니다. 이러한 움직임을 '다이쇼기 大正期 의 동요운동'이라고 합니다. 이는 가사가 난해한 창가 唱歌 에 대한 창작운동이기도 했습니다. 일반적으로 '동요'란 이 동요운동 및 이 이후에 만들어진 '어린이를 위해 만들어진 가곡'이라고 정의할 수 있습니다. 엄밀하게는 창작동요라고 하며, 학교 교육용으로 만들어진 창가나 자연발생적으로 만들어진 와라베우타 わらべ歌 (자연동요,전승동요) 와는 다릅니다. 기타하라 하쿠슈는 다이쇼 たいしょう・大正 에서 쇼와시대 しょうわじだい・昭和時代 에 활약한 시인으로, 동요・시뿐만 아니라 많은 단가 短歌를 발표하였습니다. '붉은 새 あかいとり・赤い鳥'는 군국주의의 기운이 시작되는 1929년에 휴간, 1936년에 폐간되었으나 당시의 동요는 지금까지도 많은 사람들에게 불려지고 있습니다.

대표적인 동요에는 어떤 것이 있나요?

'다이쇼기의 동요운동' 기간에 세상에 발표된 곡은 사이조 야소 さいじょう やそ·西条八十, 1892~1970 의 '카나리아 かなりあ', 기타하라 하쿠슈의 '붉은새 작은새 赤い鳥小鳥'와 '고향 생각 里ごころ', 노구치 우조 のぐち うじょう·野口雨情, 1882~1945 의 '푸른 눈의 인형 青い眼の人形'과 '보름날의 달님 十五夜お月さん', '일곱 명의 아이 七つの子' 등이 있습니다.

제2차 세계대전 후에는 베이비붐이 일어, 다시 한 번 아이들의 노래에 관심이 높아졌습니다. '코끼리 ぞうさん', '멍멍이 경찰아저씨 いぬのおまわりさん' 등이 이 시기에 만들어졌고, 그 후 1970년대에 '핑퐁팡 체조 ピンポンパン体操', '헤엄쳐라! 붕어빵아 およげ！たいやきくん', '경단 3형제 だんご３兄弟'등의 대 히트곡이 나왔으나 최근에는 애니메이션 곡 등에 떠밀려 예전처럼 가정에서 동요를 부르는 일은 별로 없습니다

6장 전통예술과 일본문학

 다음 퀴즈를 풀어보면서 배운 내용을 정리하고 복습해 봅시다.

* 전통적인 여관이나 호텔등에서 편히 쉴 때나 목욕후에 입으며, 여름의 평상복으로도 사용하는 한 겹의 기모노着物는 무엇일까요?

  유카타ゆかた・浴衣

* 일본 전통 예술의 하나로서 꽃, 잎사귀, 나뭇가지등의 소재를 그릇에 담아 가꾸는것으로, 현재 약3천개 정도의 유파가 있으며 세습제인 이에모토家元제도로 되어있는 이것은 무엇일까요?

  이케바나いけばな・生け花

* 7월 7일, 은하수를 사이에 두고 견우와 직녀가 1년에 한 번 만난다는 날입니다. 오색 단자쿠短冊에 노래나 소원등을 써서 색지장식과 함께 대나무에 매달고 다음날 대나무째 강이나 바다로 떠내려 보내는 이 날을 무엇이라고 할까요?

  다나바타たなばた・七夕

* 귀신을 쫓는 역할을 한다고 믿어 원래 절에서 사용 되었으나 에도시대江戸時代부터 서민적인것이 되었습니다. 여름철에 처마 밑에 달아 놓고 바람이 불면 맑은소리를 내게 하는 이것은 무엇일까요?

  후린ふうりん・風鈴

* 궁중의 여자 관리였던 무라사키시키부紫式部가 쓴 책으로 11세기에 지어진 세계에서 가장 오래된 장편소설입니다. 히카루겐지光源氏의 일생과 그를 둘러싼 일족들의 생애를 서술한 이 책은 무엇일까요?

  겐지모노가타리げんじものがたり・源氏物語

* '나는 고양이로소이다', '도련님'등을 발표한 작가로 문명 비평을 시도한 청결하고 박식한 지식인인 이 사람은 누구일까요?

  나쓰메소세키なつめそうせき・夏目漱石

* 메이지시대明治時代 일본 근대 소설의 개척자중 한 명으로 뛰어난 문장력의 천재 여류 작가입니다. 대표작으로는 '키재기', '흐린강'등이 있으며, 5천엔 지폐의 앞면에 나오기도 하는 이 작가는 누구일까요?

히구치 이치요ひぐちいちよう・樋口一葉

* 차 도구를 준비하여 차를 만들어 마시는 모든 예법을 말하는 것으로, 차 매너 뿐만 아니라 한적한 가운데 느껴지는 정취(와비わび), 합리성, 그리고 사람에 대한 배려등 많은 요소들이 포함 되어 있기 때문에 형식미를 구현하는 정신 문화라고도 말하는 이것은 무엇일까요?

다도さどう・茶道

* 일본의 보자기를 지칭하며, 기모노着物 차림에 들기도 하고 판촉물이나 증정품으로 사용하기도 하는 것으로 1991년 환경 친화적 물건으로 인정받아 에코마크를 획득하면서 2000년부터 2월 23일을 이것의 날로 정했다고 합니다. 이것은 무엇일까요?

후로시키ふろしき・風呂敷

* 다이쇼大正기를 대표하는 아쿠타가와 류노스케芥川龍之介의 단편입니다. 헤이안시대平安時代의 헤이케모노가타리平家物語를 주제로하여, 살아가기 위한 악이라는 인간의 에고이즘을 잘 묘사한 작품은 무엇일까요?

라쇼몽らしょうもん・羅生門

* 일본 전통 예술중 하나이며 음악과 춤이 중심이 된 일종의 무용극으로, 여성은 무대에 설 수 없고 여장 남자만이 연기 할 수 있는 이 예술은 무엇일까요?

가부키かぶき・歌舞伎

* 서민을 위한 성인용 인형극으로 유네스코 세계무형문화유산으로 지정되었으며 닌교조루리人形浄瑠璃 라고도 불리는 일본의 전통 무대예술은 무엇일까요?

분라쿠ぶんらく・文楽

* 우수에 찬 듯한 서정성으로 고대 일본문학의 전통을 현대에 되살려놓은 작가로, '이즈의 무희', '설국'등의 대표작이 있으며, 1968년 노벨문학상을 받은 소설가는 누구일까요?

가와바타야스나리かわばたやすなり・川端康成

* 일본 고유의 시 형식으로, 계절을 나타내는 '기고きご·季語'를 반드시 넣어서 만들어야 합니다. 5·7·5의 3구句 17음절을 기본으로 하는 일본 고유의 음운문학은 무엇인가요?

    하이쿠はいく·俳句

* 일본의 권위있는 문학상으로 1935년 문예춘추사文藝春秋社에서 제정하였고, 1년에 2회 대중문학 작가에게 주어지는 상은 무엇일까요?

    나오키상なおきしょう·直木賞

* 일본 다도茶道를 정립한 것으로 유명한 역사적 인물로, 간소하고 차분한 일본의 미의식인 와비わび의 개념을 다도에 끌어들여 와비차わび茶를 완성한 사람은 누구인가요?

    센노리큐せんのりきゅう·千利休

* 일본의 전통적인 예능이나 예도의 전승방식으로, 자기 유파의 예도를 지키며 유파를 통솔·관리하는 제도를 무엇이라고 하나요?

    이에모토いえもと·家元제도

* 상인들의 전통과 자부심을 상징하는 것으로, 상품의 품질을 보증한다는 의미를 담아서 가게 이름이나 문양을 새겨 상점 입구에 걸어 놓는 천을 무엇이라고 할까요?

    노렌のれん·暖簾

* 민요의 반주및 근세 일본음악의 대부분의 종목에 사용되는, 세줄로 된 일본의 가장 대표적인 현악기는 무엇일까요?

    샤미센しゃみせん·三味線

* 에도시대江戸時代 초기부터 막부시대幕府時代 말까지 교토京都를 중심으로 한 서민의 풍속및 일상생활, 자연풍경, 풍물을 사실적으로 묘사한 민화로, 후에 서양미술의 인상파에 영향을 준 그림을 무엇이라고 할까요?

    우키요에うきよえ·浮世絵

제7장
건축물과 명소

성 おしろ・お城

오시로란?
오시로는 성城 을 의미합니다. 15세기 전후부터 군사적인 목적으로 성을 쌓기 시작하여 교통의 요지에 성들을 세워 권력의 상징으로 삼았습니다.

오시로는 어떤 모습인가요?
성곽을 둘 또는 세 구역으로 나누어 성의 중심이 되는 건물인 혼마루ほんまる・本丸, 본성의 바깥쪽을 둘러싸고 있는 성곽인 니노마루にのまる・二の丸, 그것을 둘러싼 외성外城 인 산노마루さんのまる・三の丸로 구성되어 있으며, 성의 둘레는 우치보리うちぼり・内堀와 소토보리そとぼり・外堀라는 두 개의 해자垓子가 둘러싸고 있습니다. 중심부에는 성주의 거처로 쓰이던 덴슈카쿠 てんしゅかく・天守閣 라 불리는 높은 누각이 3층 또는 5층으로 우뚝 솟아 있어 주위를 한눈에 내려다 볼 수 있습니다.

19세기 말 근대화 초기에 봉건적 잔재를 없앤다는 목적으로 144개의 성 중에서 132개가 철거되어 현재까지 원형을 잘 유지하고 있는 성은 12개이며, 그 이외의 성들은 제2차 세계대전 이후 재건한 것입니다.

오카야마성

유명한 일본의 성은 어떤 것이 있나요?

① 히메지성 ひめじじょう・姫路城

히메지성은 효고현 ひょうごけん・兵庫県 히메지시 ひめじし・姫路市 에 있으며 1993년 일본 최초로 세계문화유산으로 등록되었습니다. 일본에서 가장 아름다운 성으로도 유명한 히메지성은 성벽에 흰색 옻칠을 하여 그 모습이 마치 백로가 날아오르는 듯 하다해서 시라사기 しらさぎ・白鷺 (백로)성 이라고도 불립니다. 목조로 된 건물이기 때문에 화재에 대비하기 위해 불에 강하고 견고한 보강재 인 흰 옻칠을 하였습니다.

성내 구조물 중 하나인 덴슈카쿠 てんしゅかく・天守閣 는 영주가 거주하거나 정무를 돌보는 본채 라고 생각하면 됩니다. 해발고도는 92미터이고 복도로 이어지는 연립식인데, 이는 일본 다른 성에 서도 볼 수 없는 유일한 구조입니다. 성으로 침범한 적들이 덴슈카쿠로 오르는 동안 등을 보이게끔 길을 꾸불꾸불하게 하거나 좁은 틈을 만들어 놓고 거기에는 어김없이 철포와 화살, 돌, 끓는 기름 으로 공격할 수 있는 장비가 놓여 있습니다. 히메지성의 덴슈카쿠는 외관상 5층으로 보이지만 내 부는 7층으로 되어 있고, 지진에 대비하여 지름 90센티미터의 기둥이 받치고 있습니다.

한편 히메지성은 전투를 위한 요새로서도 손색이 없을 정도입니다. 성벽을 따라 연못을 만든 해 자가 삼중으로 되어있으며, 덴슈카쿠에 이르는 길은 들어가기 힘들도록 미로와 같이 만들고 의도

히메지성

오사카성

적으로 문도 작게 만들어 놓았습니다. 관람코스를 가리키는 표식 じゅんろ·順路 을 따라가지 않고 개인 행동을 하다가는 미아가 되기 쉽습니다.

히메지성은 영화 '라스트 사무라이'에도 등장했고 '센과 치히로의 행방불명'의 모델이 되기도 했습니다.

② **오사카성** おおさかじょう·大阪城

도요토미 히데요시 とよとみ ひでよし·豊臣秀吉 가 세운 일본 최대의 성으로 도요토미 히데요시의 유물이 전시되어 있는 박물관이기도 합니다. 그는 오사카성의 축성과 함께 도시 체계를 정비하여 오늘날 오사카의 기반을 닦았습니다. 힘 센 장수들이 커다란 돌들을 전국에서 가져오면 벼슬을 주기도 했고 돌에 이름을 새겨주기도 하였다고 합니다.

일본 전국을 통일한 그의 권력의 상징과도 같았던 오사카성은 그의 사후 17년만인 1615년 도쿠가와 이에야스 とくがわ いえやす·德川家康 가 일으킨 전투에서 파괴됩니다. 그 후 1620년 대대적인 개축 공사를 시작하여 10년 만에 재건하였으나, 다시 36년이 지난 후 번개를 맞게 되죠. 현재 덴슈카쿠는 1931년 오사카 시민들이 새로 만든 건물로 금으로 색칠된 부분이 많습니다.

구마모토성

③ 구마모토성 くまもとじょう・熊本城

약 7년간의 대공사로 1607년에 완공되었습니다. 도요토미 히데요시와 함께 임진왜란 때 우리나라 침공을 진두지휘한 가토 기요마사 かとう きよまさ・加藤清正 가 자신의 한반도 침략으로 얻은 조선식 축성술 지식을 바탕으로 만들었습니다. 성으로 가는 다리를 지나면 그의 좌상 坐像 뒤로 웅장한 성이 버티고 있습니다. 성벽의 아랫부분은 완만하게 되어 있지만 위쪽은 휘어진 모양으로 보병은 물론 아무도 기어오를 수 없게 되어있으며, 성내에는 은행나무를 심어 공격에 방비할 수 있게 하여 일본의 내란 때에도 난공불락의 요새로 위세를 떨칠 수 있었다고 합니다. 내부는 가토 かとう・加藤 일가와 구마모토의 역사에 관련된 자료 및 도검류가 전시된 박물관으로 되어 있습니다.

④ 나고야성 なごやじょう・名古屋城

도쿠가와 이에야스가 축성한 것으로 1612년에 완성되었습니다. 국유화하기 이전인 메이지시대 めいじじだい・明治時代 전까지만 해도 도쿠가와 집안이 대물림하며 살아온 곳입니다. 1945년 5월 나고야 공습으로 소실되어 전후 14년 뒤인 1959년 재건되었습니다. 하지만 세 개의 문과루는 공습을 피해 그대로 남아있어서 외관은 과거의 위용을 그대로 지녔으며, 소실되었던 장식 기와인 샤치호코 しゃちほこ・鯱 도 재현해 놓았습니다.

덴슈가쿠에는 도쿠가와 이에야스와 관련된 자료를 전시해 놓았고, 전망대가 있는 꼭대기까지는 엘리베이터로 올라갑니다. 성을 둘러싼 넓은 공원에는 2천여 그루의 벚나무가 있어 매년 봄마다 아름다운 벚꽃을 감상할 수 있습니다.

⑤ **고쿄** こうきょ・皇居

　고쿄는 천황과 그 일가가 살고 있는 곳으로 일본다운 정취를 느끼게 하는 곳입니다. 1457년에 처음 성채가 세워질 때만 해도 주변은 한적한 어촌이었다고 합니다. 1603년 도쿠가와 이에야스가 집권하면서 50여년에 걸친 대대적인 공사를 하여 이 일대의 바다를 매립하고 에도성을 축조한 후, 지금과 같이 웅장한 모습을 갖게 된 것이죠. 1869년 천황가가 여기서 살기 전까지는 막부의 집권자가 살았다고 합니다. 고쿄의 면적은 115만제곱킬로미터로 건물 중 일부는 제2차 세계대전 때 큰 피해를 입어 파괴당했다가 1968년에 재건한 것입니다.

　평소에는 가이드 투어를 예약한 사람만 들어갈 수 있으며, 1년에 두 번 신년과 천황의 생일에는 예약 없이도 들어갈 수 있는데, 그때는 도쿄 とうきょう・東京 의 많은 시민들이 천황을 보려고 몰려 오기도 합니다. 고쿄 외곽의 산책로인 고쿄가이엔 こうきょがいえん・皇居外苑 을 거쳐 해자쪽으로 가면 고쿄로 들어가는 입구에 안경 모양의 메가네바시 めがねばし・めがね橋 가 있는데, 고쿄의 상징으로 여겨지고 있습니다.

나고야성

유네스코에 등록된 세계유산

　세계유산 협약은 각국의 문화와 자연유산을 인류 전체를 위한 유산으로서 손상과 파괴의 위협으로부터 보호·보존하기 위한 국제적인 협력 체제를 확립할 것을 목적으로 1972년 유네스코 총회에서 제정한 것입니다. 세계유산은 각국으로부터 매년 7월 말까지 유네스코(UNESCO)에 추천된 각각의 유산이 정해진 기준에 해당하는지 세계유산 위원회에서 엄정하게 심사하여 '세계 유산 일람표'에 등록합니다. 일본은 많은 문화유산과 자연유산이 등록되어 있습니다.

　세계유산은 문화유산, 자연유산, 복합유산으로 구분됩니다.
- **문화유산** : 보편적 가치가 있는 기념물, 건축물, 유적, 문화적 경관 등
- **자연유산** : 보편적 가치가 있는 지형이나 지진, 생태계, 경관, 멸종위기의 동식물의 서식·서식지 등을 포함한 지역
- **복합유산** : 문화유산과 자연유산의 양쪽의 가치를 모두 갖춘 유산

❶ 호류지 ほうりゅうじ·法隆寺 지역의 불교 건축물

- 등록일 : 1993. 12. 11 (문화유산)
- 소재지 : 나라현 ならけん·奈良県

호류지는 스이코 왕 推古王 의 조카이자 요메이 ようめい·用明 천황의 황태자인 쇼토쿠 しょうとく

호류지

・聖徳 가 601~607년에 아버지를 위하여 건립한 절로, 벼락을 맞게 되어 한 번 소실되었으나 8세기 초에 재건되었습니다. 스이코 양식인 금당・오층탑을 중심으로 하는 서원 西院 과, 덴표 てんぴょう・天平 양식인 몽전夢殿을 중심으로 하는 동원 東院 의 두 부분으로 이루어져 있습니다. 이곳에 있는 48개의 불교기념물은 목조건축물의 대표작으로, 동일 양식으로는 일본에서 가장 오래된 것들입니다. 그중 11개는 8세기 또는 그 이전에 건립된 것으로 일본 불교문화의 윤곽과 중국 불교건축의 채택을 알려주는 예술사적 중요 연대를 나타내주고 있습니다.

특히 금당 벽화, 중국의 운강석불 雲崗石仏, 경주의 석굴암 등과 함께 동양 3대 미술품의 하나로 꼽히고 있습니다. 20세기 중엽 금당을 해체 수리하던 중 하층부가 소실, 이 벽화가 손상되었으나 후일 복원 모사가 이루어졌으며, 현재는 벽면에 그 모사가 봉안되어 당시의 모습을 그대로 오늘날까지 전하고 있습니다.

❷ 히메지성 ひめじじょう・姫路城

- 등록일 : 1993. 12. 11 (문화유산)
- 소재지 : 효고현 ひょうごけん・兵庫県

히메지성은 1600~1609년에 도쿠가와 이에야스 とくがわ いえやす・徳川家康 의 사위 이케다 데루

가을날의 히메지성

마사 いけだ てるまさ・池田輝政 가 건설한 일본 성곽 건축의 대표적인 작품으로, 해발 약 45미터인 히메지산에 자리 잡고 있습니다. 약 15미터의 돌담을 쌓고 그 위에 세운 전형적인 평산성 平山城 으로서, 대천수각과 동・서・북서쪽 소천수각들의 사이를 연결한 천수각군은 전체적으로 사각형 형태를 이루고 있습니다. 대천수각은 밖에서 보면 5층, 안은 7층으로, 남아있는 천수각 중 가장 큰 규모입니다.

　백로에 빗대어 시라사기성 しらさぎじょう・白鷺城 이라고도 합니다. 고도로 발달된 방어시스템과 교묘한 보호장치를 갖춘 83개의 전각이 있어, 일본 쇼군 しょうぐん・将軍 시대 초기의 봉건문화를 이해하는데 큰 도움이 되며, 목조건축의 예술성과 장식성에서도 뛰어난 가치를 지니고 있습니다. 천수각, 망루, 토담, 문, 돌축대, 해자 등 성 전체가 초기의 성곽 모습을 잘 보존하고 있습니다.

❸ 야쿠시마 やくしま・屋久島

- 등록일 : 1993. 12. 11 (자연유산)
- 소재지 : 가고시마현 かごしまけん・鹿児島県

야쿠시마는 태평양과 동중국해의 경계에 있는 섬입니다. 열대와 온대가 교차하는 산악섬이기 때문에 산정에는 고산 식물, 중턱에는 삼나무 숲, 해안선에는 아열대 식물이 많이 자라고 있어서 식물의 수직분포를 두루 관찰할 수 있어 생태 지리학적 가치가 높은 섬입니다. 수령 3,000년이 넘는 거대한 삼나무인 야쿠스기 やくすぎ・屋久杉 도 잘 보존되어 있으며 삼나무를 비롯한 난대원생림은 동북아는 물론 아시아 전역에서도 쉽게 찾아보기 어려운 자연생태계를 간직하고 있습니다. 고대

야쿠시마

원시림인 시라타니운스이 しらたにうんすい・白谷雲水 협곡은 미야자키 하야오 みやざき はやお・宮崎駿 감독의 애니메이션 '모노노케 히메 もののけ姫'의 이미지 무대가 된 곳이기도 합니다.

❹ 시라카미 산지 しらかみさんち・白神山地

- 등록일 : 1993. 12. 11 (자연유산)
- 소재지 : 아오모리현 あおもりけん・青森県 과 아키타현 あきたけん・秋田県 의 접경지대

시라카미 산지는 아오모리현 서부에서부터 아키타현 북서부에 이르는 1,300제곱킬로미터의 광대한 산악지대의 총칭입니다. 신생대 때의 해저 퇴적층이 융기하여 만들어진 넓은 산지로서 현재 개방되어 있는 곳은 총 면적의 1/10정도 입니다. 이곳은 사람의 영향을 거의 받지 않은 원시적인 너도밤나무 숲이 세계 최대의 규모로 분포해 있으며, 일본영양, 딱따구리, 검독수리 등 멸종우려가 있는 귀중한 동물들이 생육 번식하고 있어 보존 가치가 높은 지역입니다.

사람과 자연이 어우러져 산의 자원을 영속적으로 이용해 나가는 전통적인 생활문화가 아직 남아 있습니다. 또한 원생적인 자연에서 2차림까지 인간이 이용하는 정도에 따른 여러 가지 자연이 남아있어, 자연과 인간이 공존하는 종합적인 문화를 볼 수 있는 지역이기도 합니다.

❺ 고대 교토 문화재

- 등록일 : 1994. 12. 17 (문화유산)
- 소재지 : 교토부 きょうとふ・京都府

옛 도읍지 교토의 대표적인 사찰·신사·성 등 모두 17곳이 세계 유산으로 지정되어 있습니다. 교토 시내에는 도지 とうじ・東寺 ·혼간지 ほんがんじ・本願寺 ·니조조 にじょうじょう・二條城 등이 있으며, 나머지 14곳의 문화재들은 모두 시 외곽에 있는 산과 강 등 아름다운 자연 경관과 밀접하게 이어져 있습니다.

① 도지 とうじ・東寺

헤이안쿄 へいあんきょう・平安京 축조 즈음인 796년에 국가 진호 鎭護 를 위해 건설되고 823년에는 구카이 くうかい・空海 에게 하사되어 진언 밀교의 사원으로서 본격적인 정비가 이루어졌습니다. 헤이안쿄의 위치와 규모를 확인할 수 있는 유일한 유적이며 진언종의 총본산으로 14~17세기의 건축물이 현존하고 있습니다. 5층탑은 1644년에 재건된 것이지만 복고적 디자인을 하고 있으며, 현존하는 탑 중 가장 높아서 교토 경관의 상징이 되고 있습니다. 교오고코쿠지 きょうおうごこくじ・教王護国寺 라고도 합니다.

도지의 모습

② 엔랴쿠지 えんりゃくじ・延暦寺

엔랴쿠지는 일본에 천태종을 전한 사이초 さいちょう・最澄가 헤이안쿄의 기문 수호를 위해 건립한 히에잔 ひえいざん・比叡山부터 시작하여 이후 호넨 ほうねん・法然, 에이사이 えいさい・栄西, 신란 しんらん・親鸞, 도겐 どうげん・道元, 니치렌 にちれん・日蓮 등 일본 불교 각파의 시조가 된 고승을 탄생시킨 수행의 절입니다. 천태종의 총본산으로 도토 とうとう・東塔, 사이토 さいとう・西塔, 요코카와 よこかわ・横川 등 세 지역의 가람 がらん・伽藍을 총칭해서 엔랴쿠지라고 합니다.

총본당인 곤폰주도 こんぽんちゅうどう・根本中堂는 1640년에 재건된 것이 현존하고 있으며 '후메쓰노 호토 ふめつの ほうとう・不滅の法灯'라고 불리는 불멸의 등불이 지금까지 꺼지지 않고 타오르고 있어, 사찰의 역사를 잘 나타내고 있습니다.

③ 우지가미신사 うじがみじんじゃ・宇治上神社

창건 연대는 헤이안시대 へいあんじだい・平安時代 후기로 추정되며, 현존하는 신사 건축물로서는 일본에서 가장 오래된 구조를 보이고 있습니다. 우지가미신사는 헤이안시대에 뵤도인 びょうどういん・平等院 이 건립됨에 따라 그 수호신을 모시는 신사가 된 후 인근 주민들부터 숭배를 받으며 유지되어 왔습니다.

④ 료안지 りょうあんじ・竜安寺

한자로는 「竜安寺」라고 쓰지만, '류안지'가 아닌 '료안지'라고 읽습니다. 1450년에 호소카와 가쓰모토 ほそかわ かつもと・細川勝元 가 창건한 임제종 묘신지파 臨済宗妙心寺派 의 유명한 사찰로, 원래는 귀족의 별장지였던 곳입니다. 흰 모래와 돌로 자연을 좁은 공간에 압축하고 추상화하여 표현한 가레산

제7장 건축물과 명소 • 315

스이식 かれさんすいしき・枯山水式 정원의 극한적 모습을 보여주어 일본 특별 명승지로 지정되어 있으며 세계적으로도 유명한 곳입니다. 배치된 15개의 돌을 보는 위치에 따라 그 개수나 모습이 달라 보이며, 어느 각도에서 보든지 자연을 표현한 정원의 돌이 다 보이지 않는 것이 특징입니다.

⑤ 니시혼간지 にしほんがんじ・西本願寺

1272년에 교토의 히가시야마 ひがしやま・東山 에 창건되었으나 1591년 도요토미 히데요시とよとみ ひでよし・豊臣秀吉로부터 사지 寺地를 하사받아 현재 위치로 이전한 정토진종의 본산으로, 16~18세기의 건축물과 특별 명승 정원이 있습니다. 고케이 정원 こけいのにわ・虎溪の庭이라 불리는 동쪽의 가레산스이식 정원은 용, 계곡, 바다를 나타내는 단순 명쾌한 구성과 화려하고도 대담한 모모야마시대 ももやまじだい・桃山時代의 호화로움을 엿볼 수 있습니다. 또한 일본에서 가장 오래된 전통 무용극 노 のう・能의 무대가 있는 것으로도 유명합니다.

⑥ 니조조 にじょうじょう・二条城

니조조의 니노마루 어전

니조조는 다른 성들과는 달리 평지에 세워져 있는 것이 그 특징입니다. 1603년 도쿠가와 이에야스의 교토 숙소로 지어졌으며, 그의 손자인 도쿠가와 이에미쓰 とくがわ いえみつ・德川家光 가 완성하였고, 그 후 1626년에 대규모 확장 보수 공사가 행해졌습니다. 현재의 니노마루 어전은 기본적으로는 당시 것입니다. 니노마루 어전 にのまるごてん・二の丸御殿 은 무사풍 서원양식을 대표하는 건축물로 당시 백성들의 원성을 피하고자 겉은 단순하고 평이하게 지었지만 그 내부의 화려함은 놀랄 정도입니다. 또한 암살자나 침입자를 막기 위해 밟으면 새 울음소리가 나는 복도 우구이스노마 うぐいすのま・鶯の間 를 설치한 것도 흥미 있는 볼거리 입니다.

⑦ 금각사 きんかくじ・金閣寺

금각사는 기요미즈데라 きよみずでら・清水寺와 함께 교토의 2대 관광지로 손꼽히는 곳입니다. 원래 이름은 로쿠온지 ろくおんじ・鹿苑寺이지만 3층 건물 중 2, 3층이 금박으로 덮여 있어 금각사로 더 많이 알려져 있습니다. 1220년에는 사이온지 さいおんじ・西園寺 가문의 별장이었으나 무로마치

금각사

은각사

시대 むろまちじだい・室町時代 (1333~1576)의 제3대 쇼군 아시카가 요시미쓰 あしかが よしみつ・足利義満 에게 바쳤다고 합니다. 그가 죽은 후에는 그의 유언에 따라 별장이 아닌 선종사원으로 바꾸었습니다. 그 후 다소 쇠퇴하였지만, 에도시대에 금각과 정원의 보수가 행해졌습니다.

정원은 기누가사산 きぬがさやま・衣笠山을 배경으로 기존의 연못에 다양한 돌장식을 놓고, 연못을 향해 3층의 호화로운 사리전 금각을 건설하고 산 위에 전망대를 설치하였습니다. 금각은 지붕을 비늘모양으로 하여 제2, 3층 전면에 금박을 하는 등, 기타야마 문화 きたやまぶんか・北山文化 의 상징이라 할 수 있는 화려한 건축물로 요시미쓰의 권위와 왕조에 대한 동경을 잘 나타내고 있습니다. 금각은 1950년에 화재로 소실되었으나 1955년에 복원되었습니다.

⑧ 은각사 ぎんかくじ・銀閣寺

1482년 8대 쇼군 아시카가 요시마사 あしかが よしまさ・足利義政 가 히가시야마 산록에 조영한 별장 히가시야마전 ひがしやまでん・東山殿을 그의 사후에 금각사를 모방해서 절로 개조한 것입니다. 금각사가 이름처럼 금박으로 덮여있어서 흔히 은각사는 은으로 덮여 있을 것으로 생각하지만, 은각사는 나무로 된 소박한 절의 모습을 하고 있으며 히가시야마 지쇼지 ひがしやまじしょうじ・東山慈照寺 라고도 합니다. 히가시야마전은 사이호지 さいほうじ・西芳寺를 모델로 삼아 만들어 졌으며, 연못으로 둘러싸인 간논덴 かんのんでん・観音殿 (지금의 은각), 지부쓰도 じぶつどう・持仏堂 (지금의 도구도) 등의 건물이 배치되어 문화인의 살롱으로서도 인기가 있었습니다.

은각은 1489년에 건축된 2층 누각으로 아래층은 일본식과 서양식이 절충된 서원풍, 위층은 선종식 불당풍으로 만들어졌습니다. 또한 정원은 연못을 중심으로 많은 명석, 수목이 배치된 지천회유식 地泉回遊式 으로 세부적인 돌 장식에 이르기까지 섬세한 디자인을 하고 있습니다.

⑨ 보도인 びょうどういん・平等院

　교토 남쪽의 우지 うじ・宇治 에 있는 사찰인 보도인은 원래 후지와라노 미치나가 ふじわらの みちなが・藤原道長 의 별장이었던 것을 헤이안 중기인 1052년 그의 아들인 후지와라노 요리미치 ふじわらの よりみち・藤原頼通 가 사원으로 개조했으며, 연못 위에 아름답게 비치는 이곳은 일본 최고의 불교 건축물로 꼽히고 있습니다. 건물 자체도 국보이고 내부에는 아미타여래상을 비롯한 3점의 국보가 있습니다. 일본의 1만 엔짜리 화폐에 그려져있는 곳이기도 합니다.

⑩ 기요미즈데라 きよみずでら・清水寺

　수많은 사찰이 있는 교토에서 금각사와 함께 가장 유명한 사찰 중 하나로 교토 시내의 전경을 감상할 수 있는 가장 좋은 장소입니다. 780년 나라 なら・奈良 에서 온 승려 예찬이 세운 절로 처음에는 기타칸논지 きたかんのんじ・北観音寺 로 불리다가, '맑은 물'이라는 뜻의 기요미즈데라로 이름을 바꾸었는데, 이 절 이름의 유래가 된 오토와 おとわ・音羽 폭포는 만병통치에 효험이 있는 성령수라고 불립니다.

　현재의 건물들은 1633년 제3대 쇼군이었던 도쿠가와 이에미쓰 とくがわ いえみつ・徳川家光 의 명에 따라 재건한 것입니다. 경사가 급한 계곡을 향해서 돌출한 본당의 넓은 마루는 '기요미즈의 무대 清水の舞台'로서 유명하며 139개의 거대한 나무기둥이 본당을 지탱하고 있습니다. 기둥의 높이는 15미터이며 본당마루에서 교토의 시내를 내려다보는 멋 또한 각별합니다. 이들 건축물 외에 본당 북쪽에 국가 명승지로 지정된 조주인 정원 じょうじゅいんていえん・成就院庭園 이 있습니다.

❻ 시라카와 しらかわ・白川 ・ 고카야마 ごかやま・五箇山

- 등록일 : 1995. 12. 9 (문화유산)
- 소재지 : 시라카와 白川 – 기후현 ぎふけん・岐阜県 오노군 おおのくん・大野郡 시라카와촌 しらかわむら・白川村
　　　　　고카야마 五箇山 갓쇼즈쿠리 合掌造り 취락 – 도야마현 とやまけん・富山県

　시라카와촌은 세계유산에 등록된 집락 중 최대규모의 갓쇼즈쿠리 가옥군으로 오기마치 おぎまち・荻町 마을 59가구, 아이노쿠라 あいのくら・相倉 마을 20가구로 이루어졌으며, 고카야마 ごかやま・五箇山 는 도야마현 とやまけん・富山県 남서부에 위치하는 다이라촌 たいらむら・平村 과 가미타이라

뵤도인

기요미즈테라

시라카와 마을

촌 かみたいらむら・上平村, 도가촌 とがむら・利賀村 등 세 개 촌의 총칭입니다. 안동의 하회마을과 같은 민속마을로 사면이 산으로 둘러싸여 있으며, 일본에 큰 사건, 전쟁 등이 일어나도 모를 정도로 깊은 산속에 위치하고 있습니다.

 이 지역의 민가는 갓쇼즈쿠리 がっしょうづくり・合掌造り 라고 하는 양식으로 세워져 있습니다. 거대한 목재로 골격을 만들고 억새 등으로 이엉을 엮어 커다란 지붕을 올린 뒤 지붕 안에는 2~4단으로 나누어진 양잠용 다락을 설치하였습니다. 건물 안쪽 한가운데에는 넓은 방을 두어 거실 겸 부엌으로 사용합니다. 지붕은 적설을 방지하기 위해 60도의 급경사를 이루며, 못을 전혀 사용하지 않는 것이 특징입니다. 갓쇼즈쿠리라는 명칭은 두 손을 모아 합장하는 듯한 지붕 모양에서 붙여진 이름입니다.

❼ 히로시마 원폭 돔

- 등록일 : 1996. 12. 7 (문화유산)
- 소재지 : 히로시마현 ひろしまけん・広島県 히로시마시 ひろしまし・広島市

원폭 돔

원폭 희생자비

 1945년 8월 6일 8시 15분, 히로시마에 원자폭탄이 투하되었을 때 원폭 투하지점 부근에 있던 물산장려관 유적으로, 원폭 돔이라 불립니다.
 이 건물은 돔의 철골을 드러낸 채 당시의 참상을 알려주는 잔해로 남아 있어 평화기념도시인 히로시마의 상징이 되었습니다. 일본 정부가 이 평화공원을 세계유산으로 등록시키기 위해 내세운 이유는 원폭 투하의 역사적 사실과 인류 역사상 최초로 사용된 핵무기의 참화를 세계인에게 알리는 동시에 이곳이 핵무기의 폐기와 세계 평화를 희구하는 상징적인 장소이기 때문이라는 것입니다.

❽ 이쓰쿠시마신사 いつくしまじんじゃ・厳島神社

- 등록일 : 1996. 12. 7 (문화유산)
- 소재지 : 일본 히로시마현 하쓰카이치시 はつかいちし・廿日市市 미야지마 みやじま・宮島

 이쓰쿠시마신사는 미야지마 みやじま・宮島 라는 작은 섬에 있는 신사입니다. 일본에서 유일하게 바다 위에 세워진 신사로, 밀물 때와 썰물 때의 모습이 전혀 다른 신사로 유명합니다. 해발 530미터의 미센야마 みせんやま・彌山 앞쪽으로, 탑이 있는 언덕과 교즈카야마 きょうづかやま・経塚山 에 둘러싸인 바닷가에 있습니다. 593년 세운 것으로 알려져 있으며 1168년 무렵 큰 규모로 개축하였고,

이쓰쿠시마신사의 모습

현재의 본사와 본전은 1571년 건설하였습니다.

신사의 맨 앞쪽에 있는 거대한 도리이 とりい・鳥居 (신사 입구에 세운 문)는 붉은 칠을 한 녹나무를 자연 그대로 사용하여 만들었는데, 중심기둥이 높이 약 13.5미터, 둘레 약 10미터에 이릅니다. 바다 위 도리이는 밀물과 썰물에 따라 분위기가 아주 다른데, 만조 때에는 물 위에 멋지게 떠 있고, 오후 3~4시가 되면 신사의 회랑 밑까지 모두 물이 차오릅니다. 그래서 신사 입구에는 그 날의 밀물과 썰물 시간표가 붙어 있답니다. 썰물 시간에 이곳에 가면 물이 빠지기 직전 바다에 떠 있는 도리이와 이쓰쿠시마신사의 전경을 볼수 있습니다. 물이 완전히 빠진 뒤에는 해안을 걸어서 도리이까지 갈 수 있죠. 이 도리이 아래쪽에는 이끼와 조개껍질이 붙어있는데, 철저히 관리하기 때문에 아직까지 기둥이 썩은 적은 없다고 합니다.

이러한 경관 덕분에 미야지마는 교토부 きょうとふ・京都府 의 아마노하시다테 あまのはしだて・天の橋立, 미야기현 みやぎけん・宮城県 의 마쓰시마 まつしま・松島 와 함께 일본 3경의 하나로 손꼽히고 있습니다.

❾ 나라 문화재

- 등록일 : 1998. 12. 5 (문화유산)

• 소재지 : 나라현 ならけん・奈良県

교토 남쪽에서 42킬로미터 떨어진 곳에 위치한 나라 なら・奈良는 수도가 교토로 옮겨가기 전인 710년에서 784년까지 일본의 수도였습니다. 백제로부터 최초로 불교를 전파 받아 불교문화를 꽃 피웠던 나라는 사찰과 신사를 중심으로 한 사적이 많이 남아 있습니다. 나라현 나라시에는 다음과 같은 8곳이 문화유산으로 등록되어 있는데, 이들은 나라의 역사, 문화적 특징, 경관의 일체화 등의 측면에서 평가된 것입니다.

① 도다이지 とうだいじ・東大寺

세계 최대의 목조 건축물인 대불전과 거대한 대불상, 752년부터 현재까지 한 번도 중단되지 않고 계속된 전통 행사 '오미즈토리 おみずとり・お水取り (3월 13일) 행사'의 무대가 된 이월당, 실크로드의 종착점이라고 하는 쇼소인 しょうそういん・正倉院 (정창원) 등, 스케일이나 역사 모두 일본을 대표하는 곳입니다.

② 가스가타이샤 かすがたいしゃ・春日大社 와 가스가야마 かすがやま・春日山 원시림

고대 최대의 씨족이었던 후지와라씨 ふじわらし・藤原氏의 수호신으로 조영된 것이 가스가타이샤입니다. 이 가스가타이샤의 배후 산지 일대는 신역으로서 841년에 벌채와 수렵이 금지된 이래, 천년 이상이나 사람의 손이 미치지 않은 원시림입니다. 자연과 신사가 일체된 문화적 경관을 형성하고 있습니다.

도다이지

가스가타이샤

③ 고후쿠지 こうふくじ・興福寺

후지와라씨 일족의 명복을 빌기 위한 절로서, 710년에 지금 있는 곳으로 이축했다고 전해지고 있습니다. 중세에는 나라지방 전체를 지배했을 정도의 대 사원이었습니다.

④ 간고지 がんごうじ・元興寺

일본 최초의 절이었던 아스카사 飛鳥寺 가 나라로 천도한 뒤부터 간고지라고 불렀습니다.

⑤ 야쿠시지 やくしじ・薬師寺

이 절도 나라로 천도함에 따라 718년에 이곳으로 옮겨 왔습니다. 창건 당시의 모습이 남아있는 미에현 みえけん・三重県 의 동탑과 쇼와시대 しょうわじだい・昭和時代 에 재건된 주홍과 녹색으로 된 서탑의 조화가 아름다운 절입니다. 금당의 약사 여래좌상도 일본 불교미술의 최고 걸작 중의 하나로 꼽힙니다.

야쿠시지

❿ 닛코 にっこう・日光 사당과 사원

- 등록일 : 1999. 12 (문화유산)
- 소재지 : 도치기현 とちぎけん・栃木県

닛코 日光 는 국립공원으로, "닛코를 가보지 않고는 일본을 말하지 말라"고 하는 말도 있습니다. 1,200여 년 전부터 내려오는 신앙의 중심지로 103여 동에 달하는 신사와 사원들이 300년이 넘은 아름드리 삼나무 숲 속에 자리잡고 있습니다. 그 중 대표적인 곳이 도쇼구 とうしょうぐう・東照宮, 후타라산 ふたらさん・二荒山 신사, 린노지 りんのうじ・輪王寺 등입니다.

도쇼구는 1617년 도쿠가와 이에야스의 사후 그의 유골과 위패를 모셔둔 곳으로 이에야스의 손자이며 3대 쇼군이었던 도쿠가와 이에미쓰 とくがわ いえみつ・德川家

린노지

게곤폭포

光에 의해 대대적인 재건이 행해져, 현재와 같은 찬란한 건축물이 되었습니다. 이곳은 원숭이를 인간의 삶에 비유한 것과 고양이의 전설이 유명합니다. 그 밖에 주젠지 ちゅうぜんじ・中禅寺 호수, 이로하자카 いろはざか・いろは坂, 일본 제1의 폭포인 게곤 けごん・華厳 폭포 등이 유명합니다.

⓫ 류큐왕국 りゅうきゅうおうこく・琉球王国 의 구스쿠 유적 ぐすくいせき・グスク遺跡

- 등록일 : 2000. 12. 2 (문화유산)
- 소재지 : 오키나와현 おきなわけん・沖縄県

류큐 琉球 는 오키나와 沖縄 를 포함하는 작은 열도들로 이루어져 있으며, 수세기 동안 동남아시아, 중국, 한국, 일본의 경제적・문화적 교류의 중심지였습니다. 왕국의 성채 및 성벽 등은 류큐문화의 명성을 잘 드러내고 있습니다. 그중 구스쿠 유적은 옛 왕궁 터로써, 돌을 쌓아 만든 성벽 외곽으로부터 방어용 테두리와 벽섬을 포함한 유적이 발굴되어, 나하 なは・那覇 시에 있는 슈리 しゅり・首里 성과 함께 최대 규모의 구스쿠 유적으로 알려져 있습니다.

⓬ 기이 산지 きいさんち・紀伊山地의 영장 霊場과 참배길

- 등록일 : 2004. 7 (문화유산)
- 소재지 : 긴키 きんき・近畿 지방

기이 산지는 와카야마 わかやま・和歌山・미에 みえ・三重・나라 なら・奈良 세 개현에 걸쳐 있으며, 태평양쪽으로 돌출된 기이 반도의 대부분을 차지하는 산악지대로 예로부터 신앙의 대상으로 여겨져 왔습니다.

기이 산지의 영장과 참배길은 세 곳의 영장과 세 곳의 참배길로 구성되어 있으며, 자연과 인간의 신앙심이 일체가 되어 엮어내는 문화적 경관이 문화유산으로서 중요한 존재로 되어 있는 점도 그 특징 중의 하나입니다.

⑬ 시레토코 しれとこ・知床

- 등록일 : 2005. 7 (자연유산)
- 소재지 : 홋카이도 ほっかいどう・北海道 북동쪽 끝, 오호츠크해에 면한 반도

시레토코 유빙

홋카이도 북동부 오호츠크해에 돌출되어 있는 모습의 시레토코 반도는 일본의 마지막 비경이라 불리고 있습니다. 지시마 ちしま・千島 화산대에 속하는 시레토코다케 しれとこだけ・知床岳 와 라우스다케 らうすだけ・羅臼岳 등의 화산이 줄지어 있으며, 해안에는 해식애 海蝕崖 가 발달하였습니다. 해발 900미터 부근까지 원생혼합림으로 뒤덮여 있으며, 1,200미터 이상의 고지에는 약 300여 종의 고산식물이 자라고 있습니다.

⑭ 이와미긴잔 유적 いわみぎんざんいせき・岩見銀山遺跡

- 등록일 : 2007. 7 (자연유산)
- 소재지 : 시마네현 しまねけん・島根県

약 400년 간 양질의 은을 채굴・생산했던 곳으로, 자연을 파괴하지 않고 환경을 생각하며, 자연환경과 공존하는 곳입니다.

▶ http://www.sekaiisan.info 세계유산 정보

⑮ 오가사와라 제도 おがさわらしょとう・小笠原諸島

- 등록일 : 2011년 6월 (자연유산)
- 소재지 : 도쿄도 とうきょうと・東京都

오가사와라 제도

오가사와라 제도는 도쿄에서 남쪽으로 1,000킬로미터 거리에 있는 섬으로 지금까지 한 번도 대륙이나 큰 섬과 연결된 적이 없습니다. 대륙으로부터 멀리 떨어져 있기 때문에 세계적으로도 보기 드문 동식물들이 독자적인 생태계를 이루고 있어 동양의 갈라파고스로 불립니다.

⑯ 히라이즈미 ひらいずみ・平泉

- 등록일 : 2011년 6월 (문화유산)
- 소재지 : 이와테현 いわてけん・岩手県

　히라이즈미는 11세기에서 12세기에 교토와 어깨를 겨루는 일본의 북방영역의 정치·행정상의 거점이었습니다. 히라이즈미 일대에는 헤이안 시대 말기, 도호쿠 지방의 대 호족으로 번영을 누렸던 오슈후지와라씨(奧州藤原氏)에 의해 건립된 사원과 그 유적들이 다수 남아 있는데, 그 중에서 5개의 유적이 '불교 정토(淨土) 사상을 대표하는 건축, 정원 및 고고학적 유적군'이라는 이름으로 세계문화유산으로 등록되었습니다. 이 공간은 내세와 함께 현세의 평안을 간절히 바라는 정토사상에 근거하여 이를 표현하고 있습니다. 정토종은 일본의 토착적인 자연 숭배 신앙인 신도(神道)와 융합하여 일본 고유의 정원 디자인 개념을 발전시켰습니다.

⑰ 후지산 ふじさん・富士山 -신앙의 대상과 예술의 원천-

- 등록일 : 2013년 6월 (문화유산)
- 소재지 : 시즈오카현 しずおかけん・静岡県 / 야마나시현 やまなしけん・山梨県

　2003년에 일본 정부가 후지산의 유네스코 세계자연유산 등재를 추진하였으나, 후지산 일대에 쓰레기 불법 투기 문제가 있는데다 화산으로서 특별히 인정받을 만한 독자성이 없다는 이유로 심사에서 탈락되었습니다. 그 후 일본은 후지산이 산악신앙의 대상으로 많은 순례객들이 찾고 있으며, 다양한 예술 작품에 등장하여 문화적 가치가 있다는 점 등을 부각시키는 쪽으로 전략을 바꾸고 다시 등재를 신청하여, 2013년 '후지산 - 신앙의 대상과 예술의 원천'이라는 이름으로 세계유산으로 지정되었습니다.

히라이즈미 주손지 곤지키도

후지산

⑱ 도미오카 とみおか・富岡 제사공장과 실크산업 유산군

- 등록일 : 2014년 6월 (문화유산)
- 소재지 : 군마현 ぐんまけん・群馬県

군마현 도미오카에 있는 근대화 시기의 제사 製絲 공장 및 실크산업과 관련된 유적으로, 메이지 시대에 추진한 일본의 근대화 및 경제·산업 발전의 역사를 보여주는 동시에 외국과의 산업기술 상호교류를 보여줍니다.

도미오카 제사 공장은 메이지 정부가 일본의 근대화를 위한 식산흥업정책의 일환으로 건설한 최초의 관영 官營 모범공장으로, 메이지 정부의 의뢰를 받아 공장부지 선정에서부터 기술자 영입 및 서양식 기계 도입과 건물의 설계까지 프랑스인이 담당하였습니다. 건물은 목조로 뼈대를 세우고 벽 사이에 벽돌을 쌓는 구조로 되어 있으며, 지붕은 일본식 전통 기와를 올려 일본과 서양 건축기술의 융합을 꾀하였습니다.

⑲ 메이지 めいじ・明治 일본의 산업혁명 유산 – 제철·제강·조선·석탄산업

- 등록일 : 2015년 7월 (문화유산)
- 소재지 : 야마구치현 やまぐちけん・山口県 / 가고시마현 かごしまけん・鹿児島県 / 시즈오카현 しずおかけん・静岡県 / 이와테현 いわてけん・岩手県 / 사가현 さがけん・佐賀県 / 나가사키현 ながさきけん・長崎県 / 후쿠오카현 ふくおかけん・福岡県 / 구마모토현 くまもとけん・熊本県

도미오카 제사 공장

일본의 규슈와 혼슈 지방의 8개 현(県)에 분포하는 메이지시대의 근대화 시설들을 가리킵니다. 에도막부 말기인 1850년대부터 메이지시대인 1910년 사이에 서구의 기술문명 도입을 바탕으로 급속히 발달한 철강·조선·탄광 산업시설들로 구성된 총 23개소의 근대화 산업시설입니다. 이 가운데 미쓰비시중공업·나가사키조선소·다카시마(高島) 탄광·하시마(端島) 탄광·미이케(三池) 탄광·미이케(三池) 항구·야하타 제철소(八幡製鐵所) 등 7개소는 일제강점기에 일본으로 끌려간 조선인 약 5만 8000명이 가혹한 강제 노동에 시달린 곳이어서, 세계유산 지정을 놓고 논란을 빚기도 했습니다.

⑳ 오다이바 おだいば・お台場
● 아름다운 해변공원 오다이바

젊은 연인들의 데이트 코스 추천 1순위인 도쿄의 오다이바 해변공원. 현재 이곳의 취업인구는 3만 4천 명에 불과하지만, 대신 연간 4천만 명이 다녀가는 관광명소이자 휴양지입니다. 1980년대 후반 새로운 업무기능 중심도시를 건설하자는 취지에서 11만 명의 취업인구를 가정해서 설계했지만 장기불황으로 원래의 계획을 적극적으로 실행할 수는 없었는데, 해상도시라는 특성을 살려 기존의 섬을 넓히고 레인보우 브릿지를 건설해 예상치 못한 아름다운 해변공원으로 변모되었습니다.

오다이바의 전체적인 조망이나 빈틈없는 짜임새는 뛰어납니다. 영화 '춤추는 대수사선 踊る大搜査線'의 배경이 되기도 하여 우리에겐 낯익은 곳이죠.

이동수단은 모노레일을 이용하는데 '오다이바 공원'으로 명명된 지역뿐만 아니라, 모노레일코스 전체에 공원시설이 있습니다. 바다를 바라보며 데이트를 하거나 자전거를 타기도 하고, 놀이시설이나 도요타 トヨタ 자동차 쇼 룸 등을 둘러볼 수 있습니다.

도쿄의 새로운 랜드마크로 떠오른 레인보우 브릿지

● **유리카모메** ゆりかもめ

　도쿄만과 도쿄임해부도심 사이를 운행하는 신개념 열차시설로, 운전사 없이 컴퓨터 제어시스템으로 운영됩니다. 매 5분 간격으로 시발역 JR신바시 しんばし・新橋 역과 종착역 아리아케 ありあけ・有明역은 20분 정도 걸립니다. 요금은 도쿄 내의 다른 대중교통시설보다 비싼 편이지만 주변의 볼거리가 다양하므로 한 번 타보는 것도 좋을 것 같습니다.

유리카모메

오다이바

메이지무라 めいじむら・明治村

메이지무라란 무엇인가요?
메이지무라는 나고야 なごや・名古屋 근교 이누야마시 いぬやまし・犬山市 남동쪽에 위치한 박물관 마을입니다. 메이지시대의 건축과 그 시대의 생활 모습을 볼 수 있는 야외 박물관으로, 미국의 건축가인 프랭크 L.라이트에 의해 설계되어 1965년 개관하였습니다.

과거를 버리지 않는 보물 상자, 메이지무라
처음 이곳에 들어설 때는 시대별 건물들을 복원해 놓은 풍경이 언뜻 타임머신을 타고 개화기의 일본으로 돌아간 것 같은 착각을 일으키기도 합니다. 더욱이 산 속에 위치해 있어 한적한 시간을 보내기에는 더없이 안성맞춤인 장소지요. 100만 평방미터 넓이의 아름다운 풍경을 자랑하는 구릉지에 메이지시대의 문화와 생활을 보여주는 역사적인 관청, 호텔, 성당, 병원, 학교 등 총 67동의 건물이 복원되어 있습니다. 실제로 그 시대에 세워져 사용되었던 건축물의 일부 또는 전체를 옮겨 온 것이 많으며, 삿포로 전화교환국 札幌電話交換局 등 10개 건물은 중요문화재로 지정되어 있습니다. 소설가 모리 오가이 もり おうがい・森鷗外, 나쓰메 소세키 なつめ そうせき・夏目漱石의 저택도 볼 수 있습니다.

메이지무라는 어떻게 보면 되나요?

메이지무라를 다 돌아보려면 적어도 네 시간 이상 걸린답니다. 증기기관차(SL)와 전차 京都市電를 탈 수도 있는데, 일본영화 '철도원'의 주인공이 연상되는 복장을 한 철도원이 작은 손가방을 메고 직접 티켓을 끊어주는 모습도 재미있습니다.

▶ http://www.meijimura.com 메이지무라 박물관

메이지무라 모습

옛날 증기기관차

일본의 3대 건축물

고대 일본의 3대 거대 건축물 운타 雲太, 와니 和二, 교산 京三

① 운타 うんた・雲太

시마네현 しまねけん・島根県에 있는 이즈모대사 いずもたいしゃ・出雲大社의 본전을 말합니다. 현재 높이 10.9미터로 일본 최대의 신사 건축물로 알려져 있으나, 본래의 것은 그 4배 이상인 높이 48미터에 이르렀다는 것이 최근 연구를 통해 밝혀졌습니다.

이즈모대사

② **와니** わに・和二

나라현 ならけん・奈良県에 있는 도다이지 とうだいじ・東大寺의 금당(대불전)을 말합니다. 현재에도 세계 최대의 목상 木像 건조물로 알려져 있으나, 창건 당시에는 지금보다 더 높은 36~45미터에 이르렀다고 합니다.

③ **교산** きょうさん・京三

교토 きょうと・京都에 있는 헤이안구 へいあんぐう・平安宮의 다이코쿠덴 たいこくでん・大極殿을 말합니다. 이는 현존하지 않으나, 헤이안 천도 1,100년을 기념으로 조영된 헤이안진구 へいあんじんぐう・平安神宮의 배전 拝殿인 다이코쿠덴을 모사하여 만들어졌다고 하니, 그 거대함을 상상해 볼 수 있습니다.

교산(다이코쿠덴)

현대 일본을 대표하는 건축가

① **단게 켄조** たんげ けんぞう・丹下健三 (1913년 ~ 2005년)

오사카 おおさか・大阪 출신으로 가장 먼저 해외에서 활약하여 '세계의 단게 世界の丹下'라고도 불립니다. 제2차 세계대전 이후부터 고도경제성장기에 걸쳐, 여러 곳의 프로젝트를 맡았습니다. 요요기 よよぎ・代々木 제1체육관(도쿄 올림픽), 도쿄도청사, 히로시마 ひろしま・広島 평화기념자료관, 후지테레비 フジテレビ 본사 빌딩 등을 건축하였습니다.

요요기 제1체육관

도쿄도청사

② **안도 다다오** あんどう ただお・安藤忠雄 (1941년~)

오사카 출신으로 노출콘크리트 주택, 상업건축을 발표하였으며 기하학적인 양식에 의한 독자적 표현을 확립하여 세계적인 호평을 받았습니다. 오사카부립 조토 じょうとう·城東 공업고등학교의 전기과를 졸업한 후, 복싱선수, 목수, 등으로 생활하다가 르 코르뷔지에 영향을 받아 유럽 각지를 여행하면서 독학으로 고전건축에서 근대건축까지 스케치하며 독학으로 건축을 공부했습니다. 안도는 동양의 자연 관조사상을 현대에 맞게 공간 바람 물 빛 등을 최대한 생각해 자연과 조화를 이룰 수 있도록 건축물을 설계하려고 노력하는 일본최고의 건축가입니다. 예를 들어 나오시마의 지중박물관은 땅속에 있는 박물관으로 건물안에는 어떠한 조명도 없이 건물사이로 태양광이 들어와 건물안의 빛이 되어 신세계의 작품으로 만들어 주는 최고의 박물관입니다. 건출물들을 자연에 끌어들여 인간의 오감으로 체험할 수 있는 공간을 만들어 자연 건축 인간의 교감을 이끌어 내어 공간을 창출해 내고 있습니다. 제주도에도 안도타다오의 건축물이 있습니다. 특히 섭지코지의 글라스하우스 건축물도 감상하며 2층 레스토랑에서 멋진 음식도 즐길 수 있는 곳입니다. 대학로의 JCC건축물도 안도의 작품입니다.

일본 내 건축물로는 산토리 박물관 サントリー博物館, 오모테산도힐즈 表参道ヒルズ, 홋카이도에 있는 '물의 교회', 오사카의 '빛의 교회' 고베의 '바람의 교회'등이 있습니다.

1997년에 도쿄대학 공학부 교수로 취임하였고, 2003년에 정년 퇴직하고 도쿄대학 명예교수, 2005년에 도쿄대학 특별 명예교수가 되었습니다.

세계적인 건축 작품으로는 베네통 커뮤니케이션 연구센터 FABRICA(이탈리아, 1998), Pulitzer 미술관(미국, 2001), Armani Theatre(이탈리아, 2002), Fortworth 미술관 (미국, 2003) 등이 있으며, 수많은 건축물 외에도 서적 출간을 비롯한 건축분야에서 주목받고 있습니다.

홋카이도의 물의 교회

오도테산도힐즈

온천 おんせん・温泉

일본의 온천은?
일본은 국토의 70퍼센트가 삼림이며 사면이 바다로 둘러싸여 있으며 목욕문화가 발달되었고 온천이 많습니다. 전국적으로 화산 지역이 많아서 긴 열도 곳곳에 약 2,000곳의 온천이 널리 분포되어 있으며, 온천수의 온도가 43도 이상인 고온천이 많습니다. 온천법에는 '천원 泉源의 온도가 25도 이상이거나, 온천의 용해물질 한계 값에 표시된 특정 물질 중 한 종류 이상을 규정량 이상 함유하는 물'을 온천이라 규정하고 있습니다.

일본만의 온천 문화가 있나요?
일본과 한국의 온천 문화는 비슷한듯하면서도 약간 다릅니다. 일본은 탕 속에 들어가 몸을 푹 담그며 행복감을 느끼는 쓰카루 문화 つかる文化이며, 한국은 잠시 담갔다가 때를 미는 아카스리 문화 あかすり文化라고 볼 수 있습니다.

유명한 온천지로는 어떤 곳이 있나요?
일본의 유명 온천으로는 고베 こうべ・神戸의 아리마온천 ありまおんせん・有馬温泉, 기이 きい・紀伊

의 시라하마온천 しらはまおんせん・白浜温泉, 마쓰야마 まつやま・松山의 도고온천 どうごおんせん・道後温泉을 꼽을 수 있습니다. 오이타현 おおいたけん・大分県의 간노지고쿠온천 かんのじごくおんせん・寒の地獄温泉은 가장 차가운 온천으로 알려져 있으며, 가고시마현 かごしまけん・鹿児島県의 이부스키 いぶすき・指宿는 온천 열로 뜨거워진 모래로 찜질하는 스나부로 すなぶろ・砂風呂로 유명합니다.

에도 막부 시절 무사들이 온천을 즐겼고 메이지시대에 와서 더욱 발전되었으며, 현재 각 관광지에 많은 온천이 있습니다.

온천에 갈 때 유의해야 할 점이 있나요?

아타미 あたみ・熱海, 이즈반도 いずはんとう・伊豆半島, 규슈 きゅうしゅう・九州의 북쪽 벳푸 べっぷ・別府, 남쪽의 가고시마 かごしま・鹿児島, 미야자키 みやざき・宮崎 등 유명한 온천의 관광지에는 호텔이나 일본식 여관 외에 저렴한 가격으로 묵을 수 있는 민박, 펜션까지 다양합니다. 온천지에서는 유카타 ゆかた・浴衣 차림으로 호텔이나 여관 밖에 나갈 수 있습니다.

온천 지대의 대중탕에서는 일정 시간마다 남탕과 여탕이 바뀌는 곳이 있습니다. 이때는 탕 앞의 노렌을 바꾸어 걸어 표시합니다. 이는 온천 시설을 잘 보여주기 위해서라는 설도 있고, 한 곳만 사용하면 여성, 남성 특유의 냄새가 밴다고 해서 그것을 막기 위해 교대로 사용한다는 설도 있습니다. 사람들은 대부분 하루에 서너 번 온천을 이용하며 자기가 사용했던 수건은 가지고 와도 되는 곳이 많습니다.

▶ http://www.e-onsen.com 일본 온천에 관한 정보

도고 온천

아리마 온천 타운

벳부 우미지코쿠

신사 じんじゃ・神社

신사란 어떤 곳인가요?

전통종교인 신도 しんとう・神道의 사찰을 말합니다. 신도는 일본 고유의 민족 신앙으로 선조나 자연을 숭배하는 토착 신앙입니다. 종교라기보다는 조상의 가르침에 따라 신앙의 대상을 받들어 모시는 국민 신앙이라 할 수 있으며, 신사의 근본은 자연숭배(애니미즘)로 모든 자연물에 신이 깃들어 있다는 생각입니다.

현재 일본에 산재한 신사에서는 토착신앙과 관련된 신을 모시거나 전설의 인물, 신격화된 실존 인물에게 제사를 지내는 등 전국 8만 여 곳의 신사에 2,000여 종 이상의 신을 모시고 있습니다. 신사는 동네 한가운데나 대도시의 한복판에 자리 잡고 있어서 아침, 저녁으로 남녀노소가 부담 없이 신사를 찾습니다. 주로 사업번창, 결혼과 애정, 시험 합격, 교통안전, 안전한 출산 등 현세의 문제에 대해 소원을 빕니다.

신사의 종류에는 신궁 じんぐう・神宮, 궁 宮, 대사 たいしゃ・大社, 사 社 등이 있습니다. 신궁 神宮은 왕실과 관계가 있는 신을 모신 신사, 대사 大社는 옛날에 신사의 격을 대중소로 나누었을 때 대사의 격을 받은 신사, 사 社는 큰 신사로부터 제신을 권청 받아 소규모로 신을 모시는 신사를 말합니다.

유명한 신사로는 어떤 것들이 있나요?

① **헤이안 진구** へいあんじんぐう・平安神宮

헤이안 천도 1,100년을 기념하기 위해 1895년 明治28年 에 교토 きょうと・京都 에 건립되었습니다. 정면의 녹색 기와와 주황색 기둥이 특징입니다.

② **메이지 진구** めいじじんぐう・明治神宮

도쿄 하라주쿠 はらじゅく・原宿에 있으며, 메이지 왕을 신으로 받들고 있는 곳입니다.

③ **다자이후 텐만구** だざいふてんまんぐう・大宰府天満宮

후쿠오카 ふくおか・福岡에 있는 신사입니다. 학문의 신으로 유명하며 헤이안시대의 학자 스가와라노 미치자네 すがわらの みちざね・菅原道真를 모시고 있습니다.

● **신사는 어떻게 생겼나요?**

신사에서 참배를 할 때에는 손뼉을 두 번 치고 양손을 모아 고개를 숙여 참배합니다. 그러나 오테라 おてら・お寺 에서는 손뼉을 치지 않고 양손을 모으고 고개 숙여 참배하는 점이 다릅니다.

도리이

① **도리이** とりい・鳥居 : 신사하면 떠오르는 것이 도리이인데요, 신사의 경내로 들어가는 입구 정면에는 반드시 도리이가 있습니다. 두 개의 원통형 수직기둥 위에 직사각형의 들보가 가로로 두 개 얹혀 있는 것이 특징입니다. 첫 번째 가

헤이안 진구

메이지 진구

다지이후 텐만구

로대는 기둥의 양쪽 끝을 지나 바깥까지 뻗어 있고, 두 번째 가로대는 그보다 약간 아래쪽에 걸쳐져 있습니다. 도리이는 신사의 신성한 공간과 속세간의 경계를 나타내며, 흔히 붉은 색으로 칠을 하고 산이나 바위 같은 곳에 세워 그곳이 신성한 장소임을 나타내기도 합니다.

② 시메나와 しめなわ : 신의 영역과 외부 영역을 구분하는 금줄(정월에는 각 가정에 장식입니다).

③ 에마 えま・絵馬 : 에마란 절이나 신사에 소원을 빌면서 말 馬을 바치는 데서 유래한 것으로, 지금은 손바닥 크기의 나무판을 집 모양으로 깎아서 말을 그리고 소원을 비는 글을 적어서 거는 것을 말합니다. 정초에 주로 하쓰모데 はつもうで・初詣를 가서 이런 기원을 하지만 사찰이나 신사의 각종 축일 등 행사 때에도 찾아가 소원을 빌고 신불의 가호가 있기를 바랍니다. 입시 때 합격 기원 에마로 유명한 곳은 도쿄의 유시마텐진 ゆしまてんじん・湯島天神, 가메이도텐진 かめいどてんじん・亀戸天神 등입니다.

④ 오마모리 おまもり・お守り : 참배객이 몸에 지니는 부적으로 신사나 절에서 팔고 있습니다.

⑤ 오미쿠지 おみくじ : 신사나 절에서 참배객의 길흉을 점쳐보는 제비로, 열어본 뒤 신사의 나뭇가지에 묶어 둡니다.

절 おてら・お寺

오테라는 절을 말합니다. 에도막부는 초기 때부터 단카제도 だんか・檀家 (특정 절에 묘지를 가지고 있고, 그 절의 재정을 돕는 집)를 실시해 기독교 억압정책의 일환으로 모든 사람들이 절의 단가로 등록하도록 의무화하였습니다. 결혼, 여행, 취직, 이사를 할 때 소속된 절에서 단카임을 증명하는 서류를 받아야 했죠.

1872년 4월 25일 메이지 정부는 법령으로 승려의 육식, 결혼, 축발을 허용하고, 불교보다 신도 しんとう・神道를 장려하였습니다. 불교의 승려는 재가승 (결혼한 승려)과 출가승 (결혼하지 않은 승려)이 있습니다.

일본 최초의 본격적인 사찰인 호코지 ほうこうじ・法興寺(이후 아스카데라 あすかでら・飛鳥寺로 바뀜)는 596년 백제의 건축기술로 설립된 금당과 탑을 갖춘 대가람입니다. 고류지 こうりゅうじ・広隆寺는 교토 최고 最古의 사찰로 일본의 국보 1호인 미륵반가사유상이 보관되어 있는데, 일본에는 자라지 않는 한반도의 적송으로 만들어진 것으로 알려져 있습니다. 그 외에도 담징의 금당벽화(1949년 1월 수리 중 화재로 소실. 현재 모사화 일부만 남아 있음)로 유명한 호류지 ほうりゅうじ・法隆寺와 일본 사람들이 죽기 전에 한 번 꼭 가 봐야 한다는 젠코지 ぜんこうじ・善光寺, 다이부쓰 だいぶつ・

大仏로 유명한 도다이지 とうだいじ・東大寺, 일본불교건축의 정수를 느낄 수 있는 기요미즈데라 きよみずでら・清水寺, 천년이 넘는 역사를 가진 절이면서 에도시대부터 도쿄 서민들의 신앙적 중심지였던 센소지 せんそうじ・浅草寺 등 유명한 사찰이 많이 있습니다.

젠코지

센소지

정원 ていえん・庭園

일본 정원은 언제부터 등장하였나요?

역사의 기록에 의하면 일본의 정원은 나라시대 ならじだい・奈良時代에 시작되었다고 합니다. 그 이후인 가마쿠라시대에 선 禪 불교는 가레산스이 かれさんすい・枯れ山水 정원이라는 일본 특유의 정원 양식을 탄생시킵니다. 가레산스이 정원은 물을 쓰지 않고 돌과 모래를 배치하여 돌은 산을, 모래는 물을 나타내는 양식으로 간결하고 검소한 수도승의 생활을 반영하고 있습니다. 대표적인 사례가 선미학의 극치라고 불리는 교토의 료안지 りょうあんじ・竜安寺입니다.

일본 정원의 특징은 무엇인가요?

일본의 정원은 바위의 배치, 그림자의 형태, 식물 상호간의 조화 등 세밀한 부분까지 상징적이고 비유적인 의미를 부여하고 있습니다. 불교 사상 가운데 수미산 須彌山 사상은 조경의 중요 요소가 되었습니다. 수미산이란, 세상의 중심에 우뚝 솟아 있다는 상상 속의 고산을 말합니다. 사면은 황금, 은, 유리, 수정으로 둘러싸여 있고 7개의 금산이 동심원 형태로 둘러싸고 있으며 산 사이에는 바다가 있다고 합니다. 이곳은 초자연적인 불교적 이상향으로 일컬어지는데, 나라시대에 정원을

만들 때 이 모양을 본뜨는 일이 많았습니다. 이후 신선 사상이 일본에 들어오면서 자연의 풍경 그 자체를 신선경이라는 등 다소 의미가 변질되었습니다. 정원의 연못에 만드는 섬인 나카지마 なかじま·中島, 돌이나 흙 등을 쌓아서 산처럼 만든 쓰키야마 つきやま·築山, 자연석을 배치한 이시구미 いしぐみ·石組み 등은 신선들이 사는 이상 세계를 나타낸 것이라 합니다.

어떤 정원들이 있나요?

① 지센카이유 ちせんかいゆう·池泉回遊 식

연못을 파고 나지막한 동산을 만든 다음, 연못의 물을 중심으로 산책로를 만들어 정원을 감상하도록 하는 입니다. 대표적인 정원으로는 히로시마 ひろしま·広島의 슛케이엔 しゅっけいえん·縮景園, 구마모토 くまもと·熊本의 스이젠지 すいぜんじ·水前寺를 꼽습니다.

② 가레산스이 かれさんすい·枯山水 식

섬을 상징하는 바위와 강물이나 바다의 물결을 상징하는 모래로 자연과 우주를 최대한 단순화하고 집약해서 표현하려는 양식으로 교토의 많은 정원들에서 볼 수 있습니다. 대표적인 정원으로 교토의 료안지 竜安寺가 있습니다. 한곳에서 움직이지 않고 정원을 감상하면서, 눈과 마음속으로 자연의 오묘함을 느낄 수 있는 것이 특징입니다.

스이젠지

슛케이엔

③ **쓰키야마** つきやま・築山 **식**

정원 중앙의 연못은 대해 大海 를 나타내고, 흙과 돌의 배치는 산 山을 나타내는 형식으로 교토의 텐류지 てんりゅうじ・天竜寺가 대표적입니다.

관련정보

미국의 정원전문지 'Journal Of Japanese Garden(JOJG)'은 더글라스 로스 씨가 일본 정원을 소개하기 위해서 1999년에 창간한 격월간지로, 대학이나 도서관 등의 교육 관계자나 조원 造園 관계자 등, 영어권을 중심으로 하는 세계 37개국의 사람들에게 사랑받고 있습니다. 2004년에 발표한 '뛰어난 일본의 정원 랭킹' 제1위에는 2003년에 이어 아다치 미술관 足立美術館 의 정원이, 제2위에는 교토의 가쓰라 별궁 かつらりきゅう・桂離宮, 제3위는 도쿄 とうきょう・東京 의 변두리 가쓰시카 かつしか・葛飾 에 있는 야마모토 정원 やまもとていえん・山本庭園 이 선정되었습니다.

일본의 3대 정원으로는 오카야마현 おかやまけん・岡山県 고라쿠엔 こうらくえん・後楽園, 이시카와현 いしかわけん・石川県 가나자와 かなざわ・金沢의 겐로쿠엔 けんろくえん・兼六園, 이바라키현 いばらきけん・茨城県 미토 みと・水戸의 가이라쿠엔 かいらくえん・偕楽園이 있습니다.

로안지 가레이스식 정원

고라쿠엔

공원 こうえん・公園

도쿄의 대표적 공원, 우에노 うえの・上野 공원

　우에노 공원은 도쿄 とうきょう・東京 의 우에노역 일대에 있는 일본 최초의 근대적인 공원입니다. 근대화 정책의 일환으로 공원을 조성하여 1873년 아사쿠사 あさくさ・浅草 등 5개 지역이 공원으로 지정되었습니다.

　이 공원은 도쿄문화회관, 국립서양미술관, 국립과학박물관 등이 있는 문화의 거리이며 동물원도 있고 하나미 장소로도 유명합니다.

　벚꽃놀이 기간이 아닐 때는 우에노 공원은 문화거리가 됩니다. 도쿄대학을 비롯해 대학, 미술관, 박물관, 문화회관 등이 주변에 모여 있고, 초상화를 그리는 화가들, 각종 퍼포먼스를 펼치는 재주꾼들, 골동품을 파는 노점상들에 이르기까지 다양한 사람들이 모여들어 흥겨운 도심 문화를 연출해내고 있습니다. 또한 우에노 공원의 시노바즈노이케 しのばずのいけ・不忍の池 는 여름철이면 연꽃이 장관이며 연인끼리 한가로운 데이트를 즐길 수 있는 장소이기도 합니다.

　일본의 공원은 단순한 휴식공간이 아니라 지진이 발생하였을 때 대피장소의 기능을 하기도 합니다.

우에노 공원의 시노바즈노이케

7장 건축물과 명소

다음 퀴즈를 풀어보면서 배운 내용을 정리하고 복습해 봅시다.

* 일본 정원 양식의 하나 중 섬을 상징하는 바위와 강물이나 바다의 물결을 상징하는 모래로 자연과 우주를 최대한 단순화하고 집약해서 표현하려는 것으로, 교토京都의 많은 정원들에서 볼수 있는 정원양식은 무엇일까요?

가레산스이식かれさんすいしき・枯山水式

* 세계 최대의 목조 건축물인 대불전과 거대한 대불상이 있으며, 752년부터 현재까지 한 번도 중단하지 않고 계속된 전통행사 '오미즈토리お水取り행사'의 무대가 된 이월당, 실크로드의 종착점이라고 하는 쇼소인正倉院등 스케일이나 역사 모두 일본을 대표하는 이 곳은 어디일까요?

도다이지とうだいじ・東大寺

* 교토京都 우지시宇治市에 있는 사원으로 1052년 후지와라요리미치藤原頼道가 아버지인 미치나가道長의 별장을 사원으로 개축 한 것입니다. 세계문화유산으로 지정되어 있으며, 일본 최고의 불교 건축물 중 하나입니다. 일본의 10엔주화에 새겨져 있기도 한 이곳은 어디일까요?

뵤도인びょうどういん・平等院

* '이곳을 가보지 않고는 일본을 말하지 말라'고 할 정도로 일본을 대표하는 국립공원입니다. 1,200여년 전부터 내려오는 신앙의 중심지이며, 103여동에 달하는 신사神社와 사원들이 300년이 넘은 아름드리 삼나무 숲속에 자리를 잡고 있는 이 곳은 어디일까요?

닛코にっこう・日光

* 오카야마岡山의 고라쿠엔後楽園, 미토水戸의 가이라쿠엔偕楽園과 함께 일본의 3대 정원으로 꼽히는 곳으로 광대함, 유수함, 인력, 창고함, 수천水泉, 조망등 6가지의 빼어난 절경을 겸비한 정원이라는 의미의 이곳은 어디일까요?

가나자와시かなざわし・金沢市 겐로쿠엔けんろくえん・兼六園

* 일본의 마지막 비경이라고 일컬어지고 있는 곳으로, 홋카이도北海道 북동부 오호츠크해에 돌출되어있는 반도이며 유네스코세계자연유산으로 지정된 곳은 어디일까요?

시레토코しれとこ・知床

* 나고야名古屋 근교 이누야마시犬山市 남동쪽에 위치하고 있는 박물관 마을로, 메이지시대明治時代의 건축을 모조리 옮겨다 놓은 야외 박물관인 이 곳은 어디일까요?

　　　　　　　　　　　　　　　　　　　　　　　　메이지무라めいじむら·明治村

* 일본의 고유 민족 신앙으로 선조나 자연을 숭배하는 토착 신앙인 신도神道의 사찰을 말합니다. 전국에 8만여 곳이 있으며, 2,000종류 이상의 신을 모시고 있는 이 곳은 무엇일까요?

　　　　　　　　　　　　　　　　　　　　　　　　신사じんじゃ·神社

* 기요미즈데라清水寺와 함께 교토京都의 2대 관광지로 손꼽히는 이곳의 원래 이름은 로쿠온지鹿苑寺이지만, 3층건물 중 2, 3층이 금박으로 덮여 있어서 이 이름으로 더 유명합니다. 이곳은 어디일까요?

　　　　　　　　　　　　　　　　　　　　　　　　금각사きんかくじ·金閣寺

* 유네스코세계문화유산에 등록 된 성으로 효고현兵庫県 히메지시姫路市에 있으며, 1609년에 완성 된 일본에서 가장 아름다운성입니다. 흰 외벽과 새의 날개 같은 지붕 때문에 일명 백로성으로도 알려진 이 성은 어디일까요?

　　　　　　　　　　　　　　　　　　　　　　　　히메지성ひめじじょう·姫路城

* 일본이 자랑하는 세계적인 건축가로 오사카大阪의 공업고등학교 기계과 졸업 후 세계각지를 여행하며 독학으로 건축을 공부했으며, 콘크리트와 쇠, 그리고 유리라는 근대적 소재를 즐겨 사용하여 '오모테산도힐즈表参道ヒルズ', '물의 교회', '빛의 교회' 등을 설계 한 사람은 누구인가요?

　　　　　　　　　　　　　　　　　　　　　　　　안도다다오あんどうただお·安藤忠雄

* 신사神社 경내로 들어가는 입구에 서 있으며, 두 개의 원통형 수직 기둥 위에 직사각형의 들보가 가로로 두 개 얹혀 있는 붉은색 구조물을 무엇이라고 부를까요?

　　　　　　　　　　　　　　　　　　　　　　　　도리이とりい·鳥居

* 1450년에 호소카와가쓰모토細川勝元가 교토京都에 창건 한 임제종묘신지파臨済宗妙心寺派의 유명한 사찰로, 자연을 좁은 공간에 압축하고 추상화하여 흰 모래와 돌로 표현한 가레산스이식枯山水式 정원이 특히 유명한 이곳은 어디인가요?

　　　　　　　　　　　　　　　　　　　　　　　　료안지りょうあんじ·竜安寺

* 히로시마현広島県 미야지마宮島에 있으며 일본에서 유일하게 바다 위에 세워진 신사神社로, 신사의 맨 앞쪽에 있는 붉은색의 거대한 도리이鳥居가 만조때면 물위에 떠 있는 것처럼 보여 장관을 이루는 이 곳은 어디일까요?

이쓰쿠시마신사いつくしまじんじゃ・厳島神社

* 일본 나라현奈良県 나라시奈良市 소재 도다이지東大寺에 있는 왕실의 유물창고로, 쇼무聖武 천황의 유품을 중심으로 나전제품・악기・무기 등의 다양한 물건을 비롯한 많은 당나라, 신라, 서아시아, 동남아시아 물품이 보관되어 있는 이곳은 어디인가요?

쇼소인しょうそういん・正倉院

* 절お寺이나 신사神社에 소원을 빌면서 말馬을 바치는데서 유래한 것으로, 손바닥 크기의 나무판을 집모양으로 깎아서 소원을 비는 글을 적어서 걸어놓는 것을 무엇이라고 할까요?

에마えま・絵馬

제8장
연중행사와 놀이문화

일본인의 행사 にほんじんのぎょうじ・日本人の行事

신년 첫 소방의식 でぞめしき・出初め式
에도 えど・江戸에는 인구가 밀집되고 목조 건물이 늘어났는데, 겨울철에 특히 건조하고 서쪽으로부터 강풍이 불어와서 화재가 빈번히 발생하게 되었습니다. 그래서 막부 ばくふ・幕府는 정월에 우에노 うえの・上野 도쇼구 とうしょうぐう・東照宮 앞에 다이묘히케시 だいみょうひけし・大名火消, 마치비케시 まちびけし・町火消를 집결시켜 소방 연습을 실시하였고, 그 후 전국 각지로 1월 6일 경에 소방훈련 행사가 확대되어 현재도 계속되고 있습니다.

▶ http://www.tfd.metro.tokyo.jp/ts/museum.htm 소방박물관

세쓰분 せつぶん・節分
입춘 전날을 세쓰분이라고 하며, '계절 節을 나누다 分'라는 의미입니다. 이 날에는 마메마키 まめまき・豆まき를 행하는데, 마메마키란 '오니와 소토, 후쿠와 우치 鬼は外、福は内(귀신은 집밖으로 복은 집안으로)'라고 외치며 볶은 콩을 뿌려 귀신을 쫓는 행사를 말합니다. 이때 사람들은 자기 나이만큼 볶은 콩을 먹으며 한해에 좋은 일이 가득하길 기원합니다. 신사나 절에서는 그해의 간지

干支에 해당하는 연예인이나 스모 선수를 초대하여 경내에 모인 신도나 구경꾼을 향해 마메마키 행사를 하기도 합니다.

마메마키

밸런타인데이
バレンタインデー

2월 14일은 연인들이 사랑을 맹세하는 밸런타인데이로, 일본에서는 여성이 남성에게 초콜릿을 선물하면서 사랑을 고백하는 날입니다.

밸런타인데이는 전 세계적인 행사로, 유럽에서는 꽃, 초콜릿, 케이크 등을 주고받는 날입니다. 초콜릿을 주는 습관은 영국에서 19세기부터 20세기 초에 시작되었다고 하며 서양에서는 선물을 교환하는 날이라는 개념으로 초콜릿의 교환이 일반화되어 있기는 하지만, 반드시 초콜릿이어야 하는 것은 아닙니다.

이 같은 관습은 고베 こうべ・神戸 의 서양과자점이 1936년 2월 12일에 국내 영자잡지에 '밸런타인 초콜릿' 광고를 내고, 1958년에 이세탄 いせたん・伊勢丹 백화점에서 '초콜릿 세일'이라는 캠페인이 열린 것이 그 시작이라고 합니다.

얼마나 많은 사람들이 초콜릿을 주고 있나요?
여성이 주는 초콜릿은 평균 7.5개?

많은 여성들이 주로 연인이나 배우자 또는 마음에 두고 있는 사람에게 초콜릿을 줍니다. 일본에서는 연인뿐만 아니라 회사 상사・동료・친구・부모님에게까지 초콜릿을 주는데, 이것을 '기리초코 ぎりちょこ・義理チョコ'라고 부릅니다. 그리고 연인이나 배우자에게 주는 것은 '혼메이초코 ほんめいちょこ・本命チョコ'라고 합니다. 또한 맛있는 초콜릿을 여성끼리 교환하거나(도모초코 ともちょこ・友チョコ), 직장 여성(OL)이 평소 열심히 일하는 자신에게 주는 포상으로서 고가의 고급 초콜릿을 사기도 합니다(고호비초코 ごほうびチョコ). 유명한 초콜릿 전문점에서 이 기간에만 출시되는 한정 초콜릿을 사기 위해서 긴 줄을 서는 등, 밸런타인데이가 '사랑을 고백하는 날'에서 '초콜릿 날'로 변하고 있다고 생각될 정도의 현상도 나타나고 있습니다.

화이트데이에는 여성이 남성으로부터 초콜릿을 받나요?
밸런타인데이 한 달 후인 3월 14일은 화이트데이로 남성들이 여성에게 선물을 주는 날입니다. 대표적인 선물로는 쿠키, 사탕, 마시멜로 등이 있으며, 밸런타인데이처럼 한 가지 품목으로 정해져 있지는 않습니다. 또한 밸런타인데이처럼 '기리 ぎり・義理'의 인사로 주고받는 경우도 별로 없습니다.

졸업식 そつぎょうしき・卒業式
한국의 경우 3월에 입학식을 하지만, 일본에서는 3월에 졸업식을 합니다.

입학식 にゅうがくしき・入学式
일본에서는 회계 연도가 3월 31일에 끝나고 새로운 회계 연도가 4월 1일에 시작되며, 각 학교의 입학식과 기업체의 입사식도 대체로 4월 1일에 행해집니다. 일본인들은 입학과 입사를 인생의 중요한 시기로 생각해 부모들이 정장 차림으로 자녀의 입학식에 참석하기도 합니다.

입학식

하나미

하나미 はなみ・花見
3월(규슈)~4월(혼슈/홋카이도)에 벚꽃이 만발하면 가족, 친구, 직장 동료와 함께 음식을 장만하여 야유회를 겸해 공원이나 야외로 벚꽃 구경을 갑니다.

골든위크 ゴールデンウィーク
4월 29일 쇼와의 날 しょうわのひ・昭和の日을 시작으로 5월 3일 헌법기념일, 5월 4일 자연의 날 みどりのひ・緑の日, 5월 5일 어린이날로 국민 축일이 연달아 있습니다. 일본에서는 보통 토

· 일요일은 쉬고, 공휴일과 일요일이 겹치면 다음 날에 대신 쉬는 대체 휴일 ふりかえきゅうじつ・振り替え休日 제도가 있기 때문에 일주일 정도의 연휴가 되는 이 시기가 일본 최대의 황금연휴인 골든위크 ゴールデンウィーク입니다. 일본의 3대 연휴는 ① 골든위크 (4월 29일~5월 5일경까지) ② 연말연시 (12월 27일경~1월 5일경) ③ 오봉 おぼん・お盆 휴가 (8월 13일경~16일경)입니다.

어머니날 ははのひ・母の日

5월의 제2일요일은 어머니의 날입니다. 자녀들이 어머니께 감사하는 마음을 담아, 선물과 카네이션을 보냅니다.

아버지날 ちちのひ・父の日

6월의 제3일요일은 아버지께 감사의 마음을 전하는 아버지의 날로 제정되었습니다.

다나바타 たなばた・七夕(칠석)

7월 7일 다나바타는 은하수를 사이에 두고 견우와 직녀가 1년에 한 번 만난다는 날입니다. 이날은 오색 단자쿠 たんざく・短冊에 노래나 뜻있는 문구 文句, 소원을 써서 색지 장식과 함께 대나무에 매달고 다음 날에는 대나무째로 강이나 바다로 떠내려 보냅니다.

오색 단자쿠

오봉 おぼん・お盆

봉오도리

전국적으로 양력 8월 13일부터 16일까지, 지방에 따라서는 양력 7월 13일부터 16일에 걸쳐 행하는 행사입니다. 1년에 한 번 조상의 영혼이 이승의 집으로 찾아오는 날이라고 믿으며 음식을 장만하여 조상의 명복을 빌고, 조상의 묘를 찾아 성묘하는 날입니다. 이때는 사람들이 유카타 ゆかた・浴衣를 입고 피리나 북소리에 맞춰 '봉오도리 ぼんおどり・盆踊り' 춤을 추며 축제를 즐깁니다.

쓰키미 つきみ・月見

쓰키미

음력 8월 15일 밤에 보름달을 보며 달맞이 축제를 벌입니다. 이날 밤의 보름달이 1년 중에서 가장 둥글고, 밝게 빛난다고 합니다. 사람들은 스스키 すすき(억새)와 쓰키미단고 つきみだんご・月見団子를 장식하고 보름달을 즐깁니다.

쇼추미마이 しょちゅうみまい・暑中見舞い

쇼추 しょちゅう・暑中란 여름 중에서도 가장 더운 시기로, 입추 전 18일간을 말합니다. 쇼추미마이는 더운 여름 상대방의 건강을 염려하고 자신의 근황을 알리기 위해 보내는 인사 엽서로, 이 전용 엽서를 '가모메루 かもめーる'라고 부릅니다. 엽서는 1장에 50엔 정도로 구입할 수 있으며, 쇼추미마이 엽서에도 번호가 쓰여 있어서 9월에 당첨자 발표를 합니다. 1등 상품은 지역 특산물로 카탈로그에서 선택할 수 있습니다.

얼마나 많은 일본인이 쇼추미마이 엽서를 쓰나요?

우체국이 발행하는 쇼추미마이 엽서는 매해 2억 5,030만 매(2005년, 연하장 40억 2천만 매) 정도입니다. 여름의 풍물시 ふうぶつし・風物詩, 계절인사로서 중요하게 생각하는 사람도 적지 않으며, 회사 동료끼리 교환하는 경우도 많습니다. 컴퓨터로 연하장을 제작하기 위한 소프트웨어가 연말에 많이 판매되고 있는데, 이 소프트웨어 중에는 쇼추미마이용 일러스트나 문장이 들어있는 경우도 많아서 최근에는 컴퓨터로 직접 작성하는 사람도 늘고 있습니다.

무슨 내용을 쓰나요?
쇼추미마이 엽서에 쓰는 내용으로는 다음과 같은 것이 있습니다.

- 暑中お見舞い申し上げます。 무더위 속에 안부 인사드립니다.
- 厳しい暑さが続いておりますが、いかがお過ごしですか。
  심한 더위가 계속되고 있습니다만, 어떻게 지내십니까?
- 暑さが続きますが、ご自愛ください。 더위가 계속됩니다, 몸조심하십시오.
- お体にお気をつけてお過ごしください。 몸조심하시며 지내시길 바랍니다.

쇼추미마이 엽서를 쓰는데 규칙이 있나요?
엽서를 보내는 것은 입추(8월 7일경)까지이고, 그 이후에 보내는 것은 '잔쇼미마이 ざんしょみまい・残暑見舞い'라고 합니다. 잔쇼 ざんしょ・残暑란 늦더위라는 뜻으로, 더위가 아직 기승을 부리는 계절이므로 건강을 해치지 않도록 조심하라는 인사를 하는 것입니다.

연하장 보내기 ねんがじょう・年賀状

새해 인사, 지난해에 신세진 것에 대한 감사 인사, 자신의 근황에 대한 이야기 등을 연하장이라는 우편엽서에 담아 보내고 있습니다. 컴퓨터가 발달되어 있어도 일본에서는 연하장을 주고받는 관습은 변하지 않는 것 같습니다.

연하장은 언제 보내면 되나요?

원래는 새해에 직접 찾아가 인사를 드릴 수 없을 때, 연하장으로 대신한다는 의미였습니다. 새해가 밝기 전 (12월 31일)에 도착해서는 실례가 되고, 1월 1일에 도착하도록 보내는 것이 예의입니다. 우체국에서는 12월 20일까지 접수하도록 하고 있지만, 실제로 가장 많이 접수되는 것은 12월 30일 (2006년 연하장의 경우)이라고 합니다.

우체국에서 판매하고 있는 엽서를 이용하면 12월에 접수하더라도 1월 1일 이후에 도착합니다. 시판되는 엽서를 사용할 때는 받는 사람의 주소란에 붉은 글씨로「年賀 ねんが」라고 써야 합니다. 연하장은 늦어도 1월 7일까지 도착하도록 보내는 것이 일반적입니다.

일본에서는 연하장을 많이 보내나요?

일본우정그룹 발표에 따르면, 2014년 설날에 전국에 배달된 연하우편물은 18억 2천 9백만 통이며 국민 1인당 약 14통이라고 합니다. 이는 2013년의 19억 2백만 통보다 약 4퍼센트가 감소하였습니다. 감소한 이유는 인터넷을 이용하여 연하장을 보내는 사람이 늘어났기 때문으로 보입니다.

단, 실제로는 1월 1일 이후에도 배송되고 있고 이 통계는 0세 영아까지도 포함된 것이므로, 실제 연하장 1인당 매수는 이 통계 이상이라고 생각됩니다.

최근에는 이메일, 휴대전화 등으로 연하메일을 보내는 사람이 늘고 있어 엽서 이용자는 감소하고 있지만, 연하장을 보내는 사람들이 아직도 많습니다.

연하엽서 ねんがはがき・年賀ハガキ

매년 연하엽서가 11월 1일에 우체국에서 발매됩니다. 해마다 새해의 간지 干支가 디자인된 우표가 인쇄되어 있습니다.

연하용 우표

또한 시판되고 있는 엽서를 이용하는 사람을 위해, 연하용 우표를 판매하고 있습니다. 연하엽서처럼 새해의 간지가 디자인된 것이 판매되고 있습니다.

오토시다마쿠지 おとしだまくじ・お年玉くじ

'오토시다마쿠지'라는 엽서에는 하단에 복권 번호가 적혀 있습니다. 연하장을 주고받는 것이 끝나는 성인의 날인 1월 둘째 월요일 즈음, 추첨을 해서 당첨자에게 다양한 경품을 증정하고 있습니다. 1950년 첫해의 1등 상품은 재봉틀이었습니다.

2014년에는 1등의 당첨 상품이 현금 10,000엔으로 바뀌었습니다. 그 이유는 어떤 상품을 가장 원하는지 앙케트 조사를 한 결과 현금을 원한다는 대답이 1위였고, 또한 1등 상품을 10,000엔으로 하면서 당첨확률을 10배로 올려 연하엽서의 인기를 끌어올리기 위해서라고 합니다.

2014년의 경품은 다음과 같습니다.

1등 (10만 장 당 1장 당첨, 총 34,331장 당첨) : 현금 10,000엔
2등 (1만 장 당 1장 당첨, 총 343,311장 당첨) : 지역 특산품
3등 (100장 당 2장 당첨, 총 68,662,200장 당첨) : 연하우표시트

출처 http://www.post.japanpost.jp
출처 http://www.post.japanpost.jp

아테나 あてな・宛名(주소, 성명)

이전에는 자필이 아니면 실례라는 인상이었지만, 최근에는 수신처 데이터를 관리할 수 있는 연하장 소프트웨어가 판매되고 있어, 컴퓨터로 인쇄하여 사용하는 경우도 늘고 있습니다. 자필과 컴퓨터 인쇄에 관한 생각은 개인차가 있다고 할 수 있겠지요.

연하장에 인사말을 뭐라고 쓰면 되나요?

신년 인사말로는 아래와 같은 것들이 있습니다.

- あけましておめでとうございます。 새해 복 많이 받으십시오.
- 謹賀新年 근하신년
- 賀正 하정
- 恭賀新年 공하신년
- 迎春 영춘
- 頌春 송춘
- 謹んで新春のお慶びを申し上げます。 삼가 신춘의 기쁨을 전합니다.

이러한 새해 인사말에, 작년에 대한 감사 인사말 '작년 한해 많은 신세를 졌습니다 昨年は大変お世話になりました' 등을 덧붙이고, 그 다음에 근황에 대한 이야기를 쓴 다음 '올해도 잘 부탁드립니다 本年もよろしくお願いします'라고 써서 끝을 맺습니다.

연하장에는 어떤 그림이 그려져 있나요?

연하장에는 해마다 그해의 간지를 이용한 도안이 그려집니다. 그밖에도 가족이나 아이들의 사진 또는 이미 도안이 인쇄된 연하 엽서를 구입하거나, 아무것도 그려져 있지 않은 엽서를 구입해서 자신이 그림을 그리는 경우 등 연하장이 매우 다양한 편입니다.

그 외의 관습으로는 어떤 것들이 있나요?

자기가 연하장을 보내지 않은 사람으로부터 연하장을 받았을 경우에는 답장을 보내야 하며, 답장이 1월 8일 이후에 도착할 것 같으면 '새해 복 많이 받으십시오 あけましておめでとうございます' 대신, '추위에 어떻게 지내시는지 안부 인사드립니다 寒中お見舞い申し上げます'라는 1월의 계절 인사를 씁니다.

1년 이내에 불행 (상중인 가정)이 있었던 가정에서는 연하장을 보내지 않는 풍습이 있습니다. 이러한 경우에는 새해가 되기 전에 '상중이기 때문에 새해 인사를 여쭙지 못 합니다'라는 내용의 엽서를 미리 보냅니다.

미소카 みそか・晦日 · 오미소카 おおみそか・大晦日

12월 30일 미소카 みそか・晦日

텔레비전에서는 유명한 신사의 스스하라이 すすはらい・煤払い(대청소) 장면을 부산스럽게 보도하고, 각 가정에서도 새해맞이 준비에 분주합니다. 스스하라이에는 새해를 맞이하여 집안을 깨끗이 한다는 의미와 동시에 한 해의 액운을 털어버린다는 신앙적인 의미도 있습니다.

12월 31일 오미소카 おおみそか・大晦日

우리의 섣달그믐에 해당하는 오미소카 때에는 각지에 흩어졌던 가족들이 모두 모입니다. 온 가족이 함께 모여 대청소를 하고 NHK에서 방송되는 홍백가요대항전 こうはくうたがっせん・紅白歌合戦을 즐긴 후에 자정 무렵 제야의 종소리 じょやのかね・除夜の鐘를 들으며 도시코시소바 としこしそば・年越しそば를 먹고, 신사에 가서 한 해의 무사함을 기원하며

오미소카

새해를 맞이하는 모습은 일본인들이 생각하는 일반적인 오미소카 풍경이기도 합니다. 새해 첫날 신사에 가는 것을 하쓰모데 はつもうで・初詣라고 하는데 유명한 신사에는 화려한 기모노로 치장한 사람들이 구름처럼 모여 장관을 이룹니다. 첫 참배는 빠를수록 좋다는 생각 때문인지 신사에서 기다리고 있다가 제야의 종소리가 울림과 동시에 참배를 하는 사람들도 많습니다.

- 도시코시소바 としこしそば・年越しそば

  섣달 그믐날이나 세쓰분 せつぶん・節分 밤에 먹는 메밀국수로, 기다란 국수 가락처럼 오래 살기를 기원하는 마음을 담은 것입니다.

도시코시소바

① 집안 : 도코노마 とこのま・床の間에 설날의 신을 모시는 제단을 준비합니다. 제단에는 일출과 대나무, 거북이 등 경사스러운 그림이 그려진 족자를 걸고 중앙에 가가미모치를 장식합니다.

- 가가미모치 かがみもち・鏡餅

  거울처럼 납작하게 만든 떡을 가가미모치라고 합니다. 원래 가가미는 '거울'을 의미하는 말인데요, 떡의 모양이 구리거울처럼 생겼다는데서 유래했다고 합니다. 도코노마나 가미다나 かみだな・神棚 등에 장식합니다. 그동안 신에게 제물로 바쳤던 딱딱해진 가가미모치는 1월 11일에 선반에서 내립니다. 이를 '가가미비라키 かがみびらき・鏡開き'라 하는데, 이 떡은 신이 드시다가 남긴 떡이기 때문에 나누어 먹으면 복을 받는다고 하여 손으로 잘게 뜯어 떡국에 넣어 먹거나 구워서 먹는 풍습이 있습니다. 이때 칼로 자르지 않는 것은 끊어내다, 떨어져나간다는 느낌이 들기 때문이라고 합니다.

가가미모치

② 집밖 : 현관 입구에 가도마쓰 かどまつ・門松와 시메나와 しめなわ・しめ縄를 장식하여 액운을 쫓고, 좋은 일이 생기기를 기원하기도 합니다.

가도마쓰 장식

- 가도마쓰 かどまつ・門松

정월에 문 양쪽에 놓는 소나무 장식을 가도마쓰라고 합니다. 원래 가도마쓰는 정월에 후손들에게 찾아와서 일 년 동안의 복을 내려주고 돌아간다고 하는 쇼가쓰신 正月神을 맞이하기 위한 의식용 장식물이었습니다. 굳이 소나무를 쓰는 이유는 소나무를 뜻하는 '마쓰 まつ・松'가 '기다리다'라는 의미의 단어 「待つ」와 발음이 같아 '신 かみ・神을 기다린다'는 의미를 담고 있기 때문입니다. 각 가정은 물론 회사, 관공서에서 대부분 설치하고 있으며, 연말이 되면 백화점에서 판매하기도 합니다.

- 시메나와 しめなわ・しめ縄

시메나와라는 금줄은 '금기'라는 뜻으로, 본래 신이 있는 곳을 나타내는 상징물로서 성스러운 세계와 속된 세계를 구분해 주는 역할을 합니다. 가도마쓰에 비하면 시메나와가 훨씬 더 대중적이고 일반적이죠. 가도마쓰를 세우지 않는 집은 있으나 시메나와를 걸지 않는 집은 거의 없습니다. 일반 가정은 물론 은행과 시청을 비롯한 관공서에도 시메나와를 걸어 놓습니다.

시메나와

오쇼가쓰 おしょうがつ・お正月

1월 1일 오쇼가쓰 おしょうがつ・お正月

"까치, 까치 설날은 어저께고요.…"라는 노래를 부르며 어릴 적 왠지 모를 설렘으로 손꼽아 기다리던 설날. 생활수준의 향상으로 그 의미가 많이 퇴색되었다고는 하지만, 민족 최대의 명절임에는 틀림없습니다. 일본에서도 가장 큰 명절은 신년 1월 1일 がんたん・元旦, 즉 오쇼가쓰입니다. 그 중에서도 특히 1일, 2일, 3일을 산가니치 さんがにち・三が日라 하며 중요하게 여깁니다. 새해가

오쇼가쓰

되면 밤 12시를 기점으로 가족이 절 또는 신사에 하쓰모데 はつもうで・初詣를 가서 한해의 소원 등을 빌고, 온 가족이 오손도손 모여 오토소 おとそ・お屠蘇와 오조니 おぞうに・お雑煮, 오세치요리 おせちりょうり・おせち料理를 먹으며 한 해의 건강과 무사함을 기원합니다.

- **하쓰모데** はつもうで・初詣

설날 아침, 신사나 사원으로 1년 동안의 건강과 행운을 기원하기 위해 참배하러 가는 것을 의미합니다. 일본 신사는 돈을 많이 벌도록 해주는 신, 공부를 잘 할 수 있도록 해주는 신, 눈병을 낫게

오세치 요리

오조니

해주는 신, 고통 없이 분만할 수 있도록 해주는 신 등 각각 독특한 전문 영역이 있는 신사가 있습니다. 때문에 자신의 소원에 따라 찾아가는 신사도 다릅니다. 신사에 찾아간 사람들은 신에게 자신의 소원을 빌고 '오미쿠지 おみくじ'로 자신의 운세를 점쳐 보기도 합니다. 오미쿠지란 동전 몇 개를 넣고 자신의 띠에 맞추어 단추를 누르면 자동적으로 나오는 운세가 적힌 쪽지를 말합니다.

- **오세치요리** おせちりょうり・おせち料理

오세치요리는 12월 말부터 하나씩 만들어 두었다가 새해 3일 동안 두고 먹는 음식으로, 주로 오래 두고 먹기 위한 조림 요리로 이루어져 있습니다.

- **오조니** おぞうに・お雑煮

새해 첫날인 1월 1일에 먹는 일본식 찹쌀떡국을 말하며 무로마치시대 むろまちじだい・室町時代부터 먹기 시작하였습니다. 신에게 공양했던 무, 당근 등의 야채와 떡을 넣어 만든 것으로 공양한 음식에는 신이 머물러 있어, 그것을 먹음으로써 신의 힘을 체내에 받아들일 수 있다고 생각한데서 비롯되었습니다.

한국식 떡국과 다른 점은 찹쌀로 만들기 때문에 오래 끓일 수 없으며, 네모진 커다란 떡이 단 하나 들어있다는 점입니다. 또한 우리가 밖에서 언제든지 떡국을 사먹을 수 있는 것과 달리, 오조니는 설날에만 먹고 밖에서는 사먹을 수 없습니다. 만드는 것이 귀찮은 사람들을 위해 컵라면과 같은 '컵 오조니' 제품이 팔리기도 합니다.

- **오토소** おとそ・お屠蘇

도소산 とそさん・屠蘇散이라는 중국 전래의 탕약을 일본 술에 담근 것을 말합니다. 이를 마시면 체내의 나쁜 기운을 밖으로 내보내어 1년 동안의 액운을 물리치고 건강하게 보낸다고 합니다. 오토소는 남자 가장이 정좌를 한 다음에 연소자부터 최고 연장자에 이르기까지 나이순으로 술을 건넵니다. 이는 젊은 사람의 건강한 기운을 연장자가 이어받아서 장수하길 바라는 의미에서입니다.

• 오토시다마 おとしだま・お年玉

설날 아침에 부모와 가까운 친척들로부터 오토시다마라는 세뱃돈을 받습니다. 이것은 원래 신에게 봉양했던 떡을 '새로운 해의 혼 年魂'이라고 생각해, 친한 사람들에게 나눠주던 것에서 유래합니다. 신에게 받은 선물이며 길한 물건이라 여겨지던 오토시다마 年魂가 발음이 똑같은 오토시다마 お年玉 로 바뀌었습니다. 지금은 세뱃돈이 일반적이죠. 오토시다마에 행운이 담겨있다고 믿는 일본인들은 돈을 그냥 건네지 않고 '오토시다마후쿠로 お年玉袋'라는 작은 봉투에 넣어주는 것을 예의로 생각합니다. 행운과 복을 가져다주는 칠복신, 새해를 상징하는 연, 매화 등이 그려져 있는 이 봉투는 문구점 등에서 따로 구입할 수 있습니다.

오토시다마

• 후쿠부쿠로 ふくぶくろ・福袋

새해가 시작되면 백화점에서는 하쓰우리 はつうり・初売り 라고 해서 특별히 700~2,000개 정도를 준비하여 상품을 파는데 그것을 후쿠부쿠로 福袋 라고 합니다. 빨간색 종이봉투에 2~3만 엔 정도의 물건을 넣고 1만 엔에 팔기 때문에 개장 시간 전에 벌써 입구에는 많은 사람들이 모입니다. 그래서 백화점 측에서는 문을 열기 전 번호표를 나누어 주고 오후 2시 정도까지만 판매한다고 하는데, 실제로는 30분만에 다 팔린다고 합니다. 봉투에는 제법 쓸 만한물건들인 스웨터, 셔츠, 수건, 머플러, 스타킹, 지갑 등이 들어있으므로 결코 손해는 아닙니다. 만약 크기가 안 맞는 옷이 있다면 여기 저기 모여서 서로의 물건을 비교하여 다른 사람들의 옷과 바꾸면 됩니다. 또한 불필요한 것은 저가에 사고팔기도 합니다.

• 나나쿠사가유 ななくさがゆ・七草粥

오쇼가쓰 축제의 마지막 행사날인 정월 이렛날은 나나쿠사가유 ななくさがゆ・七草粥라는 일곱 가지 봄나물인 미나리 せり, 냉이 なずな, 떡쑥 ごぎょう, 별꽃 はこべら, 광대나물 ほとけのざ, 순무청 すずな/かぶ, 무 すずしろ/だいこん 등으로 죽을 만들어 먹습니다. 원래 궁중 행사로, 우리나라의 정월 대보름처럼 모든 질병을 물리칠 수 있다는 의미를 담고 있습니다.

엔니치 えんにち・縁日

각지의 신사 근처에서는 엔니치를 기준으로 각 계절의 정취를 나타내는 시장이 들어섭니다.

엔니치가 무엇인가요?

엔니치란 특정 신불 しんぶつ・神仏과 특별히 인연이 깊은 날로, 신에 대한 제사나 공양이 이루어지는 날입니다. 이 날 참배를 하면, 평상시보다도 신의 가호를 많이 받을 수 있다고 전해져 신사를 찾는 참배객들이 많습니다. 또한 참배객들을 대상으로 노점도 활발히 들어섭니다.

도쿄 とうきょう・東京의 대표적인 엔니치

① 다루마 だるま 엔니치

다루마는 손과 발이 없는 빨간 하리코 세공 はりこざいく・張り子細工(목형에 종이를 여러 겹 발라 말린 다음에 목형을 빼낸 종이 세공)을 한 나무인형입니다. 선종 禅宗의 시조 始祖인 달마가 좌선 座禅하는 모습을 표현하고 있습니다. 달마는 9년 동안이나 돌 위에서 좌선을 하고 명상을 계속했기

때문에 발이 퇴화하여 걸을 수 없게 되었다고 합니다. 다루마가 붉은 색인 것은 붉은 색에 나쁜 기운을 물리치는 효과가 있다는 유래에서 비롯되었습니다. 다루마는 처음에는 눈이 그려져 있지 않지만 소원을 빌면서 한쪽 눈을 먹으로 그려 넣고 소원을 성취하면 나머지 한쪽 눈을 그려 넣는 풍습이 있습니다.

전국 각지의 사찰에서 정월·엔니치에 다루마 장이 들어서는데 특히 군마현 ぐんまけん·群馬県 다카사키시 たかさきし·高崎市의 쇼린산 다루마지 しょうりんざんだるまじ·少林山達磨寺에서 열리는 것이 유명합니다.

② 아사가오 あさがお·朝顔, 호오즈키 ほおずき 엔니치

매년 6월부터 7월 사이에 도쿄 とうきょう·東京 도내 각지에 '아사가오(나팔꽃)', '호오즈키(꽈리)' 장이 열립니다. 그중에서도 7월 6일부터 8일까지 다이토구 たいとうく·台東区에서 열리는 아사가오장과, 7월 9일부터 10일까지 아사쿠사 あさくさ·浅草 근처에서 열리는 호즈키장은 전국적으로 유명합니다.

③ 하고이타 はごいた·羽子板 엔니치

음력 12월 17일~19일 사이에 도쿄 아사쿠사에 있는 센소지 せんそうじ·浅草寺 부근에서 하고이타 엔니치가 열립니다. 하고이타는 길쭉한 나무판의 한 면에 입체적으로 화려한 장식을 한 것을 말합니다. 본래 액운을 물리치고 여자 아이가 무사하게 성장하기를 기원하는 의미로 만들어졌습니다. 아사쿠사의 하고이타 시장의 등장은 메이지 めいじ·明治 중기로 거슬러 올라가며, 1960년경부터 연말의 풍물로 정착되기 시작하였습니다.

▶ http://www.dentan.jp/saijiki/hago 하고이타 시장 사이트

하고이타

눈이 그려져 있지 않은 다루마 모습

소원을 빌면서 한쪽 눈을 그려 넣은 다루마 모습

전통놀이 でんとうゆうぎ・伝統遊戯

전통놀이 중 가장 오래된 것은 8~9세기경인 나라 なら・奈良 및 헤이안시대 へいあんじだい・平安時代의 유적에서 발굴된 다케돈보 たけとんぼ(대나무 잠자리), 사이코로 さいころ(주사위), 고마 こま (팽이) 등입니다.

❶ 하네쓰키 はねつき・羽根つき

나무열매 혹은 씨앗에 새의 깃털을 달아 만든 공을 하네쓰키라고 하며, 하고이타 はごいた・羽子板로 치는 놀이입니다. 배드민턴과 비슷하죠. 오늘날은 아이들의 놀이이지만 무로마치시대 むろまちじだい・室町時代에는 어른들의 놀이였습니다. 하네쓰키의 역사는 약 500여 년 전으로 거슬러 올라갑니다. 하고이타에는 기모노 차림의 아이들이나 인기 가부키 배우의 모습을 그려 넣기도 하였습니다. 그러나 에도시대 えどじだい・江戸時代에 이르러 이러한 그림은 단순한 장식을 넘어 액운을 막아주는 민간신앙으로 발전하여 새해의 선물로 자리 잡게 되었습니다.

하네쓰키

❷ 다코아게 たこあげ (연날리기)

다코아게는 연날리기를 말합니다. 옛날에는 연의 형태가 오징어와 비슷해서 교토 きょうと・京都에서는 연을 이카 いか(오징어)라고 부르기도 했는데, 에도시대에 동일본 ひがしにほん・東日本으로 전해지면서 다코 たこ(문어)라 부르게 되었다고 합니다. 현재는 정월놀이에 그치지 않고 일 년 내내 연날리기를 하고 있습니다. 나가사키 ながさき・長崎의 싸움 연, 니가타 にいがた・新潟, 가나가와 かながわ・神奈川의 대형 연날리기 대회 등이 유명합니다.

다코아게

❸ 고마마와시 こままわし・こま回し (팽이치기)

고마는 팽이를 말하며 헤이안시대 이전에 중국에서 전해졌습니다. 그 종류와 색이 매우 다양하며 옛날에는 설날 아이들에게 많은 사랑을 받았다고 합니다.

❹ 스고로쿠 すごろく (쌍륙놀이)

스고로쿠는 주사위놀이를 말하며 주사위를 던져 나온 수만큼 그림이 그려져 있는 판 위에서 말을 진행시켜 가는데, 먼저 도착하는 사람이 이기는 방식입니다.

에도시대에는 판화 기법의 발달로 풍경이나 배우의 얼굴, 역사적인 전투 장면 등이 그려진 말판이 많았습니다. 메이지시대에 이르러서는 월간 잡지 신년호 부록으로 나올 정도로 인기가 있었다고 합니다.

❺ 오리가미 おりがみ・折り紙 (종이접기)

정사각형의 색종이를 접어 여러 가지 모양을 만드는 놀이입니다. 헤이안시대에 시작되었고 에도시대에 거북, 학 등 70여 종의 방법이 고안되었습니다. 고전적인 모양으로는 학, 배, 금붕어, 풍선 등이 있습니다. 종이접기는 상상력을 자극하고, 손재주를 좋게 해준다고 하여 높이 평가되고 있습니다.

센바즈루

- 센바즈루 せんばづる・千羽鶴 : 색종이로 접은 천 마리의 학을 실로 연결한 것을 말합니다. 병중이거나 슬픔에

잠긴 친구를 위로하기 위해 정성과 사랑의 마음을 담아 만들어 주는 선물입니다.

❻ 오하지키 おはじき (구슬치기)

작고 납작한 구슬을 손가락 끝으로 튕기며 노는 여자 아이들의 놀이입니다. 고대 중국에서 시작된 것으로 일본에는 대략 8세기경에 전해졌는데『겐지모노가타리 げんじものがたり・源氏物語』에는 11세기 헤이안시대에 궁중에서도 행해졌다고 기록되어 있습니다. 기본적인 규칙은 아무 알이 아닌 어느 특정한 알만 맞춰야 하며, 만약 다른 알을 맞추면 지게 됩니다. 에도시대에 민간에 퍼져 여자 아이들만의 놀이가 되면서 조개를 알로 사용했는데, 메이지시대에 들어서면서 유리로 된 알이 보급되기 시작했습니다.

오하지키

❼ 아야토리 あやとり (실뜨기)

하나의 끈(약 120센티미터)을 반으로 접어 끝을 한데 묶은 후, 고리모양을 만들고 손가락으로 엮어 도형을 만드는 놀이입니다. 이 놀이는 헤이안시대부터 시작되었습니다. 둘이서 바꿔가며 엮는 '후타리 아야토리 ふたりあやとり・二人あやとり'와 혼자 엮는 '히토리 아야토리 ひとりあやとり・一人あやとり'가 있습니다. 아야토리는 서로 바꿔가며 끈을 엮다가 모양을 망가뜨리는 사람이 지는 놀이와 승패와 관계없이 모양의 아름다움과 만드는 즐거움을 추구하는 놀이가 있습니다.

아야토리

❽ 다케우마 たけうま (대나무말)

대나무에 다리를 얹을 받침을 붙이고 그곳에 올라타 노는 남자 아이들의 놀이입니다. 기술이 필요하며, 익숙해지면 받침을 높이거나 한쪽을 어깨에 메고 한쪽으로만 뛰거나 서로 곡예를 겨루기도 합니다.

❾ 겐다마 けんだま

겐다마는 세계적으로 많이 알려진 목제 완구입니다. 일본에는 200여 년 전, 중국에서 전해졌다는 기록이 남아 있습니다. 작은 접시, 큰 접시, 중간 접시, 겐사키 けんさき・剣先 (막대 끝)의 순서로 목제 공을 받아 내는 놀이입니다. 누가 빨리 하느냐와 독특한 기술 구사하기 등 다양한 방법으로 즐길 수 있습니다.

겐다마

❿ 다루마상가고론다 だるまさんが転んだ

우리나라의 '무궁화 꽃이 피었습니다'라고 생각하면 됩니다. 술래를 한 명 정하고, 술래는 하나에서 열까지 세는 대신에 '다루마상가고론다 だるまさんがころんだ・だるまさんが転んだ'라고 외칩니다. 다른 아이들은 술래에게 움직이고 있는 모습을 들키지 않도록 하며 술래에게 다가가면 됩니다.

⓫ 장켄퐁 じゃんけんぽん (가위 바위 보)

일본에서는 가위 바위 보를 흔히 '장켄 じゃんけん'이라고 하고, 실제로 할 때는 '장켄퐁 じゃんけんぽん'이라고 합니다. 비겼을 때는 '아이코데쇼 あいこでしょ' 또는 줄여서 '쇼 しょ'라고 하죠. 주먹을 '구 グゥ', 가위를 '초키 チョキ', 보는 '파 パァ'라고 합니다.

⓬ 하나이치몽메 はないちもんめ

다수의 인원이 공원 등에서 두 팀으로 나뉘어 노래하면서, 가위 바위 보를 하여 이긴 쪽이 진 쪽에서 한명을 데려오는 놀이로, 우리나라의 '우리 집에 왜 왔니'와 비슷합니다.

⑬ 베이고마 べいごま (팽이치기)

다이쇼시대 たいしょうじだい・大正時代에 시작된 것으로, 철로 만든 고마(팽이)를 서로 부딪치며 노는 남자 아이들의 놀이입니다. 아이들은 베이고마 べいごま의 밑을 깎아 균형을 낮추거나 옆을 톱니모양으로 깎거나 납을 붙여 무겁게 하는 등 보다 강력한 고마를 만들기 위해 서로 경쟁합니다. 마지막까지 멈추지 않고 끝까지 돌아가는 고마가 이깁니다.

⑭ 멘코 めんこ (딱지치기)

우리나라의 '딱지치기'라고 생각하면 됩니다. 남자 아이들의 놀이로 베이고마와 같이 오래된 놀이입니다. 멘코 めんこ에는 무사 그림이나 유명 스포츠 선수, 만화 주인공 등 그 당시 아이들에게 인기 있는 인물이 그려진 것들이 많습니다. 상대의 멘코를 뒤집으면 상대방의 멘코를 차지할 수 있습니다.

⑮ 오테다마 おてだま (오자미)

오테다마 おてだま는 헤이안시대에 시작된 것으로, 천 조각으로 만든 작은 주머니 안에 팥이나 염주알을 넣은 것을 말합니다. 이것을 노래에 맞춰 던지며 노는 여자 아이들의 놀이로, 중심이 되는 구슬을 던지는 동안에 마루에 놓아 둔 공기(구슬)를 한 개씩 줍고, 그 손으로 한 번 더 반복해서 떨어진 구슬을 줍습니다. 그것을 2개, 3개 전부 주을 때까지 계속하는 놀이입니다.

⑯ 니라멧코 にらめっこ (눈싸움)

14세기경의 기록을 살펴보면, 니라멧코는 심각한 승부를 결정짓는 수단 중 하나였다고 합니다. 놀이를 하는 두 사람은 서로 마주보고 이렇게 노래를 부릅니다.

베이고마

멘코

오테다마

だるまさん だるまさん にらめっこしましょう 笑(わら)うとまけよ あっぷっぷっ

(달마야, 달마야, 우리 눈싸움하자, 웃으면 지는 거다, 아푸푸)

노래를 끝내고 두 사람이 서로 마주보며 괴상한 표정을 지어서 상대를 웃기는 것으로 먼저 웃는 사람이 지게 됩니다. 노랫말에 달마가 등장하는 것은 벽을 보고 눈도 감지 않았다는 달마의 고사에서 왔다고 합니다.

⑰ 시리토리 しりとり・しり取り (끝말잇기)

한 사람이 먼저 단어를 말하면 다음 사람이 그 말꼬리를 받아 차례로 말을 이어가는 놀이입니다. 단, 「ん」으로 시작하는 단어는 없기 때문에 「ん」으로 끝나는 말을 하면 지게 됩니다.

あい → いか → かじ → じじつ → つり → りす

(사랑 → 오징어 → 화재 → 사실 → 낚시 → 다람쥐)

⑱ 다루마오토시 だるまおとし

대여섯 개의 둥근 통 모양을 한 나무를 겹쳐, 그 위에 다루마 인형을 놓고 인형이 떨어지지 않도록 나무망치로 한 개 한 개의 나무를 튀겨서 빼내는 놀이입니다.

⑲ 가미즈모 かみずもう・紙相撲

종이에 스모 선수를 그린 뒤, 안에 두꺼운 종이를 붙여서 주변을 자르고 중심선에서 다시 두 개를 자릅니다. 적당한 크기의 빈 상자에 원을 그려 도효 どひょう・土俵(스모 경기장)를 만들고, 도효에 선수를 세워서 끼웁니다. 두 선수가 도효를 쳐서 상대선수를 넘어뜨리거나 도효 밖으로 밀어내면 승리하게 됩니다.

다루마오토시

가미즈모

화투 はなふだ・花札

　일본에 처음 카드놀이가 들어온 것은 아즈치모모야마시대 あづちももやまじだい・安土桃山時代로 소총, 기독교, 카스테라 등과 함께 전해졌다고 합니다.
　당시 정치인들에 의해 카드놀이 금지령이 내려지자 금지령을 피하기 위해 디자인을 바꾸면서 여러 가지 디자인의 패가 만들어졌습니다. 화투도 이런 흐름 속에서 탄생하게 되었죠. 이전의 우타가루타 うたかるた・歌かるた는 상류층의 놀이였기에 막부 ばくふ・幕府는 하류 계급의 상인 しょうにん・商人이나 조닌 ちょうにん・町人이 사용하는 것을 금지했습니다. 그 때문에 사람들은 막부의 눈을 피해 도박행위를 하기 위해서 가게 안에 도박장을 만들었죠. 그것이 계기가 되어 화투 패키지에는 텐구 てんぐ・天狗 (얼굴이 붉고 코가 큰 상상의 괴물) 일러스트가 그려지게 되었다고 합니다.
　화투는 일본 전통적인 카드놀이의 한 종류이며, 하나가루타 はなかるた・花かるた라고도 합니다. 가루타에서 숫자를 없애고 나무와 꽃, 새, 바람, 달 등 자연을 묘사한 그림을 1월부터 12월까지로 나눠 각각 4장씩 그려 넣어 모두 48장이 되었다고 합니다.
　우리와는 방식이 약간 다릅니다. 게임의 종류에는 하는 방법에 따라 88점을 먼저 따는 사람이 이기는 하치하치 八八, 손에 쥔 패와 새로 뒤집은 패를 합쳐 9이거나 9에 가까운 쪽이 이기는 오이초

카부 おいちょかぶ 등이 있습니다. 그 밖에 지방에 따라서 다양한 형태로 즐기기도 합니다.

비광에 등장하는 사람은 누구인가요?

비 광의 그림은 에도시대에 성행했던 일본 풍속화 '우키요에 うきよえ·浮世絵'로, 우산을 쓴 선비는 일본의 오노노도후 おののとうふう·小野道風(AD. 894-966)라는 일본 최고의 서예가입니다. 오노노도후는 붓글씨를 열심히 하다가 어느 날 능률도 잘 안 오르고 싫증도 나고 해서 붓글씨를 그만두려 우산을 쓰고 걸어가다가 비오는 날 우거진 수양버들 아래서 개구리 한 마리가 수양버들에 여러 번 점프를 하며 오르다가 미끄러지고 또 오르려다 미끄러지기를 여러 차례 반복해 실패를 거듭했지만, 좌절하지 않고 계속하다가 결국에는 수양버들 가지에 기어올라가는 모습을 보고 저 개구리도 저렇게 피나는 노력을 하며 살아가는데 인간인 내가 여기서 포기해서 되겠는가?"하고 깨달아 다시 되돌아가 붓글씨 공부에 정진해 일본 최고의 서예가가 된 선비를 빗대어 그린 풍속화 우키요에이다.

하나후다

가루타 カルタ・歌留多

가루타란 무엇인가요?
가루타라는 말은 포르투갈어 'Carta'에서 생긴 말로, 그림이나 문자가 있는 카드라는 뜻입니다. 이 발음을 일본식 한자로 바꾸어서 '가루타 カルタ・歌留多'라고 표기합니다. 1543년 규슈 きゅうしゅう・九州에 표류해 온 포르투갈 사람에 의해 처음 전해졌고, 에도시대 후반부터 일본 전역에 퍼져 전통놀이로 전해 내려오고 있습니다.

가루타는 언제부터 시작되었나요?
헤이안시대에 대합조개의 껍질을 이용한 '가이아와세 かいあわせ・貝合わせ' 놀이가 차차 변화하여 '우타가이 うたがい・歌貝'라든가 '우타가루타 うたカルタ・歌カルタ', '이로하가루타 いろはカルタ' 등이 되어 에도시대부터 정월 しょうがつ・正月에 하는 놀이로 자리 잡았습니다. 가장 오래된 것으로는 13세기에, 7세기 이후의 대표적인 와카 わか・和歌를 모아놓은 '오구라햐쿠닌잇슈 おぐらひゃくにんいっしゅ・小倉百人一首'를 들 수 있습니다.

햐쿠닌잇슈 ひゃくにんいっしゅ・百人一首

'백 명의 뛰어난 가인 歌人들의 시 중에서 가장 뛰어난 한수 首씩 만을 골라서 묶은 시집'을 말하는 것으로, 이렇게 백 편의 시를 묶은 시집은 여러 가지가 있으나 보통 햐쿠닌잇슈라고 하면 대개는 오구라햐쿠닌잇슈를 말합니다.

오구라햐쿠닌잇슈는 어떻게 하는 건가요?

한 사람이 카드에 쓰여진 와카 わか・和歌 (5·7·5·7·7조의 일본 고유의 정형시)의 윗 구절인 가미노쿠 かみのく・上の句 (5·7·5)를 읽고 다른 사람이 그것과 짝이 되는 아래 구절인 시모노쿠 しものく・下の句 (7·7) 카드를 찾는 게임으로, 가장 많은 카드를 찾는 사람이 이기는 것입니다.

우선 경기를 하는 두 명과 카드를 읽는 사람 한 명이 있어야 합니다. 시의 아래 구절만 적혀진 '도리후다 とりふだ・取り札' 100매와 위아래 구절이 모두 쓰여 있는 '요미후다 よみふだ・読み札' 100매를 준비합니다. 경기에는 100매 중 각기 25매씩 50매만을 사용합니다. 단, 읽는 사람은 요미후다 100매를 전부 사용합니다. 경기자는 25매의 카드를 자신이 읽을 수 있는 방향으로 해서 좌우 세 줄로 배열합니다. 카드가 전부 배열이 되면 15분 간의 암기 시간이 있습니다. 이 시간 동안 경기자는 자기의 카드나 상대의 카드를 보며 그 위치를 기억해 두고 어떻게 집을 것인지, 또는 건드려서 경기선 바깥으로 날려버릴지 연습합니다. 카드를 읽는 사람이 요미후다에 쓰여진 시의 가미노쿠를 읽기 시작하면 경기자는 얼른 시모노쿠를 생각해 내어 그 구절이 쓰여진 카드를 집어냅니다.

이 경기의 승부는 늘어놓은 카드가 먼저 다 없어진 쪽이 이기는 것으로, 경기 중 선수는 자신의 카드뿐만 아니라 상대의 카드를 집어낼 수 있습니다. 만약 상대의 카드를 집으면 자신의 카드 중에서 아무 것이나 한 장을 상대에게 보내 자신의 카드 수를 줄여갑니다. 그러나 요미후다의 아래 구절이 쓰여진 해당 카드 이외의 것을 건드리는 것은 반칙으로 상대방으로부터 카드 한 장을 받게 됩니다.

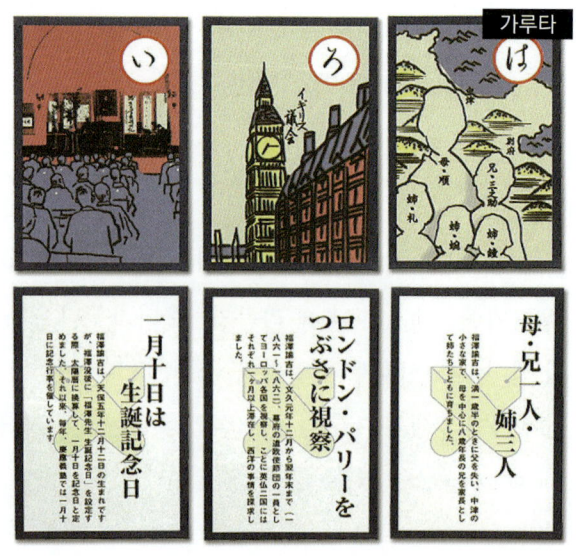
가루타

마쓰리 まつり・祭り

마쓰리란 무엇인가요?

각 지역마다 독특한 전통과 풍습이 담겨 있는 단순한 축제 이상의 연중행사로, 수확기에 마을 사람들이 함께 모여 잔치를 벌였던 데서 시작되었습니다. 처음에는 조상과 신의 영혼을 기리며 마을의 신을 봉양하고, 그 해의 풍작과 건강을 비는 종교적인 목적에서 생겨났습니다. 이러한 마쓰리를 전통 마쓰리라고 하며 신사 じんじゃ・神社나 절 おてら・お寺을 중심으로 행해집니다. 한편 각 지자체 등이 지역 활성화 구축을 위해 행하는 이벤트의 성격이 강한 시민 마쓰리도 있습니다.

마쓰리는 어떤 종류가 있나요?

마쓰리는 계절마다 매우 다양하게 행해지고 있습니다. 마쓰리의 기본 정신은 인간이 가진 종교적 심성에 뿌리를 둔, 삶의 전체 과정에서의 신에 대한 기원과 감사라고 할 수 있습니다. 마쓰리에서는 사람들이 하치마키 はちまき・鉢巻라는 흰 수건을 머리에 두르고 핫피 はっぴ・法被라는 윗도리에 다비 たび・足袋라는 신발 겸 양말을 신고서 미코시 みこし・御輿(가마)나 다시 だし・山車(수레)를 끌며 행진하는 모습을 볼 수 있습니다.

마쓰리는 어떤 모습인가요?

마쓰리가 시작되는 마을은 며칠 전부터 깃발과 연등으로 거리가 일렁이고, 북과 징이 울려 퍼지며 마쓰리의 시작을 알립니다. 여름 마쓰리에는 그 마을의 여자와 어린이들이 유카타 ゆかた・浴衣를 입고 북소리에 맞추어 봉오도리 ぼんおどり・盆踊り를 추며, 다코야키 たこやき・たこ焼き, 야키소바 やきそば・焼きそば, 오코노미야키 おこのみやき・お好み焼き 등의 먹거리와, 어린이들을 위한 긴교스쿠이 きんぎょすくい・金魚すくい(금붕어 건지기) 등 다양한 행사가 벌어집니다. 건장한 남성들이 미코시를 메고 '왓쇼이 왓쇼이 ワッショイ、ワッショイ'라고 외치며 마을을 행진하는 모습은 정말 역동적입니다. '왓쇼이'란 말은 무거움을 달래기 위해 하는 말로, 우리말의 '영차, 영차'와 비슷한 구호입니다.

유명한 마쓰리에는 어떤 것들이 있나요?

① 도쿄의 간다 마쓰리 かんだまつり・神田祭り

5월 14일부터 15일 사이에 도쿄의 간다 신사 かんだじんじゃ・神田神社에서 열리는 '미코시 みこし・神輿 마쓰리'입니다. 이는 도쿠가와 이에야스 とくがわいえやす・徳川家康가 세키가하라 せきがはら・関が原 전투

에서 승리한 것을 기념하여 열린 축제가 그 기원입니다. 그 외 도쿄에서는 히에신사 ひえじんじゃ·日枝神社의 산노 마쓰리 さんのうまつり·山王祭와 아사쿠사 あさくさ·浅草의 산샤 마쓰리 さんしゃまつり·三社祭가 유명합니다.

② **오사카** おおさか·大阪의 **텐진 마쓰리** てんじんまつり·天神祭り

7월 24일에서 25일 사이에 텐만구 てんまんぐう·天満宮에서 열리는 오사카의 대표적인 마쓰리입니다. 100여 척의 배들이 도지마가와 どうじまがわ·堂島川와 오카와 おおかわ·大川를 거슬러 올라가는 모습을 볼 수 있습니다.

텐진 마쓰리

③ **교토** きょうと·京都의 **기온 마쓰리** ぎおんまつり·祇園祭り

7월 1일부터 31일까지 치러지며 약 1,100년 전 전염병을 퇴치하기 위해 기원제를 열었던 어령회 ごりょうえ·御霊会가 그 기원이라고 합니다. 7월 17일에 거행되는 '야마보코 やまぼこ·山鉾 (산 모양의 장식대 위에 창이나 칼을 꽂은 화려한 수레) 행진'이 마쓰리의 하이라이트입니다. 이 행진 때는 전통적인 기온바야시 ぎおんばやし·祇園囃子 (피리, 징, 북 따위)도 함께 연주됩니다. 왜장도를 선두로 야마보코, 다시가

야마보코 행진

기온 가락에 맞추어 행진하는 것이 장관입니다. 야마보코 위에서 마쓰리 때 참가하는 어린이가 북을 치며 춤추는 것도 매우 인상적입니다.

시민 마쓰리는 어떤 성격의 마쓰리인가요?

① **삿포로** さっぽろ·札幌의 **유키 마쓰리** ゆきまつり·雪祭り

2월 5일부터 일주일 정도 열리는 유키 마쓰리는 홋카이도 ほっかいどう·北海道 지방의 대표적인 마쓰리입니다. 일본의 북단 홋카이도는 반 년 동안 폭설과 추위가 지속되는 지역으로 겨울철이면

곳곳에서 눈과 얼음의 축제가 펼쳐지는데, 그 중에서도 삿포로의 눈 축제가 가장 유명합니다.

특히 오도리 공원 おおどおりこうえん·大通公園에서 열리는 눈과 얼음의 조각 전시회가 가장 볼만한데, 세계적으로 이름난 건축물을 비롯해 동화 속 주인공들의 모형이 공원 곳곳에 전시됩니다. 그밖에 음악회·패션쇼·스키쇼·레이저쇼·노래자랑을 비롯해 국제 설상 경연대회, 눈의 여왕 선발대회 등 각종 행사가 개최됩니다. 이 기간에 동원되는 눈은 홋카이도 지방에서 좋은 눈만 골라 트럭으로 공수해 온다고 하는데, 그 양만 해도 5톤 트럭 7,000대 분량이며, 이 축제를 보기 위해 세계 각지에서 관광객들이 몰려들어 대성황을 이룹니다.

② **고치** こうち·高知**의 요사코이 마쓰리** よさこい祭り

전 세계의 서퍼들이 모이는 곳으로도 유명한 고치에서는 8월 둘째주 정도에 요사코이 마쓰리가 열립니다. 자유롭고 열정적인 고치현 시민 けんみん·県民의 기질이 그대로 드러나 있는 요사코이 마쓰리에서는 춤도 음악도 자유. 머리부터 발끝까지 자유로운 사람이라면 추천합니다.

③ **여름의 하나비 다이카이** はなびたいかい·花火大会

일본은 불꽃을 쏘아올리는 기술이 상당히 발달되어 있어 전 세계의 주목을 받고 있다고 합니다.

그 중에서도 7월 30일부터 도쿄의 스미다 강 すみだがわ·隅田川을 비롯하여 일본 각지의 강가나 바닷가에서 행해지는 하나비 다이카이는 세계적으로도 널리 알려져 있는 행사입니다.

일본의 불꽃놀이는 도쿠가와 막부 とくがわばくふ·德川幕府가 정권을 쥐고 있을 때부터 오늘날까지 수백 년 동안 계속 이어져 내려오고 있는데, 이것은 일본사회의 장인 정신을 나타내는 것으로 볼 수 있습니다.

④ 센다이 せんだい·仙台의 다나바타 마쓰리 七夕祭り

8월 6일에서 8일 사이에 열리며 센다이 시내 중심가에서 오색의 후키나가시 ふきながし·吹流し를 대나무 장대에 장식하여 칠석제를 지냅니다.

다나바타 마쓰리

⑤ 아오모리 あおもり·青森의 네부타 마쓰리 ねぶた祭り

도호쿠 とうほく·東北 지방 아오모리를 중심으로 한여름의 무더위와 졸음을 쫓아내고 풍년을 기원하는 마쓰리입니다. 8월 5일에서 7일 사이에 행해지는 매우 역동적인 행사입니다.

네부타 마쓰리

⑥ 하카타 はかた·博多의 돈타쿠 마쓰리 ドンタク祭り

후쿠오카 ふくおか·福岡의 옛 지명을 '하카타'라고 부르며, 돈타쿠는 네덜란드어의 '일요일'이란 뜻의 'Zontag'에서 온 말입니다. 5월 3~4일에 행해지며 5월 1일에 시작되는 노동절부터 약 일주일간 이어집니다. 16세기 말 상인들이 영주에게 신년을 축하하기 위해 행진한 것에서 유래되었다고 합니다.

마쓰리는 전통적으로 주민자치모임인 조나이카이 ちょうないかい・町内会 등의 자치조직을 중심으로 시행되어 왔습니다. 현대적 의미의 마쓰리는 지역사회의 활성화를 필두로 관광지 홍보와 관광객 유치, 국제교류 활성화 등 실로 다양합니다. 집단의 생명력을 활발하게 하고 구성원들의 정체성 확인을 위해 정기적으로 행해지고 있습니다.

일본의 대표적인 마쓰리

1월 15일	와카쿠사 わかくさ・若草 산 태우기 : 나라시 ならし・奈良市
2월 초	유키 ゆき・雪 마쓰리 : 삿포로시 さっぽろし・札幌市
3월 12일	도다이지 とうだいじ・東大寺 니가쓰도 にがつどう・二月堂의 물긷기 おみずとり・御水取り : 나라시 ならし・奈良市
4월 14일 ~ 15일	다카야마 たかやま・高山 마쓰리 : 다카야마시 たかやまし・高山市
5월 3일 ~ 4일	돈타쿠 ドンタク 마쓰리 : 하카타시 はかたし・博多市
5월 중순	산샤 さんしゃ・三社 마쓰리 : 아사쿠사 신사 あさくさじんじゃ・浅草神社
6월 1일 ~ 30일	붓꽃축제 : 이바라키현 いばらきけん・茨城県 이타코 いたこ・潮来 마을
7월 17 ~ 24일	기온 ぎおん・祇園 마쓰리 : 교토시 きょうとし・京都市
8월 5일 ~ 7일	다나바타 たなばた・七夕 마쓰리 : 센다이 せんだい・仙台
9월 16일	야부사메 やぶさめ・流鏑馬 : 가마쿠라시 かまくらし・鎌倉市
10월 7일 ~ 9일	오쿤치 おくんち 마쓰리 : 나가사키시 ながさきし・長崎市
11월 3일	다이묘 だいみょう・大名 행렬 : 하코네 はこね・箱根 마을

아오바 마쓰리 (센다이)

니가쓰도의 물긷기

풀어봅시다! 퀴즈

8장 연중행사와 놀이문화

다음 퀴즈를 풀어보면서 배운 내용을 정리하고 복습해 봅시다.

* 전국적으로 양력 8월 13일부터 16일까지, 지방에 따라서는 양력 7월 13일부터 16일에 걸쳐 행하는 행사로 1년에 한 번 조상의 영혼이 이승의 집으로 찾아오는 날이라고 믿으며 음식을 장만하여 조상의 명복을 빌고, 조상의 묘를 찾아 성묘하는 날입니다. 이 날은 무엇일까요?

오봉おぼん・お盆

* 우리 나라의 섣달 그믐에 해당하며, 각지에 흩어졌던 가족들이 모두 모여 대청소를 하는 이 날을 무엇이라고 할까요?

오미소카おおみそか・大晦日

* 약 1,100년전 전염병을 퇴치하기 위해 기원제를 열었던 어령회가 그 기원이며, 일본의 3대 마쓰리祭り중 하나로 7월 1일부터 31일까지 교토京都에서 열리는 이 마쓰리는 무엇일까요?

기온마쓰리ぎおんまつり・祇園祭り

* 포르투갈어 'Carta'에서 생긴말로 그림이나 문자가 있는 카드라는 뜻입니다. 1543년 규슈九州에 표류해 온 포르투갈 사람에 의해 처음 전해져, 에도시대江戸時代 후반부터 일본 전역에 퍼져 전통 놀이로 전해져 온 이 놀이는 무엇일까요?

가루타カルタ・歌留

* 일본의 북단 홋카이도北海道의 삿포로札幌에서 2월 5일부터 1주일간 열리는 마쓰리祭り로 브라질의 리오 축제, 독일 뮌헨의 옥토버 축제와 함께 세계 3대 축제의 하나로 꼽히는 이것은 무엇일까요?

삿포로유키마쓰리さっぽろゆきまつり・札幌雪祭り

* 우리나라의 '무궁화 꽃이 피었습니다'와 비슷한 놀이로 술래를 한 명 정해서 술래가 '○○○○○○○○'를 외치면 나머지 아이들이 술래에게 움직이는 모습을 들키지 않도록 하면서 술래에게 다가가는 놀이입니다. 이것은 무엇일까요?

다루마상가코론다だるまさんが転んだ

* 일본에서는 한여름에 상대방의 건강을 염려하고 자신의 근황을 알리기 위해 인사 엽서를 보내는 관습이 있습니다. 이것을 무엇이라고 할까요?

쇼추미마이しょちゅうみまい·暑中見舞い

* 정월에 후손들에게 찾아와서 일년동안 의복을 내려주고 돌아간다고 하는 쇼가쓰신正月神을 맞이하기 위한 의식용 장식물에서 시작된 것으로, 정월에 문양쪽에 세워놓는 소나무 장식을 무엇이라고 할까요?

가도마쓰かどまつ·門松

* 일본 전통놀이의 하나로, 나무 열매 혹은 씨앗에 새의 깃털을 달아 만든 공을 하고이타羽子板라는 판으로 치는 놀이를 무엇이라고 할까요?

하네쓰키はねつき·羽根突き

* 일본에는 다양한 오리가미(종이접기)가 발달하였습니다. 그 중 병중이거나 슬픔에 잠긴 친구를 위로하고 격려하기 위한 것으로, 색종이로 접은 천마리의 학을 실로 연결한 이것을 무엇이라고 할까요?

센바즈루せんばづる·千羽鶴

* 5·7·5·7·7구句 31음音의 형식을 갖는 시문학의 한 형태로 사람들의 정서를 짧은말로 표현하는 것입니다. 흔히 와카和歌라고도 불리는 이것은 무엇일까요?

단카たんか·短歌

* 3월(혼슈本州)~4월(혼슈/홋카이도北海道)에 벚꽃이 만발하는 시기에 가족, 친구, 직장 동료와 함께 음식물을 장만하여야 유회를 겸해 공원이나 야외로 벚꽃 구경가는 것을 무엇이라고 할까요?

하나미はなみ·花見

* 4월 29일 쇼와노히昭和の日를 시작으로 5월 3일 헌법기념일, 5월 4일 미도리노히緑の日, 5월 5일 어린이날까지 일주일정도의 연휴가 되는 일본최대의 황금연휴를 무엇이라고할까요?

골든위크ゴールデンウィーク

* 일본 사람들은 새해 첫 날 건강과 행복을 기원하기 위해 제야의 종소리를 듣고 동이 트기 전에 신사로 참배하러 가는데요, 이것을 무엇이라고 할까요?

  하쓰모데はつもうで・初詣

* 섣달 그믐날이나 세쓰분節分 밤에 온 가족이 모여 기다란 국수처럼 오래 살기를 기원하는 마음을 담아서 먹는 음식은 무엇일까요?

  도시코시소바としこしそば・年越しそば

* 세쓰분節分에 '귀신은 밖으로 복은 집안으로鬼は外、福は内'라고 외치며 집안팎에 볶은 콩을 던져 귀신을 쫓는 의식을 무엇이라고 하나요?

  마메마키まめまき・豆まき

* 200년전 중국에서 일본으로 전해졌으며 작은접시, 중간접시, 막대끝의 순서로 목제공을 받아내는 놀이로, 누가 빨리하느냐와 독특한 기술 구사하기등의 다양한 방법이 있습니다. 세계적으로 많이 알려진 이 목제완구의 이름은 무엇일까요?

  겐다마けんだま

* 원래는 조상과 신의 영혼을 기리며 마을의 신을 봉양하고 그 해의 풍작과 건강을 비는 종교적인 목적에서 생겨난 것입니다. 각 지역마다의 독특한 전통과 풍습이 담겨 있는 축제 성격의 연중 행사를 무엇이라고 하나요?

  마쓰리まつり・祭り

제9장
주거 문화 및 일상생활

단독주택 いっこだて・一戸建て

일본에는 목조건물이 많은가요?
일본에서는 고온 다습한 기후에 알맞게 통풍이 잘 되고 습기를 방지할 수 있도록 목조 건물을 많이 짓습니다. 일본의 건물들이 높지 않고 목조건물로 지어진 것은 바로 지진에 대비하기 위해서입니다. 또한 고카야마 ごかやま・五箇山의 갓쇼즈쿠리 がっしょうづくり・合掌造り는 지붕의 경사가 매우 심하여 마치 두손을 모아 합장하는 모습의 주택으로 갈대를 엮어 만드는데, 이는 눈이 쌓이는 것을 방지하기 위해서라고 합니다.

일본의 전통가옥은 어떻게 생겼나요?
하나의 주택에 한 세대가 살고 있는 단독 주택을 잇코다테 いっこだて・一戸建て라고 하며, 히라야 ひらや・平屋라는 단층집도 있지만 보통 2층집이 많은 편입니다. 대부분 정원과 주차공간을 갖추고 있고, 욕실과 화장실은 분리되어 있습니다.

일본식 방은 와시쓰 わしつ・和室라고 하며, 방과 방 사이는 미닫이문으로 되어 있고 바닥에는 다타미 たたみ・畳가 깔려 있습니다.

전통가옥

현대가옥

와시쓰 ゎしっ・和室를 살짝 들여다보면?

- **다타미** たたみ・畳 : 골풀로 만든 다타미의 장점은 단열효과와 흡음 きゅうおん・吸音 효과입니다. 이는 골풀 표면에 있는 무수한 기공이 스펀지와 같이 공기를 흡입, 배출하면서 온도와 습도를 조절해주는 역할을 합니다. 다타미의 크기는 지방에 따라 다르나 보통 180×90센티미터 정도의 장방형으로 규격화하여 판매하며 다타미 두 장이 한 평 정도의 넓이입니다. 다타미는 3장, 4장 반, 6장, 8장 등에 따라 일정한 방식으로 깝니다.

- **도코노마** とこのま・床の間 : 그림이나 글씨를 걸거나 꽃병과 같은 장식물을 놓기 위해 바닥을 한 층 높게 올려서 꾸며 놓은 곳으로, 다타미방의 안쪽에 위치해 있습니다. 손님은 도코노마를 등지고 앉도록 합니다.

와시쓰 모습

도코노마

- 쇼지 しょうじ・障子 : 외부와 내부를 차단하기 위해 창호지를 바른 창문으로, 통풍이 잘되고 채광이 좋습니다. 쇼지 바깥쪽에는 툇마루 엔가와 えんがわ・縁側가 있습니다.
- 후스마 ふすま・襖 : 방과 방 사이의 미닫이문으로, 고정되어 있지 않아 용도에 따라 합치거나 분리할 수 있습니다. 또한 후스마에는 그림을 그려서 장식적인 효과를 내기도 합니다.
- 오시이레 おしいれ・押し入れ : 다다미방 한쪽에 이불 등을 수납하기 위해 설치된 붙박이장으로 위·아래로 나뉘어져 있어서 윗칸은 이불, 아랫칸은 생활용품의 수납공간으로 사용합니다.
- 고타쓰 こたつ : 고타쓰는 일본 전통 겨울철 난방기구로, 테이블과 다리가 분리되어 있습니다. 다리 부분에 방열기구인 니크롬선이 깔려 있으며, 그 위에 이불을 덮고 분리된 테이블을 이불 위에 올려놓은 후 방 한가운데에 놓고 사용합니다.
- 이로리 いろり・囲炉裏 : 실내의 마루 일부를 네모나게 잘라내고 그곳에 재를 깔아 난방용, 취사용으로 불을 피우는 장치를 말합니다. 일본의 고급 음식점이나 여관에 가면 볼 수 있습니다.
- 불단 ぶつだん・仏壇 : 일반 불교가정에서 조상의 위패를 모시는 곳입니다. 매일 아침·저녁으로 조상에게 감사를 드리고, 마치 대화하듯이 일상적인 이야기를 합니다.
- 아마도 あまど・雨戸 : 비바람, 도난을 방지하거나 겨울철 실내 보온을 위해 유리창문 밖에 두꺼운 판자 등을 설치한 덧문입니다.

- 후로 おふろ・お風呂 : 욕조에 들어가기 전, 욕조 옆의 작은 의자에 앉아 비누로 몸을 깨끗이 씻고 헹굽니다. 몸을 깨끗이 하고나서 욕조에 들어가므로, 전 가족이 같은 욕조의 물을 사용할 수 있습니다. 손님이 왔을 경우에는 손님이 먼저 목욕을 하고, 그 후에 가족들이 차례로 목욕을 하기도 합니다.

맨션 マンション · 아파트 アパート

일본의 경우, 목조와 경량철골조로 된 건물을 일반적으로 아파트라고 합니다. 대개 2층 건물 등의 저층주택으로 되어 있습니다. 반면에 맨션은 철근 콘크리트로 만들어진 중고층 (3층 이상의 건물)의 공동주택을 말합니다.

LDK

최근에는 생활이 서구화됨에 따라 부동산 광고에 2LDK, 3DK 등의 용어가 등장합니다. 여기서 [L]은 Living room, [D]는 Dining room, [K]는 Kitchen을 뜻합니다. 맨 앞의 숫자는 방의 수를 말하는데, 즉, 2LDK는 방이 2개, 거실, 식당, 주방이 있다는 것을 나타냅니다.

아파트

맨션

방 구하기 へやさがし・部屋探し

일본에는 전세 제도가 없습니다. 방이나 집을 구할 때 햇볕이 잘 드는 남향 みなみむき・南向き과 역에서 가까운 거리에 있는 것은 가격이 매우 비쌉니다. 보통 인터넷이나 부동산 업체를 통해 찾는 것이 일반적인데, 부동산 중개업자는 외국인들이 방을 빌리려고 하면 일본인 보증인을 요구하는 경우가 많습니다. 최근에는 단기 체류자에게 편리한 위클리 맨션 ウィークリーマンション이나 먼슬리 맨션 マンスリーマンション 등이 있으며, 시설이 잘 갖추어져 있고 방세가 비싼 편이지만 보증인을 요구하지는 않습니다.

방을 구할 때 자주 사용되는 표현
- 오야 おおや・大家 : 집주인을 말하며, 대체로 집주인은 다른 곳에 사는 경우가 많습니다.
- 야칭 やちん・家賃 : 집세를 말하며, 보통 월세이고 전세 제도는 없습니다.
- 시키킹 しききん・敷金 : 보증금을 말합니다. 임차기간이 끝났을 때 돌려받게 되지만 집의 일부나 전체에 파손되는 부분이 발생하여 보수해야 할 곳이 있으면, 이 보증금에서 공제하고 차액만을 돌려주게 됩니다. 대체로 임차료 1개월분 정도를 냅니다.

- 레이킹 れいきん・礼金 : 집이나 부동산에 따라서는 집을 빌려주어서 고맙다는 의미의 사례금으로, 처음 입주할 때 2개월분의 월세를 지불해야 합니다. 그러므로 입주할 때는 임차료 5개월분 정도의 목돈이 필요합니다.

패밀리 레스토랑 ファミリーレストラン

패밀리 레스토랑이란?
패밀리 레스토랑은 Family + Restaurant의 일본식 합성어로, 줄여서 '파미레스 ファミレス'라고 하기도 합니다. 일식·양식·중식·한식 등의 다양한 음식을 먹을 수 있으며, 번화가와 주택가에 위치한 대중식당으로 24시간 영업하는 곳도 많습니다. 잘 알려진 곳으로는 데니스 デニーズ, 코코스 ココス, 로얄 호스트 ロイヤルホスト 등이 있습니다. 메뉴의 종류가 다양하고 가격이 저렴할 뿐 아니라, 서비스도 좋아서 많은 사람들이 부담없이 찾고 있습니다.

데니스

패밀리 레스토랑은 언제 생겼나요?
일본 최초의 패밀리 레스토랑은 1962년에 창립하고 1970년 도쿄도 구니다치시 くにたちし·国立市에서 영업을 시작한 스카이락입니다. 그 후 1970년대에 로얄 호스트와 데니스라는 레스토랑이 연이어 개점을 시작했습니다.

로얄 호스트

신문 しんぶん・新聞

일본은 인구당 신문 발행부수가 세계 제일이라 할 정도로 신문의 나라입니다. 판매부수는 요미우리가 많지만 영향력면에서는 아사히가 우위라고 합니다. 아사히 신문은 본사가 오사카에 있습니다.
일본의 신문은 일반신문과 전문지로 나누어집니다. 신문사는 신문 발행 이외에 출판이나 이벤트를 주최하기도 하며 신문사와 텔레비전 방송국이 서로 제휴하기도 합니다.

요미우리신문

판매되고 있는 여러 종류의 신문

신문은 가정으로 배달되기도 하고 역이나 편의점 등에서 사기도 합니다. 신문의 종류로는 조간과 석간이 있고, 석간은 조간에 비해 면 수가 적고 내용도 가볍습니다.

신문은 연재소설이나 연재만화의 발표의 장으로 인식되어 있어서 연재 후에는 베스트셀러가 되는 경우도 있는데, 나쓰메 소세키 なつめそうせき・夏目漱石의 소설이 초기에는 신문연재로 알려진 경우입니다. 2015년 현재 발행하는 주요 일간지(조간)의 종류와 부수 garbagenews에 의하면 다음과 같습니다.

- 요미우리신문 よみうりしんぶん・読売新聞 약 912만 부
- 아사히신문 あさひしんぶん・朝日新聞 약 680만 부
- 마이니치신문 まいにちしんぶん・毎日新聞 약 328만 부
- 니혼게자이신문 にほんけいざいしんぶん・日本経済新聞 약 273만 부
- 산케이신문 さんけいしんぶん・産経新聞 약 161만 부

요미우리는 1974년, 아사히는 1979년에 창간되었으며 이들보다 먼저 1972년에 마이니치가 창간되었습니다.

센토 せんとう・銭湯

센토란 무엇인가요?
　일본의 고온다습한 기후 탓에 일본인들은 건강을 유지하기 위해 매일 저녁 따뜻한 물에 목욕을 하는 습관이 있었습니다. 그러나 이러한 생활습관도 주택의 현재화로 변화하였습니다. 센토는 공중 목욕탕을 말하며, 영업을 하고 있을 때에는 입구에 노렌 のれん을 걸어 놓습니다. 노렌에는 히라가나로 '유 ゆ'자가 쓰여 있는데 뜨거운 물, 즉 탕 ゆ・湯이라는 뜻입니다. 영업시간은 오후 4시쯤부터 밤 12시경까지입니다.

센토는 어떻게 이용하면 되나요?
　한국과 달리 목욕탕에 수건・비누・샴푸・치약 등이 비치되어 있지 않기 때문에 세면도구를 반드시 지참해야 합니다. 반다이 ばんだい・番台 (목욕탕 카운터)에서 비누나 타월 등을 팔거나 빌려주는 곳도 있습니다.
　입구의 노렌을 지나서 안으로 들어가면 남녀별로 따로따로 된 신발장이 있습니다. 신발을 넣은 후 안으로 들어가면 요금을 내는 반다이가 있습니다. 반다이는 남탕과 여탕 사이에 있고, 남・여

탈의실 안이 동시에 보이도록 개방 구조로 되어 있는 곳도 있습니다.

반다이에서는 비누 등의 입욕 도구나 속옷, 우유·사이다 등의 음료를 판매하는 곳도 있고, 탈의실에서는 드라이어나 마사지 의자를 저렴한 가격으로 이용할 수 있으며 체중계·재떨이·텔레비전은 대부분 무료로 이용할 수 있습니다.

사우나 시설이 구비되어 있는 센토도 있어, 200~300엔 정도의 추가 요금을 지불하면 사우나를 이용할 수 있습니다. 요금을 지불한 손님을 쉽게 구분하기 위해서 사우나 전용 컬러 타월을 대여하는 경우도 있습니다. 대부분 잡지·신문 등의 반입은 제한하고 있습니다. 나이든 손님 전용의 할인·무료 서비스를 실시하는 곳도 있으며, 비교적 싼 쿠폰도 발행되고 있습니다. 단, 문신을 한 손님은 입욕을 거절하도록 되어 있습니다. 최근에는 생활이 윤택해지면서 가정마다 목욕탕이 설치되어 대중 목욕탕인 센토의 인기가 점점 하락해가는 추세입니다.

센토 입구

센토

携帯電話 けいたいでんわ・携帯電話

휴대전화는 게타이뎅와라고 하며, 흔히 줄여서 게타이 けいたい・携帯라고 합니다.

얼마나 많은 사람들이 휴대전화를 사용하고 있나요?
총무성 조사(2012년도 말)에 따르면 현재 휴대전화 보급률은 94.4퍼센트이며, 주요 회사로는 NTT Docomo, au, soft bank 등이 있습니다.

일본 휴대전화 기능에는 어떤 것들이 있나요?
① 인터넷 기능 : NTT Docomo 사가 제공하는 휴대전화의 인터넷 서비스 i mode는 업계의 선두 주자입니다. 전자메일 송수신, 인터넷 뱅킹, 배경화면 まちうけ・待ちうけ, 교통안내, 운세, 날씨예보 등의 서비스가 제공됩니다.
② 카메라 기능 : 카메라 휴대전화 보급률은 64퍼센트로 세계 1위입니다.

휴대전화의 가격은 얼마정도 하나요?

 신형은 1만~4만 엔으로 가격대가 비싸지만, 구형은 1만 엔 이하로도 살 수 있습니다. 또한 정식 루트 구입 시에도 가격대는 천 엔부터 있습니다. 기종변경이 아닌 신규가입이라면 단말기를 '일 엔'이라는 저렴한 가격에 살 수 있는 이른바 '일 엔 단말기'도 있답니다 (기종에 따라서는 단말기 가격이 0엔인 경우도 있습니다).

휴대전화로 문자를 보내는데 전자메일 주소가 필요하다던데요?

휴대전화로 메시지를 보낼 때는 새롭게 전자메일 주소를 설정해야 합니다. 대부분 전화번호를 알고 있어도 휴대전화의 메일주소를 알지 못하면 문자 메시지를 보낼 수 없습니다.

【휴대전화의 메일주소(예)】

XXXXX@docomo.ne.jp(직접 설정) (전화회사)

인터넷 ネット   스마트폰 スマホ(スマフォ) 용어

留守電(るすでん) : 부재중 안내전화   話し中(はなしちゅう) : 통화중   伝言(でんごん) : 전할 말
スマホ(スマフォ) : 스마트폰
「カカオトーク(카톡)」는 スマートフォン용으로, 전 세계의 가입자에게 무료로 전화메일과 전화통화를 제공하고 있는 시스템입니다. 일본에는 「ライン(라인)」 가입자가 많습니다.
〈기타 용어〉
로그인(ログオン), 댓글을 달다(書(か)き込(こ)みをする), 타인의 아이디 도용(なりすまし),
웹사이트(ウェブサイト), 즐겨찾기(お気(き)に入(い)り), 채팅(チャット), 파일(ファイル),
문자 깨짐(文字(もじ)ばけ), 압축(圧縮(あっしゅく)), 배너 광고(バナー広告(こうこく)),
이모티콘(顔文字(かおもじ)、フェイスマーク)

최신 휴대전화가 진열된 모습

휴대전화 대리점 모습

일본에서 지켜야할 휴대전화 매너로는 어떤 것이 있나요?

일본에서는 지하철 내에서의 휴대전화 사용이 법적으로 금지되어 있습니다.

지하철 안에서는 다음과 같은 방송이 흐릅니다.

"차내에서의 통화는 다른 분들에게 방해가 됩니다. 우대석(실버시트) 근처에서는 전원을 꺼주시고, 그 이외의 장소에서는 매너모드(진동)로 설정하신 후 통화는 삼가주십시오."

휴대전화가 인공심장을 한 환자에게 나쁜 영향을 준다는 것에 대한 일반적인 인식이 높아 병원과 전철 내에서 통화하는 사람은 거의 찾아 볼 수 없습니다.

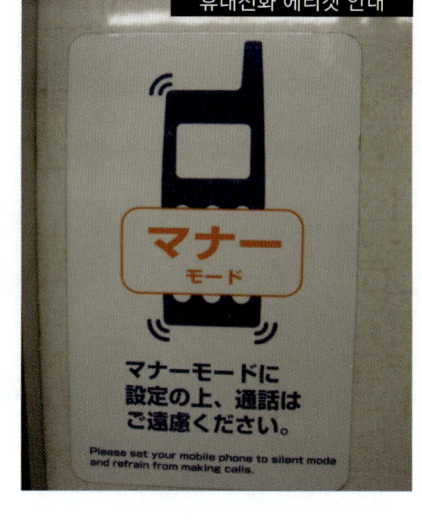

그밖에 극장, 콘서트 홀 등에서도 상영 전에 휴대전화의 전원을 끄도록 당부하는 방송이 나옵니다. 이처럼 일본은 공공장소에서 휴대전화 전원을 끄는 습관을 생활화하고 있습니다. 또한 2004년 개정된 도로교통법에 따라 운전 중 휴대전화 사용은 무조건 벌칙 대상이 되며, 운전자는 정차 중에만 사용하도록 정하였습니다(핸즈프리 사용은 대상 외입니다).

인터넷 카페 インターネットカフェ

한국의 PC방과 비슷한 '인터넷 카페 インターネットカフェ'는 1990년대 중반 등장했으며, '넷카페 ネットカフェ'라고 부르기도 합니다. 대다수가 체인점으로 경영되고 있는데요, 인터넷 카페 수는 한국의 PC방만큼 많지 않아 찾기가 어렵습니다. 특히 지방에서 인터넷 카페를 찾기란 정말 힘든 일이죠. 아래 사이트 등에서 미리 그 위치 등을 검색한 후 찾아가면 쉽게 이용할 수 있습니다.

▶ http://www.itagaki.net/pc/ic 일본 전국의 인터넷카페 일람

도쿄에서도 한국인이 많이 모여 있는 신오쿠보 しんおおくぼ・新大久保에는 특히 인터넷 카페가 많기로 유명합니다. 그중에는 'PC방'이라는 간판을 붙이고 영업하는 곳도 있습니다.

최근에는 일정액을 지불하면 컴퓨터 사용도 가능하고 실내에 비치되어 있는 만화나 잡지를 자유롭게 읽을 수 있는 만화와 카페의 역할을 겸한 시설도 많습니다.

인터넷 카페는 누구나 이용가능한가요?

　인터넷 카페를 이용하려면 학생증, 운전면허증, 여권 등을 제시하여야 하고, 회원이 아니면 사용할 수 없는 경우도 많습니다. 주로 집에 인터넷 접속환경이 갖춰지지 않았거나 여행·출장 중인 사람, 급히 전자메일을 확인해야 하거나 웹페이지에 접속하고자 하는 사람들이 이용하지만, 범죄에 악용되는 일도 있으므로 사용 후에는 자신의 접속 기록을 모두 삭제하고 나오는 것이 좋습니다.

요금은 얼마 정도인가요?

　요금은 1시간에 백 엔 정도부터 몇 백 엔까지 다양합니다. 1시간을 초과하면 초과요금을 내야합니다. 3시간과 5시간짜리 팩도 있어서 장시간 이용할 경우에는 이러한 팩을 이용하면 좋습니다.

인터넷 카페 내부는 어떻게 되어 있나요?

　사용할 컴퓨터를 지정할 수 있는 타입과 아무 컴퓨터나 자유롭게 사용할 수 있는 타입의 카페가 있습니다. 좌석의 배치는 별실, 칸막이, 전체가 트여있는 등 그 내부구조가 다양하며, 금연석과 흡연석이 구분되어 있습니다.

　최근에는 만화와 카페를 겸한 점포가 많고, 또한 만화와 잡지가 꽂혀있는 책꽂이가 있어 자유롭게 이용할 수 있는 곳도 있습니다. 커피나 음료수까지 마음껏 마실 수 있는 '노미호다이 のみほうだい・飲み放題' 방식을 도입하고 있는 곳도 많습니다.

　열심히 온라인 게임에 빠져보거나 음료수를 마시며 여유롭게 컴퓨터를 이용할 수 있는 인터넷 카페는 거리의 휴식처로 인기가 높습니다.

인터넷 카페

편의점 コンビニ

일본에서는 편의점을 Convenience store의 약자를 가타카나로 표기하여 '콤비니 コンビニ'라고 합니다. 콤비니는 식품을 비롯해서 잡화·생활용품까지 판매하는 소매점이며, 대부분 연중무휴로 24시간 영업을 합니다.

어떤 것을 팔고 있나요?
음료, 과자, 빵 등의 식품과 생활 잡화 등이 주를 이룹니다. 단, 술은 간판에 「酒」라고 표시되어 있는 콤비니에서만 판매합니다. 고기와 생선 같은 신선식품도 팔고, 최근에는 독신자 고객을 타깃으로 채소와 과일 등을 판매하는 점포도 있습니다. 보통 콤비니에서 산 음식을 점포 내에서는 먹을 수 없으며 전자렌지에 데워가지고 갑니다. 또한 잡지와 책 종류도 풍부해서 선 채로 잡지를 훑어보는(다치요미 たちよみ·立ち読み) 사람들도 많습니다.

쇼핑 외에 할 수 있는 일도 있나요?

콤비니에서는 쇼핑 외에도 공공요금과 통신판매 등 각종 대금지불이 가능하며, 이외에도 택배나 우편물 수령서비스, 사진프린트 서비스, 자동인출기(ATM) 서비스 등도 제공하고 있습니다. 또 저렴하게 이용할 수 있는 복사기와 팩스도 있어, 대학 부근에 있는 콤비니는 시험기간에 복사를 하려는 학생들로 붐비곤 합니다.

편의점 외부 모습

편의점 내부 모습

미용실 ヘアサロン · 이발소 とこや·床屋

여성이 머리를 자르는 곳은 비요인 びょういん·美容院 (미용실), 남성이 머리를 자르거나 수염을 다듬는 곳은 도코야 とこや·床屋 (이발소)라고 구별하고 있습니다. 도코야 앞에는 트레이드 마크인 빨갛고 파란 줄이 빙글빙글 돌아가는 바버스 라이트(barber's light) 표시 등이 있습니다.

바버스 라이트

요금은 얼마인가요?

가게에 따라 다르지만 도코야의 경우 커트 요금은 3,000엔~4,000엔 정도가 일반적입니다. 가게에 따라서는 그 이상을 받는 곳도 있죠. 최근에는 '10분, 천 엔'이라는 '신속·저렴'한 체인점도 인기가 있는데, 이러한 체인점은 전철역 내에 있는 경우가 많아 출퇴근길의 직장인들이 자주 이용합니다.

미용실의 커트 요금은 4,000엔~5,000엔이 일반적입니다. 도쿄 중심부는 역시 비싸서 5,000엔~8,000엔 정도이고, 지방에서는 3,000엔 정도로 지역차가 있다고 할 수 있습니다. 도쿄 중에서도 시부야 しぶや・渋谷, 오모테산도 おもてさんどう・表参道, 지유가오카 じゆうがおか・自由が丘, 긴자 ぎんざ・銀座 등은 고급 미용실이 밀집되어 있기로 유명합니다. 산케이 さんけい・産経 신문
설문조사에 의하면, 미용실에 지불하는 돈은 1개월에 7,419엔이라는 결과가 나왔습니다.

학생의 경우, 도코야와 미용실은 할인된 가격의 별도요금을 받는 곳도 많습니다. 그밖에 대학생을 포함, 학생이면 할인해주는 '가쿠와리 がくわり・学割'의 혜택을 주는 곳도 많습니다.

미용사 びようし・美容師에 대한 이미지는 어떤가요?

1999년 '가위손 대결 シザーズリーグ'이라는 텔레비전 프로그램에서 미용사들이 기술과 예술성을 겨루는 모습이 다뤄지고, 2000년 드라마 '뷰티풀 라이프 ビューティフルライフ'에서 배우 기무라 타쿠야 きむらたくや・木村拓哉가 미용사 역을 연기한 뒤부터 미용사의 인기가 높아졌습니다. 당시 아오야마 あおやま・青山, 하라주쿠 はらじゅく・原宿 등의 유명 미용실에서 근무하며 고도의 기술과 예술성, 전문성을 가진 미용사를 '카리스마 비요시 カリスマびようし・カリスマ美容師'라고 불렀고, 텔레비전에 등장하기도 했습니다.

우체국 ゆうびんきょく・郵便局

　2014년 8월 31일 현재 우체국은 전국에 24,197개소가 있고, '〒'마크로 표시합니다. 우체국에서는 우편 업무 외에, 예금이나 보험 등의 금융서비스도 하고 있습니다. 은행이 없는 작은 마을에서는 우체국이 금융기관의 기능을 담당하고 있죠. 그 외에도 시나 마을의 의뢰를 받아 버스회수권을 팔거나 쓰레기봉투 등을 판매하는 곳도 있습니다.

우체국은 몇 시부터 몇 시까지 하나요?
　일반적인 우체국 업무는 오전 9시부터 5시까지이고, 예금 등 금전을 취급하는 창구는 오전 9시부터 오후 4시까지입니다. 토요일과 일요일, 국경일은 쉬며 주말에는 창구 대신 ATM을 사용할 수 있습니다. 또한 우체국의 규모에 따라 우편업무를 7시까지 하는 우체국(우편집중국)도 있습니다. 대규모 우체국은 밤 12시까지 우편을 접수합니다.

편지는 어떻게 부치나요?

2014년 9월 기준으로 규격사이즈의 엽서는 52엔, 편지는 25g까지 82엔에 부칠 수 있습니다. 우체국 창구에서 직접 돈을 내고 우표를 사서 편지에 붙여야 보낼 수 있습니다. 미리 우표를 붙인 편지는 시내 곳곳에 있는 우체통에 넣으면 됩니다.

우체통의 입구는 두 칸으로 나뉘어져 있는데, 보통우편은 왼쪽에, 속달과 대형 우편은 오른쪽에 넣습니다. 우체통의 투입구에는 집배시각이 적혀 있습니다.

우체통 입구

우편물에는 어떤 종류가 있나요?

우편물의 종류에 대해 알아봅시다.

- 데케가이 유빙부쓰 ていけいがいゆうびんぶつ・定形外郵便物 : 규격보다 크거나 중량이 무거운 것을 규격외 우편물이라 합니다.
- 소쿠타쓰 そくたつ・速達 : 속달은 보통우편물보다 빨리 보내고 싶을 경우에 이용합니다. 규격우편물은 270엔, 규격외 우편물은 270엔에서 630엔을 우편요금에 추가합니다.
- 가키토메 かきとめ・書留 : 등기우편을 말하며 배달기록을 남기고 싶을 경우에 이용합니다. 간단한 서류는 간이카키토메 かんいかきとめ・簡易書留로 보내면 조금은 절약됩니다. 요금은 500엔부터입니다.
- 겐킨카키토메 げんきんかきとめ・現金書留 : 현금을 보낼 경우 배달기록을 남기고 싶을 때 이용합니다. 요금은 일반 서류와 마찬가지로 500엔부터입니다.
- 고쿠사이 유빙 こくさいゆうびん・国際郵便 : 한국까지의 우송료는 25그램까지 90엔, 50그램까지가 160엔입니다. 국제우편소포의 경우에는 1킬로그램이 1,450엔입니다. 빠르고 안전한 EMS(Express

Mail Service)로 한국에 보낼 경우에는 900엔부터입니다.

　이외에도 유팍쿠ゆうパック라고 해서 도착시간을 지정할 수 있는 서비스와 등기소포배송 서비스保証付の小包配送サービス, 배송시간을 지정할 수 있는 서비스 등 다양한 서비스가 있으니 창구에 문의해 보고 자신이 보내고 싶은 우편물과 보증의 유무, 시간지정의 유무, 우편요금 등에 따라 우송방법을 결정하는 것도 좋습니다.

　우체국은 국영이었으나, 2005년 10월 국회에서 우체국 민영화에 관한 법률이 가결되어 민영화되었습니다. 일본우정그룹日本郵政グループ은 2007년 10월 민영·분사화에 의해 일본우정주식회사 산하에 우편사업 주식회사, 우편국 주식회사, 주식회사 우체국은행, 주식회사 간보생명보험 등 기업 그룹으로 시작했습니다.

▶ http://www.post.japanpost.jp 우체국 홈페이지

은행 ぎんこう・銀行

2009년 4월 현재 일본에는 미즈호파이넨셜그룹 みずほ, 미쓰비시도쿄UFJ みつびしとうきょうUFJ・三菱東京UFJ, 미쓰이스미토모 みついすみとも・三井住友, 리소나 りそな 등 전국 은행과 지방 은행이 있습니다. 최근에는 은행 간의 제휴가 빈번하게 이루어져, 합병 등으로 은행명이 변경되는 경우도 많이 있습니다. 또 새롭게 등장한 휴대은행시스템으로 인터넷 상에서만 업무를 하는 은행이 있는가 하면, ATM 업무만 하는 은행이 있는 등 은행의 모습도 빠르게 변해가고 있습니다.

은행은 몇 시부터 몇 시까지 하나요?
일반 창구업무는 오전 9시에서 오후 3시까지이며, 일부는 다르게 운영되기도 합니다. 토요일과 일요일, 국경일은 휴일입니다. 간단한 거래는 ATM으로 하기도 하고, 최근에는 인터넷뱅킹도 많이 이용합니다.

ATM이란 무엇인가요?

ATM은 현금자동입출금기 Automated Teller Machine의 약어입니다. 거래 종류에 따라 24시간 이용 가능한 서비스와 시간에 따라 이용할 수 없거나 수수료가 부과되는 서비스가 있습니다. 최근에는 ATM만 있는 무인점포가 점점 늘어나고 있습니다. 화면에는 예금 あずけいれ・預け入れ, 인출 ひきだし・引き出し, 송금 ふりこみ・振込み, 잔고조회 ざんだかしょうかい・殘高照會 등의 표시가 있어서 자신이 원하는 서비스를 선택해서 거래할 수 있습니다. ATM에서 현금카드를 사용하여 현금을 인출할 경우에 사용하는 암호인 '비밀번호'는 '안쇼방고 あんしょうばんごう・暗証番号'라고 한다는 것을 알아둡시다. 최근에는 비밀번호 대신 IC카드 사용과 지문, 손가락 정맥 정보를 이용하는 곳도 점차 늘어나고 있습니다.

ATM은 어떤 곳에 있나요?

ATM은 역, 대학, 병원 앞, 편의점 등 도시 여기저기에 있습니다. 편의점의 ATM기는 24시간 이용할 수 있는 경우가 많습니다.

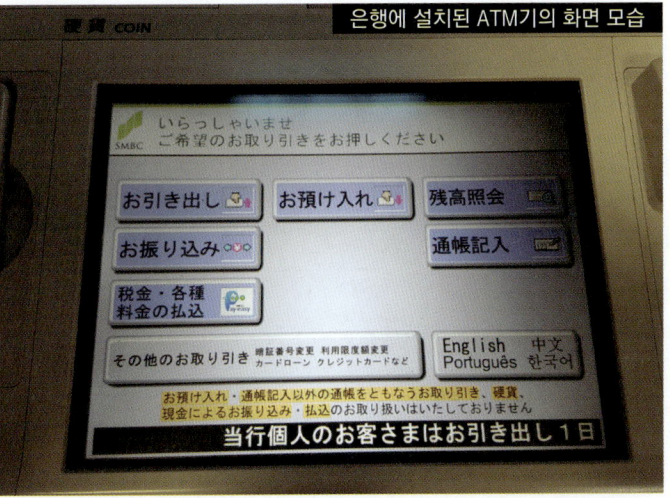

은행에 설치된 ATM기의 화면 모습

화폐 かへい・貨幣

일본 화폐는 어떤 것들이 있나요?

일본의 화폐단위는 '엔 えん・円'입니다. 일본은 1엔, 5엔, 10엔, 50엔, 100엔, 500엔짜리 동전과 1,000엔, 5,000엔, 10,000엔짜리 지폐를 사용하고 있습니다. 일본은 소비세 5퍼센트를 내야 하기 때문에 계산할 때 1엔, 5엔, 10엔 등의 동전이 아주 유용하게 쓰입니다. 지폐에 사용하는 주요 인물을 주로 콧수염이나 주름살이 많은 사람으로 정하는 이유는 위조방지를 위해서입니다.

일본 화폐는 어떻게 생겼나요?

1946년 2월 16일에 실시된 통화개혁 이후 가장 최근에 도안을 바꾼 것은 2003~2004년으로 네 번째가 됩니다. 1983~2003년, 2004년에는 교육사상가, 문인 등이 앞면 도안에 채택되었습니다.

① 동전

• 1엔 : 새싹

1엔에는 새싹이 그려져 있습니다. 일본에서는 물건을 살 때 5퍼센트의 소비세가 붙기 때문에 1엔짜리 동전은 실제로 많이 사용되고 있습니다.

일본 동전들

- 5엔 : 벼이삭과 톱니바퀴

　5엔에는 벼가 그려져 있습니다. 일본 신사 じんじゃ・神社에 가서 복을 빌며 세전을 던질 때 가장 많이 던지는 돈이 5엔입니다. 5엔은 고엔 ごえん이라고 발음되는데 인연, 연분이라는 뜻의 고엔 ごえん・ご縁과 발음이 같아 좋은 인연, 기회, 관계를 이루게 해달라는 의미로 5엔을 던진다고 합니다.

- 10엔 : 보도인 びょうどういん・平等院의 호오도 ほうおうどう・鳳凰堂

　10엔에는 교토 きょうと・京都에 있는 뵤도인의 호오도가 그려져 있습니다. 이것은 헤이안시대에 만들어진 것으로 세계문화유산으로 등록되어 있습니다. 뵤도인은 1만 엔짜리의 뒷면에도 그려져 있습니다.

- 50엔 : 50엔에는 국화가 그려져 있으며, 5엔짜리와 마찬가지로 중간에 구멍이 뚫려 있습니다.
- 100엔 : 100엔에는 벚꽃이 그려져 있습니다.
- 500엔 : 500엔에는 오동나무가 그려져 있으며, 동전 중에서 가장 큽니다.

② 지폐

- 1천 엔 : 앞면 – 기타자토 시바사부로 きたざとしばさぶろう・北里柴三郞 (세균학자)

　　　　　뒷면 – 가나가와의 높은 해변 ふがくさんじゅうろっけい・富嶽三十六景

〈기타자토 시바사부로 きたざと しばさぶろう・北里柴三郞 1853. 1. 29~1931. 6. 13〉

　구마모토 출신 세균학자입니다. 일본의 의학 교육에 큰 공헌을 한 인물로 '근대 일본 의학의 아버지'라고 불립니다. 공부든 무슨 일이든 기초가 없으면 안된다며 기초를 중시한 학자로, 구 1천 엔 권의 노구치 히데요의 스승이기도 합니다. 1천 엔 권은 이토 히로부미 いとうひろぶみ・伊藤博文, 나쓰메 소세키 なつめそうせき・夏目漱石, 노구치 히데요 のぐちひでよ・野口英世를 거쳐 2024년 기타자토 시바사부로로 도안이 교체되었습니다.

- 5천 엔 : 앞면 – 쓰다 우메코 つだうめこ・津田梅子 (메이지시대의 여성 교육가)

　　　　　뒷면 – 등나무꽃 フジ・藤

〈쓰다 우메코 つだうめこ・津田梅子 1864. 12. 31 ~ 1929. 8. 16〉

일본 여성 교육의 선구자라고 불리는 메이지 시대의 여성 교육자로, 츠다주쿠대학의 창시자입니다. 일본 최초・최연소 여성 해외 유학생으로, 여성의 지위 향상은 일본의 발전으로 이어진다는 신념으로 여성 지위를 향상시키려 노력했습니다. 1905년 일본 YWCA 설립 시 초대 회장으로 취임했고 여성 교육에 평생 헌신한 인물입니다.

- 1만 엔 : 앞면 – 시부사와 에이이치 しぶさわえいいち・渋沢栄一 (실업가・자선가)

　　　　　뒷면 – 도쿄역 마루노우치 역사 とうきょうえきまるのうちえきしゃ・東京駅 丸の内駅舎

〈시부사와 에이이치 しぶさわえいいち・渋沢栄一 1840. 3 16 ~ 1931. 11. 11〉

구권의 후쿠자와 유키치와 마찬가지로 근대 일본을 상징하는 사람입니다. 메이지 시대에 경제 활동을 통해 일본 사회의 근대화에 이바지하였으며, 무사의 혼과 상인의 재능을 결합, 도덕과 비즈니스는 함께 간다는 '도덕 경제 합일설'을 주장하였고 수백 개의 기업과 공익 단체 설립에 관여하는 등 '근대 일본 경제의 아버지'라고 불립니다. 현대 경영학의 아버지로 불리는 미국의 피터 드러커도 시부사와의 영향을 받았다고 했으며, 중국에서도 『논어와 주판』과 같은 저서를 통해 윤리 경영 분야에서 주목받았습니다. 또한 메이지 정부 대장성의 관료로 있을 때는 여러 근대적인 정책 입안에 앞장섰으며, 사직 후에는 근대 일본 경제의 기틀을 닦으며 재계의 리더로 활동하였고, 실업계를 은퇴한 70대 이후에는 사회 사업과 민간 외교에 전력을 다하여 노벨평화상 후보에도 오른 인물입니다.

백엔숍 ひゃくえんしょっぷ・100円ショップ

백엔숍이란 어떤 곳인가요?

백엔숍은 모든 상품을 100엔에 판매하는 가게입니다. 1970년대 석유 파동을 겪으면서, 정해진 요일에 기업이 모든 상품을 100엔 균일가로 소비자에게 서비스하며 시작되었습니다. 초기에는 슈퍼마켓의 일부 코너나 옥외 텐트에서 판매하기도 했으나 현재는 대형 매장으로 변신하였습니다. 가장 유명한 체인점은 히로시마 ひろしま・広島에 본사가 있는 다이소 ダイソー입니다. 다이소는 일본 전국뿐만 아니라, 한국을 비롯한 세계 여러나라에도 체인점이 있습니다.

없는 게 없는 백엔숍!

생활용품을 비롯하여 의류, 문구류, 식기, 식품 등 다양한 상품이 매우 깔끔하게 진열되어 있어, 대형마트에서 쇼핑하는 것과 별반 차이가 없이 느껴질 정도입니다. 이처럼 많은 상품들을 두루두루 갖추고 있는데다 가격도 저렴하여 인기가 많습니다. 잘만 고르면 좋은 생활용품을 고를 수 있습니다.

백엔숍 외부 모습

백엔숍 내부 모습

헌책방 ふるほんや・古本屋

후루혼야 ふるほんや・古本屋는 헌책・희귀본・절판된 책을 파는 서점을 말합니다.

주로 어디에 있나요?

도쿄 진보초 じんぼうちょう・神保町의 후루혼야 거리는 세계적으로 유명한 곳입니다. 또한 다카다노바바 たかだのばば・高田馬場 역에서 와세다대학 わせだだいがく・高早稲田大学으로 향하는 와세다 거리를 비롯하여 도쿄대 とうきょうだい・東京大, 교토대 きょうとだい・京都大 등 큰 대학 주변에는 대부분 후루혼야가 있습니다. 각 후루혼야 마다 주로 취급하는 책의 분야가 정해져 있으며, 후루혼야 거리 안내지도도 있습니다. 뿐만 아니라 이렇게 정해진 점포 외에 정기적으로 헌책시장의 형태인 후루혼이치바 ふるほんいちば・古本市場가 열리기도 합니다.

일본은 후루혼 시장이 활성화되어 있다고 하던데요?

최근에는 중저가에 책을 파는 체인점(BOOK-OFF 등)도 늘고 있습니다. 체인점에서는 책 가장자리를 기계로 살짝 잘라 헌책의 이미지를 깨끗하게 없애는 공정을 하여 헌책을 판매합니다. 소비자가 책을 팔고 싶을 때는 체인점에서 소비자의 집까지 책을 가지러 오는 시스템과 팔고 싶은 책을 체인점에 우편으로 보낼 수 있는 시스템 등 편리한 시스템을 마련해 놓고 있습니다. 이곳은 책뿐만 아니라 CD와 비디오, 게임 소프트 등도 판매하고 있답니다.

북오프(BOOK-OFF)

진보쵸 후루혼야 거리

프리마켓 フリーマーケット(フリマ)

프리마켓이 무엇인가요?
시민들이 부담 없이 참가하여 생활용품 등을 사고파는 벼룩시장을 말하며, 줄여서 '프리마 フリマ'라고 하기도 합니다.

주로 어디에서 열리나요?
주말에 주로 경마장이나 축구장 등의 주차장, 역 앞의 광장, 대규모 공원 등에서 열리는 경우가 많습니다. 도쿄도 내에서는 오이 おおい·大井 경마장, 요요기 よよぎ·代々木 공원 등의 프리마켓이 유명합니다. 최근에는 인터넷 프리마켓도 활기를 띠고 있습니다.

어떤 사람들이 참가하나요?
참가자는 젊은이부터 가족단위까지 다양하며 프리마켓을 개최하는 단체에 참가료를 지불하고 물건을 사고팝니다. 최근에는 인터넷상의 옥션이 활발해져서 재활용품 판매 시장은 온라인에서도 활발하게 전개되고 있습니다.

▶ http://auctions.yahoo.co.jp Yahoo!JAPAN 옥션 사이트
▶ http://auction.rakuten.co.jp 라쿠텐 楽天 옥션 사이트

프리마켓

료칸 りょかん・旅館

료칸은 어떤 곳인가요?
료칸 りょかん・旅館은 호텔과는 다른 일본 전통 숙박업소로, 몇 대째 대를 이어 내려온 곳도 많습니다.

일본식 전통 가옥의 다타미 たたみ・畳로 된 방에 들어서면 룸메이드 なかいさん・仲居さん가 기모노 차림으로 와서 먼저 녹차 대접을 하며 여관의 시설과 식사 일정 등을 설명해 줍니다. 이부자리도 깔아주지요. 저녁식사는 그 지방의 특산물 요리가 독상(개인상)으로 대연회장에 차려지는데, 각 객실에 요리를 가져다 주는 서비스도 있어 객실에서 식사를 즐길 수도 있습니다. 각 방에는 유카타 ゆかた・浴衣가 마련되어 있어 료칸 내에서는 유카타 차림으로 다니기도 합니다.

온천지 료칸에는 침실에 별도의 욕실 없이 공동목욕탕이 있습니다. 료칸을 떠나는 아침에는 여주인인 오카미 おかみ・女将와 룸메이드들이 일렬로 서서 버스가 사라질 때까지 손을 흔들고 허리 굽혀 환송해 줍니다.

- 가타도마리 かたどまり・片泊り : 저녁식사를 생략하고 아침만 제공하는 것을 말합니다.
- 스도마리 すどまり・素泊まり : 잠만 자는 것을 말합니다.

유서깊은 료칸

유명 작가들 중 료칸에 머물며 작품활동을 한 경우가 있습니다. 그중에는 료칸이 그대로 소설의 무대로 등장하기도 합니다. 또한 작가가 머물던 방을 잘 보존하여 견학코스로 만들기도 한답니다.

유명한 도고 온천 모습

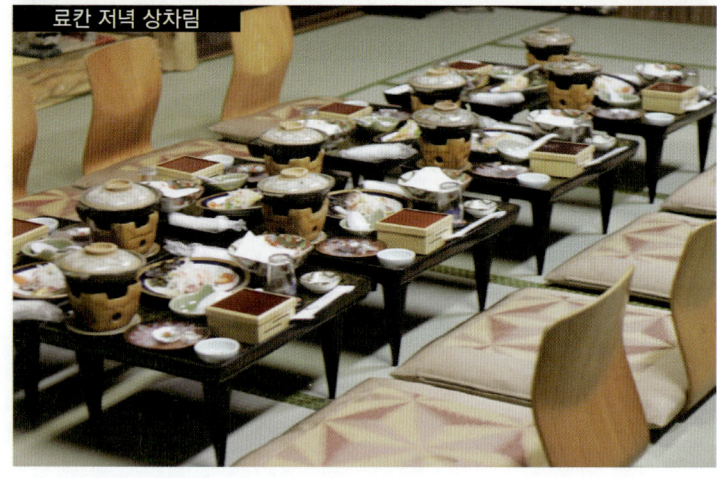
료칸 저녁 상차림

호텔 ホテル

호텔은 어떤 곳인가요?
숙박뿐만 아니라 레스토랑을 이용하거나 강연회 디너 쇼, 결혼식, 장례식으로 이용하기도 합니다. 객실 내에 티 포트와 녹차, 실내복으로 입을 수 있는 유카타가 비치되어 있습니다. 일본은 요금을 객실 기준과 인원수로 합산해서 요금을 받습니다. 숙박요금에 서비스료가 포함되어 있어서 팁을 준비할 필요는 없습니다.

- 비즈니스호텔

업무출장을 나온 사람들을 위한 비즈니스호텔은 객실 대부분이 싱글 베드룸으로 되어 있습니다. 대체로 시내 번화가나 역세권에 있으며 저렴한 요금으로 숙박할 수 있습니다. TOYOKO-INN 호텔은 서울과 부산에도 있습니다.

- 리조트호텔

교외나 관광지에서 골프장 또는 스키장의 이용객을 위한 시설이며, 계절에 따라서 해수욕, 수영장, 골프, 테니스, 스키 등의 레저시설과 온천을 이용할 수 있습니다.

• 클래식호텔

주로 메이지시대부터 제2차 세계대전 이전에 건설된 서양식 건축양식의 건물로 된 호텔을 가리킵니다. 그중에는 100년 전에 지어진 건축물로서 높이 평가받는 호텔도 있습니다.

그밖에도 간이침대 한 칸 정도의 면적에 사람이 앉아 있을 수 있는 정도의 높이의 상자를 쌓아 늘어놓은 것 같은 곳으로 아주 싼 가격에 이용할 수 있는 캡슐호텔 カプセルホテル과 연인들을 위한 러브호텔 ラブホテル 등이 있습니다.

교통수단 こうつうしゅだん・交通手段

❶ 버스 バス

① **도쿄도내** とえいバス・都営バス

　도쿄 23구 내의 버스 요금은 일반 210엔으로 균일합니다. 탈 때는 앞문으로 타고 내릴 때는 뒷문으로 내립니다. 노선버스는 시민의 발로서 중요한 역할을 하며, 여행자들을 위한 시내관광 버스와 장거리 버스도 있습니다.

② **도쿄 외 다른 지역**

　지역에 따라 차이는 있지만 기본요금은 160~180엔 선이며, 거리에 따라 10~20엔씩 올라갑니다. 탈 때는 뒷문으로 타고 내릴 때는 앞문으로 내립니다. 요금은 보통 내릴 때 지불하며, 탑승할 때 승차권 발급기에서 발급받은 표에 찍힌 숫자를 버스 앞 전광판에서 확인하여 요금을 알 수 있도록 되어 있습니다.

버스

우선석

③ 정리권 せいりけん・整理券

버스를 탈 때 뒷문에서 받으며 자신이 탄 정거장의 구역을 표시하는 번호가 적혀 있습니다. 내릴 때에는 정리권의 숫자와 운전석 머리 위의 전광판에 표시된 숫자를 맞춘 후 그에 해당하는 금액을 보고 요금통에 돈과 정리권을 넣습니다. 잘 모를 때에는 다른 손님의 뒷줄에 서서 운전기사에게 도움을 청하면 친절하게 안내해 줍니다(단, 도에바스의 경우에는 정리권 제도는 없습니다). 동전이 없을 때에는 요금통 옆 교환기에 1,000엔 지폐를 넣으면 자동으로 잔돈 교환이 가능하도록 되어 있습니다.

④ 우선석 シルバーシート (실버시트)

실버시트 또는 우선석 ゆうせんせき・優先席은 우리나라의 노약자 우대석을 말합니다. 임산부, 몸이 불편한 사람, 나이가 많은 사람들을 위한 특별석으로 버스의 앞쪽에 있습니다.

⑤ 비둘기 버스 はとバス

도쿄 시내 관광버스를 말하며, 버스 외부에 비둘기 그림이 그려져 있는 2층 버스입니다.

비둘기 버스

❷ 택시 タクシー

요금은 지역마다 다르고, 5인승 소형 こがた・小型과 6인승 중형 ちゅうがた・中型도 각각 기본 요금이 다릅니다. 기존에는 택시 기본 요금 설정 방식이 2km이었으나 2017년부터 도쿄 등에서는 1,052m를 기준으로 요금이 인하되었습니다. 그 이후는 주행할 때마다 요금이 가산됩니다. 가산요금은 지역에 따라 다르며, 시속 10km 이하로 주행할 경우에는 거리시간 합산요금제가 적용됩니다. 밤 11시부터 다음 날 아침 5시까지는 할증요금 わりましりょうきん·割増料金으로 바뀝니다. 택시 운전기사의 서비스는 매우 친절하고 팁은 받지 않으며, 영수증을 발급해 줍니다. 장거리를 주행하여도 미터요금만 내면 됩니다.

택시를 이용하려면 택시의 전면 유리창 우측하단에 붉은색 등으로 표시된 빈차 くうしゃ·空車 표시를 찾으면 됩니다. 보통 운전석 옆에는 승객을 앉게 하지 않으나 일행이 3명 이상일 때는 앞좌석에 앉아도 됩니다. 택시 뒷 좌석의 문은 자동식이며 앞좌석의 문은 수동식입니다.

택시는 역이나 시내에 있는 택시 정류장 タクシーのりば·タクシー乗り場에서 탈 수 있으나, 택시 회사에 전화해서 부르는 콜택시 제도가 일반화되어 있습니다. 대절할 때는 하이야 ハイヤー라는 대절 전용 택시를 불러 출발 전에 미리 요금을 정한 후 이용합니다.

❸ 자전거와 오토바이 じてんしゃ·自転車, バイク

일본에서는 학생, 주부 등 남녀노소가 자전거를 많이 이용하고 있습니다. 주차장 이외에 자전거 전용 주차장 ちゅうりんじょう·駐輪場이 별도로 있고, 자전거와 오토바이를 함께 세워둡니다. '자전거 대여 貸自転車'라고 쓰여 있는 곳에서 자전거를 빌리기도 합니다.

일본에서 자전거는 방범등록을 해야 자전거를 분실했을 경우 등록한 번호로 찾을 수 있습니다. 타인에게 양도할 때에는 양도증명서를 함께 주어야 하며, 등록처의 경찰서에 등록 변경도 해야 합니다. 길가에 버려져 있는 자전거가 있어도 함부로 가져오면 범죄행위가 됩니다.

도쿄 도심의 택시 승강장

자전거 주차장

하코다테 노면전차

나가사키 노면전차

❹ 노면전차 ろめんでんしゃ・路面電車

히로시마 ひろしま・広島, 나가사키 ながさき・長崎, 센다이 せんだい・仙台, 고치 こうち・高知, 하코다테 はこだて・函館 등에는 아직도 도로 위를 달리는 노면전차가 남아 있습니다. 지하로 계단을 오르내리지 않아도 되고 지하철의 역과 역의 거리보다 노면전차의 정거장이 거리적으로 짧아서 편리합니다. 또한, 가격도 싸고 전기로 운행하고 있어서 도시환경에 도움이 됩니다.

❺ 지하철 ちかてつ・地下鉄

일본의 철도는 신칸센 しんかんせん・新幹線뿐만 아니라 전철과 지하철, 사철 してつ・私鉄, 지방선 등 여러 가지가 있어 상당히 복잡합니다. 지하철은 쾌적하고 정확하지만 기본요금이 비싸고, 거리에 따라 요금도 추가됩니다. 요금을 추가 지불해야 할 경우에는 노리코시 のりこし 계산기가 있어 자동으로 돈을 추가로 내고 나올 수 있도록 되어 있습니다.

현재 도쿄에는 민영지하철 えいだん・營団 9개 노선과 도 と・都에서 운영하는 지하철 とえい・都営 4개 노선, 총 13개 노선이 복잡하게 얽혀 있으며 도심의 전철과 연결되어 거미줄처럼 지하도시를 이루고 있습니다. 지하철은 지하 1층만이 아니고 지하 4층까지 내려간 곳도 있습니다.

민영지하철은 일본에서 가장 오래된 지하철인 긴자센 ぎんざせん・銀座線 (오렌지색)을 비롯하여 지요다센 ちよだせん・千代田線 (녹색), 마루노우치센 まるのうちせん・丸ノ内線 (빨강색), 도자이센 とうざいせん・東西線 (연청색), 히비야센 ひびやせん・日比谷線 (은색), 유라쿠초센 ゆうらくちょうせん・有楽町線 (노랑색), 한조몬센 はんぞうもんせん・半蔵門線 (보라색), 난보쿠센 なんぼくせん・南北線 (엷은녹색), 후쿠토신센 ふくとしんせん・副都心線 (갈색) 등입니다. 마루노우치센은 도심을 U자형으로 운행합니다. 요금은 160~230엔 정도입니다.

도에서 운영하는 지하철은 도에이 아사쿠사 센 あさくさせん・浅草線, 도에이 신주쿠센 しんじゅくせん・新宿線, 도에이 미타센 みたせん・三田線, 도에이 오에도센 おおえどせん・大江戸線 등입니다. 그 중에서도 도에이 신주쿠센과 JR 야마노테 센은 색이 같은 연두색이므로 주의해야 합니다.

승차권은 개찰구 가까이에 있는 자동판매기나 매표창구에서 구입할 수 있습니다. 자동판매기 위에 지하철 노선 표시판이 있는데 현재의 위치는 빨간색으로 표시되어 있으며 거리에 따른 지하철역 요금이 적혀 있습니다. 표지판에서 요금을 확인한 뒤 해당 금액을 자동판매기에 넣으면 금액이 적힌 네모판에 불이 들어오고 그곳을 누르면 티켓이 나옵니다. 만약 요금을 잘 모르면 가장 짧은 구간 요금을 구입한 뒤, 내릴 때 차액을 정산하면 됩니다.

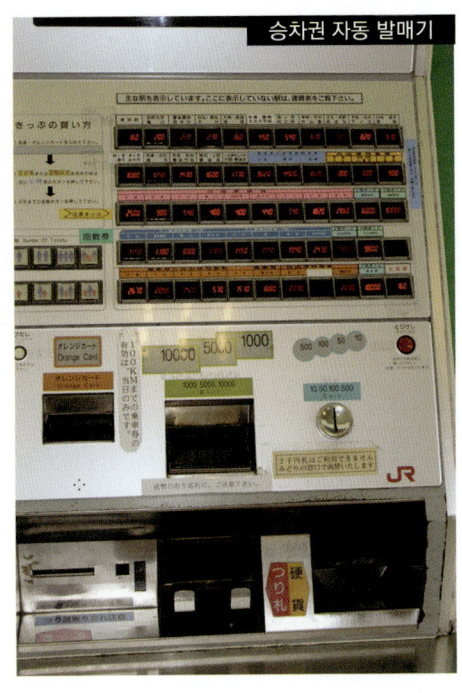

도쿄 방면이 노보리 のぼり・上り이며, 도쿄에서 지방으로 가는 것을 구다리 くだり・下り라고 합니다.

대부분의 역에 장애인 전용 엘리베이터가 마련되어 있습니다. 큰 역의 경우 출퇴근시간에는 하루에 수백만 명이 이동하지만 조용하고 밀거나 뛰는 사람들이 거의 없습니다. 대부분 읽을거리를 꺼내 들고 보며 옆 사람에게 방해가 되지 않도록 넓게 펼치지 않습니다.

- 데이키켄 ていきけん・定期券 : 일정 기간동안 사용할 수 있는 표. 정기권을 넣을 수 있는 지갑은 데이키이레 ていきいれ・定期入れ라고 합니다.
- 키오스크 (Kiosk) : 지하철이나 전철역 구내에 있는 체인 매점을 말합니다. 잡지, 신문뿐만 아니라 음료나 과자류도 팔고 있습니다.
- 스이카 (Suica) : 한국의 T-Money와 비슷한 것으로 Suica ('Super Urban Intelligent Card'의 약자)가 있습니다. 「スイスイ行けるICカード(휙휙 갈 수 있는 IC카드)」라는 의미도 갖고 있지요. 그 외에도 홋카이도 ほっかいどう・北海道의 Kitaca, 나고야 なごや・名古屋의 TOICA, 간사이 かんさい・関西 지방의 ICOCA가 있습니다.
- 미도리노 마도구치 みどりのまどぐち・みどりの窓口 : 신칸센과 장거리 열차표 등을 파는 창구입니다.

키오스크

스이카 카드

풀어봅시다! 퀴즈

9장 주거 문화 및 일상생활

다음 퀴즈를 풀어보면서 배운 내용을 정리하고 복습해 봅시다.

* 골풀 표면에 있는 무수한 기공이 스펀지와 같이 공기를 흡입, 배출하면서 온도와 습도를 조절해 줍니다. 크기는 보통 180×90센티미터 정도의 장방형으로 와시쓰和室에 깔며 단열과 흡음에 효과적이죠. 이것은 무엇일까요?

다타미たたみ・畳

* 일본 전통의 겨울철 난방기구입니다. 테이블과 다리가 분리되어 있으며 다리부분에 방열기구인 니크롬선이 깔려있어 그위에 이불을 덮어 분리된 테이블을 이불위에 올려놓고 사용하는 이것은 무엇일까요?

고타쓰こたつ・炬燵

* 일본의 공중 목욕탕을 무엇이라고 할까요?

센토せんとう・銭湯

* 일본의 고급 음식점이나 여관旅館에 가면 볼 수 있는것으로 실내의 마루 일부를 네모나게 잘라내고 그곳에 재를 깔아 난방·취사용으로 불을 피우는 장치는 무엇인가요?

이로리いろり・囲炉裏

* 손님을 접대하기 위한 다타미疊방 방바닥의 일부분을 한 단 정도 높여 만든 곳으로, 벽에는 족자를 걸고 바닥에 도자기나 꽃 등을 장식해 그림이나 꽃꽂이를 감상하는 공간을 무엇이라고 하나요?

도코노마とこのま・床の間

* JR 히가시니혼JR 東日本이 운행하는 철도 노선의 명칭으로 우리나라의 지하철 2호선처럼 순환선이며, 도쿄東京 주요 관광지인 시부야渋谷, 신주쿠新宿, 이케부쿠로池袋등이 이 노선을 중심으로 모여 있습니다. 연두색인 이노선의 이름은 무엇일까요?

야마노테센やまのてせん・山の手線

* 시민들이 부담없이 참가하여 생활 용품 등을 사고 파는 시장으로, 이를 줄여서 프리마フリマ라고도합니다. 이것은 무엇일까요?

프리마켓フリーマーケット

435

제10장
여가활동과 스포츠

여가활동 개관 よかかつどう・余暇活動

『레저백서2019』에 나타난 국민여가 현황과 과제
 재단법인 일본생산성본부 여가창연余暇創硏에서는『레저백서2019 -여가의 현황과 산업시장 동향-』을 발표했습니다.『레저백서』란 재단법인 일본생산성본부의 여가창연에서 발행하는 출판물로, 여가활동 조사 등을 통해서 일본인들의 여가 실태를 수요와 공급 양면에서 종합적·시계열적으로 분석하여 발표합니다.

일본인의 여가 현황
 『레저백서2019』에 나타난 일본인들의 여가활동 참가 인구를 보면 '국내 관광여행(피서·피한·온천 등)'이 5,430만 명으로 가장 많으며 '외식' 4,180만 명, '독서' 4,170만 명, '드라이브' 4,160만 명, '영화' 3,610만 명이 뒤를 잇고 있습니다. 1~8위까지는 전년과 같으나 작년에 13위였던 '아이쇼핑'이 9위로 올라섰으며, 작년에 9위였던 워킹은 10위로, 10위였던 가라오케는 12위로 밀려났습니다. 그러나 참가인구는 모든 종목에서 증가했습니다.
 한편 경제적 여유는 증가하여 '가계수입' 및 '가처분소득'이 7년 만에 플러스로 전환하였습니다. 골든위크 (황금연휴) 시기의 해외여행 회복세 등이 호재가 되어 '교양·오락비'는 전년대비 5.9퍼센트로 대폭 증가하였다고 합니다.

여가 활동 참가 인구(2018년)

순위	여가 활동 종목	참가 인구(만 명)
1	국내 관광여행(피서 · 피한 · 온천 등)	5,430
2	외식(일상적인 것은 제외)	4,187
3	독서(일 · 공부에 관한 책은 제외)	4,170
4	드라이브	4,160
5	영화(TV에서 방영되는 영화 제외)	3,610
6	복합쇼핑센터, 아웃렛 몰	3,560
7	음악 감상	3,470
8	동물원, 식물원, 수족관, 박물관	3,340
9	아이 쇼핑	3,070
10	워킹	3,030

여가 관련 산업 · 시장의 동향

『레저백서2019』에 따르면 2018년의 여가 시장은 71조 9,140억 엔으로 0.1% 증가하여 전년과 비슷합니다. 그러나 자동차 시장의 규모가 19~20조 엔 정도인 점을 생각하면 자동차 시장 규모의 3.5배가 넘는 엄청난 규모입니다. 부문별 경향을 보면 관광 · 행락 부문의 시장 규모는 전년 대비 4.1% 증가했습니다. 인바운드 효과로 호텔은 크게 성장했으나 료칸은 정체 상태이며 여행업은 해외여행이 늘어났습니다. 놀이공원, 오락 시설, 회원제 리조트 클럽은 대기업의 호조가 시장 확대를 이끌었습니다. 오락 부문은 게임센터, 보트 레이스, 경마, 외식에서 증가했으며, 스포츠 부문에서는 아웃도어, 휘트니스, 조깅, 탁구, 배드민턴 관련 용품에서 7년 연속 증가했습니다.

여가활동의 1인당 평균 참여 품목을 보면 2015년부터 2017년까지는 감소 추세였으나, 2018년에는 전년 대비 0.7개 품목이 늘어난 12.4개 종목으로 확대되었습니다. 성별 · 연령대별로 보면 남성은 30대 이하의 성장이 두드러졌으며, 특히 20대 남성은 게임 관련 종목에서 증가를 보여 전년보다 참여율이 11.9% 급상승했습니다. 한편 여성은 20대에서 60대는 전년보다 증가했으나 10대와 70대는 감소하는 결과를 보였습니다.

예전에는 여가를 즐기는 일이 필수적이라고 생각하지 않은 때도 있었지만, 사람들의 라이프스타일이 변화하면서 이제 여가는 생활에 없어서는 안 되는 존재로 뿌리내렸습니다. 그에 따라 관광,

오락, 문화, 교양 같은 개인의 여가와 관련된 비즈니스가 확대되면서 레저산업은 일본의 주요 산업의 하나로 자리 잡았습니다.

여가 관련 산업·시장의 동향

주5일 근무제, 연차 휴가, 주부의 가사 시간 감소 등으로 인해 여가 시간은 확대되고 있습니다. 여가 시간의 확대는 소득수준 향상과 맞물려 국민의 여가활동에 대한 잠재적 수요를 증대시키고 있습니다. 삶에 대한 가치관의 변화, 여가에 대한 인식이 변화함에 따라 여가활동에 대한 수요의 양적 확대와 함께 질적 다양화를 원하는 경향이 강해지고 있습니다. 여가활동의 형태 역시 '눈으로 보는 관광'과 더불어 '직접 체험하는 관광'이 인기를 얻고 있습니다. 소그룹이나 가족 단위의 여행이 증가하고, '1개월 살아보기'나 '6개월 살아보기'처럼 장기 체류하는 여행도 증가하고 있습니다. 여가활동에 대한 이러한 수요의 증대와 의식의 변화에 대응하기 위해서는 그에 걸맞도록 환경을 정비하는 것이 중요합니다. 여가활동은 내수 확대 및 경제 구조의 전환을 위해서도 필요한 일입니다.

이러한 과제에 대응하기 위해서는 완전 주5일 근무제를 보급하여 자유 시간의 증대에 노력하는 것은 물론, 새로운 요구에 따라 관광 관련 시설을 정비하고, 접근이 용이하도록 하며, 정보화 사회에 따른 새로운 요구에 맞춤식으로 대응할 수 있는 관광 정보 시스템을 충실하게 갖추는 것이 필요합니다. 하드웨어와 소프트웨어 양면에서 시대의 변화에 맞는 환경을 갖추어 나가는 것이 과제로 대두되고 있습니다.

마작 マージャン・麻雀

마작은 어떤 놀이인가요?
마작은 중국에서 들여온 놀이로, 네 명이 테이블을 둘러싸고 마주앉아 하는 게임입니다.

마작은 언제부터 하기 시작했나요?
1850년대 상하이 부근에서 탄생했다고 합니다. 메이지 めいじ・明治 말기에 중국으로부터 일본에 전해져, 다이쇼 たいしょう・大正 중기에 규칙을 바꾸면서 발전해 나갔습니다. 기쿠치 칸 きくちかん・菊池寛 등 문인들이 좋아하는 게임으로 방송과 텔레비전 등의 미디어에 소개되면서 대중화되었다고 합니다. 일본 독자적으로 그 규칙이 변화를 거듭하여 중국의 것과는 많이 달라졌고, 일본 내에서도 지역에 따라 다소 차이가 있습니다.

어떻게 하는 놀이인가요?

직방체의 패를 이용해 포커처럼 패에 그려져 있는 문자나 그림을 가지런히 하여 여러 가지 역(포커로 말하자면 투 페어, 풀 하우스 등)을 만들어 갑니다. 그 패의 편성을 통해 누가 1번에 오르는가를 겨루어, 최종적인 점수를 다투는 게임입니다.

우선 4명중 1명이 오야 おや・親가 됩니다. 그 이외의 사람은 고 こ・子입니다. 오야는 반시계 방향으로 교대해 갑니다. '오야를 결정한다 → 패의 산을 쌓는다 → 패를 산으로부터 1장 취해서 버린다'를 반복하면서, 자신이 가지런히 하고 싶은 역을 맞춰나가면 됩니다.

마작은 도박인가요?

마작을 순수하게 즐기기도 하지만 이를 도박으로 생각하며 내기를 하여 승패에 따라 금품 교환을 하는 경우도 많이 있습니다. 번화가나 큰 대학 주변에는 마작 전용 게임 룸이 있어서 퇴근길의 샐러리맨이나 학생들의 집합소로 사랑받아 왔고, 현재는 그 집합소가 인터넷상으로 옮겨지고 있습니다.

마작

경마 けいば・競馬

경마는 언제부터 시작되었나요?
일본에서 도박은 금지되어 있지만, 경정(모터보트 경주), 경륜, 경마는 공영도박으로서 공인되어 있습니다. 거류외국인에 의해 1862년 요코하마 よこはま・横浜에서 서양식 경마가 시작된 이후 청일전쟁을 기점으로 정부가 일본산 말의 개량에 힘을 쓰게 되어, 1906년에는 첫 마권 판매를 포함한 경마가 개최된 바 있습니다. 제2차 세계대전 전에는 경마 붐이 절정에 이르러, 서민 오락으로 사랑받았습니다. 전쟁 중에는 중단되었다가 1954년에 정부 전액 출자의 특수법인 일본 중앙 경마회가 설립된 것을 계기로 국민적 오락으로 정착하고 있습니다.

경마에도 종류가 있나요?
경마는 크게 중앙 경마와 지방 경마가 있습니다. 중앙 경마는 일본 중앙 경마회(JRA)가 관할하고 있고, 전국 10개소에서 운영되고 있습니다. JRA가 주최하는 경마는 주말에 개최됩니다. 마권은 20세 이상이면 누구나 전국 10개소 경마장과 33개소의 장외 마권장에서 구입할 수 있습니다.
레이스는 말의 연령과 상금액에 의해 크게 8가지 클래스로 나뉘어지며, 기본적으로는 1승마다

한 단계씩 오르는 구성입니다 (다만, 연령이 올라감에 따라 클래스가 내려가는 경우도 있습니다). 최고 레벨인 G1레이스는 모든 레이스의 정점인 동시에, 그것을 제패하는 것은 경주마의 최대 목표이기도 합니다. 더비 ダービー, 덴노쇼 てんのうしょう・天皇賞 등이 이 G1레이스에 해당되며, 이들의 레이스는 대대적으로 보도됩니다.

경마의 인기는 어디서 오나요?

경마의 매력은 G1레이스까지 오르려는 말의 일생이 인간의 일생과 겹쳐 보인다는 점에 있다고도 하고, 혈통을 중요시하는 것이라고 하기도 합니다. 말뿐만 아니라, 기수도 부모와 자식이 2대, 3대 이어가는 경우도 있어서 혈통이 중요시되는 스포츠라고 말할 수 있겠습니다. 이전에는 도박성이 강하다는 이미지가 있었으나, 최근에는 인기 텔런트가 JRA 광고 모델로 채용되거나 (1998년~1999년에는 기무라 타쿠야 きむらたくや・木村拓哉, 2000년에는 마쓰시마 나나코 まつしまななこ・松嶋奈々子가 출연했습니다) 여성을 타깃으로 한 캠페인이 행해지는 등 남녀를 불문하고 접근하기 쉬운 취미 중 하나로 자리잡아가고 있습니다.

경마장 입구

경마장 포스터

파칭코 パチンコ

일본의 거리에는 화려한 네온사인과 매우 소란스러운 음악이 흐르는 점포가 눈에 띕니다. 이 가게가 파칭코야 パチンコや・パチンコ屋입니다. 서민의 취미생활로 현재도 성업 중이죠.

파칭코는 어떤 놀이인가요?

파칭코는 기계와 벌이는 쇠구슬 따먹기 게임으로, 파칭코라는 이름은 구슬을 튕길 때 나는 소리인 '파칭 パチン'에 접미어 '고 コ'가 붙은 합성어라고 하기도 하고, '파치파치 パチパチ'에 '가창코 カチャンコ'가 합쳐진 말이라는 설도 있습니다.

파칭코는 언제부터 하기 시작했나요?

파칭코는 1920년에 미국에서 온 바카텔이라는 게임에서 유래되었습니다. 일본에서는 1930년 제1호 파칭코점이 아이치현 あいちけん・愛知県에서 문을 연 후 파칭코점이 급격히 증가했습니다. 제2차 세계대전 중에는 '국민정서를 해치는 유희'라고 하여 전면 금지되었지만 1946년에 부활하여 그 후 파칭코점이 급증하였고, 1948년에 풍속영업단속법이 시행되어 파칭코점은 허가를 받은 후 영업할 수 있게 되었습니다.

파칭코는 어떻게 하는 건가요?

핀볼과는 달리 유리로 덮여있는 기계가 지면에 수직으로 서 있습니다. 플레이어는 파칭코 기계 앞에 앉아 기계의 우측 아래에 있는 전자식 핸들을 조작하면서, 구슬을 튕기는 스피드나 간격을 조절합니다. 기계 안의 판면에는 표적인 구멍이 몇 개 있고, 그 주위에는 많은 못이 박혀 있어 구슬이 표적으로 들어가는 것을 방해합니다. 플레이어는 그 구슬로 게임을 계속할 수 있고, 원하면 경품과 교환할 수도 있습니다. 현금 교환은 금지되어 있으나, 많은 사람들이 '특수경품'으로 받아 환금소에서 돈으로 교환한다고 합니다. 파칭코에 의한 환금으로 수입을 올리는 '파치프로 パチプロ'라는 프로 플레이어도 있을 정도입니다.

게임을 계속하려면 구슬을 표적으로 계속 넣거나 새롭게 구슬을 구입해야 합니다. 반대로 파칭코 기계에 따라서는 한 번 구슬이 표적의 구멍에 들어가면 판면에 있는 슬롯이 도는 등, 새로운 찬스가 나오기도 합니다. 파칭코는 다른 일반적인 게임에 비해 도박성이 높은 게임이라고 할 수 있습니다.

파칭코 산업의 현황

도심 여기 저기에서 아침 영업시간 전에 많은 사람들이 줄을 서서 기다리는 광경을 자주 볼 수 있습니다. 좋은 자리에 앉기 위해 남녀노소가 기다리는 진풍경을 보는 것도 흥미로운 광경이죠.

파칭코는 일본 최대의 레저산업이자 공인 도박이라고 할 수 있습니다. 파칭코는 전국에 1만 7천 점포가 있고 연간 시장규모는 20조 엔으로, 자동차 산업과도 어깨를 나란히 하는 엄청난 규모의 산업입니다. 현재 일본 파칭코 업계는 재일한국인이 운영하는 점포가 60퍼센트 이상을 차지하고 있습니다.

파칭코 외부

파칭코 내부

영화관 えいがかん・映画館

영화관은 '시네마 シネマ'라고도 하며 2019년 현재 전국에 3,583관이 있으며, 2019년 한 해 동안 1,278편의 영화가 상영되었고 1억 9,491만 명이 영화관을 찾았습니다.

영화관에는 어떤 종류가 있나요?

영화관은 크게 나누어 신작영화를 상영하는 '개봉관' 로드 시어터와 '미니시어터', 흘러간 영화를 주로 상영하는 '명화관'이 있습니다. 또한 1980년 이후에는 전국에 배포된 거의 모든 영화를 한 건물 안에서 볼 수 있는 시네마콤플렉스 시네콘, 스크린을 5개 이상 보유하고 있는 복합 영화관이 교외를 중심으로 늘어나고 있습니다. 대부분의 시네콘은 쇼핑몰과 나란히 위치해 있습니다.

미니시어터는 좌석수가 200석 이하의 작은 영화관을 말합니다. 상영작품은 영화관에 따라 독자적으로 결정되는 일이 대부분입니다. 그래서 개봉관에 비해 영화관 특유의 개성이 강하게 나타나, 영화관 나름의 팬까지 있을 정도죠.

도쿄에서는 신주쿠 しんじゅく・新宿, 이케부쿠로 いけぶくろ・池袋, 긴자 ぎんざ・銀座 등에 미니시어터가 밀집되어 있으며, 그중에는 대를 이어 내려온 영화관도 몇 군데 있습니다.

영화관 모습

요금은 어느 정도하나요?

2020년 3월 현재, 신작 영화 요금은 대체로 2,000엔 이하입니다. '가쿠와리 がくわり・学割'라는 할인제도가 있어 학생증을 제시하면 할인해서 볼 수 있으며, 그 외에 연소자 및 경로우대도 받을 수 있습니다. 한국에 비하면 영화 요금이 매우 비싸다고 할 수 있으나 몇 가지의 할인 제도가 있습니다. 우선 매월 1일은 '영화의 날'이라고 해서, 1,000엔으로 영화를 볼 수 있는 영화관도 있습니다. 뿐만 아니라 한밤중의 '심야할인'이나 여성만 할인이 되는 '레이디스데이 할인 (영화관에 따라서는 1주일에 1일 정도 정해놓고 있음)' 등이 있어서 저렴하게 관람할 수 있습니다.

티켓은 어떻게 구입하나요?

일본에는 한국처럼 인터넷에서 예약하고 당일 영화관에서 티켓을 받는 시스템은 아직 마련되어 있지 않습니다. 예매권을 살 경우는 '티켓토피아', '세존' 등의 티켓 센터에서 삽니다. 대형 슈퍼마켓이나 편의점, 백화점 등에 입점해 있답니다. 예매권은 영화관이나 날짜, 시간 지정이 없는 경우가 대부분이며 요금은 당일 사는 것보다 일반적으로 10~20퍼센트 정도 할인됩니다. 인터넷으로 구입하는 것도 가능하지만, 당일 영화관에서 티켓을 받는 것이 아니고 자택으로 우송되는 경우가 많으며, 우송료가 들기 때문에 불편을 느끼는 사람이 많습니다.

당일 분 티켓은 직접 영화관에 가서 삽니다. 일반적으로 예매를 하든 당일에 구입하든 좌석은 지정되지 않습니다 (지정석을 구입할 경우는 추가로 요금을 더 내야 합니다). 좋은 좌석에 앉기 위해

서는 상영시간 전에 극장에 가서 영화가 시작될 때까지 줄서서 기다리지 않으면 안 됩니다. 참고로 작은 영화관에서 인기가 있는 영화를 볼 때, 좌석이 없어서 서서 보는 것을 다치미 たちみ・立ち見 라고 합니다.

어떤 영화가 인기 있나요?

미국이나 한국 영화 등도 상당히 인기가 있지만, 일본 영화도 꾸준히 인기가 있습니다. 역대 일본 영화 흥행성적 상위 10위는 다음과 같습니다.

역대 일본 영화 흥행 성적 상위 10위(2020년)

순위	제목	개봉 연도
1	센과 치히로의 행방불명 千と千尋の神隠し	2001
2	너의 이름은 君の名は	2016
3	하울의 움직이는 성 ハウルの動く城	2004
4	원령공주 もののけ姫	1997
5	춤추는 대수사선 I, II 踊る大捜査線 I, II	1998/2003
6	벼랑 위의 포뇨 崖の上のポニョ	2008
7	날씨의 아이 天気の子	2019
8	바람이 분다 風立ちぬ	2013
9	남극 이야기 南極物語	1983
10	새끼고양이 이야기 子猫物語	1986

엔카 えんか・演歌

　엔카는 메이지시대 めいじじだい・明治時代 이후 유행하기 시작한 일본의 대중가요 중 일본인의 독특한 감각이나 여정에 기반을 둔 오락적인 가곡을 말합니다. 실제로는 1960년대 후반에 확립된 가요곡 장르로 그 후 약 20년간 전성기를 누렸습니다. 미국의 재즈, 프랑스의 샹송에 비견될 만한 일본을 상징하는 음악의 장르가 되었습니다.

엔카는 언제 생겨났나요?
　엔카는 원래 1877년 자유민권운동이 벌어질 때 정치적 선전의 목적으로 노래하기 시작한 것이 그 시초이며, 연설 えんぜつ・演説과 노래 うた・歌를 합친 말입니다. 즉, 가두에 나와서 연설문에 곡을 붙여 노래한 것을 엔카라고 부르기 시작했습니다. 그러나 시간이 지날수록 엔카의 정치적 성격은 점차 빛을 잃고 비련이나 연인들의 동반자살을 중심으로 한 내용을 부르거나 술집 등에서 오락적으로 불리는 노래가 되었습니다. 현재는 대체로 일본적 애수를 담은 가요를 말합니다.

엔카의 독특한 음계, 고가 멜로디 古賀メロディー

엔카는 대부분 일본 고유 민요의 5음계를 사용하는데, 엔카의 아버지가 불리는 고가 마사오 こがまさお·古賀正男(1904~1978)는 이것을 변조시켜 독자적인 '고가 멜로디 こがメロディー·古賀メロディー'를 창작·정착시켰고, 이는 이후 엔카 만의 독특한 음계가 되었습니다.

고가 멜로디는 일본 음악의 기교를 더욱 강조해서 1960년대에 미소라 히바리 みそらひばり·美空ひばり를 탄생시켰고, 그는 엔카의 거장으로서 그 지위를 확립했습니다. 미소라 히바리는 9살이던 1946년 NHK 아마추어 노래자랑 무대에서 노래 부르기 시작해, 1989년 52세로 요절할 때까지 한 시대를 장식한 엔카의 여왕입니다. 엔카 가수들은 엔카만의 미묘한 장단을 살리면서 각각의 개성을 담아 고가 멜로디를 노래했습니다. 전쟁에 진 일본인의 공허한 마음을 달래주던 노래, 서민들의 마음을 어루만져주는 노래, 그것이 바로 엔카였고 그 주역이 바로 미소라 히바리였습니다.

엔카의 움직임

엔카에서는 고부시 こぶし·小節라는 독특한 가창법이 많이 사용됩니다. 또한 가사의 내용은 사랑·바다·술·눈물·여자·비·눈·이별이 주를 이루며, 남녀의 안타까운 사랑이나 비련 등을 주제로 합니다.

쇼와 しょうわ·昭和 30년대에 망향 가요의 가스가 하치로 かすがはちろう·春日八郎, 쇼와 30년대 후반에 기타지마 사부로 きたじまさぶろう·北島三郎와 미야코 하루미 みやこはるみ·都はるみ, 40년대에는 스이젠지 기요코 すいぜんじきよこ·水前寺清子, 모리 신이치 もりしんいち·森進一, 이쓰키 히로시 いつきひろし·五木ひろし 등이 등장해 개성 풍부한 시대를 맞이하였습니다.

이 무렵 엔카는 남녀 사이의 사랑·이별·눈물 등을 다룬 곡이 많아졌습니다. 한때 포크송이나 그룹 사운드의 대두로 약간 침체기가 있었으나 쇼와 50년대에 실력파 엔카 가수가 등장, 다수의 히트곡이 생겨나면서 가라오케 붐이 일게 되었습니다. 헤이세이 へいせい·平成 시대에 들어 쇠퇴가 다시 본격화되어 1990년대 말에는 엔카 가수의 정리해고가 일어난 시기도 있었으나, 2000년에 아이돌과 같은 히카와 기요시 ひかわきよし·氷川きよし가 '하코네 하치리노 한지로 はこねはちりのはんじろう·箱根八里の半次郎'를 대히트 시키고 나서 부활의 움직임을 보이고 있습니다.

J-POP

일본가요는 모든 장르가 균형 있게 발달하여 다양한 장르의 음악이 인기를 끌고 있습니다. 우리나라의 인터넷상에도 일본가요 사이트가 많은 것을 보면 일본의 가요는 대중화에 성공했다고 볼 수 있습니다.

일본음악을 왜 J-POP이라고 하나요?

J-POP은 1945년 이후 기존의 '유행가'와는 다른 장르로 분리되어 '가요곡'이라 불렸던 일본의 대중음악을 말합니다. 이후 그 의미가 서서히 변화하여 오늘날에는 엔카를 제외한 가요곡을 일반적으로 J-POP이라고 합니다. 또한 '외국음악'과 일본음악을 구별하기 위하여 '일본음악'이라는 의미로서 사용되는 경우도 많습니다.

J-POP의 흐름

일본에서 본격적인 레코드 산업이 시작된 것은 1920년대 후반이었습니다. 1925년에 라디오 방송이 개시되면서 1960년대 중반까지 이른바 '가요곡' 중심의 시대가 이어집니다. 가요곡은 레코드

회사 전속의 작사가, 작곡가, 가수의 분업체제로 곡이 만들어 지고, 서구화되기 위해 노력하는 사람들의 심정을 표현한 국민적인 노래가 인기를 끕니다.

1960년대에 들어서면 레코드회사 전속의 작사가, 작곡가라는 체제가 무너지기 시작합니다. 그러면서 미국 팝음악의 영향을 받아 원어로 외국노래를 잘 부르는 가수들도 많아졌습니다. 그리고 흘러간 가요는 '나쓰메로 なつメロ' 혹은 '엔카'라고 부르게 되었습니다.

일본의 대중음악은 이후에도 계속해서 외국음악의 영향을 많이 받습니다. 그러나 1970년대에 들어서면서 일본어를 록 음악에 접목시키려는 부단한 시도 끝에 '해피엔드 Happy End'를 비롯한 록밴드가 '일본어 록'을 확립하는데 성공하고 그들만의 독자적인 노선을 구축합니다.

또한 1980년대에는 '올스타즈 サザンオールスターズ'처럼 가사의 의미를 전달하는 것 보다도 리듬이나 그 흐름을 잘 타는 사운드 중심의 음악을 지향하게 됩니다. 사운드 면에서는 외국음악을 능가할 정도로 발전해 갑니다.

또 1980년대에는 BOØWY의 데뷔를 시작으로 밴드 붐이 일어나, 인디밴드가 차례차례로 주목받습니다. 인디밴드가 주목받는 것은 그 후도 계속되는 J-POP의 큰 특징이라고 할 수 있습니다.

1980년대 말에는 X-JAPAN이 등장하는데, 화려한 화장이나 머리 모양, 의상으로 몸을 치장한 그들의 음악은 비주얼계 록으로 불리는 하나의 장르를 쌓아 올렸습니다. 그 뒤를 LUNA SEA, GLAY, L'Arc~en~Ciel 등이 이어갑니다. 이러한 밴드는 처음에는 화려한 화장으로 주목받았지만, 서서히 외관의 화려함보다 음악성 그 자체가 선호되고 있습니다.

1990년대에 들어 밴드 붐은 일단 종언을 맞이하고 J-POP의 장르는 팝, 록, 랩, 하드록, 펑크 등 한층 더 세분화되어 각각 발전해 나갔습니다. 팝은 1980년대부터 계속된 가사를 중시하는 경향이 이어지고 1990년대 히트 그룹인 미스터 칠드런 Mr.Children, 스피츠 スピッツ, 아무로 나미에 あむろなみえ・安室奈美恵, 하마사키 아유미 はまさきあゆみ・浜崎あゆみ 등은 멜로디나 사운드뿐만 아니라 노랫말도 좋아 공감하는 팬이 많습니다.

1990년대에 들어서 가라오케(노래방)가 순식간에 확산・보급되면서 '누구나 노래를 부를 수 있는' 시대가 된 것도 노랫말을 중요시하는 추세에 더욱 박차를 가한 요인이라고 할 수 있습니다. 게다가 가수를 단순한 아이돌이 아닌, 실력을 겸비한 싱어로서 인정하는 경향이 강해졌습니다. 1990년대 후반에 등장한 우타다 히카루 うただひかる・宇多田ヒカル는 어렸을 적부터 미국에서 음악적인 소양을 몸에 익히고 일본어로 본격적인 'R&B(리듬 앤 블루스)' 음악을 성공시켜, 외국음악을 그대로 빌려온 것이 아닌 일본적인 색채를 띤 음악으로서의 J-POP을 확립하는데 큰 역할을 했습니다. 1999년에 발매한 앨범 『FIRST LOVE』는 760만 장이라는 일본 음악사상 최고의 판매고를 기록하기도 했습니다.

2000년대에 들어서면 싱글 음반 판매가 감소하기 시작합니다. 2003년 SMAP의 '세계의 하나뿐인 꽃'을 마지막으로 2012년까지 200만 장 이상 팔린 싱글음반은 없습니다. 또한 2000년대 후반에 들어서면서 밀리언셀러 CD 자체가 감소하고 대신 온라인을 통한 음악 판매가 증가합니다. 일본레코드협회의 발표에 따르면 2006년에는 싱글 CD의 생산 실적을 웃돌았다고 합니다. 다만 2009년은 전년과 거의 비슷했고 2010년은 전년보다 감소했습니다.

2000년대에 들어 음악 소프트웨어 매출이 감소한 것은 CD나 레코드 같은 '음원기록매체'를 구입하던 시대에서 음원 자체를 구입하는 다운로드 판매가 주가 되는 시대로 이행함을 나타냅니다. 디지털화와 기술의 고도화가 음악 산업뿐만 아니라 콘텐츠 산업 전체에 영향을 미치는 것이죠. 패키지나 유료음악 판매는 2005년부터 2007년까지 3년 연속해서 전년의 기록을 웃돌았으나 2008년에는 전년보다 약간 감소합니다. 이는 개인이 인터넷을 손쉽게 이용하게 되면서 파일공유 소프트웨어나 웹사이트를 통한 부정 업로드가 늘어난 것도 하나의 원인으로 볼 수 있습니다.

2010년이 되면서 싱글 음반뿐만 아니라 앨범 역시 백만 장 이상 팔리는 경우가 점점 줄어듭니다. 2010년 발매된 앨범 중에서 그 해에 백만 장을 돌파한 것은 2개뿐입니다. 더욱이 2010년 오리콘 차트 연간 싱글 랭킹은 여성 아이돌그룹인 AKB48과 남성 아이돌그룹인 아라시가 톱10을 독점하는 등 특히 싱글 음반에서 아이돌그룹과 다른 아티스트와의 판매 격차가 크게 확대됩니다.

2012년 9월 10일에 일본레코드협회, 일본음악사업자협회, 일본음악제작자연맹을 비롯한 7단체는 유튜브 및 불법 다운로드가 매출 감소의 최대의 원인이라며 이를 저지할 목적으로 'STOP! 불법 다운로드 홍보위원회'를 설립하기도 했습니다.

만화 マンガ・漫画

　만화를 가리키는 일본어 '망가'는 외국에서도 'MANGA'라고 표기합니다. 현재 세계 공통어가 된 말 중 하나로, '일본만화'에 국한해서 사용하는 말이지요. 일본에는 현재 어린이대상물부터 성인대상물까지 다양한 장르의 만화가 출판되어 많은 사람들에게 사랑을 받고 있습니다.

어느 정도 출판되고 있나요?

　소녀(초등학생부터 고등학생 정도까지) 대상의 잡지는 21종이 있습니다. 그 중에서 가장 판매 수익이 높은 잡지는 『자오 ちゃお』로, 106만 부의 판매부수를 자랑하고 있습니다. 소년 코믹 잡지는 189종인데 그 중 '주간 챔프'의 발행부수가 약 300만 부로 압도적입니다. 남성을 대상으로 하는 코믹잡지(고등학생・대학생부터 회사원까지)는 36종이 발행되고 있으며, 그 중에서도 『주간 영 점프』는 약 130만 부로 가장 높은 판매고를 올리고 있습니다. (일본잡지협회조사 http://www.j-magazine.or.jp) 일반적으로 주간지나 월간지에 연재되는 작품이 단행본으로 출판됩니다.
　일본 만화계의 특징은 샐러리맨이 즐겨보는 만화잡지 종류가 상당히 많다는 것입니다. 이러한 만화 잡지는 대개 역 매점에서 많이 팔립니다. 정장 차림으로 플랫폼이나 전철 안에서 만화를 보고

있는 회사원의 모습은 일본에서는 낯선 풍경이 아닙니다. 연령에 따라 구독하는 만화잡지도 조금씩 달라서, 고등학생까지는 '주간 점프'를, 대학생이 되면 『주간 영 점프』를 보는 추세입니다. 물론 아이들 대상의 잡지나 만화책도 많이 발행되고 있습니다 (학습용 만화 포함). 망가는 이미 아이들의 전유물이라는 이미지를 벗어나 최근에는 경제, 역사 등을 해설한 성인대상의 만화도 많이 판매되고 있습니다. 데즈카 오사무 てづかおさむ·手塚治虫, 이시노모리 쇼타로 いしのもりしょうたろう·石ノ森章太郎 등에 의한 장편만화는 그 문학적 가치가 인정되고 있습니다.

만화는 언제부터 시작되었나요?

에도시대 말기에 영국인에 의해 일본에서 첫 만화잡지가 만들어졌습니다. 다시 말해 일본만화는 서양문화를 받아들이면서 발달해 왔다고 할 수 있습니다.

그 이전에도 우키요에서 うきよえし·浮世絵師 등에 의해 만화가 그려졌지만, 그것은 단순히 오락을 위한 것이어서 서양의 만화처럼 풍자를 목적으로 한 것과는 대조를 이룹니다. 그 후, 만화 잡지가 잇달아 출판되면서 문명개화운동·자유민주운동을 테마로 한 만화가 그려지기 시작합니다.

만화가 지금과 같은 모습이 된 것은 언제부터인가요?

만화가 오늘날의 형태를 갖추기 시작한 것은 메이지시대 말부터 다이쇼시대 たいしょうじだい·大正時代 사이로, 그림 안에 대사를 써넣으면서 '만화 まんが·漫画'라는 명칭이 사용되기 시작했습니다. 이 시기부터 아이들을 대상으로 하는 만화가 소년 잡지나 신문에 등장하고, 만화는 아이들의 읽을거리로 정착되었습니다. 이 무렵 '노라쿠로 のらくろ (다가와 스이호 たがわすいほう·田河水泡)', '후쿠짱 フクちゃん (요코야마 류이치 よこやまりゅういち·横山隆一)' 등이 탄생하였습니다.

만화는 어떻게 발전해 왔나요?

제2차 세계대전 후에도 신문에 게재되는 4컷 만화가 인기를 끌었습니다. 후에 애니메이션화되어 현재까지 인기를 누리고 있는 '사자에상 サザエさん (하세가와 마치코 はせがわ まちこ·長谷川町子)'도 이 무렵 연재되기 시작하였습니다.

그와 동시에 지금까지 1컷, 혹은 4컷이었던 만화에서 좀 더 스토리에 비중을 두게 됩니다. 그중에서도 지금까지 '만화의 신'으로 불리고 있는 데즈카 오사무의 영화적 수법(어느 작품의 주인공

을 다른 작품의 조연으로 등장시키거나, 한 작품 안에서 다른 역으로 몇 번이고 등장시키는 수법)을 사용한 아동만화가 인기를 끌었습니다. 우리가 알고 있던 우주소년 아톰이 일본 애니메이션이라는 사실을 알았을 때는 많은 충격을 받았었죠. 1963년에는 데즈카 오사무의 만화 '철완아톰 てつわんアトム・鉄腕アトム'이 애니메이션물로는 처음으로 일본 텔레비전에서 방영되었습니다. 그 후 데즈카 오사무는 '리본의 기사 リボンのきし・リボンの騎士'를 비롯한 많은 작품을 남겼습니다.

 1960년대부터는 사실적인 표현과 다이나믹한 묘사를 특징으로 하는 '극화 劇画(스토리 만화)'의 시대가 도래합니다. 이 시기 이후부터 소년주간지가 폭발적으로 증가합니다. 동시에 '도라에몽 ドラえもん'의 작자로 알려진 후지코 후지오 ふじこふじお・藤子不二雄 등 데즈카 오사무의 영향을 받은 만화가들이 잇따라 히트작을 냈고, 만화의 타입에 따라 소년만화, 개그만화 등으로 만화의 장르도 세분화됩니다. 또한 1970년대가 되서 소녀만화에 새로운 흐름이 생겨납니다.

 이와 같이 시대와 함께 만화를 읽는 대상도 다양해져 소년만화, 소녀만화, 청년만화, 레이디스코믹(성인여성대상), 성인대상만화 등을 각각 전문적으로 다루는 잡지가 탄생합니다.

일본에서 누계 1억 부 이상 판매된 만화에는 어떤 것이 있나요?
일본에서 1억 부 이상 판매된 만화 (단행본, 문고판, 관련서적 포함) 는 다음과 같습니다.

1위 : 원피스 おだえいいちろう・尾田栄一郎, 4억 6,000만 부, 1~95권(연재 중)

2위 : 고르고13 さいとう・たかを, 2억 8,000만 부, 단행본 1~195권(연재 중), 문고판 1~159권(연재 중)

3위 : 나루토 きしもと まさし・岸本 斉史, 2억 5,000만 부, 1~72권

4위 : 드래곤 볼 とりやまあきら・鳥山明, 1억 5,000만 부, 1~42권

5위 : 명탐정 코난 あおやまごうしょう・青山 剛昌, 2억 3,000만 부, 1~97권(연재 중)

애니메이션 アニメ

아니메 アニメ란 어디에서 온 말인가요?
'아니메'란 애니메이션(animation)의 일본식 줄임말입니다. 일본에서 '아니메 アニメ'라고 하면 '움직이는 만화영화'를 통틀어 말하나, 외국에서는 '아니메'를 일본에서 제작되거나 그것을 모방한 만화영화를 가리키는 말로 쓰이고 있습니다.

애니메이션 방송프로그램은 언제 생겼나요?
일본에서는 일주일에 70편 이상의 애니메이션이 방송되고 있다고 합니다. 애니메이션 제작이 시작된 다이쇼시대 たいしょうじだい・大正時代에는 외국에서 수입된 애니메이션 영화의 인기에 힘입어 제작된 불과 몇 분짜리인 단편 영화가 많았습니다. 그 후 1958년에 텔레비전 방송이 시작되면서 애니메이션이 텔레비전에 등장하였으나, 방영시간은 몇 분 안 되는 짧은 것이었습니다. 스토리가 있는 애니메이션은 외국에서 수입된 것이 대부분이었죠.

1963년에 일본 최초의 텔레비전 프로그램이 탄생하였습니다. 데즈카 오사무 てづかおさむ・手塚治虫의 만화를 원작으로 한 '철완 아톰'이 그것인데, 방송되자마자 순식간에 인기를 끌어 이후로 SF

영웅 만화 등 어린이 대상의 애니메이션이 제작됩니다.

1968년에는 '사자에상 サザエさん', 1973년에는 '도라에몽 ドラえもん'이 처음으로 방영되는 등 오늘날까지도 텔레비전에서 계속해서 방영되고 있는 장수 프로그램이 생겨나, 어린이들 사이에서 애니메이션의 인기는 확고부동해졌습니다.

텔레비전에서 방영된 후 애니메이션은 어린이를 위한 프로그램이라는 인식이 강했으나, 1990년대 이후부터 그 시청자 층은 점차 확대되어 갔습니다. '맛의 달인 おいしんぼ・美味しんぼ (1988년 방영 시작)', '야와라 YAWARA! (1989년 방영 시작)' 등입니다.

'아니메 오타쿠'란 무엇인가요?

1970년대 초까지 텔레비전 애니메이션은 어린이 프로그램의 일부라는 인식이 있었습니다. 그러나 1977년 8월, 극장판 '우주전함 야마토 うちゅうせんかんヤマト・宇宙戦艦ヤマト'의 개봉 당일 극장 앞에서 밤샘을 하며 기다리는 사람들이 많았던 것이 화제가 되었고, 그것은 젊은 층에 애니메이션 애호가나 열광적인 팬이 있다는 것을 인식하게 하는 계기가 되었습니다. 1990년대 이후, 애니메이션을 좋아하는 오타쿠를 아니메오타쿠 아니오타・アニヲタ 또는 アニオタ라고 부르기 시작했습니다.

극장판 애니메이션 영화는 어떻게 변화하고 있습니까?

1978년에 '안녕 우주전함 야마토-사랑의 전사들 さらば宇宙戦艦ヤマト －愛の戦士たち'이 공개되어 공전의 히트를 기록하면서 애니메이션이 어린이뿐만 아니라 모든 연령층을 불문하고 즐길 수 있다는 것을 인식하게 되었고, 그에 따라 수많은 극장판 애니메이션이 제작되었습니다.

1980년대에 들어서는 미야자키 하야오 みやざきはやお・宮崎駿 감독의 '바람계곡의 나우시카 風の谷のナウシカ (1984)'가 대히트를 하고, 이후 미야자키 하야오, 다카하타 이사오 たかはたいさお・高畑勲 등 (후에 스튜디오 지브리 설립)이 '천공성의 라퓨타 天空の城ラピュタ (1986)', '이웃집 토토로 となりのトトロ (1988)' 등의 오리지널 극장판 애니메이션을 공개하여 호평을 받았습니다. 1988년에는 오토모 가쓰히로 おおともかつひろ・大友克洋 감독의 '아키라 AKIRA'가 공개되어 예술작품으로서의 가치를 인정받게 되었습니다.

1989년에는 '마녀 배달부 키키 魔女の宅急便', 1992년에는 '붉은돼지 紅の豚', 1995년에는 '귀를 귀울이면 耳をすませば', 1997년에는 '원령공주 もののけ姫', 1999년에는 '극장판 포켓몬스터-루기아의 탄생- 劇場版ポケットモンスター 幻のポケモンルギア爆誕', 2000년에는 '극장판 포켓몬스터-결정탑의 제왕- 劇場版 ポケットモンスター 結晶塔の帝王', 2001년에는 '센과 치히로의 행방불명 千と千尋の神隠し' 등이 그 해의 일본영화 흥행성적 1위를 기록한 적도 있습니다. 지금은 애니메이션을 빼놓고 일본영화를 말할 수 없을 정도로 애니메이션은 일본영화의 중추적인 존재가 되었습니다.

 일본내 역대 애니메이션 영화 수입 베스트 3은 모두 스튜디오 지브리의 작품으로, '센과 치히로의 행방불명(2001 : 304억 엔)', '하울의 움직이는 성(2004 : 200억 엔)', '원령공주(1997 : 193억 엔)'입니다.

해외에서의 평가

 1980년대에 '아키라'가 해외에 공개되자 예술작품으로서의 일본 애니메이션은 높은 평가를 받았습니다. 그 후 '포켓몬스터' 등 많은 히트작이 탄생되었고, 미국 전역을 포함하여 해외에서도 대대적으로 공개되었습니다. 1999년에 미국에서 공개된 '극장판 포켓몬스터-뮤츠의 역습'은 일본영화로는 처음으로 미국 전체에서 흥행 1위와 연간 영화 흥행성적 탑 20위 안에 드는 성적을 거두었습니다. 또한 미야자키 하야오 감독의 '원령공주(1997)', '센과 치히로의 행방불명(2001)' 두 작품이 연달아 일본영화 흥행성적의 기록을 갱신하면서 아카데미와 베를린 국제영화제에서 수상의 영광을 안는 등, 일본 애니메이션은 전 세계로부터 주목을 받게 되었습니다.

일본영화 및 애니메이션

제목 : 러브레터   감독 : 이와이슌지   출연 : 나카야마 미호

러브레터는 '오겡키데스카 와타시와 겡키데스'라고 외치는 명장면으로 유명한 영화입니다. 주인공인 와타나베 히로코(나카야마 미호)가 사랑했던 연인 후지이 이츠키가 등반사고로 죽은 지 2년. 히로코는 중학교 졸업 앨범에서 그녀의 주소를 발견해 그녀를 추억하며 편지를 보냅니다. 그런데 그 편지를 동명이인인 후지이 이츠키가 받고 답장을 합니다. 이렇게 둘이 편지를 주고 받으며 옛추억으로 돌아가 아련하고 순수한 사랑 이야기를 담은 영화입니다.

제목 : 바람의 계곡 나우시카   감독 : 미야자키 하야오   출연 : 시마모토 스미

바람 계곡 나우시카는 군사제국 토르메키아와 도르크 제국의 전쟁에 휘말린 바람계곡에 살고 있는 공주 나우시카의 고뇌를 그린 작품입니다. 인간들의 다툼이 바람계곡에까지 영향을 미치고, 토르메키아와 맞서는 나우시카는 인질이 되어 지구정화를 위해 자신을 희생합니다. 하지만 오무라는 괴물이 그의 능력으로 나우시카를 다시 살려 바람계곡은 다시 평화를 찾는다는 이야기입니다.

제목 : 게게게노 기타로   감독 : 모토키 카즈히데   출연 : 웬츠에이지

　미즈키 시게루의 만화가 원작인 요괴 거전의 추억 애니메이션 영화 〈게게게노 기타로〉는 일본의 국민만화 중 하나이기도 합니다. 기타로는 유령족의 생존자로 다양한 재능과 능력을 가지고 있으며, 정의롭고 지혜로운 기타로는 외분의 장발, 나막신과 줄무늬옷을 입고 활동합니다.

제목 : 남쪽으로 튀어   감독 : 모리타 요시미츠   출연 : 토요카와 에츠시

　남쪽으로 튀어는 고단하고 피곤한 도쿄 생활을 탈피하려고 오키나와의 천혜의 섬 이리오모테섬으로 이사를 간 우에하라 이치로의 가족이 그곳에서 새로운 삶을 발견 하지만 그것도 잠시 뿐, 시골에서도 도시와 마찬가지로 평화로움이 깨질 위기에 놓이자 그 상황을 해쳐나가는 모습을 코믹하게 그린 작품입니다.

제목 : 냉정과 열정사이   감독 : 나카에 이사무   출연 : 다케노치 유타카

　1990년에 처음 만난 아카다 쥰세이와 아오이는 서로를 사랑했습니다. 하지만 서로의 오해로 사이가 멀어지고, 10년 뒤 그 오해가 풀렸을 때는 아오이에게는 결혼을 앞둔 남자가 있었습니다. 쥰세이에게도 여자가 있었지만 서로 예전의 사랑을 잊지 못하고 10년전의 약속(30번째 생일)을 지키기 위해 피렌체의 두오모에서 다시 만납니다. 냉정과 열정 사이는 10년 이상의 시간과 공간을 뛰어넘어 다시 이루어진 아름다운 사랑 이야기입니다.

제목 : 두 개의 조국 하나의 사랑   감독 : 사카이 아츠코   출연 : 안현수

　한국의 국민적 화가 이중섭이 그의 아내 야마모토 마사코와의 만남. 전쟁, 해방, 가족의 사랑, 생이별 등을 겪으면서 국가, 역사, 민중사, 국가간의 대립, 빈곤, 고독, 외로움 등을 그려낸 감동적인 다큐멘터리 영화. 한국과 일본 두 국가의 관점으로도 볼 수도 있고, 전쟁과 사랑이야기로도 볼 수 있는 영화입니다.

제목 : 철도원   감독 : 후루하타 야스오   출연 : 타카쿠라 켄,

　어느 시골의 한적한 종착역 호로마이. 오토는 이 역을 수십년간 지켜온 역장입니다. 과거에는 사람이 많고 북적대던 기차역이었지만 이제는 사람이 거의 없어져 폐쇄될 위기에 처한 눈 내리는 추운 기차역에서 그는 오늘도 깃발을 흔들며 매사 최선을 다하며 살아갑니다. 어렵게 얻은 딸 유키코가 열병으로 죽어갈 때도, 아내의 죽음도 보지 못하고 역을 지켜야 했던 철도원 오토. 오토가 정년퇴임을 하는 날 아침 한 소녀가 나타나고 천진스레 웃고 있는 소녀는 오토를 알고 있었다는 듯 오토에게 다가옵니다.

제목 : 세상의 중심에서 사랑을 외치다   감독 : 유키사다 이사오
출연 : 오사와 타카오, 모리야마 미라이

백혈병에 걸린 소녀 히로세 아키와 그녀의 남자친구 마츠모토 사쿠타로의 아름다운 사랑 이야기입니다. 사쿠타로는 아키와 우연이 아닌 필연으로 사랑을 하게 되고, 그녀와 아름다운 추억을 만들어갑니다. 사쿠타로는 아키가 백혈병을 앓고 있다는 것을 알지만 도와줄 수가 없었습니다. 그렇기에 사쿠타로는 아키가 늘 꿈꾸어 오던 세상의 중심이라 불리는 호주의 울룰루에 그녀를 데려가려고 하지만 그녀는 결국 세상을 떠납니다. 그녀가 없는 호주에서 17년간을 홀로 살고 있던 사쿠타로는 그녀의 고향 다카마츠로 향해 그녀와의 추억을 되새기는 이야기입니다.

제목 : 라쇼몽   감독 : 구로사와 아키라   출연 : 미후네 도시로, 쿄 마치코,

아쿠다가와 류노스케의 원작 소설 〈라쇼몽〉과 〈덤불숲〉을 재구성하여 만든 영화입니다. 살인 사건을 둘러싸고 3인의 입장과 행동이 각각 엇갈리는 진술 속에서 전개되는 이야기입니다. '산적', '무사', '무사의 아내'가 각기 다른 진술을 하고 '무당'과 목격자인 '나뭇꾼'도 각자 자신의 입장과 행동에 따라 상반되는 진술을 합니다. 이렇게 한 가지 사건을 두고 각각의 개인이 서로의 이익을 위해 증언을 하는 인간의 탐욕과 이기적인 모습을 보여주는 작품입니다.

제목 : 지금 만나러 갑니다.   감독 : 도이 노부히로   출연 : 다케우치 유코

아이오 타쿠미의 아내 미오는 "1년 후 비의 계절에 돌아올게…"라는 말을 남기고 세상을 떠납니다. 그렇게 6살난 아들 유지를 홀로 키우면서 살아가던 타쿠미. 그러던 비오는 어느 날, 숲에서 산책를 하던 타쿠미와 유지 앞에 기억을 잃은 미오가 다시 나타납니다. 지금 만나러 갑니다는 다시 나타난 미오와 타쿠미, 유지의 사랑의 과정을 들려주는 판타지 요소가 가미된 감동의 사랑이야기입니다.

제목 : 심야식당   감독 : 마쓰오카 조지   출연 : 코바야시 카오루, 오다기리 조

모두가 귀가할 무렵인 밤 12시에서 아침 7시까지 영업하는 심야식당의 이야기입니다. 도쿄의 번화가 뒷골목에 있는 선술집에서 일어나는 정이 넘치는 삶의 이야기로, 허기지고 힘든 서민들을 위로해주며 살아가는 생활 이야기입니다. 외로움과 갈등 등으로 힘들어하는 서민의 마음을 달래주는 음식점에서 음식('돼지고기된장국', '계란말이', '오차즈케', '가츠동' 등)과 술(맥주, 사케)을 통해 이야기가 전개됩니다.

제목 : 카모메식당 2007   감독 : 오기가미 나오코   출연 : 코바야시 사토미

영화의 무대는 핀란드의 수도 헬싱키의 길모퉁이에 생긴 일식당 카모메식당입니다. 야무진 일본여성 사치에가 경영하는 이 작은 일식당에서 벌어지는 우정과 맛있는 요리이야기. 일상에 넘치는 부드럽고 따뜻한 행복을 모아 활력을 주는 훈훈한 사랑과 우정이야기입니다.

제목 : 영원의 제로   감독 : 야마자키 다카시   출연 : 오카다 준이치

미스터리 일본영화로 전쟁경험이 없는 손자가 할아버지의 숨겨진 과거를 찾아가는 흥미로운 영화입니다. 전쟁 속에서 사랑하는 아내와 딸과의 약속을 지키기 위해 살아 돌아가고 싶었던 한 카미카제특공대원의 처절한 이야기. 일본 정부에 대한 비판도 있지만 극우적인 면도 많은 슬픈 내용의 영화입니다.

렌탈 비디오 レンタルビデオ · CD 숍 CDショップ

　영화 · 애니메이션 · 텔레비전 방송 등의 비디오테이프를 대여해주는 곳을 렌탈 비디오숍이라고 합니다. 요즘에는 비디오뿐만 아니라, DVD · CD · 게임소프트 등도 대여하고 있습니다.

언제 처음 생겼나요?
　처음에는 레코드 대여점에서 시작되었습니다. 1980년에 도쿄 릿쿄대학 りっきょうだいがく · 立教大学의 학생이 '레코도 れいこうどう · 黎紅堂'를 개업하여 인기를 끌었고, 곧 전국적으로 확장되어 갔습니다.

누구나 빌릴 수 있나요? 얼마 정도 하나요?
　렌탈 비디오 숍에서는 신분증명서를 제출하고, 회원이 되어야 이용할 수 있습니다. 대여기간은 일반적으로 2박 3일에서 7박 8일이며, 신작영화는 400엔 정도, 구작 旧作 영화는 300엔 정도입니다 (1박 2일 혹은 2박 3일 기준). 그 외 여성만 할인을 해주는 요일(레이디 데이)을 지정하거나 요일에 따라 할인해주는 서비스를 시행하는 등 점포마다 여러 가지 서비스를 하고 있습니다.

어떤 비디오·DVD가 있나요?

작품의 장르는 외국영화, 성인물, 일본영화, 애니메이션, 아동용 애니메이션, 텔레비전 드라마로 나눌 수 있습니다. 성인물은 AV(Adult Video)라고 합니다.

현재도 인기가 있나요?

현재 소·중규모점은 점차 줄어드는 추세이며, 쓰타야 TSUTAYA·ツタヤ, 게오 GEO·ゲオ, 웨어하우스 ウェアハウス 등의 대형 비디오 대여 체인점이 늘고 있습니다.

일본의 CD판매는 미국에 이어 세계 2위라고 합니다. 중소 음반 판매점 (CD판매 포함)은 감소 추세에 있으며, 외국계 음반 판매점을 중심으로 대형 음반 판매점이 늘고 있습니다. 외국계로는 TOWER RECORD(미국), HMV(영국), VIRGIN MEGA STORE(영국) 등이 대표적이며, 일본 자본계 음반 판매점은 신세이도 しんせいどう·新星堂, TSUTAYA, 야마노악기 やまのがっき·山野楽器 등이 대표적입니다. 이들 매장은 전국적으로 체인점의 형태로 분포되어 있습니다.

CD는 얼마 정도인가요?

CD의 종류에는 2~4곡 정도가 수록된 싱글 CD와 10곡 이상이 수록된 앨범 CD가 있습니다. 싱글 CD의 가격은 보통 1,000엔 이상이며, 앨범 CD는 3,000엔 이상이랍니다.

타워레코드

쓰타야

가라테 からて・空手

 가라테란 무기없이 팔과 다리로 차고 찌르거나 공격을 막으면서 싸우는 일본의 대표적 타격계 격투술로 공수도 からてどう・空手道라고도 합니다. 수백 년 동안 동양에서 발전했으나 17세기에 무기 휴대가 금지된 오키나와 おきなわ・沖縄 사람들에 의해 체계화 되었으며, 1929년에 오키나와 출신의 후나코시 기친 ふなこしぎちん・船越義珍(1868~1957)에 의해 일본에 도입되었습니다.

 원래의 명칭은 당수 唐手였으나 중국의 영향으로 반야심경의 '색즉시공 공즉시색'에서 공 空의 개념을 따와 가라테 からて・空手로 바꾸었습니다. 이때부터 가라테는 일본 무도로 자리 잡기 시작하였고, 제2차 세계대전 이후 세계 각지로 퍼져나갔습니다. 그 후 기술과 훈련방식이 서로 다른 여러 도장 道場과 유파가 자체적으로 발전해 나갔으며, 다른 동양무술과 마찬가지로 정신자세와 예의범절을 강조하고, 옷차림 및 복잡한 등급제도 (띠의 색깔에 따라 구분) 를 가지고 있습니다.

 가라테는 호신술을 제외하고는 꺾기, 조르기, 메치기, 굳히기 등의 소위 그래플링의 혼합이 거의 없는 순수 타격계통의 격투술이며 태권도, 쿵푸, 무에타이와 더불어 동양을 대표하는 입식 격투기라고 할 수 있습니다.

가라테

스모 すもう・相撲

언제부터 시작되었나요?

스모는 풍년을 기원하는 농경과 관련된 의례에서 유래되었습니다. 8세기에 편찬된 일본 최고의 역사서인『고지키 こじき・古事記』와『니혼쇼키 にほんしょき・日本書紀』에도 등장할 만큼 오랜 역사와 전통을 가지고 있습니다. 9세기 나라시대 ならじだい・奈良時代에는 조정 朝廷 행사의 하나로 정착되었으며, 12세기 가마쿠라시대 かまくらじだい・鎌倉時代에는 무사들에게 적극적으로 장려되었습니다. 에도시대에는 신사의 제례 祭礼 등에서 흥행물로 자리를 잡아 서민들에게 많은 환영을 받으며 대중화 되었고, 직업적인 리키시 りきし・力士까지 등장하게 되었습니다. 이 시대에는 지나친 사행성 조장으로 국가에서 스모 금지령을 내릴 정도였으나, 18세기경부터 오늘날에 이르기까지 300여 년에 걸쳐 지금과 같은 경기제도와 규칙을 확립하였습니다. 메이지시대 말인 20세기 초 국가주의가 한창 진행 중일 때 천황의 신격화가 추진되면서, 그와 동시에 궁중 의식이던 스모가 국기화 国技化 되어 현재에 이르게 되었습니다.

어떻게 하는 경기인가요?

스모선수는 리키시 りきし·力士라고 하며 허리에 마와시 まわし를 매고 경기를 합니다. 경기에서는 상대방을 도효 どひょう·土俵 밖으로 밀어내거나 상대방 몸의 일부분을 먼저 땅에 닿게 하면 이깁니다. 한 번으로 실력이 결정나며, 의식을 중요시하는 경기입니다.

① 입장

시합이 시작되기 전에는 도효이리 どひょういり·土俵入り라는 의식을 합니다. 도효이리에는 2종류가 있는데, 그 중 하이라이트는 스모의 리키시 중에서 가장 높은 등급인 요코즈나 よこづな·横綱가 행하는 것입니다. 요코즈나는 앞치마 모양의 장식용 복장인 게쇼마와시 けしょうまわし·化粧廻し 위에 하얀 띠를 두르고 등장합니다. 리키시들은 손뼉을 치고 넓게 벌린 발로 땅을 굴러 귀신을 쫓으며, 이러한 의식과 함께 소금을 한 줌 집어서 허공에 뿌려 도효를 정화시킵니다.

선수는 경기장인 도효에 오르기 전, 옆에 놓인 물통에서 물을 떠 입을 헹구고 깨끗한 종이로 입가의 물을 닦아냅니다. 이때 바로 앞 경기에서 이긴 선수는 다음에 싸울 같은 편 선수에게 물을 떠주고 승리를 기원하는 반면에 진 편의 선수는 그냥 퇴장하고 진행위원이 물과 종이를 건네줍니다.

② 대결

도효의 중앙으로 나와 바닥에 그어진 흰색 선 앞에서 두 주먹을 바닥에 대고 준비 자세를 취합니다. 이때 준비 자세를 몇 번이고 풀었다가 다시 취하면서 신경전을 벌입니다. 준비자세의 반복은 등급에 따라 횟수의 제한이 있습니다. 또한 심판의 권위는 절대적이라서, 심판 판정에 대한 항의나 스포츠 정신에 위배되는 행동 등은 용납되지 않습니다. 가끔 볼 수 있는 애매한 경기결과에 대해서는 주심과 4명의 심판들이 함께 슬로비디오를 보며 승패를 판정합니다. 리키시들은 승리하거나 패해도 감정을 겉으로 드러내지 않는 것이 예의입니다.

시코 장면

대결 중인 모습

스모의 기술에는 어떤 것들이 있나요?

스모에는 약 70가지의 기술이 있다고 하며, 시합 전의 의식도 매우 형식화되어 있습니다. 기술은 모두 고유 일본어로 되어 있습니다.

- ❶ 요리키리 寄り切り: 상대방 샅바를 잡아들면서 도효 밖으로 밀어내는 기술
- ❷ 오시다시 押し出し: 상대방을 밀어서 도효 밖으로 내보내는 기술
- ❸ 오쿠리다시 送り出し: 등을 보이는 상대방의 등을 밀어 도효 밖으로 내보내는 기술
- ❹ 우와테나게 上手投げ: 상대방의 팔을 끌어안듯이 하면서 샅바를 잡아들어 던지는 기술
- ❺ 시타데나게 下手投げ: 상대방의 팔 밑으로 손을 넣어 집어 던지는 기술
- ❻ 기리가에시 切り返し: 상대방이 밀어붙일 때 살짝 피하면서 역이용하여 이기는 기술

③ 퇴장

승부가 나면 심판인 교지 ぎょうじ・行司가 부채 모양의 군배 軍配를 이긴 선수에게 들어올려 승리를 선언합니다. 이긴 선수는 잠시 자리에 앉아 오른손을 좌우로 흔들어 감사표시를 합니다.

스모는 언제, 어디서 하나요?

월	1월	3월	5월	7월	9월	11월
명칭	하쓰바쇼 初場所	하루바쇼 春場所	나쓰바쇼 夏場所	나고야바쇼 名古屋場所	아키바쇼 秋場所	규슈바쇼 九州場所
장소	도쿄	오사카	도쿄	나고야	도쿄	후쿠오카

스모는 1년에 6번의 특별 흥행을 하는데 이를 혼바쇼 ほんばしょ・本場所라고 하며, 프로 선수들에 의해 혼바쇼에서 개최되는 수준 높은 경기를 오즈모 おおずもう・大相撲라고 합니다. 한 바쇼(시즌)의 경기는 15일간 열리므로, 경기는 일 년에 90일 동안 열립니다. 정기대회인 혼바쇼는 도쿄, 오사카, 나고야, 후쿠오카 등지에서 개최됩니다.

스모선수의 등급은 어떻게 나뉘나요?

리키시들의 시합 성적에 따라서 랭킹이 정해지며, 이 일람표를 반즈케 ばんづけ・番付라고 합니다. 반즈케는 성적이 좋은 리키시의 이름을 위쪽에 큰 글씨로 쓰고, 성적순에 따라 차츰 작은 글씨로 써 내려갑니다.

리키시는 요코즈나 よこづな・横綱, 오제키 おおぜき・大関, 세키와케 せきわけ・関脇, 고무스비 こむす

비·小結, 마에가시라 まえがしら·前頭, 주료 じゅうりょう·十両, 마쿠시타 まくした·幕下, 산단메 さんだんめ·三段目, 조니단 じょにだん·序二段, 조노쿠치 じょのくち·序ノ口 등의 10단계로 나뉩니다.

스모선수들의 커다란 몸집은 어떻게 유지하나요?

스모선수들에게 있어서 체중관리는 매우 중요합니다. 연습시간과 식사조절이 엄격하며, 열량 높은 장코나베 ちゃんこなべ·ちゃんこ鍋라는 특별한 냄비요리를 먹습니다. 료고쿠의 국기관에 가면 장코나베 가게가 많이 있습니다.

스모 용어

① **도효** どひょう·土俵

흙 ど·土을 담은 가마니 ひょう·俵를 바닥에 둥그렇게 둘러놓은 공간을 가리키는 말로, 한 면이 6.7미터인 정사각형 흙을 쌓아 올려 단을 만들어 다지고 그 위에 지름이 4.5미터가 되도록 장내 경계선을 만든 것입니다.

② **마와시** まわし·廻し

리키시의 허리띠도 계급에 따라 '도리마와시 とりまわし·取り回し'와 '게이고마와시 けいこまわし·稽古回し'로 나뉘어집니다.

③ **기요메노시오** きよめのしお·清めのしお

리키시가 도효에 등장해서 소금을 허공에 뿌리는 것은 부정을 막고 씨름판을 정화한다는 의미입니다.

리키시

④ **지카라미즈** ちからみず・力水 / **지카라가미** ちからがみ・力紙

리키시가 도효에 나오기 전에 모서리에 있는 물통의 물을 떠서 입을 헹구는데, 그것은 기력을 왕성하게 한다는 의미로 지카라미즈 ちからみず・力水라고 합니다. 그리고 리키시가 시합에 들어가기 전에 지카라가미 ちからがみ・力紙라는 일본 전통종이로 몸을 닦는 것은 몸과 마음을 정화한다는 뜻이 있습니다.

⑤ **시코** しこ・四股

네 개의 넓적다리라는 뜻으로, 리키시가 시합 전에 좌우 양다리를 서로 번갈아 높이 들어 올렸다가 힘껏 내딛는 독특한 동작을 합니다.

⑥ **교지** ぎょうじ・行司

스모의 심판으로 가마쿠라시대의 전통복장을 하고 있습니다. 기무라 きむら・木村 가문과 시키모리 しきもり・式守 가문이 세습을 하는데, 엄격한 서열이 정해져 있다고 합니다. 최고위는 '다테교지 たてぎょうじ・立行司'입니다.

⑦ **스모마게** すもうまげ・相撲まげ

리키시의 특이한 머리모양을 가리키는 말로 시대에 따라 그 명칭과 모양이 조금씩 바뀌었습니다. 스모마게는 리키시의 품격을 높임과 동시에 스모의 독특한 전통을 나타내고 있습니다.

⑧ **요비다시** よびだし・呼出し

경기진행을 보조하고 리키시의 이름을 부르는 링 아나운서를 말합니다. 엄격한 서열이 정해져 있으며, 그에 따라 역할을 분담합니다.

⑨ **국기관** 国技館

스모 전통 경기장인 국기관은 1909년 도쿄 료고쿠 りょうごく・両国에 건립되었으며, 주변에는 리키시상 力士像이 군데군데 서 있습니다. 특히 도쿄에서 스모대회가 열리는 1월, 5월, 9월에는 국기관 주변을 각종 포스터 등으로 화려하게 장식합니다. 국기관 근처에는 리키시가 좋아하는 장코 요리점이 많습니다.

국기관

교지와 요비다시

검도 けんどう・剣道

검도는 언제부터 시작되었나요?

검도는 원래 무사들의 검술 훈련 과정에서 시작되었다고 합니다. 처음에는 무기보다 권력이나 명예의 상징이었습니다. 가마쿠라시대 かまくらじだい・鎌倉時代에 무사 계급의 대두와 함께 검도의 기술도 연마되어 무로마치시대 むろまちじだい・室町時代에는 도검을 무기로 하는 도보전 徒歩戰과 창, 조총을 주로 한 집단전법이 주가 되었습니다. 이 시대에 검술의 명인이나 천재가 속출하였고, 무로마치시대 후기에는 비법을 전수하는 유파도 생기게 되었습니다.

에도시대는 유학과 선사상을 흡수하여 검도 수업에 정신 수양적인 의미를 포함하게 되었습니다. 평화로운 시대가 계속되면서 각 유파는 유파간의 시합을 금지하는 등 보수화의 경향을 띠었고, 형식주의로 흐르게 되었습니다. 연습용 죽검과 방어 용구를 사용하여 연마하기 시작하던 검술은 막부 ばくふ・幕府 말기 혼란스러운 상황에서 실용성을 띠게 되었고, 서민을 대상으로 한 도장도 생겨났습니다.

메이지유신 めいじいしん・明治維新으로 무사들은 거의 직업을 잃었고, 1876년 금도령 禁刀令으로 검술은 정체성 상실의 위기에 몰리게 되었습니다. 그러나 사카키바라 겐키치 さかきばら けんきち・

榊原鍵吉가 도쿄 등에 도장을 열고 '격검회 擊劍會'를 창설하여, 이를 계기로 다시 대중의 관심을 얻게 되었습니다.

검도는 어떤 복장을 하나요?

하카마 はかま・袴를 입고 얼굴에는 멘 めん・面을 쓰며, 손목에는 고테 こて・小手라는 것을 부착합니다. 몸에는 도 どう・胴를 두르고, 대나무로 만든 죽도 しない・竹刀를 가지고 두 선수가 겨룹니다. 죽도는 중・고・대학생과 일반인에 따라 각각 길이와 무게가 다릅니다.

검도에는 어떤 규칙이 있나요?

검도는 경기장에서의 행동을 의식화하는데 중점을 두고 있습니다. 죽도는 4개의 대나무 조각으로 만들어서 매우 가벼우며, 선수들은 보호장치가 잘 고안된 복장을 입고 시합에 나갑니다.

시합의 제한시간은 5분이며, 보통 3판 양승제로 어느 한쪽이 먼저 2승을 올리면 승리합니다. 타격할 수 있는 곳은 얼굴의 상부・손・몸 등이고, 기술의 종류와 타격한 곳에 따라 이름이 달라집니다. 실력의 정도에 따라 초단부터 10단까지 구분되고, 실력이 늘어 지도능력과 인격까지 포함한 평가를 받게 되는 것이 '교사', '범사'입니다. 특히 범사의 경우 검도 가에서 최고 영예의 대우를 받습니다.

검도 도구

유도 じゅうどう・柔道

유도는 어떤 역사가 있나요?

일본에서 시작된 유도는 '부드러움이 강함을 이긴다'는 정신을 바탕으로 하는 스포츠로 그 창시자는 가노 지고로 かのう じごろう・嘉納治五郎입니다.

전국시대 せんごくじだい・戦国時代 전장에서 상대와 겨루는 싸움기술로 발달한 이후 독자적인 기술을 만든 사람들이 각 유파에서 이름을 알리며 유술 柔術로 발전했습니다. 또한 1882년 가노 지고로가 각 유파 유술의 장점을 모아 아이디어를 더해 고도캉유도 こうどうかんじゅうどう・講道館柔道 를 시작했습니다. 이것이 현대 유도의 시작이 되었습니다. 이 때까지 무술이었던 유술과는 다르게 체육·승부·수신 修身을 동시 달성하는 인간형성을 목적으로 하고 있어 메이지시대부터 학교 교육에도 도입되고 있습니다.

얼마나 많은 사람이 유도를 하고 있나요?

일본의 유도 경기 인구는 약 20만 명으로, 국제유도연맹에는 180개국 이상이 가입해 있습니다. 중·고등학교에서는 특별활동이 활성화되어 있어 선택필수과목으로 지정되어 있습니다. 또한 사설도장을 이용하기도 합니다. 유도는 기술수준에 따라 급·단을 취득하는 제도를 취하고 있어 급과 단에 따라 도복의 띠 색깔이 바뀝니다. 초단은 흰색, 유단자 이상은 검은색입니다.

유도의 규칙은 어떤 것들이 있나요?

던지기 投げ技와 굳히기 固技를 사용하여 상대를 제압하는 기술을 겨룹니다. 기술완성도에 따라 3명의 심판이 '한판' '절반' '유효' '우세'를 판단하여 점수를 매깁니다. '한판'의 경우, 남은 경기시간에 상관없이 그 시점에서 시합을 종료합니다. 양측이 점수가 없는 경우는 시합을 연장하여 한쪽이 먼저 점수를 딴 시점에 경기를 종료시킵니다. 그래도 아직 포인트가 없는 경우는 심판의 판정으로 우세승이 결정됩니다. 국제시합에서도 [IPPON : 한판] [YUKO : 유효] [YUSE : 우세]는 일본어가 그대로 사용되고 있습니다.

세계 대회에서의 유도

1964년 도쿄 올림픽에서 정식종목으로 채택되었고 1988년 서울 올림픽에서 여자 종목이 공개경기를 하였으며, 1922년 바르셀로나 올림픽에서 정식종목으로 채택되었습니다.

유도 연습을 하고 있는 모습

축구 サッカー

일본에서 축구가 시작된 것은 언제부터인가요?

축구는 메이지시대 이후에 영국으로부터 전해졌습니다. 일본 축구가 세계무대에 처음 등장한 것은 1936년 베를린 올림픽으로, 당시 일본은 1회전에서 우승 후보인 스웨덴을 이기고 '베를린의 기적'이라 불리는 우승을 이루어냈습니다. 그 후 침체기가 계속되다가 1964년 도쿄 올림픽의 8강 진출을 계기로 다시 활성화되었으며, 1965년 전국리그인 '일본 축구 리그'가 설립되었습니다. 하지만 1992년까지 일본 축구는 여러 면에서 수모를 겪어오게 됩니다. 그러다가 J리그 탄생인 1993년부터 활성화되어 지금은 한국을 위협하는 아시아의 강자가 되었습니다.

일본에는 프로 축구팀이 있나요?

1993년 J리그라는 프로리그가 탄생하였으며, J1과 J2로 나뉘어져 있습니다. J리그는 각 팀의 본거지인 지역에 뿌리 내리고 있는 것이 특징으로, 지역주민에게 '본고장 클럽'이라는 의식을 심어주고 있습니다. 1993년에 10개 팀이었던 것이 1999년에 1부 리그 (16개팀)와 2부 리그 (12개팀)로 나뉘었습니다. 1970년대는 독일 축구를 모방하여 적극 활용하였으며 그 후 1980년대는 남미축구를

받아들여 새로운 축구 바람을 일으켰습니다. 그 대표적인 영웅으로 떠오른 것이 미우라 가즈요시 みうらかずよし・三浦和良 선수입니다. 그 후 2002년 한일공동월드컵 개최는 축구가 완전히 자리매김하는 계기가 되었습니다.

2015년 J리그에서 최고의 연봉을 받는 사람은 세렛소 오사카(Cerezo Osaka)소속의 디에고란(Diego Forlán)으로 4억 엔의 연봉을 받습니다. 2위는 감바 오사카의 엔도 야스히토 えんどうやすひと・遠藤保仁 3억 8천 엔입니다. 그러나 유럽 이탈리아의 AC밀란에서 활약하는 혼다 게스케 ホンダケイスケ・本田圭佑는 21억 9천의 연봉을 받고 있습니다.

야구 やきゅう・野球

일본 어린이들의 장래 희망 중 하나가 야구선수라고 합니다. 그만큼 야구에 대한 일본인의 열기는 뜨겁지요. 일본 야구는 프로야구와 아마추어로 나누어져 있습니다. 프로야구는 12개 구단으로 이루어져 있으며 아마추어 야구는 학생 야구와 사회인 야구라는 각 실업단 소속 선수들로 이루어져 있습니다. 중·고등학교에서는 큰 규모의 전국대회가 열리고 있는데, 이 중에서 고교야구 전국대회인 고시엔 こうしえん・甲子園은 텔레비전으로 중계되는 등 인기가 높습니다. 각 현 けん・県의 대표로 출전하기 때문에 경기장에는 교장, 학생뿐 아니라 현의 지사까지 응원을 나와 현 대항 시합 (약 4,000팀 중 49개팀이 고시엔 본선 진출)이라는 느낌이 들 정도입니다. 대학야구도 인기가 높으며 사회인으로 구성된 각 실업단 사이에서는 대항전이 이루어지고 있습니다. 고교 졸업 후 바로 프로구단에 입단하는 선수도 있고 대학 야구, 사회인 야구를 거쳐 입단하는 선수도 있습니다.

고시엔 야구장

일본 프로야구는 어떻게 구성되어 있나요?

세 · 리그와 파 · 리그

전국 각지에 있는 12개 구단은 센트럴리그(세 · 리그)와 퍼시픽리그(파 · 리그)로 각 6개씩 나누어져 있습니다. 현재 일본 프로야구는 1949년부터이고 1950~60년대는 대중 스포츠로서 자리매김 했습니다. 그 이후 현재까지 여러 명의 스타를 배출하며 오늘날 최고의 스포츠 중 하나가 되었습니다. 리그 별로 연중 시합을 거쳐 각 리그의 우승팀은 10월에 열리는 '일본 시리즈'에 진출하여 일본 최고의 자리를 겨루게 됩니다.

각 팀에는 홈그라운드와 팀 컬러, 마스코트 등이 정해져 있습니다. 마스코트 캐릭터는 거의 동물이며 'Hiroshima Toyo Carp'의 '잉어'처럼 물고기를 형상화한 캐릭터도 있습니다. 입장료는 1,000엔에서 5,700엔 정도입니다. 2004년의 관객 동원 수는 파 · 리그가 약 1,000만 명, 세 · 리그가 약 1,370만 명입니다. 이 숫자로도 알 수 있듯이 세 · 리그가 인기가 많고 매스컴의 관심도 높습니다. '인기 세 · 실력 파'라고 불리기도 합니다.

특히 도쿄를 연고지로 둔 요미우리 자이언츠 (Yomiuri Giants · 巨人)는 스타 선수가 많아 높은 인기를 자랑하며 다수파의 상징, '왕도'라는 이미지가 있습니다. 다른 팀보다도 더 많은 연봉, 더 많은 우수한 선수 확보 등으로 오랫동안 인기를 차지하기도 했죠. 한편 간사이 かんさい · 関西에서는 한신 타이거스 (Hanshin Tigers · 阪神)가 절대적인 인기를 얻고 있어 열광적인 팬이 많은 것으로 알려져 있으며, 팀의 마크인 호랑이는 오사카의 심벌이 되었습니다. 자이언츠 巨人 대 한신 阪神은 간토 関東 대 간사이 関西라는 의미도 있습니다. 각 팀의 팬을 자이언츠의 G, 타이거즈의 T를 따서 G당, T당이라고도 합니다.

팀과 기업

프로야구구단은 기업에서 소유하고 있으므로 적극적으로 기업선전을 하는 양상을 띱니다. 지역 밀착을 강조하며 기업명을 팀에서 없애버린 축구의 J리그와는 상당히 대조적입니다.

일본에서 프로야구 인기는 어느 정도인가요?

2004년 완구회사 반다이(Bandai)가 초 · 중학생 보호자 600명을 대상으로 실시한 '아이들이 좋아하는 스포츠 선수는 누구?'라는 조사에서 다음과 같은 결과가 나왔는데요. 초 · 중학생이 가장 동경하는 대상은 메이저 리그에서 활약하고 있는 선수들이랍니다.

- 1위 마쓰이 히데키 まついひでき・松井秀喜 (야구선수・메이저리그)
- 2위 스즈키 이치로 すずきいちろう・鈴木一朗 (야구선수・메이저리그)
- 3위 데이비드 베컴 David Beckham (축구선수)

2015년 기자투표(NPB)로 결정된 최고의 선수는 센트럴리그에서는 야쿠르트의 야마다 데쓰토 やまだてつと・山田哲人이고, 퍼시픽리그에서는 소프트뱅크의 야나기타 유우키 やなぎたゆうき・柳田悠岐입니다.

야구는 일본인의 일상생활과 어떤 관계를 가지고 있나요?

축구와 비교하면 지방색은 덜하지만 열광적인 팬들이 있어 우승이 지역진흥에 관련되는 경우도 있습니다. 효고현 ひょうごけん・兵庫県 고베시 こうべし・神戸市에서 대지진이 있었던 해 (1995년), 고베시에 홈그라운드가 있던 오릭스는 유니폼에 '파이팅! KOBE'라는 메시지를 썼습니다. 그 해 오릭스가 리그를 우승하고 지진재해 피해에 힘들어하던 고베 시민에게 용기와 힘을 주었다고 전해지고 있습니다.

일본 야구의 영웅

일본은 어느 분야이던지 영웅을 만들고 그 영웅을 존경하고 숭상하여 더욱 더 활성화 시킵니다. 일본의 야구하면 일본 시리즈 9연패라는 위업을 달성한 영원한 4번타자 요미우리 자이언트의 나가시마 시게오 ながしましげお・長島茂雄를 들 수 있습니다. 그 외에도 중국계 일본인 홈런왕 왕정치오 사다하루 おうさだはる・王貞治, 한국계 일본인 장훈 張勳과 도루의 달인 후쿠모토 유타카 ふくもとゆたか・福元豊도 있습니다. 일본 역대 최고의 선수로는 이치로 イチロー, 최고의 타자는 오치아이 히로미츠 おちあいひろみつ・落合博満, 포수는 후루타 아츠야 ふるたあつや・古田敦也, 선발투수는 노모히데오 のもひでお・野茂英雄, 마무리 투수는 사사키가즈히로・佐々木主浩 등이 있습니다.

도쿄돔 야구 경기 모습

K-1

K-1은 가라테, 킥복싱 등 선 자세로 방어하는 기술계 타격 격투기의 최강자를 결정하는 것을 목적으로 합니다. 1993년에 처음 개최된 이래, 젊은이를 중심으로 인기를 끌고 있죠. K-1의 'K'는 가라테, 킥복싱, 쿵푸 또는 격투기라는 단어의 머리글자를 의미하며 '1'은 그 중에서 넘버원을 결정한다는 의미가 담겨져 있습니다. K-1 대회는 1993년 일본 후지테레비 フジテレビ를 통해 처음 방영되었습니다. 1996년에는 시청률 상승으로 인하여 골든타임 ゴールデンタイム에 방송하게 되기도 했습니다.

K-1은 어떤 스포츠인가요?
3분 5라운드제 (토너먼트에서는 3분 3라운드제)로 라운드 중에 3회 다운되면 KO (토너먼트에서는 결승을 제외하고 2회)가 됩니다. 펀치, 킥, 무릎으로 차는 것 등이 주된 유효기술입니다. 던지기·박치기·관절 꺾기 등을 사용할 수 없는 점에서 프로레슬링과 다르고, 또한 글로브를 끼고 있어서 많은 손기술을 사용할 수 없습니다.

K-1도 종류가 있나요?

시리즈는 무차별급의 'K-1 WORLD GP', 미들급의 'K-1 WORLD MAX', 세계 각지를 전전 転戦하는 'K-1 FIGHTING NETWORK'로 나눌 수 있습니다. 이 중 'K-1 WORLD MAX'는 2005년 11월 5일, 한국에서도 시합이 열려 4,000명 이상의 관객을 모았습니다. 연말에 텔레비전으로 중계된 '다이너마이트(Dynamite!!)'라는 이벤트 프로그램은 높은 시청률을 기록하였습니다.

K-1 이종격투기 베스트5

K-1에서 빠질 수 없는 테마는 이종격투기전입니다. 1993년부터 2003년에 걸쳐 개최된 K-1 명장면 베스트5를 소개하겠습니다.

순위	승		패	연도
1위	Mirco Crocop (크로와티아)	VS	후지타 가즈유키 藤田和之 (일본)	2001
2위	Francisco Fiho (브라질)	VS	Andy Hug (스위스)	1997
3위	Bob Sapp (미국)	VS	Ernesto Hoost (네덜란드)	2002
4위	Andy Hug (스위스)	VS	Patrick Smith (미국)	1994
5위	사다케 마사아키 佐竹雅昭 (일본)	VS	Kimo Leopoldo (독일)	1995

클럽활동 クラブかつどう・クラブ活動

일본의 학생들은 초등학교 때부터 클럽활동을 활발히 합니다. 초등학교에서는 정규 수업시간에 포함된 클럽활동(부활동)과 방과 후나 주말에만 하는 선택제 활동이 있습니다.

클럽활동은 어떤 것들이 있나요?

클럽활동은 크게 운동부와 문화부로 나눌 수 있습니다. 전체적으로 클럽활동을 하지 않는 학생 수는 감소추세에 있으며 문화부 부활동의 일부(취주부, 관현악, 연극, 미술등)와 운동부 대부분의 경기는 전국대회가 있어, 학생들은 그 대회를 목표로 열심히 연습을 합니다. 특히, 야구·축구·럭비 등 인기 스포츠의 전국대회는 텔레비전에서도 중계되어, 그 주목도는 꽤 높다고 할 수 있습니다.

대표적인 스포츠 전국대회

• 야구 : 연 2회, 봄 (3월 하순 ~ 4월)과 여름 (8월) - 고시엔 こうしえん・甲子園 야구장 (효고현)

- 축구 : 12월 말 ~ 1월 초순

    결승전은 성인의 날(1월 두번째 월요일) - 국립경기장(도쿄)
- 럭비 : 12월 말 ~ 1월 초순 - 긴테쓰하나조노 きんてつはなぞの・近鉄花園 럭비장 (오사카)

    각각 대회 출전 개최지 이름을 따서 '고시엔에 간다 甲子園に行く', '하나조노에 간다 花園に 行く'라고 하면, 야구시합과 럭비시합에 출전한다는 의미입니다. 특히 고시엔은 고교야구의 대명사로, '고시엔'이라는 말 자체가 전국 고교야구 대회를 가리키는 경우도 많습니다.

다양한 클럽활동 중인 학생들

풀어봅시다! 퀴즈

10장 여가활동과 스포츠

  다음 퀴즈를 풀어보면서 배운 내용을 정리하고 복습해 봅시다.

* 가라테空手, 킥복싱 등 선 자세로 방어 하는 기술계 타격 격투기의 최강자를 결정 하는 것을 목적으로 하는 경기로 1993년 일본에서 처음 개최 되었습니다. 젊은이들을 중심으로 인기를 끌고 있는 이 스포츠는 무엇일까요?

K-1

* 일본의 가노지고로嘉納治五郎가 창시한 스포츠로 '부드러움이 강함을 이긴다'는 정신을 바탕으로 하며 체육, 승부, 수신을 동시 달성하는 것을 목적으로 하고 있어 메이지시대明治時代 부터 학교 교육에도 도입 되고 있는 스포츠는 무엇일까요?

유도じゅうどう・柔道

* 애니메이션의 일본식 줄임말이며 '움직이는만화영화'를 통틀어서 하는 말로, 외국에서는 일본에서 제작되거나 그것을 모방한 만화 영화를 가리키는 말로 쓰입니다. 이것은 무엇일까요?

아니메アニメ

* 일본의 대중 가요 장르의 하나로 일본인 특유의 감각과 정서, 애수를 담아 주로 일본 전래의 민요에서 사용되던 5음계를 이용해 부르는 가요를 무엇이라고 할까요?

엔카えんか・演歌

* 풍년을 기원하는 농경과 관련된 의례에서 유래 되었습니다. 8세기 편찬 된 일본 최고의 역사서인 고지키古事記와 니혼쇼키日本書紀에도 등장할 만큼 오랜 역사와 전통을 가지고 있으며 일본의 국기国技이기도 한 이것은 무엇일까요?

스모すもう・相撲

* 에도시대江戸時代 말기에 영국인에 의해 처음으로 만들어 졌으며 메이지시대明治時代 말기~ 다이쇼시대大正時代때 그림안에 대사를 써 넣으면서 이 명칭이 사용되기 시작했습니다. 이 시기부터 아이들을 대상으로 하는 소년잡지나 신문에 등장하면서 아이들의 읽을 거

리로 정착했는데요, 이것은 무엇일까요?

망가マンガ・漫画

* 1963년에 일본 최초의 텔레비전프로그램이 탄생 하면서 데즈카오사무手塚治虫의 만화를 원작으로 한 애니메이션이 방송되었는데 이것은 순식간에 인기를 끌었답니다. 한국에서도 유명한 이 애니메이션은 무엇일까요?

철완아톰てつわんあとむ・鉄腕アトム

* 일본 씨름인 스모相撲에서 최고지위에 오른 사람을 무엇이라고 부를까요?

요코즈나よこづな・横綱

* 일본의 대표적인 애니메이션 감독으로 '스튜디오지브리'를 설립했으며 '바람계곡의나우시카', '이웃집토토로', '센과치히로의행방불명', '하울의움직이는성', '벼랑위의포뇨'등으로 유명한 사람은 누구일까요?

미야자키하야오みやざきはやお・宮崎駿

* 주로 애니메이션이나 게임, 컴퓨터 등 서브컬처에 몰두하여 프로에 못지 않은 그 분야의 전문 지식을 갖고 있는 사람을 가리키는 말이지만, 약간은 부정적인 의미를 포함하고 있기도 한 이명칭은 무엇일까요?

오타쿠おたく・オタク

참고자료

> 참고자료와 알아두면 편리한 **일본 관련 홈페이지**를 소개합니다.

- インターンシッププログラム (2003)『日本まるごと事典』, BB
- 木林尚三郎 (1988)『日本のすべて』三省堂
- 国立歴史民族博物館 (1985)『日本の歴史と文化』
- 木村茂光 編著 (1991)『人物で知ろう！日本の歴史』文英堂
- 小川義男 (2003)『あらすじで読む日本の名著』楽書舘
- Timon Screech・Margaret Price・Arka Mark Oshima (2003)『トレンド英語日本図解辞典』小学館
- 桑原功次 (2008)『英語で紹介する日本』ナツメ社
- 成美堂出版編集部 (2005)『日本地図 2005』成美堂
- 弓削悟 (2000)『日本の年中行事』金園社
- 原純輔・盛山和夫 著, 정현숙 역(2002)『일본의 사회계층』한울아카데미
- 青山哲也 外 (2002)『国語便覧』数研出版
- 総務省統計局 (2015)『世界の統計』
- 総務省統計局 (2015)『日本の統計』
- 加藤油男 (2003)『365日の話題事典』東京堂出版
- 荒井弘 外 (1992)『大修舘国語要覧』大修舘書店
- 田辺裕 外 編 (2005)『新しい社会地理』東京書籍
- 二宮書店 編 (2005)『地理統計要覧 2005』二宮書店
- 矢野恒太記念会 編 (2013)『日本のすがた 2013』矢野恒太記念会
- 土居健郎 (1971)『甘えの構造』弘文堂; 이장호 (1985)『일본인의 의식구조 – 아마에의 구조』보진재
- 南博 (1994)『日本人論』岩波書店; 이관기 역 (1999)『일본인론』(상하) 소화
- 杉本良夫 (2001)『日本人をやめる方法』筑摩書房
- 別府春海 (1987)『イデオロギーとしての日本文化論』思想の科学社.
- 杉本良夫・ロス マオア (2002)『日本人論の方程式』筑摩書房
- 中根千枝 (1967)『タテ社会の人間関係』講談社: 양현혜 역(2013)『일본사회의 인간관계』소화
- Benedict, Ruth F. (1946) *Chrysanthemum and the Sword: Patterns of Japanese Culture*, Houghton Mifflin Company ; 김윤식・오인석 역 (1974)『국화와 칼』을유문화사
- 梅棹忠夫 編(1976)『日本人の生活』研究社 ;김양선 역 (2001)『일본인의 생활』혜안
- 福田アジオ 外 編 (2000)『日本民俗大辭典』(上・下) 吉川弘文館
- 網野喜彦 (2000)『日本とは何か』講談社; 박훈 역 (2003)『일본이란 무엇인가』창작과 비평사
- 国土交通省国土計画局 (2009)『過疎集落研究会報告書』国土交通省国土計画局
- 中嶋信 (2010)『集落再生と日本の未来―持続できる地域づくり』自治体研究社

- http://www.jnto.go.jp 일본국제관광진흥기구
- http://www.ajinomoto.co.jp 요리
- http://www.st.rim.or.jp 여행
- http://www.e-onsen.com 온천
- http://www.kiyomizudera.or.jp 기요미즈데라
- http://www.kr.emb-japan.go.jp 주한일본대사관
- http://www.japanlink.co.jp/ka/index.html 일본문화키워드사전
- http://www.narita-airport.or.jp 나리타국제공항
- http://www.kansai-airport.or.jp 간사이국제공항
- http://www.shikokumura.or.jp 시코쿠마을
- http://www.akiba.or.jp 아키하바라의 공식 소개사이트
- http://shopping.yahoo.co.jp 일본야후의 쇼핑몰
- http://www.koukou.net 고등학교에 관한 포털
- http://www.mext.go.jp 문부과학성
- http://www.cul-net.com 일본의 각종 문화검색엔진
- http://www.tvac.or.jp 도쿄자원봉사시민활동센터
- http://www.ndl.go.jp 일본국립국회도서관
- http://www.mhlw.go.jp 후생 노동성
- http://www.moj.go.jp 일본 법무성
- http://www8.cao.go.jp 일본 내각부
- http://www.jma.go.jp 일본 기상청
- http://www.meti.go.jp 일본 경제산업성
- http://www.stat.go.jp 일본 총무성 통계국
- http://www.mlit.go.jp 국토교통성
- http://www.jtb.or.jp 일본교통공사
- http://www.hareginomarusho.co.jp 기모노렌탈에 관련된 정보
- http://www.mitene.or.jp/~oono 일본의 차와 다도에 대한 설명
- http://www.sunshow.co.jp/Sushi.htm 일본의 스시에 대한 정보
- http://ja.wikipedia.org 프리백과사전 위키피디아
- http://www.city.kyoto.jp/koho 교토시정보관

저자소개

김숙자 金淑子
서울대 졸업, 서울대 언어학박사
현) 상명대 명예교수

정현숙 鄭賢淑
연세대 졸업, 도쿄대학東京大学 인문사회계연구과박사
현) 한국방송통신대학교 교수

이경수 李曝洙
한양대 졸업, 히로시마대학広島大学 교육학박사
현) 한국방송통신대학교 교수

사이토 아사코 斉藤麻子
아오야마가쿠인대학青山学院大学 졸업, 한양대 문학박사
현) 명지대학 교수

나가타니 나오코 永谷直子
조치대학上智大学 졸업, 와세다대학早稲田大学 박사과정 수료
현) 도쿄대학東京大学 유학생센터 강사

日本事情
사진으로 보고 가장 쉽게 읽는
일본문화

초판발행	2010년 2월 15일
개정1판	2016년 11월 25일
개정1판 8쇄	2025년 4월 25일

저자	김숙자 · 정현숙 · 이경수 · 사이토 아사코 · 나가타니 나오코
책임 편집	조은형, 김성은, 오은정, 무라야마 토시오
펴낸이	엄태상
디자인	이건화
조판	이서영
마케팅	이승욱, 노원준, 조성민, 이선민
경영기획	조성근, 최성훈, 김로은, 최수진, 오희연
물류	정종진, 윤덕현, 신승진, 구윤주

펴낸곳	시사일본어사(시사북스)
주소	서울시 종로구 자하문로 300 시사빌딩
주문 및 교재 문의	1588-1582
팩스	0502-989-9592
홈페이지	www.sisabooks.com
이메일	book_japanese@sisadream.com
등록일자	1977년 12월 24일
등록번호	제 300-2014-92호

ISBN 978-89-402-9200-6 13730

* 이 책의 내용을 사전 허가 없이 전재하거나 복제할 경우 법적인 제재를 받게 됨을 알려 드립니다.
* 잘못된 책은 구입하신 서점에서 교환해 드립니다.
* 정가는 표지에 표시되어 있습니다.